MAGISCHE MOMENTE

ÜBERRASCHENDES

Ein großartiges Naturschauspiel bieten die Kraniche am Hornborga-See

D
DAS IST ...

Südschweden

Die großen Themen rund
um die Heimat von Elch, ABBA & Co.
Lassen Sie sich inspirieren!

Röhrendes Nationalsymbol: Die Chancen stehen gut, in Schweden einen Elch zu sehen. ►

DIE GROSSEN VIER

Wie Afrika seine »Big Five«, hat Schweden seine »fyra stora«, seine großen Vier: Bär, Luchs, Vielfraß und Wolf. Zu sehen bekommt man die vier größten Raubtiere des Landes allerdings selten, sind sie doch eher scheue Lebewesen und in den einsamen und menschenleeren Wäldern im fernen Nordschweden zu Hause. Trotzdem kann man ihnen auch weiter südlich begegnen, wo allerdings Elch, Biber und viele Vogelarten den Ton im Konzert der Tiere angeben.

Noch rund 1500 Luchse streifen durch Schwedens Wälder.

WO ist er nun, der König der schwedischen Wälder? Jener Vertreter aus der Familie der Hirsche, der mit seinem schaufelartigen Geweih zur Ikone eines ganzen Landes wurde? So mancher Schweden-Reisende, der die Begegnung mit einem Elch dem Zufall überlässt, wird sich diese Frage stellen – und wird sicher auch hoffen, dass dieser nicht ungewollt auf einer einsamen Straßen zum Verkehrshindernis wird. Wer den (meistens) gutmütigen Riesen ohne Unfallgefahr nahe kommen will, hat mehrere Möglichkeiten, auch, um andeee Tiere Skandinaviens zu erspähen. Zwei gute Anlaufstellen hierfür sind Skandinaviens größter Zoo, »Kolmårdens Djurpark« in Östergötland, und der wunderschön gelegene Tierpark »Skånes Djurpark« in Höör (www.skanesdjurpark.se). Hier bekommt man einen wunderbaren Überblick über die Fauna und Flora Skandinaviens, hier sind auch die »fyra stora« zu Hause.

Der Berg der Elche

In freier Wildbahn wird man hingegen eher Schwedens Nationaltier, dem Elch, begegnen. Im Süden mag das vor allem im Ökopark Halle-Hunneberg gelingen, der deshalb auch den Beinamen »Berg der Elche« trägt. Markierte Wege zwischen 2 und 8 km laden zum Wandern ein. Dem Elch ist auf dem Berg sogar ein eigenes Museum gewidmet. Im **Jagdmuseum Älgens Berg** (▶ S. 281) erfahren Besucher alles Wissenswerte über das stattlichste Tier der schwedischen Wälder. Das ist übrigens nicht immer so friedlich, wie man meinen mag. Mitunter können die majestätischen Schaufelträger auch ungemütlich werden, etwa wenn sie sich oder ihre Jungen bedroht fühlen oder in der

Bloß nicht erschrecken. In Elchparks wie Smalandet bei Markaryd sind die Tiere an Menschen gewöhnt und oft sehr zutraulich.

AUF ELCHSAFARI

Keine Sorge, einzige Waffe bei dieser Safari ist eine Kamera, möglichst ausgestattet mit einem guten Zoomobjektiv. In den Abendstunden geht es im Juli und August, begleitet von einem erfahrenen Guide, ins Gehölz des Ökoparks Halle-Hunneberg. Gestartet wird in den frühen Abendstunden – wenn die Tiere auf Nahrungssuche sind, stehen die Chancen auf Elch-Sichtungen besonders gut. Unterwegs lernen Sie außerdem, wie Elche sehen, hören und riechen und warum die hiesigen Tafelberge ihr bevorzugtes Revier sind. (Buchung und Infos bei Visit Trollhättan Vänersborg unter Tel. 052113509 oder www.hunneberg.com/de)

Brunftzeit Ende Mai/Anfang Juni. Immerhin können Elche mit ihrem Geweih und vor allem mit ihren messerscharfen Klauen auch Wölfe und Bären abwehren. Wer ihnen in freier Wildbahn begegnet, sollte also besser einen **gebührenden Sicherheitsabstand** einhalten.

Mehr als Elche

Und sonst? Ist Schwedens Tierwelt gar nicht so artenreich, wie man vermuten könnte. In dem einzigartigen Waldgebiet des Ökoparks mit vier Naturreservaten, mehreren kleinen Seen, Mooren und Wasserfällen an der Südspitze des Vänern leben – wie im restlichen Südteil des Landes – vor allem noch Biber, Füchse, Hirsche, Marder und Rehe und zahlreiche Vogelarten. Mit Fremdenführer und Kanu geht es auf einem der Seen **ins Biber-Gebiet**, wo die fleißigen Tiere beim Bau ihrer Hütten beobachtet werden können. In den Steilhängen des Halle-Hunneberg haben Raben, Uhus und Wanderfalken ihre Nester. Jagende Wanderfalken sind kein seltener Anblick während einer Wanderung. Fischadler und Singschwäne nisten auf dem Bergplateau, vereinzelt sieht man auch Auerhähne, Buntspechte und Ziegenmelker. Wasseramseln und Bachstelzen bauen ihre Nester am Byklev-Wasserfall.

Auf die Tierinsel

Wer mit Wandern nichts am Hut hat, kann die nordische Tierwelt auch **zu Wasser** erkunden. Inmitten der Weite des Vänern liegt **Djurö, Schwedens isoliertester Nationalpark**. Der von Wald, Heidekraut und Beerensträuchern bedeckte Schärenarchipel aus 30 kleinen Inseln ist eine faszinierende Welt für sich, fernab der Zivilisation. Übersetzt bedeutet Djurö Tierinsel – das passt, denn die einzigen Lebewesen sind zahlreiche Vogelarten wie Austernfischer, Baumfalken, Fischadler, Mantelmöwen sowie zahlreiche Hasen und Damhirsche. Elche leben zwar nicht auf Djurö, diese kann man mit etwas Glück aber unterwegs vom Boot aus von Insel zu Insel schwimmen sehen auf der Suche nach Nahrung. Denn wer hätte es gedacht? Elche sind gute Schwimmer und können bis zu 20 km am Stück zurücklegen.

NORDISCH DÜSTER

Bestialische Morde, Sadismus, Menschenschmuggel, Waffenhandel und Korruption – die Krimis von Henning Mankell sind nichts für zartbesaitete Naturen. Wer aber spannungsgeladene Thriller liebt, wird die Bücher nicht mehr aus der Hand legen können. Und von diesem Lesertypus scheint es gerade in Deutschland eine Menge zu geben. Allein Mankells Bücher gingen in deutscher Übersetzung 20 Mio. Mal über die Ladentheken. Nur, was haben die, was andere Krimis nicht haben? Eine Spurensuche.

»Hunde von Riga«, Henning Mankells zweiter Wallander-Krimi, beginnt an einem kalten Februartag an der Küste Schonens ...

AUFGESPIESST liegt ein alter Mann in einer Pfahlgrube, ein anderer ist erwürgt und halb nackt an einen Baum gefesselt. »Die fünfte Frau« nimmt Rache an Männern, die ihre Frauen misshandelten. **Kommissar Kurt Wallander** ermittelt. Mit seiner Kultfigur Wallander leitete Henning Mankell 1998 einen ungeahnten Hype des Schwedenkrimis in Deutschland ein. In seinem Heimatland hatte er bereits sieben Jahre zuvor mit seinem ersten Kriminalroman »Mörder ohne Gesicht« eine Erfolgswelle ausgelöst, die ihn völlig unerwartet erwischte.

Kritischer Blick

Der Krimi, der auf der wahren Geschichte eines Doppelmordes bei Ystad und dem darauffolgenden Übergriff auf ein nahe gelegenes Asylantenheim beruht, war als Einzelerzählung gedacht, in der Rassismus im Mittelpunkt stehen sollte. Als Mankell erkannte, dass es ihm mit Wallander gelungen war, seinen Mitbürgern den besorgniserregenden Wandel in der schwedischen Gesellschaft bewusst zu machen, beschloss er, weitere Bücher um seinen neu erschaffenen Kommissar zu verfassen. Im Sog Mankells schossen die Verkaufszahlen anderer schwedischer Krimiautoren ebenfalls in die Höhe, denn deutsche Krimifans konnten plötzlich nicht genug kriegen von Morden im hohen Norden.

Begründer des sozialkritischen Schwedenkrimis ist allerdings nicht Mankell, sondern das kommunistische Autorenpaar **Maj Sjöwall und Per Wahlöö**, die in ihren Kriminalromanen den schwedischen Staat auseinandernehmen. Erstmals ging es nicht nur um gut und böse, Gesellschaftskritik gehörte zu jedem Mord dazu. Hauptfigur ihrer Krimireihe »Roman über ein Verbrechen« (1965 – 1975) ist der Stockholmer **Kommissar Martin Beck**. Mankell gab zu, sich an den Figuren des Autorenduos orientiert zu haben.

Mit Ecken und Kanten

Gerade die gesellschafts- und sozialkritische Würze ist eine der Zutaten, die die Schwedenkrimis so erfolgreich machen. Außerdem vereint die Romanreihen größtenteils die Tatsache, dass die Ermittler Anti-Helden mit Alltagsproblemen sind, deren eigene Geschichte sich wie einer roter Faden durch die Bücher zieht. In **Arne Dahls** Krimireihe um

BAEDEKER DAS IST ...

MÖRDERISCHE TOUREN

Fans der Romanfiguren Lisbeth Salander und Mikael Blomkvist, Kurt Wallander oder Erica Falck können den Ermittlern auf Schritt und Tritt folgen, hautnah zu Tatorten oder zu ihren Lieblingsplätzen pilgern. Sowohl in Stockholms Stadtviertel Södermalm als auch in Ystad und in Fjällbacka werden Touren angeboten, die Sie zu den Schauplätzen der Romane und ihrer Verfilmungen führen. Und in Ystad schlüpfen Sie gar selbst in die Rolle des Kriminialisten. (Stockholm ▶ **S. 247**; Ystad ▶ **S. 330**; Fjällbacka: Infos unter www.vastsverige.com/de/tanum)

Henning Mankell (1948 – 2015) verhalf mit seiner Wallander-Reihe den Schwedenkrimis weltweit zum Durchbruch. Liza Marklund (geb. 1966) gehört zu der ihm folgenden Autorengeneration.

die Stockholmer A-Gruppe hadert Top-Ermittler Paul Hjelm ebenso wie Wallander ständig mit sich selbst und leidet an der Schlechtigkeit der Welt. **Åsa Larssons** Staatsanwältin Rebecka Martinsson, die in Kiruna ermittelt, kämpft gegen Dämonen aus ihrer Vergangenheit, und **Liza Marklunds** Reporterin Annika Bengtzon schafft nur schwer den Spagat zwischen Arbeit und Familienleben. Normale Menschen, mit denen sich die Leser identifizieren können.

Dass der Schwedenkrimi im deutschsprachigen Raum so beliebt ist, hat aber vielleicht auch mit den Büchern von Astrid Lindgren zu tun, die das idyllische Schweden der roten Holzhäuschen, klaren Seen, endlosen Wälder, Harmonie und Sorglosigkeit in ein Sehnsuchtsland verwandelt haben. Dass mit den düsteren Krimis das Böse Einzug ins Paradies hielt, hat daran nichts geändert. Im Gegenteil, vor dem friedlichen Hintergrund wirken Mord und Totschlag um so grausiger.

PASSION FÖR MAT

Der Name ist Programm: Auf dem jährlich im Februar oder März stattfindenden Festival »Passion för Mat – Leidenschaft fürs Essen« in Schwedens kulinarischer Hauptstadt Göteborg steht die Neue Nordische Küche im Mittelpunkt. Doch nicht nur hier wird Schwedens kulinarischem Erbe eindrucksvoll neues Leben eingehaucht. Und fast immer spielen regionale Zutaten dabei die Hauptrolle.

SO neu ist die Neue Nordische Küche eigentlich gar nicht, und das Konzept ist simpel: Köche präsentieren traditionelle skandinavische Speisen in einer innovativen Version mit sorgfältig ausgewählten Zutaten aus allem, was Hof und Garten, Wald und Wiese sowie Salz- und Süßwasser der Heimat zu bieten haben. Damit genießen die Küchenkünstler der nordischen Länder weltweit einen immer besseren Ruf.

Regional und saisonal

Geburtsort der Neuen Nordischen Küche war 2003 das Restaurant **Noma**, jenseits des Öresund in Kopenhagen. Seine Gründer wollten nichts weniger als die nordische Küche neu erfinden. Authentisch, regional und kreativ war die Devise. Inspirieren ließen sie sich dabei von Rezepten aus einem **Überlebenshandbuch der schwedischen Armee**, in dem beschrieben wurde, wie man allein mit den in der Natur vorkommenden Nahrungsmitteln auskommen kann. Das Noma wurde 2016 geschlossen und hat 2018 als Teil einer urbanen Farm in Christiana neu eröffnet werden.

Bald folgten auch schwedische Köche diesem Konzept des Noma. Was das Noma für Dänemark, ist das 2008 eröffnete **Fäviken** in Järpen (Tel. 06474 0037; http://faviken.com) für Schweden. Magnus Nielsson, der junge Wilde unter den Spitzenköchen, erhielt 2016 zwei Michelin-Sterne für sein abgelegenes Restaurant, das weltweit zu den Top 50

zählt. Erschwinglich ist ein Abendessen im Fäviken mit 300 € pro Person – und zwar ohne Getränke! – nicht gerade. Auf den Tisch kommt, was Region und Jahreszeit hergeben: in Herbstlaub gekochte Pellkartoffeln, Flechten und Waldbrühe, Goldbarsch, Birkhuhn in Heu, über Wacholderzweigen gegrillte Jakobsmuscheln oder Blumen in einer Kruste aus getrocknetem Schweineblut. Zu weitaus günstigeren Preisen (unter 40 €) bereitet Andreas Dahlberg Gerichte gemäß dem Motto »Fröhliche Tiere und erdige Wurzeln« mit viel Herz in seinem Restaurant **Bastard** in Malmö (Tel. 04012 1318; www.bastardrestaurant.se) zu. Die Zutaten stammen selbstverständlich aus Skåne, das sich mit dem Titel »Schwedens Speisekammer« rühmt. Günstig isst man auch im beliebten **Tvåkanten** (Tel. 031 182 115; www.tvakanten.se) in Göteborg, wo Gerichte aus Produkten von kleinen schwedischen Bauernhöfen und Lebensmittelproduzenten auf der Karte stehen. Und Vegetarier kommen dank Mathias Dalgrens, Sternekoch des Stockholmer Grand Hotels, in dessen neuem Restaurant **Rutabaga** in den Genuss der fleischlosen Variante der Neuen Nordischen Küche – und das gar nicht mal so teuer (Tel. 08 679 3584; www.grandhotel.se).

LINKS: Selbst Gesammeltes im Fäviken
RECHTS: Einen Großteil seines Gemüses bezieht das Rutabaga vom Landwirt Niklas Karlsson.

BAEDEKER DAS IST ...

SCHWEDISCHER WEIN

Met ja, Bier sowieso, aber Wein? Schwedischer Wein? So weit im Norden? Kaum zu glauben, in Skåne wachsen Reben, und eine Weinstraße verbindet bereits 40 Winzer. Einer ist Håkan Hansson, der auf seinem Gut Hällåkra in Anderslöv seit 2008 Rotwein aus Rondo- und Weißwein aus Solaris-Trauben herstellt. Sein »Solaris 2014« gewann gar den Preis als bester Weißwein beim Grand Annual Tasting 2016 in Paris. Im Sommer kocht Lotta Hansson Mittagessen aus lokalen Zutaten, die sie im kleinen, hellen Restauran serviert. Neue Nordische Küche, allerdings nicht zum hohen Preis eines Gourmet-Restaurants. (Tel. 0410 2 80 00, http://www.hallakra.com)

THANK YOU FOR THE MUSIC!

Für macnhen Franzosen bedeutet »Waterloo« immer noch Untergang, für vier Schweden in Glitzeroutfits und Plateauschuhen läutete es 1974 einen weltweiten Siegeszug ein. Mit rund 380 Mio. Platten liegt ABBA auf Platz vier der ewigen Verkaufsliste hinter den Beatles, Elvis Presley und Michael Jackson. Die Vier waren allerdings schon lange vor der ABBA-Gründung Stars in ihrer Heimat.

Legendär – kein Auftritt von ABBA ohne schrille 70er-Outfits!

ABBA-Devotionalien satt gibt es im Museum der Band, das 2013 auf der Stockholmer Insel Djurgården eröffnet wurde.

SIE galten in den 1960er-Jahren als Schwedens Antwort auf die Beatles: **The Hep Stars**. Im Frühjahr 1965 dominierte ihr Song »Cadillac« die schwedischen Charts. Am Keyboard stand der 18-jährige Stockholmer **Benny Andersson** – das erste »B« aus ABBA. Auf einer Tournee durch Südschweden traf die Band auf die Folk-Gruppe »Hootenanny Singers«. Deren Gitarrist und Leadsänger **Björn Ulvaeus** sprang ein, als der Gitarrist der Hep Stars ausfiel. Die zwei »B's« freundeten sich an und taten sich als Song-Schreiber zusammen.

Schicksalsgemeinschaft

1968 verliebte sich Andersson in Malmö in die Jazz-Sängerin **Anni-Frid Lyngstad**, Tochter einer Norwegerin und eines deutschen Wehrmachtsoldaten. Weil ihre Mutter sich während der Besatzung mit einem Deutschen eingelassen hatte, fürchtete die Familie nach dem Krieg Repressalien und zog nach Schweden. Lyngstad sang schon als Teenager Jazz-Stücke in einer Big Band. Landesweit bekannt wurde sie, als sie 1967 als Gewinnerin eines Talentwettbewerbs in einer Fernsehshow auftrat und von EMI unter Vertrag genommen wurde.

Ein Jahr später lernte sie bei einem Fernsehauftritt **Agnetha Fältskog** kennen, die damals ihre erste Single vorstellte. Fältskog aus Jönköping entschloss sich mit 15 für eine professionelle Gesangskarriere und sang auch auf Deutsch: »Mein schönster Tag« und »Wie der Wind« schafften es Ende der 1960er-Jahre in die deutschen Charts. 1969 wurde sie für ein TV-Special engagiert, bei dem Björn Ulvaeus mitwirkte.

Nach den Dreharbeiten waren sie ein Paar. Als die beiden mit Benny und Anni-Frid auf Zypern Urlaub machten, beschlossen sie gemeinsame musikalische Projekte. 1973 wurde aus Anni-Frid, Benny, Björn und Agneta ABBA.
Bereits ihr erster Hit »Ring Ring« machte sie über die Landesgrenzen hinaus bekannt. Der weltweite Erfolg kam ein Jahr später, als sie mit »Waterloo« den **Grand Prix Eurovision de la Chanson** gewannen. Rasch wurden dir mit Goldenen Schallplatten überhäuft. Doch wo viel Licht ist, sich auch viel Schatten. Der legte sich über die beiden Ehen, die schließlich Anfang der 1980er-Jahre kurz nacheinander scheiterten. Das veränderte auch nachhaltig die Chemie in der Band.

Ein Leben nach ABBA

Im Dezember 1982 verkündeten die Vier schließlich eine »Pause« für ABBA, die bis heute anhält. Gerüchte über eine Wiedervereinigung kochten immer wieder hoch, tatsächlich aber gingen die Vier getrennte Wege. Benny Andersson komponiert heute Instrumentalstücke und ist Inhaber des Stockholmer Luxushotels Rival. Für die Hochzeit von Kronprinzessin Victoria komponierte er »Vilar glad i din famn« (Glückselig in deinen Armen), das am 19. Juni 2010 in der Storkyrkan von der Königlichen Philharmonie uraufgeführt wurde.
Björn Ulvaeus lebt heute in Stockholm und engagiert sich in der Humanistischen Bewegung.
Anni-Frid Lyngstad kehrte zum Jazz zurück, wurde durch Heirat zur Prinzessin Reuß von Plauen und lebt heute in der Schweiz und auf ihrem Landgut in Südschweden.
Agnetha Fältskog brachte mehrere Soloalben auf den Markt, lebte seit 1988 mit ihren Kindern zurückgezogen auf ihrem Bauernhof im Mälarsee und feierte 2013 ein musikalisches Comeback.
Bereits 1999 kam ABBA dann doch nochmals auf die Bühne, allerdings lediglich in der Form des Erfolg-Musicals **»Mamma Mia!«**, das die beiden Freunde Benny und Björn zusammen schrieben.

BAEDEKER DAS IST …

MUSIKALISCHE ZEITREISE

Nur Mut! In Stockholms ABBA-Museum können Sie nicht nur die schillernden Original-Kostüme oder Konzert-Mitschnitte der Band bestaunen, sondern selbst zum Popstar mutieren. Also steigen Sie ruhig auf die Bühne und singen und tanzen Sie dank Background-Video mit ihren Idolen. Danach schlendern Sie noch durch den Nachbau des Aufnahmestudios und des Ferienhauses der Band auf der Schäreninsel Viggsö, wo Andersson und Ulvaeus zahlreiche ABBA-Hits komponierten. Nicht nur für Fans ein Spaß! ▶ **S. 256**

REICH AUS GLAS

Kaum wo auf dem Erdball gibt es eine solche Vielzahl kreativer und innovativer Glashütten wie in Småland. Wer schon immer einmal wissen wollte, wie durch das Blasen von Glas Gegenstände entstehen, darf im Sommer in manchen Glashütten selbst ans Werk, sich im Pusten üben und hautnah erleben, wie sich die glühend heiße Masse in ein formschönes Objekt verwandelt.

In der Hütte Transjö, einer der kleinsten im Glasreich, wird das zerbrechliche Gut noch traditionell gefertigt. ▶

KUNSTWERK AUS GLAS

Es ist immer wieder ein wenig Magie im Spiel, wenn aus einem roten Klumpen ein graziles Kunstwerk aus Glas entsteht. Selbst blasen, rollen, falten und färben dürfen Sie in der Glashütte Målerås (1890), wenige Kilometer nordöstlich von Kosta. Unter der Anleitung eines Meisters dürfen sich Besucher als Glasbläser probieren und eine Kristallschale herstellen. Die abgekühlte Schale kann am nächsten Tag im Glasshop abgeholt werden. (www.maleras.se/en/)

ALS Karl Karlsson Gyllenhielm, der Halbbruder von König Gustav II. Adolf, um 1630 den deutschen Glasbläser **Paul Gaukunkel** nach Schweden holte, hätte er sicher nicht im Traum daran gedacht, welche Erfolgswelle er damit lostreten würde. Småland hatte von drei Dingen reichlich: Quarzsand, Nadelwälder und Seen – alles, was zur Glasherstellung notwendig war. Quarz für das Glas, Holz für die Brennöfen und Wasser für die Schleifereien. Und der König besaß den Ehrgeiz, der Welt zu beweisen, dass Schweden nicht nur Haudegen, sondern auch filigranes Glaskunstwerk hervorbringen konnte.

Unterwegs im Glasriket

Die erste Glashütte wurde in Trestenshult errichtet, wo Gaukunkel mit der Herstellung des grünlichen Gebrauchsglases so erfolgreich war, dass im Laufe der nächsten Jahrzehnte mehr als 100 Glasbläsereien in der Gegend zwischen Växjö und Nabro entstanden und zum wichtigsten Arbeitgeber in Småland wurden. Heute gibt es in der Region noch 13 Glashütten und Glasstudios, die durch die Tourismusgesellschaft »Glasriket« (Glasreich) vermarktet werden. Die vier bedeutendsten, Kosta (1742), Boda (1864), Åfors (1876) und Orrefors (1898), firmieren heute unter der Bezeichnung **Orrefors Kosta Boda AB** mit Hauptsitz in Kosta und präsentieren sich mit den beiden Warenzeichen Kosta Boda und Orrefors. Die Firma setzte schon früh auf exklusives Glas, um sich von der Konkurrenz abzuheben. In den 1960er-Jahren wurde der Beitrag der Designer zur Glasindustrie bedeutender als je zuvor. Künstler wie Erik Höglund, Bertil Vallien (Erfinder des Chateau-Weinglases) und Monica Backström zogen ins Glasreich und experimentierten für Kosta bei der Glasherstellung mit neuen Formen. Heute verwandeln junge Designer wie Ludvig Löfgren, der Pop-Art-Künstler unter den Glas-Designern, das Glas durch ungewöhnliche Formgebung und leuchtende Farben in einzigartige Hingucker. Und Boda Kosta blieb nicht nur beim Gebrauchs- und Dekoglas, sondern baute 2009 mit dem **Kosta Boda Art Hotel** das erste Glashotel des Landes – für dessen Bau kamen 100 t Glas zum Einsatz! Im Gebäude verteilen sich 1000 mundgeblasene Glaskunstwerke, 107 Glaswaschbecken, selbst die Bar ist komplett aus Glas

Glas für VIPs

Außergewöhnlichste Glashütte im Glasreich ist **Hauges Hantverksglas** bei Kulltorp, in der Leif Hauge und seine Mitarbeiter Gebrauchs- und Kunstgegenstände aus Altglasflaschen herstellen. Besucher dürfen eine Flasche mitbringen und zuschauen, was aus ihr wird. In der Glashütte **Skruf** im Örtchen Skruv entsteht seit 1897 Glas in zeitloser und stilreiner Prägung. Die Trinkgläser von Skruf gehören zum Inventar des Schwedischen Reichstags und der schwedischen Botschaften. Jüngste Glashütte ist die 2011 gegründete **Micke Johans Konstglast** auf einem Bauernhof außerhalb von Örsjö. Mikael Johansson stellt farbige Skulpturen und Dekoartikel her. Besucher dürfen während der Öffnungszeiten dem jungen Künstler bei der Arbeit über die Schulter schauen.

Im Kosta Boda Art Hotel durften sich Glaskünstler nach Herzenslust austoben.

T
TOUREN

Durchdacht, inspirierend, entspannt

Mit unseren Tourenvorschlägen lernen Sie die besten Seiten von Südschweden und Stockholm kennen.

Ein Paradies für Flaneure: Stockholms Gamla Stan ►

ZHOGG
ESTER
SinneMinne
Johannesg
8-2

UNTERWEGS IN SÜDSCHWEDEN

Sicher, Stockholm gehört zu Europas grünsten Metropolen, immerhin liegt gar ein Nationalpark innerhalb der Stadtgrenzen. Doch auch Stadtmenschen kommen hier voll auf ihre Kosten: Entdecken Sie prächtige Bauten, Zeugnisse der schwedischen Geschichte und die Trends von morgen. Mit mehr Zeit im Gepäck geht es schließlich auf eine große Rundreise quer durch Südschweden – zwei Tourenvorschläge halten wir für Sie parat.

Mit dem Auto durch Südschweden

Autofahren ist in Südschweden ein stressfreies Vergnügen: Die meisten Fahrer sind entspannt, und nur auf den Hauptverkehrsrouten der Städte und auf Europastraßen kann es im Sommer zu Staus kommen. Einziges Risiko ist in der Dämmerung der **Wildwechsel**; vor allem die Begegnung mit dem schwedischen König der Wälder verläuft oft nicht glimpflich (▶ Baedeker Wissen S. 344).

Mit der Bahn

Schnelle Verbindungen zwischen den Städten ermöglicht das moderne Bahnnetz. Größter Zugbetreiber in Schweden ist die **schwedische Staatsbahn SJ**, die auf den Hauptstrecken Stockholm–Göteborg und Stockholm–Malmö ein Streckenmonopol besitzt. Zwischen den drei größten Städten des Landes verkehrt der Hochgeschwindigkeitszug X2000 mit Tempo 200. Ähnlich wie im ICE gibt es Steckdosen an allen Plätzen, Radio und drahtlosen Internetzugang. In der ersten Klasse wird das Essen am Platz serviert, in der zweiten Klasse gibt es einen Bistrowagen. Nach Stockholm braucht man von Malmö viereinhalb Stunden, von Göteborg zwischen drei und knapp fünf Stunden. Auf den Hauptstrecken verkehren auch moderne Doppelstockzüge, die ebenfalls WLAN bieten. Alle Züge sind Nichtraucherzüge.
Veolia Transport Sverige betreibt neben der Stockholmer U-Bahn (Tunnelbana) im Zugverkehr den **Kinnekulletåget**, der von Göteborg via Linköping und Mariestad nach Örebro rattert, und den **Kustpilen**, der Linköping mit Kalmar und Västervik verbindet. Unabhängig vom jeweiligen Streckenbetreiber können die Fahrkarten auf Deutsch zentral bei **Resplus** (www.resplus.se) gebucht werden, ebenso die Anschlussfahrkarten für den Arlanda Express, Destination Gotland, Flygbussarna oder Busse und Züge der örtlichen Verkehrsverbünde, einschließlich Straßen- und U-Bahn.

Mit dem Bus

Bei Fahrten aufs Land ist man meist auf Busse angewiesen. Schwedens größtes Busunternehmen, **Swebus Express** (www.swebusexpress.se), steuert auf 22 Linien alle wichtigen Orte entlang der Hauptreiserouten im Dreieck Stockholm–Kopenhagen–Oslo an.

Jugendliche, Studenten und Senioren erhalten bis zu 20 % Rabatt. Die Swebus-Tochter Flyturen verbindet als Zubringerbus zwölf Mal pro Woche Örebro via Västerås und Enköping mit dem Flughafen Stockholm-Arlanda. Richtig komfortabel ist die Reise in den Fahrzeugen von **Bus4You** (www.bus4you.se): Die Sitze sind bequem, es gibt einen Internetanschluss sowie Lademöglichkeiten für Handy und iPod. Für die Strecke Stockholm–Göteborg mit Halt in Linköping, Jönköping und Borås brauchen die Busse rund sechs Stunden. Wer unter der Woche reist, spart bei **GoByBus** (www.gobybus.se) fast die Hälfte des Fahrpreises. GoByBus verkehrt auf vier Hauptstrecken: Kopenhagen–Göteborg–Karlstad (Linie 100), Oslo–Karlstad–Örebro–Stockholm (Linie 150), Oslo–Göteborg–Malmö–Kopenhagen (Linie 300) sowie Stockholm–Ludvika–Salen (Linie 700).

Mit dem Flugzeug

Südschweden besitzt ein dichtes Inlandsflugnetz mit vielen Betreibern. **SAS Scandinavian Airlines** bedient in Südschweden Stockholm-Arlanda, Ängelholm-Helsingborg, Göteborg, Kalmar, Malmö und Ronneby. Blekingeflyg (www.blekingeflyg.se) verbindet Stockholm-Bromma mit Ronneby und im Sommer Ronneby mit Visby auf Gotland.
Der Billigcarrier **Direktflyg** (www.direktflyg.com) hebt von Göteborg nach Malmö, Örebro, Norrköping, Visby und Karlstad ab. Växjö, Visby und Stockholm-Bromma sind die Ziele von **Flysmåland** (www.flysmaland.com). Einen Shuttle zwischen Stockholm-Bromma und Trollhättan-Vänersborg bietet **Golden Air Flyg** (www.goldenair.se). Die regionale Gesellschaft **Gotlandsflyg** (www.gotlandsflyg.se) fliegt von Stockholm-Bromma nach Visby sowie von Stockholm-Skavsta nach Visby und nach Ängelholm-Helsingborg sowie im Sommer nach Växjo und Göteborg. **Kalmarflyg** (www.kalmarflyg.se) startet in Stockholm-Bromma nach Kalmar, **Kullaflyg** (www.kullaflyg.se) von dort nach Ängelholm-Helsingborg sowie im Sommer nach Visby. Göteborg, Malmö, Stockholm-Bromma und Visby verbindet **Malmö Aviation** (www.malmoaviation.se).

Mit Schiff und Fähre

Göteborg und Stockholm verbindet die schönste Schifffahrtsstraße durch Südschweden: der **Göta-Kanal** (▶ Baedeker Wissen S. 40). Ausgesprochen nostalgisch sind auch Ausflugsfahrten auf dem Kanal, dem Dalsland-Kanal und dem Hjälmaren-Kanal.
Mitunter 100 Jahre alt sind die Fähren und Ausflugsschiffe, die auf den südschwedischen Binnenseen verkehren. Von Hjo am Nordwestufer des Vättern schippern beispielsweise die Schiffe von Ångaren Trafik zur Insel Visingsö und weiter bis Gränna am Ostufer. Unvergesslich sind Schiffsausflüge durch die großen **Schärengärten** vor der Ost- und Westküste Südschwedens.

Mit eigener Muskelkraft

Wenn der Weg das Ziel sein soll, gibt es in Südschweden unzählige Möglichkeiten, genussvoll von A nach B zu kommen. So warten etliche **Fernwander- und -radwege**, die abseits der Ballungsgebiete durch unberührte Natur führen. Allein der Skåneleden durch Schonen im äußersten Süden des Landes hat eine Gesamtlänge von rund 900 km. Außerdem können viele Wasserwege und Seen per Kajak und Kanu erkundet werden. Einige Tipps finden sich im Abschnitt »Bewegen und Entspannen« (▶ S. 338 ff.).

BEST OF STOCKHOLM

Start: Gamla Stan | **Ziel:** Östermalm Saluhall | **Dauer:** 1 Tag

Tour 1

Stockholms historisches Herz schlägt in der Gamla Stan, der Altstadt auf der Insel Stadsholmen. Hier und auf den beiden benachbarten Inselchen Riddarholmen und Helgeandsholmen wartet das Gros der berühmtesten Sehenswürdigkeiten – aber auch viel Flair, weshalb Sie es gemütlich angehen lassen sollten. Nördlich davon erstreckt sich insbesondere in Norrmalm und Östermalm die moderne City mit kulturellen Hotspots und kulinarischen Genüssen. Auf diesem Spaziergang machen Sie sich mit Stockholm vertraut, bevor Sie in den Tagen danach intensiver in die Stadt und ihre großartigen Museen eintauchen können.

Keimzelle der Hauptstadt

Start des Stadtspaziergangs ist die ❶ **U-Bahn-Station Gamla Stan** in der Stockholmer Altstadt. Bevor Sie sich in deren Trubel stürzen, empfiehlt sich ein Besuch von Riddarsholmen mit der neogotischen ❷ ★ **Riddarholms Kyrka**, der Grabstätte der schwedischen Könige. Von der benachbarten ❸ **Evert Taubes Terrasse** hat man einen Paradeblick auf Kungsholmen mit dem Wahrzeichen der Stadt: dem dunkelroten Stadshuset, auf dem in über 100 m Höhe die goldenen drei Kronen prangen. Über die Riddarholmbron geht es in das bezaubernde Gassengewirr der ❹ ★★ **Gamla Stan**, das vor allem zwischen den Hauptachsen Västerlång- und Österlånggatan sowie der Stora und Lilla Nygatan mit etlichen Kneipen und Cafés, Kunsthandwerkerläden und Antiquitätenshops zum genussvollen Flanieren einlädt. »Pflichtprogramm« bei einem Spaziergang sind der ❺ ★ **Stortorget,** der wohl schönste Platz Stockholms, die nahe ❻ ★ **Storkyrkan**, die Hochzeits- und Krönungskirche der schwedischen Könige, und natürlich das ❼ ★★ **Königliche Schloss**. Dabei lohnt es sich, ein wenig die Uhr im Blick zu behalten. Denn täglich um 12.15 Uhr (So. 13.15 Uhr) findet die Wachablösung statt. Man sollte sich frühzeitig die besten Plätzen sichern, um das majestätische Spektakel mit freier Sicht genießen zu können.

Shoppingstars und Stilikonen

Nördliches Anhängsel der Altstadtinsel ist das winzige Inselchen 8 **Helgeandsholmen**, Sitz des schwedischen Reichstags. Von hier geht es über die Riksbron nahtlos in die verkehrsberuhigte Shoppingmeile Drottningatan nach Norrmalm. Zuvor lohnt sich aber noch ein Abstecher zum 9 ★ **Stadshuset**, schon allein wegen des Blickes zurück auf die Altstadt. Dieser ist besonders schön von der Aussichtsplattform des Turmes.
Wieder zurück in Norrmalm, gelangt man an der Kreuzung der Drottninggatan mit der Klarabergsgatan zu einem der größten Kaufhäuser Stockholms: dem Åhléns. Rechts endet die Klarabergsgatan am abends wundervoll beleuchteten 10 **Sergels Torg**. Hier erhebt sich markant das **Kulturhuset**, die schwedische Antwort auf das Pariser Centre Pompidou. Mit fünf Etage Entertainment – Familienausstellungen, Theater, Kino und einem Rom för Barn, einer Lese- und Bastelebene für Kinder – lockt es mehr als 3,5 Mio. Gäste jährlich an.
Kleine Pause gefällig? Dann nichts wie hin zum nahen 11 **Kungsträdgården**. Der ehemalige königliche Kräutergarten wird von mehreren Cafés gesäumt. Wer zuvor lieber noch shoppen möchte, kann noch einen Zwischenstopp im Nordiska Kompaniet, kurz NK, einlegen. Hinter der Jugendstilfassade des Kaufhauses sind praktisch alle skandinavischen Designer von Rang und Namen vertreten.

Aussichtsreiches Inselhopping

Der Kungsträdgården mündet in dem riesigen, von der Oper flankierten Karl XII:s Torg, in dessen Zentrum die Statue des namensgebenden Königs steht. Vorbei am Grand Hotel und **Nationalmuseum** gelangt man zur Skeppsholmsbron und weiter zur Insel 12 **Skeppsholmen**, die sich auf der Uferstraße komplett umrunden lässt und schon nach wenigen Schritten einen schönen Blick auf das königliche Schloss bietet. Im Batterieparken werden bei feierlichen Anlässen Salutschüsse zu Ehren der Königsfamilie abgefeuert. Am Kai ist die schwimmende Jugendherberge »Af Chapman« vertäut. Über die Kastellbron lässt sich der Abstecher noch nach 13 **Kastellholmen** fortsetzen, benannt nach dem im 19. Jh. auf einer kleinen Anhöhe errichteten, feuerroten Kastell. Von hier blicken Sie auf das historische Kettenkarussell von Gröna Lund und auf Södermalm jenseits des Saltsjön.

Stockholms Prachtboulevard

Wieder in Blasieholmen, geht es immer am Wasser entlang zum Stockholmer Prachtboulevard, dem 14 **Strandvägen**. Erster Hingucker ist hier das Königliche Dramatische Theater in einem wundervollen Gebäude im Wiener Jugendstil. Wer will, kann die noble Häuserzeile direkt am Wasser einmal bequem mit der Museumsbahn Djurgårdslinjen abfahren. Das maritime Flair, das der Strandvägen dank historischer Boote und Luxusjachten auf dem Nybroviken im Überfluss hat, lässt sich jedoch besser genießen, wenn man es vor allem am Wochenende den vielen Stockholmern gleichtut und gemächlich über die Flaniermeile schlendert.

STOCKHOLM
U-Bahn (Tunnelbana)
Hop-on-Hop-off
Sightseeing-Boote
TOUR 1
TOUR 2
Riddarfjärden
Barnhusviken
Klara Sjö
Norrström
Strömbron
KUNGSHOLMEN
NORRMALM
RIDDARHOLMEN
SÖDERMALM
Rådhuset
Kungsholms kyrka
Ragnar Östbergs plan
Stadshuset
Norr Mälarstrand
City-terminalen
T-Centr.
Central-station
Scala
Folketshus Stora Teat.
A. Fredriks Kyrka
Norra Latin City Conference Center
Vasateatern
Oscars-teatern
Hötorget
Konserthuset
Sergels Torg
Kulturhuset
Stadsteatern
Klara kyrka
Dansmuseet
Operan
Konst. akad.
Rosenbad
Helgeandsholmen
Riksdagshuset
Riddarhuset
Medeltidsmuseet
Livrustkammaren
Kungliga Slottet
Storkyrkan
Stortorget
Nobelmuseet
Birger-Jarls-torg
Svea Hovrätt
Evert Taubes Terrasse
Riddarholms Kyrka
Post-mus.
Gamla Stan
Tyska kyrkan
Kornhamns torg
Järntorget
Slussplan
Kungsträdgården
Jakobs-kyrka
NK
Hallwylska museet
Ingenjörs akad.
Stureplan
Östermalmstorg
Dramat. teatern
Berzelii Park
Grand Hotel
Vaxholm
Skeppsholmen
Blasieholmen
Stockholms Stadsmuseum
Slussen
Katarina-hissen (außer Betrieb)
Mosebacke Torg
Hornsgatan
Mariatorget
Maria Magdalena kyrka
S:t Pauls-kyrkan
Medborgarpladsen
Björnsträdgård
Medborgarplatsen
Medborgarhuset
Söderhallarna
Fatburen
Fatburs parken
Sankt Eriks Katolska Domkyrka
Globe, Skogskyrkogården
Skinnerviks-parken
Zinkensdamms idrottsplats
Tantolunden
Ånghäst-parken
Drottningholm
Gripsholm Slott
Långholmen, Lilla Essingen
Mälaren (Mälarsee)
Birkastan
Drottninggatan
Västerlånggatan
Centralbron
Söder Mälarstrand
Götgatan
1
2
3
4
5
6
7
8
9
10
11
12
13
14
15

Östermalms Saluhall
ÖSTERMALM
Karlaplan
Gustav Adolfsparken
Gustav Adolfs Kyrka
TV-huset
H. Eleonora kyrka
Historiska Museet
Armémuseum
Scenkonstmuseet
Oscars Kyrka
Radiohuset
Berwaldhallen
Nobelparken
TOUR 1
Strandvägen
Riddargatan
Storgatan
Linnégatan
Karlavägen
Narvavägen
Strandvägen
Dag Hammarskjöld Väg
Djurgårdsgatan
Nobelgatan
Gärdesgatan
Ladugårdsgärdet, Sjöhistoriska Museet, Tekniska Museet
Nybroviken
Ladugårdslandsviken
Djurgårdsbrunnsviken
Junibacken
Nordiska Museet
BLASIEHOLMEN
Nationalmuseum
Skeppsholmsbron
Vasamuseet
Biologiska museet
Rosendalsvägen
Östasiatiska Museet
Moderna Museet
Vandrarhem af Chapman
Skeppholms kyrka
Svensksundsvägen
Aquaria Vattenmuseum
Liljevalchs Konsthall
DJURGÅRDEN
ABBA-Museum
Cirkus
Skansen
Djurgårdsvägen
Söllidsbacken
Strömmen
Skeppsholmen
Långa Gröna
Raden Gången
S. Brobänken
Gröna Lund
Allmänna Gränd
Lilla Allm.
Kastellet
Kastelholmen
Waldemarsudde
Saltsjön
Beckholmen
Waldemarsviken
Stadsgårdsleden
Katarina Kyrka
Mäster Mikaels Gatan
Fotografiska
Fjällgatan
Per Anders Fogelströms Terrass
Ersta Diakonimuseum
Ersta kyrkan
Stigbergsgatan
Norska kyrkan
Chokladfabriken
Folkungagatan
Beckbrännarbacken
Salemkyrkan
Åsögatan
Bondegatan
Skånegatan
Fåfängan
Finnbodavägen
SoFo
TOUR 2
Söders Skärgården
Schären • Skärgården
300 m
©BAEDEKER
Fußgängerzone

Nostalgisch schlemmen und stilvoll shoppen

So ein Spaziergang macht hungrig. Da trifft es sich gut, dass über die Storgatan bald die altehrwürdige ⑮ **Östermalms Saluhall** am gleichnamigen Platz erreicht ist. Die 1888 eröffnete Markthalle ist eine Hochburg für Feinschmecker. In der nahen Sturegallerian, einer Einkaufspassage mit 50 exquisiten Läden, wurde ein Kleinod restauriert: das Sturebadet, ein opulenter Badetempel von 1890. Mehr als 50 Spa-Anwendungen, Massagen und Packungen ergänzen das Planschen im Nostalgiepool (www.sturebadet.se). Und dank der nahen U-Bahn-Station Östermalmstorg ist von hier aus schließlich schnell auch die eigene Unterkunft erreicht.

SPAZIERGANG DURCH SÖDERMALM

Start und Ziel: Slussen | **Dauer:** 1 Tag

Tour 2

So vielfältig wie die Architektur von Södermalm ist auch das Leben im einstigen Arbeiterviertel, das Kreative und Intellektuelle in ein faszinierendes In-Viertel verwandelt haben.

Arbeiterviertel auf dem Felsdorn

Startpunkt ist der Verkehrsknotenpunkt ① **Slussen** mit U-Bahn-Station, Busterminal und regem Straßenverkehr. Seinen Namen erhielt der kleeblattartige Platz von der Schleuse, die Mälaren und Ostsee verbindet. Direkt darüber wurde 1883 der Katarinahissen erbaut. Der heutige Aufzug stammt von 1935. Bis zu seiner Stilllegung 2011 sauste er in wenigen Sekunden 38 m hoch zum Panoramarestaurant Gondolen und zum lauschigen ② **Mosebacke Torg** mit prachtvoller Aussicht auf die Altstadt; heute muss man den Höhenunterschied leider zu Fuß zurücklegen. Im 16. und 17. Jh. drehten sich hier noch Windmühlen. Eine davon gehörte dem Müller A. J. Moses, nach dem die Anhöhe benannt wurde. Nachtschwärmer zieht es seit mehr als 150 Jahren zum Södra Teatern, Bühne, Club und Szenebar in einem. Hingucker auf dem Platz sind die pagodenartigen Telefonzellen, und die Skulptur »Systrarna« (Schwestern) von Nils Sjögren. Ein Prunktor markiert den Eingang zur Mosebacke-Terrasse; das Sommerrestaurant wurde von August Strindberg in »Das rote Zimmer« ausführlich beschrieben.

Stockholms einziger Plats

Durch die Hökensgatan kommt man zur Götgatan, die zum 1939 im funktionalistischen Stil angelegten ③ **Medborgarplatsen** führt. Im Westen schließt sich Stockholms jüngste Markthalle von 1992 an, die ④ **Söderhallarna** (www.soderhallarna.se). Vegetarier und Veganer haben im Untergeschoss im Restaurant Södermanna reiche Auswahl.

Auf der anderen Seite grenzt der Medborgarplatsen an den Park 5 **Björns trädgård** mit der Stockholmer Moschee. Vor dem 6 **Medborgarhuset**, dem Bürgerhaus, erinnert ein Glasmonument an Anna Lindh, die hier ihre letzte Rede hielt, einen Tag vor ihrem Tod. Ihre letzte Ruhestätte erhielt die im September 2003 im Kaufhaus NK ermordete schwedische Außenministerin auf dem Friedhof der 7 **Katarina Kyrka**. Die Kirche wurde 1695 nach Plänen von Jean de la Vallée im klassizistischen Stil vollendet und nach einem Brand 1990 – 1995 originalgetreu wieder aufgebaut.

Ländliche Romantik und Szeneflair

Mäster Mikael war im 17. Jh. der Henker von Stockholm. Die nach ihm benannte 8 **Mäster Mikaels Gatan** wird gesäumt von niedrigen Holzhäusern, die noch genau so aussehen, wie sie 1729 für die Handwerker und Arbeiter des Viertels erbaut wurden. Nächstes Ziel ist der Aussichtspunkt an der 9 **Ecke Katarinavägen/Renstiernas Gatan**. Schöne Ausblicke auf die Stadt gewährt auch die Fjällgatan mit dem Café Fjällgatans Kaffestuga (Nr. 37). Bei der 10 **Chokladfabriken** in der Renstiernas Gatan 12 kann man Chocolatiers bei der Arbeit zusehen und ihre Kunstwerke im angeschlossenen Coffeeshop probieren (www.chokladfabriken.com). Südlich der Folkungagatan erstreckt sich das Trendviertel 11 **SoFo** (South of Folkungagatan) mit kleinen Boutiquen, Künstlerateliers, Musiklabels und Secondhandshops, von denen viele am letzten Donnerstag im Monat bis 21 Uhr geöffnet haben. Sämtliche Locations zeigt die Karte, die unter www.sofo.se heruntergeladen werden kann. Zu den angesagtesten Adressen gehören die Designerboutique von Acne in der Nytorgsgatan 36 und der Flagship Store von Nudie Jeans in der Skånegatan 75, Grandpas gestylte Modewelt in der Södermanngatan 21, die Kunsthandwerker-Kooperative 125 kvadrat in der Kocksgatan 17 und Beyond Retro in der Åsögatan 144 mit allem, was das Vintage-Herz begehrt. Das eigentliche Zentrum Södermalms befindet sich heute dort, wo einst der fischreiche See 12 **Fatburen** (zu dt. Vorratskammer) lag.

Södermalms Bummelmeilen

Entlang der Timmermannsgatan und Sankt Paulsgatan, wo das winzige Geschäft Multi-Kulti (Nr. 3) sich auf Weltmusik spezialisiert hat, geht es zum idyllischen 13 **Mariatorget**. Dort eröffnete 2003 ABBA-Sänger Benny Andersson das angesagte Designhotel **Rival** mit schickem Bistro, Art-déco-Cocktailbar und Kino für 700 Zuschauer – im Sommer 2008 lief dort die Premiere des Films »Mamma Mia«. Bars, Galerien und Boutiquen säumen die 14 **Hornsgatan**. Bei Blås & Knada in Nr. 26 gibt es formschöne Glaskunst und Keramik (www.blasknada.com), in der Galleri Metallum in Nr. 30 edlen Schmuck. In der Hornsgatan 29a wurde 1740 Dichter und Komponist Carl Michael Bellman geboren. Jeder Schwede kann bis heute das eine oder andere Lied von ihm singen. 1743 zog die Familie in die Bellmansgatan 24, wo eine Tafel an ihn erinnert. Beim 15 **Stockholms Stadsmuseum** erreicht man das untere Ende der Götgatan. Die In-Boutiqen von Twist & Tango (Nr. 9) und 10gruppen (Nr. 25) begeistern die Schweden seit mehr als 25 Jahren mit flippigen Stoffen in ausgefallenen Farben. Vom Götgatan geht es nun zurück entweder zum Ausgangspunkt der Tour oder über die Hökens Gatan abermals zum Mosebacke Torg, wo der Biergarten direkt neben dem Södrateatern ein hübscher Abschluss der Tour ist.

GROSSE SÜDSCHWEDENTOUR

Länge: 1450 km | **Start und Ziel:** Trelleborg | **Dauer:** 12 – 16 Tage

Tour 3

Drei Metropolen, zwei Inseln, traumhafte Badestrände, idyllische Seen, prachtvolle Schlösser, Fischerdörfer und Fachwerkstädte: Unsere große Schleife entlang der Konturen Südschwedens führt Sie zu den schönsten Sehenswürdigkeiten der Region.

Wikingerstätten und Wolkenkratzer

Die Rundtour beginnt tief im Süden von Schonen, der Kornkammer Schwedens. Ausgangspunkt ist ❶ **Trelleborg**. Im südlichsten Fährhafen Schwedens ließ um 960 Wikingerkönig Sven Gabelbart eine Ringfestung errichten, die heute in Teilen rekonstruiert ist. Jeden Sommer gibt es auf der Trelleborg einen großen Wikingermarkt. Überlebt haben die rauen Nordmänner auch in ❷ ★ **Foteviken**. Wo Harald Blauzahn einst seine Kriegsflotte überwintern ließ, kann man nun das Leben der Wikinger entdecken. Wer lieber baden möchte: Die Halbinsel Skanör ist für ihre herrlichen Sandstrände bekannt! ❸ ★ **Malmö** ist spätestens seit dem Bau der Öresund-Brücke (► Baedeker Wissen S. 180) die Boomtown von Schonen. Neben der Alt- und Innenstadt sind auch die Stadtteile Möllevangen und Västra Hamnen mit dem architektonisch spektakulären Turning Torso besuchenswert.

Schwedens Seite des Öresund

Nächste Station ist die Universitätsstadt ❹ ★★ **Lund**. Ihre Hauptattraktion ist der älteste Dom Skandinaviens mit einem prächtig geschnitzten Altarschrein und der berühmten astronomischen Uhr (► Baedeker Wissen S. 146). Vorbei an der ochsenblutroten Zitadelle von ❺ **Landskrona** geht es am Öresund entlang nach Norden nach ❻ ★ **Helsingborg**, wo die Fähren aus Dänemark anlegen. Neben der kleinen Altstadt lohnen sich auch Dunkers Kulturhus, der Gutshof Frederiksdal und Schloss Sofiero. Auf der Landstraße 111 wird die alte Töpferstadt ❼ **Höganäs** erreicht, die für ihr Steingut mit Salzgla-

★★Tanum
17
16
Fjällbacka
15
Smögen
14
Lysekil
Bengtsfors
18
Karlstad
19
Motala
20
Schleusentreppe von Berg
21
22
23
★Linköping
★Vreta
Västervik
24
25
27
28
★★Gotland
★★Visby
★★Astrid Lindgrens Värld
Oskarshamn
26
★★Kalmar
30
29
★★Öland
31
Karlskrona
★Marstrand
13
12
★★Göteborg
Varberg
11
Falkenberg
10
Båstad
9
★★Kullaberg
8
Höganäs
7
6
★Helsingborg
5
Landskrona
4
★★Lund
3
★Malmö
2
★Foteviken
1
33
32
★Ystad
Smygehamn
Trelleborg
★★Vänern
Vättern
NORWEGEN
DÄNEMARK
København
Bornholm
50 km
©BAEDEKER
39 Entfernungsangaben in km

DER LUXUS DER LANGSAMKEIT

BAEDEKER WISSEN

Zu den schönsten Erlebnissen eines Schwedenurlaubs gehört es, an einem Sommerabend durch den Göta-Kanal zu schippern. Mit einer Gesamtlänge von 390 km stellt das »Blaue Band« zwischen Mem südwestlich von Stockholm und Göteborg eine Verbindung zwischen Ost- und Nordsee her. Das Mammutprojekt sollte vor allem dem Transport von Waren dienen, ohne dass im Kategatt Wegzoll an die Dänen bezahlt werden musste. Aber es kam anders.

Schon Gustav Wasa hat mit dem Gedanken gespielt, zwischen Göteborg und Stockholm eine Wasserstraße zu schaffen. Doch erst König Karl II. nahm 1716 das Projekt in Angriff. Die Wasserfälle von Trollhättan bildeten einen der vielen Knackpunkte. Die Ingenieure Swedenborg und Polhern versuchten, sie durch Schleusen zu umgehen. Als der Schutzdamm 1755 aber durch Treibholz brach, ruhte die Arbeit, bis **Freiherr Baltasar Bogislaus von Platen** mithilfe der besten Kanalbauer, derer er habhaft werden konnte, 1810 erneut einen Anlauf nahm. 58 000 Soldaten gruben und sprengten sich bis 1832 durch Schwedens Mitte, 7 Mio. Tagwerk lang. Mühselig war die Arbeit, zumal der gesamte Abraum von Hand abtransportiert werden musste. Pro Woche 14 Flaschen Branntwein sollten

Nichts ist am Göta-Kanal eilig. Und FreizeitkapitänInnen müssen schon mal selbst Hand anlegen, um die Schleusen zu überwinden.

die Arbeitsmoral aufrechterhalten. Motala am Vättersee wurde Zentrum des Kanalbaus und Wiege der schwedischen Maschinenbauindustrie, da dort die Schleusentore hergestellt wurden.

Liebenswert altmodisch

In vielen Schleifen schlängelt sich der Kanal übers Land, weil man den natürlichen Höhenlinien folgte, um nur eine Kanalseite mit einem künstlich aufgeschütteten Damm sichern zu müssen. Nach seiner Eröffnung am 26. September 1832 boomte der Schiffsverkehr wie geplant, doch nur wenige Jahrzehnte später machten Eisenbahn und Lkw den langsamen Wasserweg unrentabel. Die Kanalgeschichte wird in den Museen von Motola und Sjötorp erzählt, Höhepunkt ist die **Schleusentreppe in Berg**. Heute schippern über den Kanal Schwedenreisende, die Ruhe und Gelassenheit suchen. Von Mai bis September genießen Sie an Bord der historischen Kanalschiffe MS Juno (1874), MS Diana (1931) und MS Wilhelm Tell (1912) zwei- bis sechstägige Touren durch das sommerliche Schweden. Immer mit Blick auf herrliche Landschaften und idyllische Städte, nicht zu vergessen die gute Küche an Bord. Oder Sie werden selbst zum Skipper, mieten sich ein Hausboot und bestimmen selbst das – stets gemächliche – Tempo. Spannend ist dabei das Meistern der Schleusen. Ein wenig Erfahrung als Bootsführer ist zudem ratsam, mitunter wird von den Chartern auch die Vorlage eines Führerscheins verlangt. Unbedingt rechtzeitig buchen!

AB Göta Kanalbolag, Box 3, 59121 Motala, Tel. 0141 20 20 50
www.gotacanal.se

sur bekannt ist. Im Fabrikladen gibt es Arbeiten bekannter Firmen günstig als zweite Wahl. Weiter Richtung Norden führt die Landstraße Nr. 111 in das Naturparadies 8 ★★ **Kullaberg** mit seinen steilen Granitklippen, hellen Buchenwäldern, Grotten und Sandstränden. 9 **Båstad** auf der nördlich anschließenden Bjäre-Halbinsel ist Ziel der Tennisfreunde; jeden Sommer macht die ATP-Tour hier Station.

Badeparadies an der Westküste

Nördlich von Båstad beginnt die Riviera Schwedens: Traditionsreiche Badeorte wie 10 **Falkenberg** und die Spa-Kapitale 11 **Varberg** säumen mit feinkörnigen, langen Sandstränden die Westküste. Als Schwedens Traumstrand gilt ★ **Tylösand** nahe Halmstad, schön ist aber auch Melbystrand in der Laholmsbukt. Über Kungsbacka führt die Autobahn nach 12 ★★ **Göteborg**, der zweitgrößten Stadt Schwedens mit dem größten Hafen des Landes. Göteborg ist eine quicklebendige Metropole mit reichem kulturellem Angebot, besten Restaurants, erlesenen Boutiquen und dem nostalgischen Trendviertel Haga. Ein lohnender Ausflug von Göteborg führt ins 20 km entfernte 13 ★ **Marstrand**, eine Seglerhochburg mit kunstvoll verzierten Holzhäuschen. Besonders reizvoll ist die stark zergliederte Küste mit den vorgelagerten ★★ **Schäreninseln** nördlich von Göteborg. Man sollte daher in **Uddevalla** die Autobahn verlassen und auf der Landstraße Nr. 161 nach 14 **Lysekil** fahren, einen Ort mit altnordischen Villen und speziellem Aquarium. Ein im Sommer sehr touristischer Küstenort ist 15 **Smögen**. Das idyllische 16 **Fjällbacka** machte Camilla Läckberg zum Hotspot für Krimifans. Bis heute ein Rätsel sind die zahlreichen Felsritzungen aus der Bronzezeit rund um 17 ★★ **Tanum** in Bohuslan (▶Baedeker Wissen S. 64).

Schweden en miniatur

Nach gut 25 km Landstraße Richtung Westen erreicht man das Herz des **Dalslands** mit Felsen und Flüssen, Seen, Kanälen und Schleusen. Prinz Eugen schwärmte von der Region als »Schweden en miniatur«. Ein schöner Ausgangspunkt ist 18 **Bengtsfors** mit einem Strohflechtermuseum. In 19 **Karlstad**, wo die Klar Älv in den ★★ **Vänersee** mündet, lockt das Värmlands Museet. Über Laxå und Askersund kommt man zum zweitgrößten See Südschwedens, dem ★★ **Vättern**. Für einen Stopp empfiehlt sich 20 **Motala**, dessen Kanalmuseum über den Bau des **Göta-Kanals** informiert. Wer die Wasserleiche war, die bei Borensberg im Kanal gefunden wurde, verraten die Krimiautoren Sjöwall und Wahlöö. Vorbei an der 21 **Schleusentreppe von Berg**, wo die Kanalschiffe über sieben Kammern hinab zum Roxen-See schippern, und 22 ★ **Vreta**, dem ältesten Kloster Schwedens, wird 23 ★ **Linköping** erreicht. Eine Kleinstadt vor gut 100 Jahren zeigt das Freilichtmuseum Gamla Linköping. Die småländische Schärenküste lässt sich am besten von 24 **Västervik** aus entdecken. Lindgren-Fans müssen einen Abstecher 50 km landeinwärts nach **Vimmerby** einplanen, wo die 25 ★★**Astrid Lindgren Värld** Kleine und Große erfreut.

75 km südlich legt in ㉖ **Oskarshamn** die Fähre nach ㉗ ★★ **Visby** ab. Die mittelalterliche Hansestadt – UNESCO-Weltkulturerbe – ist Hauptstadt der Sonneninsel ㉘ ★★ **Gotland**. Kalksteinklippen säumen die Westküste, kilometerlange Sandstrände die Ostküste. Zum Wahrzeichen Gotlands wurden die »Raukar«, bizarre Kalksteinnadeln, geformt von Wind und Wasser. In Visby legt die Fähre nach ㉙ ★★ **Öland** ab, das wie eine lange Nadel vor der Ostküste liegt. Zurück zum Festland geht es über die Olandsbron mit herrlichen Ausblicken aufs Meer und auf die Festungsstadt ㉚ ★★ **Kalmar**. Nächster Halt ist ㉛ **Karlskrona**: Es blickt auf eine 300-jährige Geschichte als Flottenstützpunkt zurück. Wer auf den Spuren von **Henning Mankells** Kommissar Kurt Wallander wandeln möchte, ist in ㉜ ★ **Ystad** richtig. In dem kleinen Fachwerkstädtchen können echte Fans im Sommer auch einmal selbst Detektiv spielen. Über ㉝ **Smygehamn**, und Smygehuk, wo ein Leuchtturm den südlichsten Punkt Schwedens markiert, geht es zurück nach **Trelleborg**.

Sonneninseln und Fachwerkstädte

RUND UM SCHWEDENS SÜDSPITZE

Länge: 530 km | **Start und Ziel:** Malmö | **Dauer:** 5 – 7 Tage

Im tiefsten Süden gibt sich Schweden noch ganz dänisch: Bis zum Frieden von Roskilde 1658 gehörte Skåne zu Dänemark. Zwischen Öresund und Ostsee erstreckt sich rund um Malmö ein abwechslungsreiches Land.

Tour 4

Nach der Eröffnung der Brücke über den Öresund im Jahr 2000 (▶Baedeker Wissen S. 180) begann in ❶ ★ **Malmö** eine rege Bautätigkeit. Bestes Beispiel für das neue Malmö ist das einstige Werftviertel Västra Hamnen, wo der »Turning Torso« 190 m hoch in den Himmel ragt. An die dänische Vergangenheit erinnern die Fachwerkhäuser am gemütlichen Lilla Torg. Von hier sind es nur wenige Kilometer bis zur Universitätsstadt ❷ ★★ **Lund** mit eindrucksvollem Dom (▶Baedeker Wissen S. 146) und sehenswertem Freilichtmuseum. Wahrzeichen von ❸ **Landskrona** ist die leuchtend rote Zitadelle. Im Hafen starten Fähren zur ❹ ★ **Insel Ven**, auf der Tycho Brahe mit bloßem Auge die erste Supernova entdeckte. In ❺ ★ **Helsingborg** lohnt sich die Ersteigung des Festungsturms Kärnan: Die Aussicht auf Fährhafen, Öresund und das dänische Helsingør mit dem Hamletschloss Kronborg ist fantastisch. Zu den schönsten Ecken Schonens gehört

Pulsierende Städte und stürmische Klippen

der ❻ ★★ **Kullaberg**. 200 m hoch fallen am Leuchtturm Kullens Fyr die Granitklippen in die See ab.

Traum-
strände und
nordische
Tiere

Vorbei an ❼ **Ängelholm** mit einem sehenswerten Eisenbahnmuseum geht es auf die Bjäre-Halbinsel. Im kleinen Badeörtchen ❽ **Torekov** starten Robbensafaris. Fischerboote setzen zur Naturschutzinsel Hallands Vaderö mit Sandstränden und Eichenwäldern über. Im traditionsreichen Badeort ❾ **Båstad** mit langen Sandstränden an der Laholm-

Bucht werden seit 1948 die Tennismeisterschaften »Swedish Open« ausgetragen. Wer handgewebtes Leinen schätzt oder die typisch schwedischen Clogs liebt, kann hier beides direkt in den Werkstätten erwerben. Eine kleine Nebenstrecke folgt dem Bergrücken ⑩ **Hallandsås** von der Küste ins Landesinnere. Vom 226 m hohen Gipfel eröffnet sich ein fantastischer Fernblick über den Norden von Schonen. Wie wild die sonst liebliche Gegend sein kann, zeigt sich im ⑪ **Söderåsens Nationalpark** mit bis zu 90 m tiefen Schluchten. Nach dem Wandern gibt ein Stück Spettekaka neue Energie. Besonders lecker schmeckt der Kuchen bei Frick in ⑫ **Billinge** am Måns Andreas Väg (www.fricks.se). Hinter ⑬ **Höör** empfiehlt sich ein Abstecher zum **Schloss Bösjokloster**. Das im Jahr 1080 gegründete Benediktinerkloster auf einer Landzunge im Ring-See gehört zu den ältesten Schlössern in Skåne. Nördlich von Höör präsentiert **Skånes Djurpark** mit mehr als 800 Tieren die nordische Fauna. ⑭ **Kristianstad** wurde von Dänenkönig Christian IV. angelegt. Seine Dreifaltigkeitskirche gehört zu den schönsten Renaissancekirchen des Königreichs. Jedes Frühjahr kehren die Kraniche in ★★ **Kristianstads Vattenrike** zurück.

Schlemmerland mit Meerblick

Das Küstenstädtchen ⑮ **Åhus** ist bekannt für seine frisch geräucherten Aale. Auch der berühmte schwedische Wodka »Absolut« kommt von hier. Er passt perfekt zum Räucheraal! Rund um ⑯ **Kivik**, das alljährlich im September ein riesiges Apfelfest feiert, erstrecken sich die Obstplantagen von Österlen. Etwas südlich von Kivik bietet der kleine ⑰ **Stenshuvuds Nationalpark** von drei Gipfeln herrliche Aussichten auf die Steilküste und das Meer. Liebevoll herausgeputzt präsentiert sich ⑱ **Simrishamn** mit engen Gassen und niedrigen Häuschen in Pastelltönen. Mehr als 2 m dick sind die Mauern der am besten erhaltenen schwedischen Burg: ⑲ ★ **Glimmingehus**. Im Sommer finden hier Ritterspiele und nächtliche Führungen statt.

Wikinger und Wallander

Bei Kåseberga erhebt sich die größte Steinsetzung in Skandinavien, ⑳ ★ **Ales Stenar**. In Form eines Schiffes angeordnet, stehen dort 59 Monolithen direkt an der steil abfallenden Küste. ㉑ ★ **Ystad** besitzt mit mehr als 300 Fachwerkhäusern einen der schönsten Stadtkerne Schwedens. Krimifans können hier auf den Spuren von Kurt Wallander wandeln; mehr als 30 Schauplätze aus den Krimis von Henning Mankell werden in der Broschüre der Touristenbüros vorgestellt. Auf der landschaftlich ausgesprochen reizvollen E 9 geht es über ㉒ **Smygehamn**, wo ein Leuchtturm an der Südspitze Schwedens blinkt, weiter nach ㉓ **Trelleborg** mit der gleichnamigen Wikingerfestung; im Sommer lockt dort ein bunter Wikingermarkt. Von Trelleborg geht es per Fähre zurück nach Deutschland oder auf der bereits nach wenigen Kilometern zur Autobahn ausgebauten E 6/22 zurück nach Malmö. Wer sich vorher noch beim (Sonnen-)Baden erholen möchte: ㉔ **Skanör** besitzt wunderschöne Strände!

Z
ZIELE

Magisch, aufregend, einfach schön

Alle Reiseziele sind alphabetisch geordnet. Sie haben die Freiheit der Reiseplanung.

Still ruht der See ... nicht nur in Dalsland. Wer Wasser mag, wird Südschweden lieben! ►

★ BÅSTAD · BJÄREHALVÖN

Landschaft: Skåne (Schonen) | **Provinz:** Skåne Län
Einwohnerzahl: 14 200 | **Höhe:** 0 – 226 m ü. d. M.

Einmal im Jahr, immer im Juli, steht das kleine Städtchen auf der Bjäre-Halbinsel zwei Wochen lang im Fokus der Öffentlichkeit. Dann dreht sich alles um die kleine gelbe Filzkugel und die Größen des internationalen Tennis-Zirkus geben anlässlich der Swedish Open ein Stelldichein. Den Rest des Sommers über ist Båstad mit seinen weißsandigen, windgeschützten Stränden einfach nur einer der beliebtesten Badeorte in Südschweden.

Rote Tennis-Courts, weiße Strände

Die Swedish Open wurden zwar erst 1948 ins Leben gerufen, Tennis wird in Båstad aber schon gespielt, seit Ludvig Nobel (1868 – 1946), Neffe des Nobelpreisstifters, 1907 den ersten Tennisplatz anlegen ließ. Nobel, Bauingenieur und Chemiker, der wie viele wohlhabende Schweden Anfang des 20. Jh.s seine Ferien auf der landschaftlich und klimatisch reizvollen Bjäre-Halbinsel verbrachte, war so begeistert von dem damals kleinen Fischerdorf Båstad, dass er dieses in einen mondänen Badeort mit internationalem Ruf ummodeln wollte. Er kaufte Grundstücke, ließ Villen und Hotels bauen. Schmuckstück wurde das 1918 errichtete Luxushotel Skånegården, in dem König Gustav V., schwedische Blaublüter und die High Society der damaligen Zeit ihren Sommerurlaub verbrachten. 1969 wurde es in eine Wohnanlage mit Ferienwohnungen verwandelt.
Dass der Ort einmal durch ein Tennis-Turnier weltberühmt werden und jährlich 20 000 Zuschauer anlocken würde, hätte sich der »König von Båstad«, wie die Einheimischen hier Nobel titulierten, sicher nicht träumen lassen. Heute ist die Tennismetropole Station der ATP-Tour (Association of Tennis Professionals) für die Elite der Weltrangliste.

Wohin in Båstad?

Spiel, Satz und Sieg

Swedish Tennis Hall of Fame

Neben alten Rackets aus Holz und glänzenden Pokalen lächeln Porträts schwedischer Tennisstars von der Wand: Björn Borg, in Gold gegossene Ikone der 1970er-Jahre, Mats Wilander, Ballprofi in den 1980ern, Stefan Edberg, der in Wimbledon drei Mal Boris Becker besiegte, und Magnus Larsson, der 1998 in Båstad seinen letzten Doppeltriumph errang. Seit 1997 belegt das Tennis-Museum in der

BÅSTAD UND BJÄREHALVÖN ERLEBEN

BÅSTAD TURISTBYRA
Köpmansgatan 1,
29621 Båstad, Tel. 0431 7 50 45
www.bastad.com, Mo. - Fr. 10 bis 18, Sa. - So. 10 - 15 Uhr

TROENTORP TOFFEL
In der Holzschuhfabrik an der Straße von Båstad nach Torekov werden seit 1909 die berühmten Schweden-Clogs aus Erlenholz von Hand hergestellt.
Elestorp, 26991 Båstad
Tel. 0431 7 56 70, www.troentorpsclogs.com, Mo. - Fr. 10 - 18, Sa. 10 - 14, 24. Juni - Mitte Aug. auch So. 11 - 15 Uhr

VÄVAREN
In der Weberei wird nur Reinleinen verarbeitet, das aufgrund seiner Schönheit, Strapazierfähigkeit und Feuchtigkeitsaufnahme früher das gängige Material für Postsäcke, Arbeitshemden, Tischtücher, Servietten, Handtücher und Bettwäsche war.
Boarp (westl. von Båstad),
Mo. - Fr. 10 - 18, Sa. 10 - 14 Uhr
www.vavarenibastad.se

Ein Erlebnis ist das Båstad-Kammarmusikfestival im Juni (http:\\bastadkammarmusik.com, Tickets: Tel. 0431 36 96 60).

RESTAURANG SAND €€€
Marcus Bengtsson und Görgen Jönsson kredenzen moderne Fischküche, die Sie direkt am Strand mit Blick über die Laholmer Bucht genießen.
Hotel Skansen, Kyrkogatan 2
Båstad, Tel. 0431 55 81 09
www.hotelskansen.se

G. SWENSON'S KROG €€ - €€€
Spezialität des Hauses ist die schwedische Fischsuppe, komponiert aus Kartoffeln, Porree, Sahne, Dill und fangfrischem Ostsee-Dorsch.
Pål Romares Gatan 2
Torekov, Tel. 0431 36 45 90
www.swensons.net

CAFÉ UTSIKTEN €
Immer frisch auf den Tisch kommen der selbst gebackene Kuchen und die mit Lachs oder Krabben belegten Brötchen. Perfekt zum Entspannen: der Blick auf die Bucht von Laholm!
östlich von Båstad, Tel. 0431 7 08 00
www.cafeutsikten.com
Ostern - Sept. tgl. 11 - 18 Uhr

HOTEL SKANSEN €€€€
Die Nobelherberge zwischen Hafen und Centre-Court residiert in einem stilvollen Trakt von 1877. Wintergarten, Kongresszentrum, Tennispavillon, das Feinschmeckerlokal Sand und ein Spa- und Wellnessbereich umsorgen die Gäste.
Kyrkogatan 2, 26933 Båstad
Tel. 0431 55 81 00, 173 Z.
www.hotelskansen.se

HJORTENS PENSIONAT OCH RESTAURANG €€ - €€€
Eine Schwedenidylle wie aus dem Bilderbuch: Seit 1910 genießen die Gäste hier erholsame Sommertage.
Roxmansvägen 23, 26936 Båstad
Tel. 0431 7 01 09
www.hjorten.net

BAEDEKER ÜBERRASCHENDES

6x ERSTAUNLICHES

Überraschen Sie Ihre Reisebegleitung: Hätten Sie das gewusst?

1. TENNIS-MEKKA

Ende Juli avanciert **Båstad** zum Nabel der Tennis-Welt. Die Swedish Open in dem kleinen Städtchen locken Jahr für Jahr über 20 000 Tennisfans aus aller Herren Länder an. (▶ **S. 48**)

2. TRENDSETTER

Majestät brauchen Sonne! In dem kleinen Seebad auf der **Kullen-Halbinsel** gab es für Kaiser Wilhelm II. reichlich davon. Und so wurde er zum Trendsetter für Schwedenurlauber. (▶ **S. 125**)

3. ROT AUF GRAU

Modern muten Sie an, dabei sind sie steinalt! In der Region Bohuslän illustrieren 40000 mehr als 2500 Jahre alte **Felszeichnungen** überraschend lebhaft den – oft kriegerischen Alltag – in der Bronzezeit. (▶ **S. 64**)

4. FRAUENPOWER

Der Bau von **Schloss Drottningholm** wurde nicht nur von einer deutschstämmigen Königin in Auftrag gegeben, es war seitdem im Besitz von eingeheirateten deutschen Prinzessinnen. Und auch heute residiert dort eine Königin, die aus Deutschland kommt. (▶ **S. 262**)

5. UNGEKRÖNT

Margarethe I. schmiedete die **Kalmarer Union**, nannte sich Königin der Dänen und Schweden, wurde aber nie als solche gekrönt. Doch auch ohne Krone zählt sie zweifelsohne zu den großen Frauen der Weltgeschichte. (▶ **S. 109**)

6. KOPFLOS

Nicht immer ging es auf dem **Stortorget in Stockholm** so friedlich zu wie heute. Im November 1520 wurde er zum Schauplatz des Stockholmer Blutbads: Dänenkönig Christian II. ließ 82 Widersacher hinrichten. (▶ **S. 382**)

Köbmansgatan 2 eindrucksvoll die glorreiche Vergangenheit des schwedischen Tennis.

Fr. - So. 11 - 15 Uhr | Eintritt: 20 SEK, geführte Touren 100 SEK
www.sverigestennismuseum.se

Glaskunst

Glasstudio Eldoluft

Das Licht und die Landschaft zogen auch viele Künstler nach Båstad. Richard Rackham zeigt in seinem Glasstudio im Bahnhofsgebäude faszinierende Kreationen.

Mo. - Fr. 10 - 18 Uhr (Vereinbarung unter Tel. 0431 7 91 79 ratsam)
www.eldoluft.se

Umkämpftes Dorfidyll

Zwischen Marktplatz und Hafen

Rosa bis tiefrot leuchtende Stockrosen wachsen und gedeihen vor den niedrigen Häusern aus Fachwerk, Holz oder Ziegel, die den kopfsteingepflasterten Marktplatz und die umliegenden Gassen säumen. Ein schmiedeeisernes Tor gewährt Zugang zur weiß getünchten **Mariakyrka**, die im Inneren mittelalterliche Kalkmalereien aus der Zeit um 1500 bewahrt. Während der Saison erklingen stimmungsvolle Mittagsmusik und Sommerkonzerte.

Zwischen Strand und Stadt erstreckt sich am Hafen die frühere Verteidigungsanlage **Skansen**, heute eine mit Kanonen bestückte Anhöhe. Mehr als 50 Kugeln wurden am 8. August 1788 hier abgefeuert, um russische Freibeuter zu vertreiben: Diese pflegten damals dänische und schwedische Handelsschiffe im Öresund zu kapern.

Formschönes Kunsthandwerk

Weberei Märta Måås

Anfang 1919 gründete Märta Måås Fjetterström in Båstad ihre Weberei für Teppiche und Wohnstoffe. Als Inspiration diente ihr die schwedische Landschaft mit ihren Pflanzen und Tieren. Eine Ausstellung in Stockholm brachte 1934 den Durchbruch, heute hängen ihre Teppiche u. a. im Louvre in Paris und im Metropolitan Museum of Art in New York. Nach dem Tod der Gründerin 1941 gewährleistete eine Gruppe hochrangiger Persönlichkeiten – darunter der Direktor des Nationalmuseums in Stockholm, der Möbeldesigner Carl Malmsten und König Gustav V. –, dass ihre Weberei in der Agardhsgatan 9 bis heute bestehen blieb.

Eine ausgezeichnete Adresse für edles Kunsthandwerk ist auch der **Designgården** in der Ängelholmsvägen 28 mit Arbeiten von Ingela Benson, Jellybean konstglas, Lars Bygdemark fotokonst und Stiltje stengolv (www.designgardenbastad.se). Liebhaber moderner Formgebung sollten auch in der **Designgalerie Nivå 125** an der Finnsbovägen 277 vorbeischauen, 125 m hoch über dem Meer gelegen (www.niva125.se).

Weberei Märta Måås: Mi. - Fr. 13 - 17, Sa. 10 - 13 Uhr | Showroom in Stockholm: Sibyllegatan 19 | www.mmf.se

★ Rundfahrt über die Bjäre-Halbinsel

Einblicke in die Bronzezeit

Hembygdsparken

Mit Steilküsten, Felsen und Klippen schiebt sich zwischen Båstad und Ängelholm die **Bjärehalvön** in den Kattegat. Während der Bronzezeit war es auf der Bjäre-Halbinsel so warm wie heute am Mittelmeer. Die Menschen wohnten weit verstreut in kleinen Dörfern und lebten von Ackerbau und Viehzucht. Einblicke in den Alltag jener Zeit gewährt ein rekonstruiertes bronzezeitliches Haus im Hembygdsparken 3 km westlich von Båstad in **Boarp**. Auf einem Bronzezeitpfad mit Informationen auch auf Deutsch lassen sich weitere Plätze aus jener Zeit entdecken. Die Südküste der Halbinsel ist als Naturschutzgebiet mit Wanderweg ausgewiesen.

Juni – Aug. tgl. 13 – 18, Mai, bis Mitte Sept. nur Sa./So.

Der »schönste Park Schwedens«

★ Norrvikens Trädgårdar

Am Nordhang des Bergrückens Hallandåsen liegt der Norrvikens Trädgårdar, der die Auszeichnung als »schönster Park Schwedens« 2006 erhielt. Heute trägt die Gartenanlage, die Rudolf Abelin Anfang des 20. Jh.s aus sieben verschiedenen Gartenstilen geschaffen hat , die Handschrift des dänischen Blumenkünstlers Tage Andersen. Ihr Herz bildet ein monumentaler Barockgarten. Für romantische Dramatik sorgt die Königsschlucht, für exotischen Farbenzauber im Frühling und Herbst ein japanischer Garten, für Kaffee und Kuchen die »Villa Abelin«. Wer hier picknicken möchte, sollte vorher einmal bei **»Tant Grön«** vorbeischauen, einem Lädchen mit besten Regionalprodukten und Erzeugnissen vom eigenen Hof. Hausgemacht sind Knäckebrot, Holunderbeersirup und Rhabarbersaft.

Villa Abelin: Juni – Aug. tägl. 10 – 17, Mai und Sept. Mi. – So. 10.17, Okt. – Dez. Sa. – So. 10 – 17 Uhr, www.norrvikenbastad.se/en
Tant Grön: Sönnertorpsvägen 111 | www.butikernapagarden.se

Meer gegen Gestein

★ Hovs Hallar

Keineswegs sanft und lieblich, sondern schroff und wild zeigt sich die Halbinsel im Westen. Die Hügellandschaft von **Hallandsås** bricht bei den verwitterten Klippen von Hovs Hallar steil in die Ostsee ab – nicht nur im typisch rötlichen Gneis, sondern auch mit einem zweiten Urgestein namens Amphibolit. Es entstand vor rund 1,8 Mio. Jahren, als Magma durch Spalten und Risse aus dem Untergrund nach oben stieg. Seitdem brandet das Meer unablässig gegen die Klippen, wäscht Grotten in den Hang, sprengt Steinblöcke aus dem Fels, poliert sie zu glatten Platten und schleift sie zu immer kleineren Kieseln, bis das Meer sie als Sandkorn fortspült. Widerstand leisten nur weni-

Inspiration für Hobbygärtner – wunderschöne Gärten umgeben die Villa Abelin.

ge Felsen. Sie ragen als bizarr geformte Pfeiler aus dem Felsenmeer und wurden einst von den Fischern als Landmarke genutzt. Die Dramatik der Landschaft inspirierte auch Filmemacher: Ingmar Bergman drehte hier 1957 Szenen für »Das siebte Siegel«.

Heimat einer Diva

Birgit Nilsson

Zwischen Båstad und Torekov liegt ein Muss für alle Fans des schwedischen Opernstars Birgit Nilsson: In dem alten Familienhof am Birgit Nilssons Vag 27, wo die Sängerin ihre Kindheit und Jugend verbrachte, ist ein Museum eingerichtet.

Ende Mai – Anf. Sept. Di. – So. 11 – 17 Uhr | Besichtigung des Wohnhauses nur im Rahmen von Führungen | Eintritt Ausstellung mit Audioguide: 100 SEK, Führungen: 60 SEK | Tel. 0431 31 18 60
www.birgitnilsson.com

Baden und entspannen

Torekov

Einstöckige Holzhäuschen säumen den alten Fischereihafen und traditionsreichen Badeort Torekov. Herrlich entspannen kann man in dem 1876 von einem Kapitän erbauten **Warmbadehaus**, das wohltuende Tangbäder verabreicht. Ca. 500 m südlich von Torekov bietet ein Grabhügel einen schönen Rundblick.

Warmbadehaus: Mo. – Fr. 9.30 – 17.30 | Sa. 9.30 – 16 Uhr
www.torekovswarmbadhus.com

Robbenkolonie

Hallands Väderö

Vom Hafen setzen regelmäßig Ausflugsboote nach Hallands Väderö über. Die unbewohnte, rund 3 km² große Insel ist ein Vogelschutzgebiet und Heimat einer der wenigen Robbenkolonien Schwedens. Die wenigen Sandstrände sind zwar klein, aber von glasklarem Wasser bespült.

★★ BOHUSLÄN

Landschaft: Bohuslän | **Provinz:** Västra Götalands Län

Jagdzauber, religiöse Motive oder einfach »nur« Kunst«? Tausende von Felsritzungen in der Gemeinde Tanum geben der Wissenschaft bis heute Rätsel auf. Wer das Geheimnisvolle mag, wird die roten Gravuren lieben. Aber auch sonst weiß die Küstenlandschaft von Bohuslän mit ihrem felsigen Antlitz, Tausenden von Wind und Wasser geschliffenen Schäreninseln und farbenfrohen Fischer- und Badeorte zu faszinieren.

Im Seglerparadies Bohuslän ist es ein Vergnügen, von Inselchen zu Inselchen zu schippern.

Bohuslän wirbt damit, den schönsten Schärengarten der Welt zu besitzen. Tatsächlich sind es vor allem die malerischen Küstenorte, die spektakuläre, aber gleichzeitig gut zugängliche Meereslandschaft mit geschützten Gewässern für Seekajakfahrer sowie der Ruf als Schwedens beste Hummer-Region, die Besucher aus dem In- und Ausland in Scharen anziehen. So adelte unlängst CNN Travel die Küste von Bohuslän und bezeichnete sie als eine der zehn letzten schönsten Wildnisareale der Welt.

Mystische Schärenwelt

Ein Hingucker sind aber nicht nur die Küstenorte mit ihren bunten Holzhäusern und die hinreißend schöne Schärenwelt, sondern auch die Felszeichnungen von Tanum. Rund 40000 in den Felsen geritzte Bilder entstanden zwischen ca. 1800 und 500 v. Chr. Sechs der Fundstellen wurden 1994 in die UNESCO-Liste des Weltkulturerbes aufgenommen. Kein Wunder, ist der Tourismus doch neben Fischfang die wichtigste Einnahmequelle der im Norden an Norwegen grenzenden Provinz, die bis 1658 Teil des Nachbarlandes war.

Hauptverkehrsader der Region ist die von ► Göteborg über Uddevalla zur norwegischen Grenze führende **E 6**. Wer etwas Zeit mitbringt, wird aber sicher viel Vergnügen an diversen Abstechern über kleine Nebenstraßen hin zu Meer, Inseln und bekannten Seebädern haben!

BOHUSLÄN ERLEBEN

LYSEKIL TURISTBYRÅ
Strandvägen 9, Lysekil
Tel. 0523 1 30 50
www.vastsverige.com/lysekil/

MARSTRAND TURISTBYRÅ
Hamngatan 33, Marstrand
Tel. 0303 6 00 87, www.vastsverige.com/sv/marstrand/

STRÖMSTAD TOURIST
Gamla Tullhuset, Ångbåtskajen 2
Strömstad, Tel. 0526 6 23 30,
www.vastsverige.com/sv/stromstad/

TANUMS HAMN & TURISM
Apoteksvägen 5, Tanumshede,
Tel. 0525 1 83 80
www.vastsverige.com/sv/tanum/

UDDEVALLA TURISTCENTER
Södra Hamnen 2, Uddevalla,
Tel. 0522 9 97 20, www.vastsverige.com/sv/uddevalla/

Unterhaltsam sind die täglichen Fischauktionen auf dem Fischmarkt in Smögen um 8, 17 und 20 Uhr. Um den 20. Juli herum finden auf der Bohus Fästning in Kungälv farbenfrohe Mittelaltertage statt. Jedes Jahr Anfang Juli trifft sich die internationale Segelelite bei Marstrand zum Match Cup Sweden (www.matchcupsweden.com). Und am ersten Montag nach dem 20. September um Punkt 7 Uhr beginnt man an der Küste von Bohuslän zu feiern. Man fährt hinaus aufs Meer zu Hummersafaris und an Land werden nach Lust und Geldbeutel Schaltiere en masse verspeist. Probieren Sie dazu das Hummerbier der Brauerei Grebbestad!

Für Hobbysegler ist das Revier um die Schäreninseln der Bohus-Küste ein Traum. Tipps rund ums Segeln gibt es unter www.westschweden.com.

WANDERN UND RADFAHREN
Der relativ einfache, 360 km lange Fernwanderweg Bohusleden (http://bohusleden.se) geht von Lindome (Mölnlycke) südlich von Göteborg bis Strömstad. Der 290 km lange Radwanderweg Cykelspåret verläuft meist auf Nebenwegen.

GUSTAFSBERGS BADRESTAURANG €€
Skandinavischer geht's nicht! In dem Sommerrestaurant 3 km südlich von Uddevalla wird Hausmannskost serviert. Gegessen wird im Garten mit hübschem Blick aufs Wasser.
Gustafsberg 465, Uddevalla
Tel. 0522 3 20 60
www.badrestaurang.se
Juni – Aug. Mo. – Fr. 11 – 15 Uhr

MORTENS KROG & NÖJE € – €€
Restaurant, Nachtclub und Pianobar in Einem, oft mit Livekonzerten.
Kungsgatan 17, Uddevalla
Tel. 0522 66 53 00, www.mortenskrog.se, Mo., Di. geschl.

SMÖGENS HAVSBAD €€€€
Das historische Gebäude von 1900 wurde 2001 umgebaut und renoviert. Die Räume sind hell und im skandinavischen Design gehalten. Attraktives Spa.
Hotellgatan 26, Smögen
Tel. 0523 66 84 50, 74 Z.
www.smogenshavsbad.se

Wohin in Bohuslän?

Schwedens Grenzfeste

Kungälv

Rund 20 km nördlich von Göteborg blickt das idyllische Kungälv am Fluss Nordre auf eine über 1000-jährige Geschichte zurück. Der alte Marktplatz und die Straßen Östra und Vestra Gatan mit ihren historischen Holzhäusern bilden den Kern der gut erhaltenen **Altstadt**. Auch die Kirche am Gamla Torg aus dem 17. Jh. ist sehenswert: Der Holzbau auf kreuzförmigem Grundriss besitzt hölzerne Deckengewölbe, die mit barocken Malereien verziert sind. Den Ruinen der **Bohus Fästning** oberhalb von Kungälv verdankt die Landschaft ihren Namen. Von den oberen Festungsmauern reicht der Blick über den Nordre Älv zum Göta Älv, der hier einmündet. Politisch und strategisch bedeutsam war die Festung, weil bis 1658 der Göta Älv die Grenze zu Norwegen bildete. Zu ihrer Verteidigung wurde 1308 die Burg errichtet und nach dem Nordischen Krieg im Renaissancestil neu gebaut. Im **Fars Hatt** genannten mächtigen Hauptturm befinden sich ein Modell der Festung, das sie im Jahr 1658 zeigt, sowie eine Dokumentation zur Baugeschichte.

Bohus Fästning: Mitte Mai – Mitte Juni. tgl. 10 – 17, Mitte Juni bis Mitte Aug. tgl. 10 – 18, Mitte Aug. – Mitte Sept. tgl. 10 – 17, Mitte Sept. – Mitte Okt. Sa., So. 11 – 16 Uhr | englischsprachige Führungen Juni – Mitte Aug. 12 Uhr | Eintritt: 100 SEK inkl. Führung
www.bohusfastning.com

Gläserne Ikone

Surte

In Surte empfiehlt sich ein Besuch der 1978 stillgelegten **Glashütte**, in der ein Glasmuseum eingerichtet ist. Dazu gehört eine Ausstellung über Alexander Samuelson, den Erfinder der Coca-Cola-Flasche. Angegliedert ist die Glasbläserei von Heino Jakobsson mit Verkauf eigener Kreationen.

Kvarnvägen 6 | Di. – Fr. 11 – 15, So. 12 – 15 Uhr | Eintritt: 40 SEK
www.glasbruksmuseet.se

Autofreies Inselidyll

★ Marstrand

Die kleine Insel Marstrand wird von der **Festung Carlsten** überragt, die 1667 erbaut wurde und lange als Gefängnis diente. 1781 flammte auf dem Festungsturm das erste Leuchtfeuer Bohusläns auf. Einst war der Ort eine Hochburg der Heringsfischerei, bis im 19. Jh. der Tourismus das idyllische Fleckchen für sich entdeckte. Marstrand avancierte zum exklusiven Ferienort vor den Toren Göteborgs und ist beliebt bei Seglern und Tagesausflüglern. In nur wenigen Minuten kann man mit der Fähre von Köon aus nach Marstrand übersetzen, um zwischen den bunten Holzhäusern zu bummeln. Nirgendwo sonst gibt es so kunstvolle Verzierungen an Geländern, Balkonen und Fenstersimsen. Besonders gelungen ist das **Societetshus** an der Långgatan 1 (Tel. 0303 6 06 00). Es entstand 1887 im nördlichen Teil der Insel für den schwedisch-norwegischen König Oskar II., der hier gegen Ende des Jahrhunderts seine Sommer verbrachte. Heute sind hier zwei Restaurants, diverse Bars, ein Kasino und ein Nachtclub untergebracht. Erinnert wird auch an die Popgruppe ABBA, die 1980 in Marstrand das Video zu ihrem Hit »The Winner Takes It All« drehte.

Beliebte Schäreninseln

Tjörn und Orust

Imposant ist bereits die Anfahrt zu Schwedens sechstgrößter Insel. Von Stenungsund aus geht über den 5 km langen **Tjörnleden**, dessen Herzstück drei kühne Brücken bilden. Der Rastplatz am Westende gewährt eine herrliche Aussicht auf Askeröfjord und Hakefjord.
Fährt man ganz in den Westen von Tjörn, gelangt man zum Hauptort **Skärhamn**, in dessen reizend verwinkelten Gassen die Freizeitkapitäne gerne ihren Landausflug absolvieren. Unbedingt besuchenswert ist das **Nordische Aquarellmuseum**, das sich architektonisch gelungen in die Schärenlandschaft einpasst und wechselnde Ausstellungen internationaler Aquarellmaler zeigt. Das Museumscafé besitzt eine Terrasse direkt am Wasser.
Von Rönnäng an der Südspitze verkehren Fähren zum vorgelagerten Eiland **Dyrön** mit idyllischen Dörfchen und Schären. Rund um Tjörn liegen ferner die bekanntesten der schwedischen Werften, die allesamt einen hervorragenden Ruf genießen, wie Hallberg-Rassy, Najad und Malö. Außerdem ist Tjörn Schauplatz von Schwedens größter Segelregatta, die über 28 Seemeilen rund um die Insel führt. Seit 1964 findet die **Tjörn Runt** immer am dritten Samstag im August statt. Mehr als 600 Jachten und Boote starten unter der Tjörnbron und segeln über den Askeröfjord zwischen Stenungsund und Stenungsön zur Skåpesundsbron (www.stss.se).
Nördlich von Tjörn schließt sich die noch größere Insel Orust an, die von Süden und Norden über die Straße Nr. 160 erreicht wird. Auch hier gibt es hübsche Städtchen wie Nösund, Mollösund, Käringön oder Gullholmen, die alle auf der Westseite der Insel inmitten einer bezaubernden Schärenlandschaft liegen.

Nordiska Akvarellmuseet: Mai – Sept. 11 – 18 Uhr | Eintritt: 100 SEK
www.akvarellmuseet.org

Muschelfossilien und Badespaß

Uddevalla

Noch in den 1980er-Jahren war die lebhafte Hauptstadt von Bohuslän ein bedeutender Standort der Werftindustrie, die inzwischen zum Erliegen gekommen ist. Am östlichen Stadtrand liegen die **Skålgrusbänkar**, die größten fossilen Muschelbänke der Erde. Die bis zu 13 m hohen Halden enthalten die Überreste von mehr als 100 Tierarten, die hier vor rund 10 000 Jahren gelebt haben.
Am Südufer des Byfjords schließt sich mit **Gustafsberg** einer der ältesten Badeorte Schwedens an. Hauptattraktion ist das **Bohusläns**

BAEDEKER MAGISCHE MOMENTE

STEINIGER GARTEN

Vor den Erfolg haben die Götter den Schweiß gesetzt. Über etliche Holztreppen geht es 85 m hinauf zum Aussichtspunkt Tjörnehuvud an der Küste von Bohuslän. Oben angekommen, wird der Lohn für alle Mühen ausgezahlt. Weit reicht der faszinierende Rundumblick über die Schären der Westküste – beinahe wie in einem fernöstlichen Steingarten sind die Inselchen ins Meer verteilt. Und an klaren Tagen erspähen Sie selbst die Silhouette von Marstrand vor den Toren von Göteborg.

Museum am nördlichen Ufer der Bäveån. Gezeigt werden Wasserfahrzeuge und Schiffbautechnik, außerdem wird ausführlich wie unterhaltsam über die Natur von Bohuslän informiert.

Bohusläns Museum: tgl. 10 – 16, Di. – Do. bis 20 | Eintritt frei
www.bohuslansmuseum.se

Austernstadt

Grebbestad

Viele der schwedischen Austern werden rund 70 km nördlich in der Nähe von Grebbestad handverlesen. Alljährlich am 1. Mai ist dies Anlass genug für die nordischen Meisterschaften im Austernöffnen. Ein Erlebnis ist auch eine **Austernsafari** (jene des Grebbestader Familienunternehmens Everts Sjöbod wurde 2017 von der schwedischen Vereinigung für naturnahen Tourismus mit dem Nachhaltigkeitspreis ausgezeichnete). Mit dem Unterwasserfernglas erhalten die Teilnehmer Einblick in die wilden Austernbänke. Wer einen Tauchschein besitzt, kann beim Pflücken der Delikatesse helfen. Noch auf dem Boot gibt es dann eine ganz frische Kostprobe der exquisiten Muschel. Den Abschluss bildet ein Besuch der Austernakademie am Hafen von Grebbestad.

Der Herbst steht dann im Zeichen des Hummers, der überall serviert wird. Als Hommage an das begehrte Schaltier braut die Grebbestads Bryggeri in dieser Zeit sogar ein eigenes **Hummerbier**, das überall an der Westküste und in Göteborg erhältlich ist.

Nobles Seebad

Lysekil

Auf der schnurgeraden Straße Nr. 160 geht es von Uddevalla nach Südwesten zum 60 km entfernten Lysekil am Gullmarn, einem weit ins Land reichenden Fjordarm. Hafen und Ölraffinerien bilden das

Rückgrat der Stadt, doch auch der Tourismus spielt eine wichtige Rolle. An die lange Tradition als nobles Seebad erinnern die prächtigen altnordischen Villen »Storstugan« und »Lillstugan« an der Strandpromenade, die der Badearzt Carl Curman um 1880 errichten ließ. Im **Havets Hus** sind Fische und Pflanzen der Region zu sehen. Spannend für die ganze Familie sind das Streichelaquarium sowie das Tunnelaquarium, in dem die Besucher durch Unterwasserröhren laufen und ringsumher Haie und Seesterne schwimmen. Im benachbarten **Vikarvets Bohusmuseum** wird die industrielle Geschichte der Region erzählt und eine große Sammlung von Schiffsmodellen gezeigt. Vom 1894 erbauten Aussichtsturm nahe der 1901 geweihten Kirche von Lysekil genießt man eine fantastische Aussicht über die Schärenlandschaft. In der Gamlestan, dem ältesten Stadtteil von Lysekil, sind viele der kleinen, flachen Häuser erhalten, die aus der Zeit stammen, als der Fischfang noch Haupteinnahmequelle des Orts war.

Havets Hus: tgl. 10 – 16, Mitte Juni – Mitte Aug. bis 18 Uhr
Eintritt: 120 SEK | www.havetshus.lysekil.se
Vikarvets Bohusmuseum: Mitte Juni – Mitte Aug. Di. – Do., So. 15 – 17 Uhr | Eintritt: 50 SEK | www.vikarvet.se

In den alten Bootsschuppen von Smögen, an der angeblich längsten Holzpier der Welt, wartet ein kunterbuntes Angebot an Kunsthandwerk und anderen Souvenirs.

Auf dem Holzweg

Smögen

Manche mögen's voll: Smögen, am Ende der Sotenäs-Halbinsel, platzt während der Saison aus allen Nähten. Über die kilometerlangen Holzstege schieben sich die Touristen im Schneckentempo vorwärts, in den ehemaligen Bootsschuppen warten Dutzende von Läden mit reichhaltigem Angebot auf Käufer und an der »längsten Holzpier der Welt«, so die Eigenwerbung, liegen teure Jachten dicht an dicht. Dass Smögen ein moderner Fischerort ist, bekommt man bei den europaweit via Internet durchgeführten **Fischauktionen** mit. Wer Ruhe sucht, sollte in der Vor- oder Nachsaison kommen – aber nicht zu früh oder zu spät, denn im Winter ist Smögen wie ausgestorben.

Fischauktion Mo. – Fr. um 8 Uhr, Do. zusätzlich um 16 Uhr
www.sotenas.se/fiskauktion

Tierwelt der Nordländer

Nordens Ark

Bei Hunnebostrand, 20 km östlich, schützt die »Arche des Nordens« vom Aussterben bedrohte Tierarten. Die private Stiftung versucht, ihnen durch Aufzucht und Wiedereingliederungsprogramme eine Zukunft zu geben. Hier haben alte skandinavische Haustierrassen und Tiere aus Nordeuropa ein Refugium gefunden, aber auch Exoten wie Pandas, Schneeleoparden, Uhus, Mähnenwölfe oder tadschikische Wildschafe. Unbedingt ein Fernglas mitbringen.

Sommer tgl. 10 – 19, Frühjahr und Herbst bis 17, Winter bis 16 Uhr
Eintritt: 250 SEK | www.nordensark.se

Steile Klippen, spannende Geschichte

Fjällbacka

Fast senkrecht ragen die steilen Wände des Vettebergs hinter den letzten Häusern auf und lassen den bunten Holzhäuschen wenig Platz – das idyllische Hafenstädtchen Fjällbacka sollte auf keiner Rundreise durch Bohuslän fehlen. Stolz verweist man hier auf **Ingrid Bergman** (▶Interessante Menschen S. 373), die oft in Fjällbacka ihren Urlaub verbrachte. Ihr zu Ehren trägt der Hauptplatz ihren Namen. Passionierte Krimileser hingegen kennen die (fiktive) düstere Seite Fjällbackas, das Schauplatz der beliebten Reihe von **Camilla Läckberg** ist. Bereits zehnmal gingen die beiden Protagonisten, Schriftstellerin Erica Falck und der Polizist Patrik Hedström, hier auf Mörderfang.

Imposant ist die **Kungsklyftan**, ein schmaler Spalt im 76 m hohen Vetteberg, in dem ein dicker Felsbrocken eingeklemmt ist. Hier wurden Teile des Astrid-Lindgren-Films »Ronja Räubertochter« gedreht. Eine Holztreppe führt hinauf auf den Aussichtsberg mit Blick über die unzähligen Inselchen des Schärengartens. Bei klarer Sicht sind sogar die weit draußen liegenden Väderöarna zu erkennen.

Auf der 2 km südlich vorgelagerten unbewohnten Insel **Stensholm** liegt das Grab des in der Skagerrak-Schlacht gefallenen Hamburger Dichters Gorch Fock (Johann Wilhelm Kinau, 1880 – 1916). Sein bekanntestes Werk: »Seefahrt ist not!«.

Seltene Meereslebewesen

Strömstad & Koster-Inseln

Strömstad ist die letzte größere schwedische Stadt vor der norwegischen Grenze, die 20 km weiter nördlich durch den Svinesund gebildet wird. Ihn überspannt eine 420 m lange Brücke, von der man eine grandiose Aussicht genießt. Einst ein kleines Fischerdorf, begann auch in Strömstad im 19. Jh. das Kur- und Badeleben. Sehenswert sind das im Jugendstil entworfene Stadshus, die alte Badeanstalt, das Sozietätshaus und das Freilichtmuseum Fiskatorpet.
Ein beliebtes Ausflugsziel sind die Koster-Inseln 10 km vor der Küste. Es sind die westlichsten bewohnten Inseln Schwedens; die beiden Hauptinseln Norrkoster und Sörkoster sind autofrei und stehen unter Naturschutz. Vom Norra Hamn in Strömstad fahren mehrmals täglich Boote zu den Koster-Inseln. Seit 2009 fasziniert der **Kosterhavet Marina Nationalpark**, Schwedens erster Meeresnationalpark, die Besucher mit einer reichhaltigen Flora und Fauna, darunter 200 Spezies, die sonst nirgends in Schweden zu finden sind.

Rätsel aus der Bronzezeit

★★ Welterbe »Hällristningar«

Sie zeigen meist Menschen, Tiere und Schiffe und nur auf den ersten Blick wirken die unzähligen Felsritzungen naiv, auf den zweiten dann verblüffend modern. Ihre Bedeutung bleibt bis heute ein Rätsel, möglicherweise sind sie Motive einer heidnischen Religion oder auch Fruchtbarkeitssymbole. Selbst ob sie bereits zum Zeitpunkt ihrer Entstehung, also in der Bronzezeit um 1800 – 400 v. Chr., rot ausgemalt waren wie heute, ist fraglich. Sicher ist nur: Rings um **Tanum** bilden die berühmten Felsbilder, schwed. Hällristningar, eines der eindrucksvollsten Zeugnisse der Frühgeschichte Nordeuropas, die heute auf der UNESCO-Weltkulturerbe-Liste stehen (▶ Baedeker Wissen S. 64). Es existieren vier große Fundstellen: Vitlycke, Aspeberget, Fossum und Litlesby.
Der Felsen von **Vitlycke**, nur einige Meter von der Straße den Hang hinauf, ist die meistbesuchte Fundstelle – und mit 170 Schalengruben und fast 300 Figuren eine der größten. Hier sind fast alle Ritzungen mit roter Farbe ausgemalt. Das bekannteste Motiv auf der Felsplatte ist das Brautpaar, das höchstwahrscheinlich eine heilige Hochzeit vollzieht, die in den meisten vorchristlichen Religionen als Motiv zu finden ist. Sie sollte die Fruchtbarkeit von Mensch, Tier und Saat fördern. Manchmal, wie hier in Vitlycke, steht neben dem Brautpaar ein Mann mit erhobener Axt. Die Axt (bei den Wikingern war es der Hammer) spielte in der Mythologie der Bronzezeitmenschen eine wichtige Rolle. Links von einem langen Schiff ist vermutlich ein Blauwal abgebildet. Das ist ungewöhnlich: Obwohl fast alle Felsritzungen in unmittelbarer Nähe des Wassers zu finden sind, waren Meerestiere nie ein Motiv.
Das nahe **Vitlyckemuseum** vermittelt sehr anschaulich Deutungen und Interpretationen der Felszeichnungen. Ein Highlight sind auch

die nächtlichen Führungen im Spätfrühling und Frühherbst mit Taschenlampen als einziger Lichtquelle. Durch die spärliche Beleuchtung wirken die Felsbilder besonders plastisch und mystisch. Weiter gibt es auf dem Museumsgelände einen rekonstruierten Bronzezeithof. Hier kann man zeittypische Kleidung anprobieren, Werkzeuge aus der Bronzezeit testen, mit Pfeil und Bogen schießen oder Linderöd-Schweine und Fjordfä-Ochsen bestaunen. Hiesige Delikatessen serviert das Restaurant Skålgropen.

Aspeberget ist mit Felsbildern übersät, einige Bilder sind allerdings so schwer beschädigt, dass sie abgedeckt werden mussten. Hier ist das schönste Sonnensymbol zu sehen: Es wird von Frauen mit langen Zöpfen getragen. Die bekanntesten Figuren sind kraftvolle Stiere. Unterhalb der Stiere ist ein Mann mit einem Pflug abgebildet, eines der wenigen Bilder, auf denen arbeitende Menschen zu sehen sind. Die Fußsohlen gehören zu den ältesten Motiven und stammen teils noch aus der Steinzeit. Eine der Figuren lässt 29 Schalengruben über ihrer riesigen Hand schweben. Die Bedeutung ist unklar, vielleicht handelt es sich um einen Kalender.

Bei **Fossum** blieb ein umfangreiches Felsenbild mit 130 Figuren erhalten, vielleicht eine Kampf- oder Jagdszene. Bemerkenswert sind auch das Bild einer Frau mit einer Schalengrube zwischen den Beinen

Mit dem Boot ist man von der Marina von Strömstad rasch im nahen Norwegen.

FLOTTEN AUF FELS

Vor mehr als 2500 Jahren entstanden die beeindruckendsten Zeugnisse der Bronzezeit in Südschweden: die vermutlich kultischen Zwecken dienenden »Hällristningar« (Felszeichnungen). Sie wurden an mehr als 250 Stellen um Bohuslän in die harten Granitfelsen geschlagen. Seit 1994 gehören sie zum UNESCO-Weltkulturerbe.

Die ersten Hällristningar hat der Norweger **Peder Alfsön** schon im 17. Jh. entdeckt, doch er glaubte noch, dass Steinmetzlehrlinge sie aus Langeweile in den Fels geschlagen hätten. Erst im 18. Jh. erkannte man, dass die Bilder viel älter sind. Rund 40 000 Felsbilder sind bekannt, die meisten entstanden zwischen 1000 und 500 v. Chr. Die häufigsten Motive sind Boote, von denen mittlerweile mehr als 10 000 in allen Formen und Größen entdeckt wurden.

Bilderrätsel

Die Felsritzungen sind zwar keine filigranen Kunstwerke, aber doch erstaunlich vielfältig – und zum Großteil noch völlig rätselhaft. Welche Sprache die Künstler von Bohuslän gesprochen haben und warum sie unter Mühen so viele Kunstwerke schufen, wissen wir nicht. So sind die Hällristningar wie ein **Bilderbuch**, zu dem der Text verloren gegangen ist. In Stein gehauene Bilder wurden weltweit gefunden und die Mo-

tive ähneln sich teilweise ganz erstaunlich. Ist dies ein Beweis dafür, dass die Menschen in der Bronzezeit schon weitreichende Kontakte hatten? Warum stemmt ein Mann ganz allein ein Schiff? Warum haben die Menschen auf den Felsbildern oft so auffällig dicke Waden? Ist es nur Zufall, dass man diese Waden auch auf Bildern aus Afrika und Spanien und auf griechischen Vasen und Bildern aus Italien findet, die zur selben Zeit entstanden sind?

Alltag von einst

Die Felsritzungen von Bohuslän wurden mit harten **Schlagsteinen** im Fels ausgetieft, da der Granitfels für eine Gravurtechnik zu hart war. Mitunter wurden natürliche Risse im Fels in die Komposition der Bilder einbezogen oder als deren Begrenzung genutzt. Häufigste Motive sind Schiffe und Krieger, Wagen und Tiere sowie Symbole und Zeichen, die als Schalengruben, Kreise und Sonnenräder bezeichnet werden. Auffallend ist die große Anzahl der Abbildungen von Menschen oder menschenähnlichen Figuren, deren besondere Attribute etwas über ihre Tätigkeit oder Persönlichkeit verraten. So wurden Körperteile wie Schenkel, Hände oder Genitalien besonders betont. Zusätzliche Gegenstände wie Beile, Pfeil und Bogen, Speere, Schwerter oder Luren (historische Blasinstrumente, sog. Kriegstrompeten) sagen etwas über den Dargestellten aus. Bemerkenswert ist auch, dass auf den Bilderfelsen von Bohuslän keinerlei Abbildungen von Häusern zu finden sind. Die traute Zweisamkeit hingegen hat auf einem Felsen bei **Vitlycke** die Jahrtausende überdauert: Deutlich ist zu sehen, wie ein Mann und eine Frau sich küssen.

Vergänglicher Zauber

Viele Hällristningar sind heute mit roter Farbe ausgemalt, damit sie für die Betrachter besser zu erkennen sind. Ob sie ursprünglich farbig waren, ist aber nicht bekannt. Obwohl die Felsen aus sehr hartem Granit bestehen, setzt der **saure Regen** ihnen deutlich erkennbar zu und lässt die nur wenige Millimeter tiefen Konturen zunehmend unschärfer werden. Zum Schutz dieser einzigartigen Relikte aus längst vergangenen Zeiten wurden deshalb mittlerweile einige Hällristningar wieder mit Erde bedeckt – auch, um sie für die Nachwelt zu erhalten.

Geradezu modern muten die in den Stein geritzten Menschen und Schiffe in den Felsenbildern von Tanum an.

und das von zwei Männern, die mit dem Rücken aneinanderlehnen und einen rituellen Tanz ausführen.

In **Litlesby** ist der 2,30 m große Speergott die dominierende Gestalt. Hier haben die Künstler über einen Zeitraum von mehr als 1000 Jahren ihre Kunstwerke in den Fels geschlagen. Die ältesten Bilder stammen aus der Zeit um 1200 v. Chr. Das Bild von dem Riesengott mit dem Speer könnte ein Vorgänger Odins sein.

Bei einem Abstecher nach **Torsbo** in der Nähe von Hamburgsund stößt man auf weitere fast 1000 Felsritzungen, verteilt auf zehn Felsen, darunter mehr als 100 Schiffsdarstellungen. Das größte Schiff hat eine Länge von 4,5 m und 124 Passagiere an Bord! Die Menschen werden nur durch Striche angedeutet, die hakenförmigen Gestalten sind Lurenbläser. Mit der Technik der Bronzezeit war es kaum möglich, solch große Schiffe zu bauen. Das Riesenschiff von Torsbo hat deshalb wahrscheinlich eine rituelle Bedeutung als Symbol für die Fahrt ins Totenreich. Das einzige Schiff, das Archäologen aus dieser Zeit gefunden haben, stammt aus Dänemark, hatte Platz für gut 20 Passagiere und sieht den Schiffen der Felsritzungen verblüffend ähnlich.

Vitlyckemuseum: Mai – Aug. tgl. 10 – 18, Sept. – Anf. Nov tgl. 10 bis 16 Uhr | Eintritt frei | www.vitlyckemuseum.se

★★ GÖTEBORG

Landschaft: Bohuslän | **Provinz:** Västra Götalands Län
Einwohnerzahl: 502 400 | **Höhe:** Meereshöhe

Neidisch, nein, neidisch muss Göteborg gewiss nicht auf Stockholm blicken, die Konkurrentin im Osten! Göteborg hat selbst alles, was eine moderne Metropole ausmacht: Gastfreundlichkeit, eine lebendige Musik- und Kunstszene sowie gutes Essen – schließlich gilt sie als Schwedens kulinarische Hauptstadt. Und vor den Toren der Stadt wartet eine einzigartige Schärenlandschaft.

Schwedens Tor zur Welt

Selbstbewusst nennen die Göteborger ihre Heimatstadt denn auch »Schwedens Tor zur Welt«, verweisen stolz – und zu Recht – auf deren bodenständiges und weltoffenes Flair, das die alte Hafen- und Industriestadt seit jeher prägt. Schließlich hat Schwedens zweitgrößte Stadt seit ihrer Gründung im frühen 17. Jh. reichlich Erfahrung mit Fremden. Zum einen sorgten Schifffahrt und Handel für internationale Beziehungen, zum anderen siedelten sich viele protestantische Einwanderer aus den Niederlanden, Deutschland und Schottland in der neu geschaffenen Stadt an und sorgten mit Kapital und Arbeits-

Am Hafen nicht zu übersehen ist der rot-weiße »Lippenstift« – es sei denn, man genießt von der Aussichtsplattform des Büroturms die herrliche Aussicht.

kraft für eine schnelle Entwicklung. So kam es, dass damals neben Schwedisch auch Deutsch, Englisch und Holländisch offizielle Sprachen in Göteborg waren. Der Handel schließlich sorgte auch dafür, dass sich die Stadt an der Mündung des Göta älv in den Kattegat stets dem Meer zuwandte. Und so bestimmen riesige Fähren und elegante Segelboote, kreischende Möwen über den vielen Wasserläufen, Brücken und Grünflächen oder auch die Poseidonstatue und die »Fischkirche«, Göteborgs berühmte Fischmarkthalle, das maritime Antlitz der Stadt.

Handelsmetropole am Kattegat

Geschichte

Erst im 17. Jh., zu Beginn des »schwedischen Jahrhunderts«, gründete König Gustav II. Adolf Göteborg, das 1621 das Stadtrecht erhielt. Siedlungen und Festungen hatte es an der strategisch bedeutsamen Mündung des Göta älv gleichwohl schon Jahrtausende zuvor gegeben. Seinen raschen Aufstieg verdankt Göteborg neben dem ganzjährig eisfreien Hafen der 1731 gegründeten Schwedischen Ostindien-Kompanie, die hier einen der wichtigsten europäischen Umschlagplätze unterhielt und die Stadt zum europäischen Zentrum für den Handel mit China und Indien machte. Von der Macht und dem Reichtum des ersten internationalen Handelszentrums des Landes zeugt dessen ehemaliger prachtvoller Sitz, in dessen Hallen sich heute das Stadtmuseum befindet.

GÖTEBORG ERLEBEN

GÖTEBORGS TURISTBYRÅ
Kungsportsplatsen 2
Tel. 031 3 68 42 00
www.goteborg.com

ANREISE
Göteborg hat zwei Flughäfen: Der Landvetter Flygplats (25 km östl., www.swedavia.com/landvetter) wird von allen Airlines angeflogen, der City Airport (15 km nördl., www.goteborgcityairport.se) nur von Billigfliegern. Von beiden Flughäfen fährt der Flygbuss (www.flygbussarna.se) in die Innenstadt. Von Kiel und Frederikshavn (Dänemark) schippern Stena-Line-Fähren nach Göteborg (www.stenaline.se).
Beliebtestes Verkehrsmittel im Zentrum sind die 13 Straßenbahnlinien. Der Busbahnhof Nils Ericson Terminalen liegt direkt an der Centralstation; im Tidpunkten gibt es Tickets für den Nahverkehr in Göteborg und Umland (1-/3-Tages-Ticket 90/180 SEK; Kinder unter 7 Jahren frei). Teile der Innenstadt sind für Autos gesperrt. Leihräder gibt es bei der Cykelverkstan (Parkgatan 29, Tel. 031 7 11 97 70) und bei Cykelkungen (Chalmersgatan 19, Tel. 031 18 43 00).

GÖTEBORG CITY CARD
Die 24, 48 oder 72 Stunden gültige City Card (395/545/695 SEK) berechtigt zur Nutzung des ÖPNV und gewährt einen ermäßigten oder freien Eintritt bei vielen Sehenswürdigkeiten, Stadtrundfahrten und Schiffsausflügen. Er ist erhältlich bei Touristenbüros, Hotels, Campingplätzen, Jugendherbergen und Zeitungskiosken oder online unter www.goteborg.com.

STADTRUNDFAHRTEN
Rund einstündige »Hop on, hop off«-Touren beginnen am Stora Teatern (Mitte Mai – Mitte Sept. Abfahrten mehrmals tgl.; Fahrplan: www.stromma.se; Tickets für 297 SEK, 24 Std. gültig für Bus und Boot). Das Sightseeing-Bähnchen Stinsen startet alle 30 Min. ab Gustav Adolfs Torg zur Stadtrundfahrt (40 Min., www.stinsensightseeing.se, Ticket: 100 SEK, Tagesticket 130 SEK, gratis mit der Göteborg City Card). Nostalgische Touren durchs Zentrum mit der über 100 Jahre alten Tram der »Lisebergslinjen« (tgl. 1. Juli – 6. Aug., Ticket 25 SEK, www.ringlinien.org). Segway-Touren: inkl. Einweisung 90 Min., 420 SEK, www.segwayadventure.se).

HAFENRUNDFAHRTEN
Die 50-minütigen Hafen- und Kanalrundfahrten mit Paddan-Booten starten am Kungsportsplats. Ticketoffice: tgl. 10.30 – 17 Uhr. Rundfahrten Ende März – Anfang Oktober, Abfahrten 2- bis 3-mal stündl., 175 SEK, www.stromma.se.

SCHÄREN-TÖRN
Zu Zielen in den Göteborger Schären schippern die weißen, nostalgischen Schiffe von Strömma Skärgårdbåtar. Einige Ausflüge können auch als Lunch oder Dinner Cruise gebucht werden (Mitte Mai – Mitte Sept., Tel. 031 60 96 70, www.stromma.se). Bavaria-, Sun Odyssey- und Bénéteau-Segeljachten, aber auch traditionelle Gaffelschoner können in der Marina Lindholmen, zehn Autominuten vom Zentrum, gechartert werden.

Geschäfte, Galerien und Cafés säumen die Kungsportsavenyn, kurz nur

»Avenyn«, Göteborgs Prachtstraße und Ausgehmeile. Wer innerhalb des Wallgrabens bummeln möchte, ist in der Kungs-, Vall-, Freds- und Magasinsgatan gut aufgehoben. In den Werkstätten an der Postgatan ist altes Handwerk lebendig: Silber- und Goldschmiede, Glasbläser, Uhrmacher und eine Schokoladenmanufaktur. Im In-Viertel Linnéstaden säumen dagegen Antiquitätengeschäfte, Secondhand-Boutiquen, Lifestyle-Läden und Multikulti-Lokale die Bummelmeilen Linnégatan und Långgatorna. In den Holzhäusern der autofreien Gassen von Haga haben altes Handwerk, junge Szeneshops und Trendlokale ihr Quartier. Und Design- und Modeinteressierte werden sicher in den hochklassigen Boutiquen des edlen Stadtteils Vasastaden fündig.

Ende Jan./Anf. Feb. zieht Nordeuropas bedeutendstes Filmfestival mehr als 200 000 Besucher an. Hauptpreis des Göteborg International Filmfestival ist der »Goldene Drache«.
www.giff.se

Unverzichtbar für jeden Szenegänger ist die kostenlos bei der Touristeninformation erhältliche Zeitschrift »Djungel-Trumman« (Buschtrommel), die sämtliche Events der Klubs auflistet.

NEFERTITI
Örtliche Musiker und internationale Stars treten im berühmten Göteborger Jazzklub auf.
Hvitfeldtsplatsen 6, Tel. 031 7 11 40 76, www.nefertiti.se

TRÄDGÅR'N
Klassiker des Göteborger Nachtlebens mit Restaurant und Showbühne. Sonntagabends Techno & House, oft auch größere Rockkonzerte.
Nya Allén, Tel. 031 10 20 80, www.tradgarn.se

Göteborg wurde 2012 zur kulinarischen Hauptstadt Schwedens gekürt. Mittlerweile beherbergt die Stadt sieben mit einem Michelin-Stern ausgezeichnete Restaurants. Außerdem gibt es eine Vielzahl hervorragender Fischrestaurants.

1 KOKA €€€ – €€€€
Hier werden kunstvoll angerichtete Kreationen der neuen schwedischen Küche in skandinavisch-minimalistischem Holz-Ambiente serviert. Für seine Kochkunst erhielt Björn Persson von Michelin auch 2017 einen Stern.
Viktoriagatan 12
Tel. 031 7 01 79 79
www.kockvin.se, So. geschl.

2 FISKEKROGEN €€€
Die Einheimischen nennen es das beste Fischrestaurant Göteborgs – und das will was heißen! Probieren Sie Ahlströms Meeresfrüchteplatte mit Hummer, Austern, Lachs und Venusmuscheln. Auf der Weinkarte stehen mehr als 400 erlesene Tropfen.
Lilla Torget 1, Tel. 031 10 10 05
www.fiskekrogen.com
So. geschl.

3 HAEVEN 23 €€€
Auf Dill gedünsteter Dorsch mit Kichererbsenpüree oder Entenbrust an Süßkartoffeln – toll ist nicht nur die Küche, sondern auch die Aussicht aus der 23. Etage des Gothia Tower.
Mässans Gata 24, Tel. 031 7 50 88 05
www.heaven23.se

4 BISTRO SÖDRA 32 €€€
In diesem kleinen Bistro isst man nicht nur gut, sondern auch in schö-

nem Ambiente, wurde es doch in Zusammenarbeit mit einigen der besten Glaskünstler stylish eingerichtet. Tipp: Auf der Karte stehen auch vegetarische Gerichte zur Auswahl.
Södra Vägen 32, Tel. 031 16 11 83, http://bistrosodra32.se

❺ SJÖMAGASINET €€€
Ulf Wagners mit einem Michelin-Stern geadelter Gourmettempel – 2011 »bestes Businessrestaurant Schwedens« – logiert im alten Gebäude der Ostindischen Kompanie von 1775 an der Hafeneinfahrt. Tipp: Sommerbuffet am Mittag (Mo. – Fr. 11.30 – 14 Uhr).
Adolf Edelsvärdsgata 5
Tel. 031 7 75 59 20
www.sjomagasinet.se, So. geschl.

❻ RESTAURANT 2112 €€ – €€€
Schwedische Küche der Spitzenklasse – das schwedische Königshaus ließ von Sternekoch Håkan Thörnström schon das Nobelpreismenü ausrichten. Montags: Kochschule.
Magasinsgatan 5
Tel. 031 7 87 58 12
www.restaurant2112.com

❼ RIVER RESTAURANT ON THE PIER €€ – €€€
Hier kommen Schweden-Klassiker in bester Qualität auf den Tisch: Köttbullar, Heringsteller, Kabeljau und Käseplatte.
Dockepiren, Eriksberg 417
Tel. 031 51 00 00
www.riverrestaurant.se

❽ RESTAURANG GABRIEL €€
Fangfrische Krabben, Langusten und Hering mit Kartoffelpüree werden auf der Empore von Göteborgs Feskekörka, der »Fischkirche«, serviert. Ab 7 Uhr finden Fischauktionen statt.
Fisktorget, Feskekörka
Tel. 031 13 90 51
www.restauranggabriel.se
So./Mo. geschl.

❶ ELITE PLAZA €€€€
Erlesene Antiquitäten und Stuckdecken verleihen der 1889 erbauten Nobelherberge im Herzen der Stadt das gewisse Extra. Zum Hotel gehört auch das Feinschmeckerlokal Swea Hof.
Västra Hamngatan 3
Tel. 031 7 20 40 00, 130 Z.
www.elite.se

❷ HOTEL WATERFRONT GOTHENBURG €€€ – €€€€
Das rote Backsteingebäude am Göta Älv war früher eine Brauerei. Maritimes Flair, historisches Ambiente, große, moderne Zimmer. Im Restaurant genießen Gäste eine tolle Sicht auf die Älvsborg-Brücke.
Klippan 1, Tel. 031 7 20 22 00
148 Z., www.novotel.se

❸ BARKEN VIKING €€€
Für Wasserratten: Das historische Viermast-Segelschiff wurde zum Hotel mit maritimem Flair ausgebaut. Das Schiff liegt im Göteborger Gästehafen nahe der Oper vor Anker. Zur Auswahl stehen 29 Kajüten von einfach bis luxuriös.
Gullbergskajen, Lilla Bommens Torg 10, Tel. 031 63 58 00
www.liseberg.com

❹ HOTEL FLORA€€€
Wo einst der Fischmarkt stattfand, steht heute das familiengeführte Boutique-Hotel von Carina und Daniel Högberg. Die Zimmer begeistern durch ihre individuelle Ausstattung in herrlichem Stilmix – kein Wunder, Daniel kommt schließlich aus der Modebranche. Die familiäre Atmosphäre kommt von Herzen. Obendrein liegen viele Sehenswürdigkeiten in unmittelbarer Nähe.
Grönsakstorget 2
Tel. 031 13 86 16
www.hotelflora.se/en

Während der 1806 von Napoleon verhängten Kontinentalsperre war Göteborg Hauptumschlagplatz für den florierenden britischen Handel mit Nordeuropa. Die Gewinne kurbelten die Industrialisierung an: Zahlreiche Werften und Industriebetriebe siedelten sich an, darunter SFK, die 1926 mit dem Bau von Fahrzeugen unter dem Namen Volvo begann. Heute ist die Volvo Group Schwedens umsatzstärkster Industriekonzern. Seit den 1990er-Jahren ist die Stadt mit zwei Universitäten nicht nur Industriemetropole, sondern auch ein Zentrum für Wissenschaft und Forschung sowie führend in der skandinavischen IT-Branche.

Im Zentrum

Schwedische Grachten

Gustav Adolfs Torg

Ursprünglich wurden, wie in vielen niederländischen Städten, die Hauptverkehrswege Göteborgs von Kanälen gebildet. Die meisten sind allerdings inzwischen durch Straßen ersetzt wie die Östra und Västra Hamngatan. Nur der einstige Wallgraben, der die Altstadt im Süden begrenzt, und der **Stora-Hamn-Kanal** existieren noch. An dessen Nordseite bildet der weite, rechteckige Gustav Adolfs Torg den repräsentativen Kern der Altstadt. 1854 wurde mitten auf dem Platz das von Bengt Erland Fogelberg entworfene und in München gegossene Bronzestandbild von Gustav Adolf, dem Regenten und Stadtgründer, aufgestellt. Allerdings ist es ein Zweitguss: Der erste wurde nach Bremen gebracht, weil das Transportschiff gestrandet war und die Göteborger das von den Helgoländern geforderte Bergegeld nicht bezahlen wollten. Die Nordseite des Platzes begrenzt das stattliche Gebäude der **Börse**, an der Westseite steht das 1672 von Nicodemus Tessin d. Ä. erbaute **Rådhus**, das einen hübschen Innenhof besitzt.

Ein paar Schritte nördlich entlang der Östra Hamngatan ist im sogenannten Oterdahl-Haus (Hausnr. 11) des Sahlgrenska-Krankenhauses die Geschichte der schwedischen Medizin seit 1800 dokumentiert. Die Exponate des Medicinhistoriska Museet umfassen u. a. historisches medizinisches Gerät, Krankentransportkarren und Schwesterntrachten.

Medicinhistoriska Museet: Di., Mi., Fr. 12 – 16, Do. bis 20 Uhr
Eintritt: 40 SEK | www2.sahlgrenska.se/su/museum

Ein Kessel Buntes

★ Stadsmuseum

Eine Vorstellung von dem Reichtum, den die Ostindische Kompanie erwirtschaftete, vermittelt an der Norra Hamngatan 12 der 1746 erbaute Palast. Dessen prunkvolle Hallen beherbergen seit 1993 Göteborgs Stadtmuseum. Besucher können hier ebenso Bekanntes wie Kurioses bestaunen, vom mittelalterlichen Ritterschwert über

1 Koka
2 Fiskekrogen
3 Haeven 23
4 Bistro Södra 32
5 Sjömagasinet
6 Restaurant 2112
7 River Restaurant on the Pier
8 Restaurang Gabriel

Bühnenbilder aus der Zeit um 1900 bis zu kostbarem Chinaporzellan und den Überresten des einzigen in Schweden gefundenen Wikingerschiffs.

Di. – So. 10 – 17, Mi. bis 20 Uhr | Eintritt: 40 SEK, mit Göteborg City Card freier Eintritt | http://goteborgsstadsmuseum.se

① Elite Plaza
② Hotel Waterfront Gothenburg
③ Barken Viking
④ Hotel Flora

Fußgängerzone

Bedeutende Gotteshäuser

Kristine Kyrka & Domkyrka

Westlich vom Rathaus steht am Kanal die nach einem Brand 1748 bis 1783 neu errichtete Kristine bzw. Tyska Kyrka **(Deutsche Kirche)**, die 1623 für die protestantischen Einwanderer aus Deutschland gebaut worden war.

An der Kreuzung Västra Hamngatan und Kungsgatan befindet sich die klassizistische **Domkirche**, die 1815 auf den Resten zweier niedergebrannter Vorgängerbauten errichtet wurde.

Gebäude mit Geschichte(n)

Kronhus

Nördlich vom Stadtmuseum an der Kronhusgatan wurde 1643 bis 1653 das ehemalige Zeughaus erbaut, heute Göteborgs ältestes erhaltenes Haus. Im Reichssaal wurde 1660 der fünfjährige Karl XI. zum König ausgerufen. In den niedrigen Häuschen rund ums Kronhus, den Kronhusbodarna, verkaufen Kunsthandwerker ihre Arbeiten.

Großer Auftritt

Göteborgs Operan

Markante Landmarke in der neueren Silhouette der Stadt, die im ehemaligen Werft- und Hafenbereich zu beiden Ufern des Flusses

BAEDEKER MAGISCHE MOMENTE

FARBENSPIEL

Wenn die skandinavische Sonne langsam untergeht, ist Göteborgs Yachthafen der Place to be. Schauen Sie dann mal zum Opernhaus am Lilla- Bommen-Kai: Das architektonische Glanzstück der Stadt wetteifert mit dem rot-blauen Farbenspiel des Himmels. Seine markanten Konturen kommen erst jetzt so richtig schön zur Geltung, während sich seine Lichter im Wasser spiegeln.

entstanden ist, ist die 1994 am Lilla Bommen eröffnete Oper. Mit zwei Bühnen bietet sie Platz für 1305 Zuschauer. Architekt Jan Izkowitz ließ sich bei dem Entwurf des 160 m langen und 85 m breiten Gebäudes vom Meer und der umliegenden Landschaft inspirieren. Ein gewaltiges Auditorium und ausgefeilte Akustik kennzeichnen das Innere.
Sommer Di. – Sa. 14 Uhr Führungen in englischer Sprache
Eintritt: 70 SEK (Tickets online) | www.opera.se

Alles im Blick

★ Utkiken

Von der Promenade am Opernhaus hat man einen guten Blick auf das am jenseitigen Hafenrand stehende rot-weiß gestreifte Hochhaus Utkiken. In 86 m Höhe bietet das Panoramacafé des »Lippenstifts«, wie der Turm im Volksmund genannt wird, den besten Rundblick über Göteborg. Vor dem Hochhaus dient die Viermastbark **»Viking«** (▶ S. 70) als schwimmendes Hotel.
Utkiken: Sept. – Juni Mo. – Fr. 11 – 15, Juli/Aug. tgl. 11 – 16 Uhr
Eintritt: 40 SEK, mit der Göteborg City Card frei

Entlang der Kungsportsavenyn

Urbanes Flair ...

★ Kungsportsavenyn

... prägt den **Kungsportsplats** mit dem Reiterstandbild Karls IX. An dem belebten Verkehrsknotenpunkt starten zahlreiche Busrundfahrten, warten Paddan-Boote auf Kundschaft und rattern die Straßenbahnen praktisch im Minutentakt vorbei. Hier beginnt auch die Kungsportsavenyn, Göteborgs mit Abstand beliebteste Flaniermeile. Die Prachtpromenade wird von schönen Häusern und unzähligen Cafés, Restaurants und Kneipen gesäumt, in denen oft bis spät in die Nacht Hochbetrieb herrscht.
Mit großen Rasenflächen, dem Duftgarten, Cafés und alten Holzvillen gehört der 1842 eröffnete **Trädgårdsföreningens Park** östlich der Kungsportsavenyn zu den schönsten Parkanlagen des 19. Jh.s in Europa. Sehenswert sind auch das Schmetterlingshaus, das historische Palmenhaus und das Rosarium. Im Trädgårdsföreningen werden Konzerte, Kindertheater und Mittsommerfeste veranstaltet.
Mai – Sept. tgl. 7 – 20 Uhr, sonst bis 18 Uhr | Eintritt frei
www.tradgardsforeningen.se

Alles frisch!

Saluhallen

Am Kungstorget wartet in einer schmiedeeisernen Markthalle des 19. Jh.s ein wahres Schlemmerparadies, die »Saluhallen«. Es ist schon ein Erlebnis, an den tollen Obst-, Gemüse-, Fisch- und Feinkostständen vorbeizuschlendern. Tipp: Appetit mitbringen!
Mo. – Fr. 9 – 18, Sa. bis 16 Uhr

Carl Milles' freizügige Poseidon-Statue am Götaplats ist heute längst nicht mehr skandalumwittert, sondern wird als große Kunst anerkannt.

Designtempel

Röhsska museet

Das nach seinen Gründern, den Brüdern Röhss, benannte Museum um die Ecke in der Vasagatan 37 zeigt europäisches Design und Kunsthandwerk ab dem 17. Jahrhundert.

Mi. – Fr. 12 – 17, Di. bis 20, Sa./So. ab 11 Uhr | Eintritt: 40 SEK
www.designmuseum.se

(Moderne) Kunst in allen Facetten

Götaplats

Kunstfreunde sollten die Kungsportsavenyn bis zu ihrem Ende am Götaplats folgen, der für die Weltausstellung 1923 angelegt wurde. Seine Mitte schmückt seit 1931 der riesige **Poseidon-Brunnen** von Carl Milles. Kunst aus fünf Jahrhunderten präsentiert das **Konstmuseet**, das sich besonders dem Schaffen nordischer Künstler widmet, darunter Edvard Munch, Carl Larsson, P. S. Krøyer, Bruno Liljefors, Anders Zorn und die Göteborg-Koloristen. Aber auch Rembrandt, Rubens, van Gogh, Cézanne, Picasso und Chagall sind vertreten. Das **Hasselblad Center** im Kunstmuseum zeigt wegweisende Arbeiten moderner Fotografie und Wechselausstellungen. Am Götaplats erhebt sich auch das 1859 eröffnete **Stora Teatern** (www.stadsteatern.goteborg.se).

Konstmuseet und Hasselblad Center: Di., Do. 11 – 18, Mi. bis 21, Fr. – So. bis 17 Uhr | Eintritt: 40 SEK | www.konstmuseum.goteborg.se
www.hasselbladcenter.se

Östliche Innenstadt

Östlich der Kungsportsavenyn erstreckt sich Göteborgs **»Eventmeile«**, die jährlich rund 6 Mio. Besucher anzieht. Hier liegen nicht nur der Vergnügungspark Liseberg und Skandinaviens führendes Messe- und Kongresszentrum Svenska Mässan, sondern mit dem Ullevi und dem Scandinavium auch zwei wichtige Sport- und Musikarenen.

Kirmes und Kultur

Liseberg

Hier kommt sicher keine Langeweile auf. Der Liseberg ist ein gigantischer Vergnügungspark mit Achterbahnen, Karussells, Theater-, Kleinkunst- und Konzertbühnen, Cafés und Restaurants. Überragt wird die Anlage vom 146 m hohen Liseberg-Turm, von dem aus man einen hervorragenden Blick über die Stadt hat. Zum Vergnügungspark rattert vom Hauptbahnhof aus die Oldtimerbahn **Ringlinie** (www.ringlinien.org).

Mai – Aug. zu wechselnden Zeiten | Tagesticket (All-in-One) 455 SEK
Jahrespass (ohne Fahrgeschäfte) 270 SEK | www.liseberg.se

Experimentierfreudig

Universeum

In dem Wissenschaftszentrum in der Södra Vägen 50 kann man Rochen und Haie beobachten, Galaxien und Mondfahrzeuge untersuchen und vor allem viel experimentieren.

tgl. 10 – 18, 1. Juli – 20. Aug. bis 20 Uhr | Eintritt: 250 SEK
www.universeum.se

Museum für Weltkultur

Världskulturmuseet

Eine spannende Entdeckungsreise durch die multikulturelle Welt bietet das 2004 eröffnete Museum in der Södra Vägen 54. Themen sind Globalisierung und der Dialog zwischen den Völkern, aber auch beispielsweise Aids. Sehr eindrucksvoll ist das Gebäude von den Londoner Architekten Cecile Brisac und Edgar Gonzales.

Di. – Fr. 12 – 17, Mi. bis 20 Uhr, Sa./So. ab 11 Uhr| Freier Eintritt |
www.varldskulturmuseet.se

Auf Zeitreise

★ Haga

In Göteborgs ältestem Stadtteil kann man nach Herzenslust stöbern und gut und gern einen Nachmittag verbummeln. Haga wurde Mitte des 17. Jh.s auf Geheiß von Königin Kristina angelegt und wandelte sich zur Zeit der Industrialisierung in ein Arbeiterviertel. Heute ist er die Heimat vieler traditioneller Kunsthandwerker, Boutiquen und neuer Trendshops. Wunderbare Hingucker sind aber auch die vielen alten »Landhövdinge«-Holzhäuser entlang der autofreien Kopfsteinpflastergassen, die inzwischen behutsam renoviert wurden und die Geschäfte beherbergen. Hier eine kleine Auswahl: Klassische Schweden-Clogs, die »Toffel«, werden seit mehr als 70 Jahren in der **Haga**

Trätoffelfabrik & Läderaffär an der Haga Nygata 19 handgefertigt (www.hagatratoffelfabrik.se). Schwedisches Design von 1930 bis 1970 verkauft **Bebop** am Kaponjärgatan 4c (www.bebop.se). Und ausgefallene Mode im Vintage-Look gibt es bei **Dromma** an der Östra Skansgatan 3c (www.dromma.se). Wer zwischendurch den Koffeinkick zum Durchhalten beim Dauershopping benötigt, kann die Nespresso Bar an der Haga Nygata 26 (www.noller.se) ansteuern.
Neue Energien bringt auch ein Besuch des zauberhaften **Hagabadet** (Södra Allégatan 3). Es wurde 1876 mit Spenden eines örtlichen Philanthropen erbaut, der den Arbeitern, die in diesem Gebiet wohnten, die Möglichkeit geben wollte, »sich an schönem Interieur, Wohlbefinden und Gesundheitspflege zu erfreuen«. Inzwischen saniert, ist das einstige Arbeiterbad heute eine exklusive Wellnessanlage mit Schwimmbecken, Sauna, Spa, römischem Bad und Fitnessraum.
Hagabadet: tgl. geöffnet | www.hagabadet.se

Unterwegs in den äußeren Stadtgebieten

Grüne Oasen

Slottsskogen & Botaniska Trädgård

Viel Natur erwartet den Stadturlauber, der vom Järntorg westlich der Innenstadt der **Linnégatan**, der zweiten Avenue Göteborgs mit Restaurants, Cafés und kleinen Läden, südwärts zum Linnéplats folgt. Von hier geht es in den Slottsskogen, Göteborgs größten Park mit altem Baumbestand. Skandinavische Tiere, Pinguine, Flamingos und tropische Vögel leben im ältesten Tierpark Schwedens. Das Observatorium zeigt den Sternenhimmel. Sehenswert sind auch landschaftstypische Holzhäuser und das Vogelhaus.
Pflanzenfreunde werden vor allem im bereits 1923 angelegten Botanischen Garten, der südöstlichen Fortsetzung des Slottsskogen, auf ihre Kosten kommen. Mit mehr als 16 000 Pflanzenarten auf 175 ha ist er Schwedens größter botanischer Garten. Besonders reizvoll ist der Felsengarten, das Rhododendron-Tal und der Linné-Garten des bekannten schwedischen Gartendesigners Ulf Nordfjell; er wurde auf der Chelsea Flower Show 2007 mit Gold ausgezeichnet.
tgl. 9 Uhr bis Sonnenuntergang | Eintritt: 20 SEK | www.botaniska.se

Göteborg-Panorama

Ramberget

Westlich des Göta Älv erhebt sich im Landschaftspark Keillers Park der Ramberget. Der mit 87 m höchste Gipfel von Göteborg ist ein schöner Aussichtspunkt. Hinauf geht es mit den Straßenbahnen 5, 6, 10 oder mit dem Pkw bis zum Parkplatz auf dem Plateau.

Flugzeuge mit allen Sinnen

Aeroseum

Das Erlebniscenter in einem unterirdischen ehemaligen Hangar der schwedischen Luftwaffe, 15 Minuten vom Zentrum Göteborgs ent-

fernt, präsentiert mit Flugzeugen und Hubschraubern anschaulich die Geschichte der Luftfahrt. Diverse Simulatoren laden ein, die verschiedenen Flugzeuge mit allen Sinnen zu erleben.
Holmvägen 100 | Juni – Aug. tgl. 11 – 18, sonst Di. – So. 11 – 18 Uhr | Eintritt: 100 SEK | www.aeroseum.se

Schiffe, Schiffe, Schiffe

Maritiman

Am Packhuskajen lassen sich in Göteborgs maritimem Erlebniszentrum 19 Schiffe besichtigen, darunter das Feuerschiff »Fladen« von 1915, das 1962 vom Stapel gelaufene U-Boot »Nordkaparen«, ein Kanonenboot und Lastkähne. Besucher dürfen an Bord gehen und alles im Detail betrachten.
Mo. – So. 10 – 18 Uhr | Eintritt: 125 SEK | www.maritiman.se

Die gute alte Zeit

Nostalgicum

Einen stimmigen Einblick in die 1950er- und 1960er-Jahre vermittelt das Nostalgicum im nördlichen Stadtteil Gamlestan: Zu Klängen aus der Juke Box lässt sich die Ausstellung von Scheußlichkeiten und schönen Erinnerungen genießen.
Byfogdegatan 3 | Mo. – Fr. 10 – 18, Sa. 12 – 15 Uhr | Eintritt: 50 SEK
www.nostalgicum.se

In Boutiquen und Trödelläden stöbern, bummeln, Kaffee trinken – in Göteborgs ältestem Stadtteil Haga nach Herzenslust möglich.

Kultautos aus Schweden

Volvo-Museum

Das Volvo-Museum auf dem Werksgelände in Arendal nördlich vom Zentrum dokumentiert die Entwicklung der **schwedischen Automarke** von 1927 mit dem ersten Modell ÖV4 bis zur Gegenwart.

Mo. – Fr. 10 – 17, Sa., So. 11 – 16 Uhr | Eintritt: 100 SEK
www.volvomuseum.com

Neues Viertel am Wasser

Eriksberg

Der moderne Stadtteil am nördlichen Ufer des Göta Älv ist auf dem Gelände einer ehemaligen Werft entstanden. Blå Hallen und Eriksbergshallen sind ehemalige Maschinenhallen, die in eine große Hotelanlage umgewandelt wurden. Auf dem Gelände befinden sich mehrere Restaurants und Cafés. Eriksberg erreicht man mit der Stadtfähre »Älvsnabben« und den Stadtbussen 16 und 99.
In einer Werfthalle wurde das Handelsschiff **»Götheborg«**, das 1745 auf der Heimreise von China kurz vor Göteborg auf Grund lief, 2003 originalgetreu nachgebaut. Die Replik hat 2005 – 2007 ihre Seetüchtigkeit auf einer Reise nach China bewiesen und liegt jetzt an der Eriksberg Pir 2 vertäut. Wer von Eriksberg Richtung Lindholmen bummelt, stößt auf **»Vindarnas Tempel«** (1992) von Per Kirkeby, ein – so der Künstler – »poetischer Raum« aus roten Backsteinziegeln.

Götheborg: Führungen Sommer tgl., Winter Sa., So. zw. 11 und 18 Uhr | Eintritt: 100 SEK

Rund um Göteborg

Ein Tag am Meer

★★ Göteborgs skärgård

Die Göteborger lieben – wie alle Schweden – das Wasser. Und sie lieben es, die langen Sommertage im Freien zu verbringen. Wer einen sonnigen Tag in dem ausgedehnten Schärengarten von Göteborg verbringt, wird schnell verstehen warum. Größere Inseln wie Öckerö und unzählige kleine Felsbuckel, beliebte und gut besuchte Ausflugsziele und Geheimtipps für Segler auf der Suche nach ruhigem Gewässer und freien Häfen, kleine knallrote Holzhäuschen auf grauen Felsen und idyllische Badebuchten – in den Schären findet jeder sein kleines Stück Paradies. Und mit einer Tageskarte des Göteborger ÖPVN kommt man oft gar ohne zusätzliche Kosten per Boot hin.
Im Sommer werden Ausflugsfahrten ab Lilla Bommen, Stenpiren und Packhuskajen angeboten. Zu den **nördlichen Schären** Öckerö, Hönö, Björkö und Fotö setzt eine Autofähre von Hjuvik auf der Insel Hisingen über; zu den kleineren Inseln fahren nur Personenfähren. Die **südlichen Schären** Asperö, Brännö, Styrsö, Vrångö, Vargö und Vinga sind autofrei. Man erreicht sie mit der Straßenbahn Nr. 11 nach Saltholmen, von wo es mit dem Schärendampfer weitergeht. Die

Schiffe verkehren das ganze Jahr über täglich, Fahrpläne gibt es im Touristenbüro.

Eine Insel, eine Festung

Nya Älvsborgs Fästning

Am Eingang zu Göteborgs Hafen wurde 1653 – 1668 zum Schutz gegen die Dänen die Festung Älvsborg errichtet, die nahezu vollständig eine kleine Insel in Beschlag nimmt. Bei den Führungen durch die Festung und über die Insel mimen Schauspieler die Gefängniswärter, die im 18. Jh. die dunklen Verließe der Älvsborg bewachten. Die Kirche am höchsten Punkt der Insel ist ein beliebter Ort für Trauungen, das Restaurant hat einen guten Ruf. Ein Erlebnis ist bereits die 30-minütige Schiffsfahrt ab Lilla Bommen über die Trichtermündung des Göta älv(www.stromma.se).

Schloss aus Holz

Schloss Gunnebo

Ein wunderschöner englischer Park (ganzjährig geöffnet), ein Café und Restaurant, der Kräutergarten und zahlreiche Spazierwege machen das Schloss Gunnebo von 1796 zum beliebten Ausflugsziel der Göteborger. Erbaut wurde es vom reichen Kaufmann John Häll – und zwar überwiegend aus dem Holz von Fichten und Kiefern. Der neoklassizistische Bau ist eines der prächtigsten Holzgebäude Schwedens. Er liegt 2 km östlich der Industriestadt Mölndal, die inzwischen mit Göteborg zusammengewachsen ist.

Liebhaber flammend roter Sonnenuntergänge haben in Göteborgs Schärengarten gute Aussichten. Auch am Leuchtturm von Hönö.

Tudorstil in Schweden: Schloss Tjolöholm mutet überhaupt nicht skandinavisch an.

Führungen Mai – Mittsommer Sa./So. 12, 13 und 14, Mittsommer bis Mitte Aug. tgl. 12, 13 und 14 Uhr, sonst So. 12 und 13 Uhr
Eintritt: 100 SEK, Garten frei | www.gunneboslott.se

Very british!

★ Tjolöholm Slott

Bauherr James Frederik Dickson, ein Göteborger Kaufmann, scheute keine Kosten, um sein Domizil mit allen damals machbaren technischen Raffinessen auszustatten, darunter ein Monstrum von Staubsauger, der älteste Schwedens, der heute im Wagenmuseum von Schloss Tjolöholm zu sehen ist. Dieses ist ein massiger, mittelalterlichen Vorbildern nachempfundener Bau aus rotem Granit, der 1898 – 1904 im englischen Tudorstil entstand. Am Fuß des Schlosshügels liegen neben dem Wagenmuseum auch noch ein Wirtschaftstrakt und das Storstugan-Restaurant im 1901 erbauten Haus der Gutsarbeiter. Spazierwege, ein Badeplatz und nostalgische Gästezimmer im einstigen Torhaus laden zum Verweilen ein (www.tjoloholm.se). Bei Kungsbacka gelegen, ist das Schloss über die E 6 (Ausfahrt Fjärås) zu erreichen, ein Abstecher, der sich allemal lohnt.
Führungen: Jan. – Mitte Mai und Sept. Sa., So. sowie 28. Mai – 31. Juni tgl. 11, 12, 14, 15, Juni – Mitte Aug. zusätzl. 13 und 16, Okt. – Nov. Sa., So. 12, 13.30, 15 Uhr | Eintritt: 120 SEK, Juni – Aug. 150 SEK
www.tjoloholm.se

Nils Holgersson war hier

Die Geschichte von Schloss Nääs in Floda an der E 20 gen Norden reicht bis ins 16. Jh. zurück. 1872 gründete August Abrahamson, Großhändler aus Göteborg, hier eine berühmte Kunsthandwerkerschule, der auch Selma Lagerlöf in ihrem Roman »Die wunderbare Reise des Nils Holgersson mit den Wildgänsen« ein Kapitel widmete. Als Abrahamson 1898 kinderlos starb, vermachte er sein Schloss einer Stiftung, die seitdem die Tradition fortführt und bei Führungen die prunkvollen Schlossräume präsentiert. Die örtliche Baumwollspinnerei musste 1981 infolge der schwedischen Textilkrise ihre Tore schließen. Heute birgt der Backsteinbau am Sävelången-See eine preisgekrönte Nobelherberge (www.naasfabri kerhotell.se) mit vorzüglichem Restaurant und »Schönheitsfabrik« (www.skonhetsfabrik.se). Nääs Slott

Führungen: Mai – Sept. Sa., So., Mitte Juni – Mitte Aug. tgl. 12, 13.30, 15 Uhr | Eintritt: 100 SEK | www.naas.se

Schwedisches Mini-Manchester

Die südschwedische Textilstadt Borås erstreckt sich 62 km östlich von Göteborg zu beiden Seiten der Viskan. Größere Bedeutung als Handelsstadt gewann sie erst, als Eisenbahn und Textilmaschinen hier Einzug hielten. Am Stortorget steht das um 1910 erbaute, wuchtige Rathaus mit einem Glockenspiel, davor der Sjuhäradsbrunnen, den 1941 Nils Sjögren schuf. Weiter östlich folgt das Kulturhus mit dem **Kunstmuseum** und dem städtischen Theater. Das Kunstmuseum zeigt vorwiegend Werke moderner schwedischer Künstler, angegliedert ist die Galleri Minimus für Kinder. Borås

Im westlichen Stadtteil Parkstaden, schon etwas außerhalb des Zentrums, liegt der Ramnapark mit dem **Borås Museum**, einem Freilichtmuseum mit historischen Holzhäusern und der um 1690 entstandenen Ramna-Kirche, deren Inneres mit Deckengemälden aus dem 18. Jh. geschmückt ist. Am Skaraborgsvägen 3A liegt das **Textilmuseum**, das nicht nur Spinn-, Zwirn- und Nähmaschinen zeigt, sondern auch Modegeschmäcke im Wandel der Zeit illustriert.

Kunstmuseum: Di., Mi., Fr. 12 – 17, Do bis 20, Sa., So. bis 16, Juni – Aug. Di. – So. 12 – 16 Uhr | Eintritt: 50 SEK, bis 25 J. frei www.boras.se/konstmuseum

Borås Museum: 15. Mai – 24. Sept. Di. – So. 11 – 16 Uhr, 25. Sept. bis 14. Mai nur im Rahmen gebuchter Gruppenführungen | Eintritt frei

Textilmuseum: Juni – Aug. Di. – So. 12 – 16, Sept. – Mai Di., Mi., Fr. bis 17, Do. bis 19 Uhr | Eintritt: 50 SEK | www.textilmuseet.se

Kirche mit Alleinstellungsmerkmal

Folgt man von Borås nordwestlich der in Richtung Alingsås führenden Straße Nr. 180, erreicht man den Weiler Hedared, wo die einzige Stabkirche Schwedens steht. Der kleine, altersdunkle Holzbau inmitten eines Friedhofs birgt naive Malerei des 18. Jahrhunderts. Hedared

Es werde Licht

Alingsås

In Alingsås findet alljährlich von Ende September bis Anfang November Nordeuropas größtes Event für experimentelle Lichtinstallationen statt, das bis zu 80 000 Besucher anzieht. **»Lights in Alingsås«** ist die erste Adresse für europäische und internationale Lichtdesigner.

Mittelalterburg

Schloss Torpa

In reizender Lage am Ufer des Åsund-Sees steht Schloss Torpa aus dem 15. Jahrhundert. Der durch seine Schlichtheit beeindruckende Bau besitzt als einziges Schmuckelement ein Renaissanceportal. Umso prächtiger ist die Schlosskapelle mit barocker Ausstattung im Erdgeschoss. Der große Saal im ersten Stock ist fast lückenlos mit Grisaille-Malereien ausgestattet. Wildspezialitäten verkauft die Gårdsbutik, örtliches Kunsthandwerk gibt es in der Hantverkarna. Die Anfahrt erfolgt ab Borås über die Straße Nr. 27 in südöstlicher Richtung; der Abzweigung nach Länghem folgen.

Juni – Aug. tgl. 11 – 17, Mai und Sept. nur Sa./So. 11 – 17 Uhr
englischsprachige Führungen um 11 Uhr | Eintritt: 80 SEK
www.torpastenhus.se

★★ GOTLAND

Landschaft: Gotland | **Provinz:** Gotland Län | **Einwohnerzahl:** 57 300

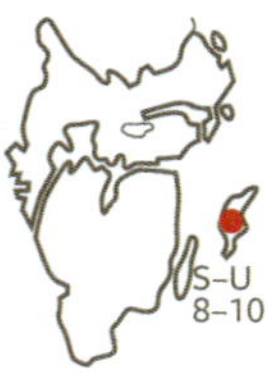

»Gotland ist die Insel der Götter«, sagen die Schweden und meinen damit das magische Licht, das allgegenwärtige Meer, die breiten Sandstrände, die einzigartige Natur und vor allem die herrliche Ruhe und Weite. Und natürlich die Tatsache, dass es nirgendwo in Schweden so warm ist wie auf Gotland.

Die Insel der Götter

Mit ihren skurrilen Kalksteinformationen, der südländisch anmutenden Flora, reichlich Sonnenschein und dem lebendigen Wikingererbe ist die größte Insel Schwedens eine kleine und obendrein vom Klima verwöhnte Welt für sich. Bis zu 2000 Stunden im Jahr lacht über Gotland die Sonne – so viel, dass auf Gotland neuerdings gar Wein angebaut wird. So ähnelt das Eiland mit seinen Kiefernwäldern, den gleißenden Stränden und dem türkisblauen Wasser ringsum tatsächlich mancherorts einer Mittelmeerinsel, das aber mit weniger Urlaubern. Denn Gotland ist zwar Top-Reiseziel der Schweden, blieb aber dennoch vom Massentourismus verschont.
Wahrzeichen der 3140 km² großen Kalksteininsel sind die bis zu 10 m hohen Raukar, im Laufe der Jahrtausende von Wind und Wetter bi-

Eine derart perfekt erhaltene Stadtmauer drängt sich geradezu als Kulisse für ein Mittelalterfest auf. Anfang August schlagen die Teilnehmer ihre Zelte auf.

zarr geformte Säulen aus Kalkstein, in denen sich mit etwas Fantasie Gesichter und Tiere erkennen lassen. Die Fantasie regen auch die vielen Bild- und Runensteine, Steinhügelgräbern und Schiffssetzungen an, die Gotland zum Eldorado für Geschichts- und Archäologieinteressierte machen. Und Aktivurlauber werden die wunderbaren Möglichkeiten zum Radfahren zu schätzen wissen, dass dank wenig Autoverkehr, kaum Steigungen und vielen Campingplätzen auf Gotland ein wahres Vergnügen ist. Nur der Wind kann manchmal etwas stören.

Wichtige Handelsstation

Geschichte

Zahlreiche historische Bauten weisen darauf hin, dass Gotland im Mittelalter ein bedeutender Handelsplatz war. Mit seiner Hauptstadt **Visby** war die Insel eine unentbehrliche Anlaufstation für Segelschiffe auf dem Weg durch die Ostsee ins Baltikum und über die Flüsse bis nach Russland und zurück. Bis zum Beginn des 12. Jh.s hatten die Inselbewohner selbst den Warenverkehr unter Kontrolle, doch mit wachsender Bedeutung wurde der Handel immer mehr von Russen und Deutschen beherrscht. 1161 erhielten die Gotländer eine Handelslizenz für die deutschen Länder, 1280 trat die Inselhauptstadt Visby der Hanse bei und schloss mit Lübeck ein Schutzbündnis gegen die Seeräuber.

🍴🍷

1 Donner's Brasserie
2 Munkkällaren
3 Sankt Hans Café

⌂

1 Hotel 1

Die strategisch wie ökonomisch vielversprechende Lage machte die Insel in der Folgezeit zumheftig umgekämpften **Zankapfel der Mächtigen**. 1361 eroberte der Dänenkönig Waldemar Atterdag Gotland. Vier Jahre später fiel es in die Hände von Piraten, die 1398 vom Deutschen Ritterorden wieder vertrieben wurden. Der Orden verkaufte seine Beute 1408 an Erik von Pommern, den Regenten der vereinigten skandinavischen Königreiche. Ab 1449 stand die Insel wieder unter dänischer Oberhoheit und kam erst 1645 im Frieden von Brömsebro wieder an Schweden. Noch zweimal stand Visby unter Fremdherrschaft: Von 1676 bis 1679 regierten die Dänen und 1808 für 23 Tage die Russen. Heute ist der Tourismus die wichtigste Einnahmequelle.

Gottesfürchtiges Eiland

Gotlands Kirchen

Auf der Insel gibt es 93 Kirchen, allein 17 davon in Visby. Diese für die relativ kleine Bevölkerung erstaunliche Zahl ist ein Hinweis auf den Wohlstand, der zur Zeit ihrer Erbauung herrschte. Die mittelalterlichen Steinkirchen entstanden alle vom späten 12. Jh. bis ca. 1350. Viele sind mit kunstvollen Steinmetzarbeiten an Portalen und Giebelfriesen verziert. Die ersten gotländischen Kirchen wurden im romanischen Stil errichtet, später wurde im gotischen Stil mit Spitzbögen gebaut. Mit der Eroberung durch die Dänen 1361 war der Bauboom schlagartig zu Ende, Gotland verarmte. Nur das Innere der Kirchen wurde noch mit Wandmalereien verschönert.

★★ Hansestadt Visby

Stadt der Rosen und Ruinen

★★ Stadtmauer und historisches Visby

Reichtum schafft Begehrlichkeiten. Als Hauptzentrum der Hanse in der Ostsee (12. – 14. Jh.) erlebte die Inselhauptstadt einen sagenhaften Boom. Damit es auch so bleiben würde, ließen die deutschen Kaufleute ab 1250 eine bis zu 12 m hohe Ringmauer mit über 50 Haupt- und Satteltürmen rings um Visby errichten. Mit dieser wollten sie sich gegen die Landbevölkerung abschotten, mit der die Stadt im Dauerstreit lag. Die Mauer nützte allerdings nicht viel: 1361 wurde Visby von Dänenkönig Waldemar IV. Atterdag erobert, 1394 fiel die Piratengruppe der Vitalienbrüder unter Klaus Störtebeker in der Inselhauptstadt ein. Sie verschanzten sich hinter den dicken Mauern und erlangten von Visby aus die Seeherrschaft in der Ostsee. Vier Jahre später wurden sie von einem Heer des Deutschen Ordens vertrieben. Als die Lübecker 1525 die Stadt überfielen, brannten sie den Ort nieder. Zahlreiche Steinhäuser blieben vor der Katastrophe verschont, von den einst 17 Kirchen sind mit einer Ausnahme nur Ruinen stehen geblieben. Deshalb, und weil viele Häuser mit Rosen bewachsen sind, wird die Inselhauptstadt auch »Stadt der Rosen und Ruinen genannt«. Dem Zahn der Zeit getrotzt hat indes die **Kalksteinmauer**, die Visby noch in ihrer vollen Länge von 3,5 km umgibt. Und nicht zuletzt wegen des historischen Stadtkerns mit 200 hübsch restaurierten mittelalterlichen Fachwerkhäusern hat die UNESCO Visbys Altstadt bereits 1995 auf die Liste des Weltkulturerbes gesetzt.

8000 Jahre Inselgeschichte

Gotlands Fornsal

Mitten in Visby präsentiert das Geschichtsmuseum Gotlands Fornsal rund 8000 Jahre Inselgeschichte von der Frühzeit bis heute. Höhepunkt der Sammlung ist der **Wikingerschatz**, der vom 5. bis zum 11. Jh. geschaffene Runensteine und den »Spillingschatz«, den größte Silberschatz der Wikingerzeit, umfasst. Das dazugehörige **Konstmuseet** (Kunstmuseum) zeigt gotländische Kunst ab dem 19. Jh., der Schwerpunkt liegt auf zeitgenössischen Werken.

Neben dem Museumsgebäude steht das **Liljehornska Hus**, ein Speicherhaus aus dem 13. Jh., in dem heute das beliebte Restaurant Packhuskällaren (► S. 89) untergebracht ist. Über den Packhusplan hinweg gelangt man zum Clematishus und zur **Gamla Apotek**, einem Staffelgiebelhaus, das eine Gold- und Silberschmiede beherbergt.

GOTLAND ERLEBEN

GOTLANDS TURISTBYRÅ

Donners plats 1, 62157 Visby
Tel. 0498 20 17 00
www.gotland.com

Von den Festlandshäfen Oskarshamn und Nynäshamn wird Gotland ganzjährig mit Autofähren in rund drei Stunden erreicht, vom 26. Juni bis 17. Aug. in gut zwei Stunden auch von Grankullavik auf Öland (www.destinationgotland.se). Von Stockholm-Bromma, Stockholm-Skavsta, Stockholm-Arlanda, Ängelholm, Göteborg, Sundsvall, Helsinki und Oslo fliegt der Billigcarrier Flygotland direkt nach Visby (www.flygotland.com).

Größtes Ereignis ist das alljährliche Mittelalterfest Anfang Aug. in Visby. Die Bewohner sind mittelalterlich gekleidet, die Straßen und Gassen mit Handwerkern, Händlern, Gauklern und Spielleuten bevölkert (www.medeltidsveckan.se).

FISHYOURDREAM

Rund 800 km Küstenlinie hat Gotland: ein Paradies für Sportangler. Den Sport nach anerkannten ökologischen Standards zu betreiben, ermöglicht der schwedenweite Anbieter FishYourDream. Zur Unterbringung gibt es Kooperationen mit Hotels, aber auch Hütten mit Selbstversorgung; sogar rollende Saunawagen können gemietet werden. Wer Forellen im Wildwasser beobachten möchte, kann einen erfahrenen Guide für kleine Gruppen buchen.
Tel. 0733 76 18 97
www.fishyourdream.com.

GERVIDE GÅRD

Kleinen und großen Pferdefreunden bietet der Gervide Gård im Zentrum der Insel zünftige Westernatmosphäre mit Reitmöglichkeiten und einem Saloon. Man kann auch ein Ferienhaus mieten.
62244 Romakloster
Tel. 0498 5 90 37
www.gervidegard.com.

Dem Motto »Kulinariska Gotland« (Kulinarisches Gotland) haben sich acht preisgekrönte Restaurants verschrieben, zum Nachkochen gibt es auch ein Kochbuch (www.kulinariskagotland.com).

1 DONNER'S BRASSERIE €€ – €€€

Eines der »Kulinariska«-Restaurants. In einem urigen Kellergewölbe aus dem Mittelalter serviert es Fisch- und Fleischgerichte, Fish & Chips und für Vegetarier Falafel.
Donners Plats 3, Visby
Tel. 0498 27 10 90

2 MUNKKÄLLAREN €€ – €€€

Erst lässt man sich Einheimisches und Internationales zu erschwinglichen Preisen schmecken, danach kann man an der Bar, im Jazz- und im Nachtclub den Abend ausklingen lassen. Als Liveacts treten vor allem gotländische Musiker auf.
St. Hansgatan 40, Visby
Tel. 0498 27 14 00
www.munkkallaren.se
So., Mo. geschl.

❸ SANKT HANS CAFÉ €
In gotischen Kirchenruinen hat sich dieses lauschige Gartencafé eingenistet. Zwischen dem Gemäuer und Pflaumenbäumen stehen kleine Sitzgruppen.
St Hansplan 2, Visby
Tel. 0498 21 07 72

MAVEN €€€
Hier wohnen Sie in stilvoll und modern eingerichteten Ein- und Mehr-Zimmer-Cottages mit allem Drum und Dran inmitten der herrlichen Natur von Kappelshamn, 37 km nordöstlich von Visby. Zum Strand sind es nur 300 m.
Anne und Stefan Lundgren
Hangvar Flenvike, 62454 Lärbro/
Kappelshamn, Tel. 0709 58 60 52
www.maven.se/en-GB

❶ HOTEL 1 €€€
Das vorzügliche Designhotel vermietet individuell und edel eingerichtete Zimmer. Sein Restaurant befindet sich in einem alten Gebäude von 1880. Weinverkostungen.
Strandgatan 13, 62157 Visby
Tel. 0498 21 00 10, 42 Z.
www.hotel1.nu

GOTLANDS RESOR
Die Agentur vermittelt Privathäuser und »Bondestugor«, Freizeithäuser, die aus typisch gotländischen Materialien erbaut wurden.
Färjeleden 3, 62158 Visby
Tel. 0498 20 12 60
www.gotlandsresor.se

Gotlands Fornsal: Strandgatan 14 | tgl. 10 – 18 Uhr
Eintritt: Fornsalen 120 SEK, Kombiticket mit Konstmuseet 160 SEK
www.gotlandsmuseum.se
Konstmuseet: St. Hansgatan 21 | Eintritt 80 SEK | Internet s. oben

Kirchen und Kneipen

Stora Torget und nördliche Altstadt

Die Lybska Gränd führt weiter zum Marktplatz **Stora Torget**. An dessen Südseite steht die Ruine der 1250 geweihten gotischen Kirche **St. Karin** (Katharinenkirche), die einst Teil eines Franziskanerklosters war. In den Häusern am Marktplatz geht es dank der vielen Kneipen und Restaurants lebhaft zu. Nördlich vom Marktplatz befinden sich an der St. Hansgatan die mittelalterlichen Ruinen der **Kirchen Drotten und St. Lars**, deren mächtige Türme einst der Verteidigung dienten.
Die Norra Kyrkogatan führt nördlich zur nahen Ruine der romanischen **Helge Ands Kyrka** (Heilig-Geist-Kirche) aus dem 13. Jahrhundert. Ihre Form, zweistöckig auf achteckigem Grundriss, ist für Skandinavien ungewöhnlich – hier werden deutsche Einflüsse deutlich. Östlich davon ragt der dreitürmige **Sankta Maria Domkyrka** (Dom St. Marien) auf, der ursprünglich Gotteshaus der deutschen Kaufleute war und 1225 geweiht wurde. Man hat ihn mehrmals umgebaut und zwischen 1899 und 1907 restauriert. Heute ist er die einzige Kirche in Visby, in der noch Gottesdienste abgehalten werden. Beachtung verdienen die in Lübeck aus Walnuss- und Ebenholz gearbeitete Barockkanzel von 1684 und ein Taufstein aus rotem Gotlandmarmor aus dem 13. Jahrhundert.

Durch eine Seitenstraße gelangt man von der Heilig-Geist-Kirche, vorbei an den Resten der St.-Gertrud-Kapelle, zur Ruine von **St. Nicolai**. Mit dem Bau der einstigen Dominikanerklosterkirche wurde um das Jahr 1230 begonnen, 1525 wurde auch sie von den Lübeckern zerstört. Heute dient sie im Sommer als Kulisse für sehr stimmungsvolle Singspiele (Infos und Karten bei der Touristeninformation).

★ Galgenberg

Düsterer Ort mit schöner Aussicht
Sehr schön ist ein halbstündiger Spaziergang durch die Norderport, vorbei an der Ruine der Kirche St. Göran aus dem 13. Jh. und hinauf auf den Galgenberg. Von dieser mittelalterlichen Hinrichtungsstätte stehen noch die drei Steinpfeiler des Galgens. Der Blick auf die Stadt und das Meer ist herrlich.

Gotlands Norden

Snäckgårdsbad

Salbei, Kamille und Co.
Verlässt man Visby auf der Straße Nr. 149 durch die Norderport, zweigt nach 4 km westlich eine Straße zum Seebad Snäckgårdsbad ab. Nach 6 km wird der **Krusmyntagården** erreicht, in dem Hunderte verschiedener Heilpflanzen wachsen.
Ende Mai – 30. Juni tgl. 10 – 18, 1. Juli – 12. Aug. 10 – 20, 13. Aug. bis 3. Sept. 10 – 17 Uhr | Eintritt frei | www.krusmynta.se

★ Lummelundagrottan

Expeditionen in den Untergrund
An der Straße Nr. 149 folgt nach 4 km die Gemeinde Lummelunda mit einem erst vor wenigen Jahrzehnten entdeckten und erschlossenen **Tropfsteinhöhlensystem**. Neben regulären Führungen gibt es nach Voranmeldung auch abenteuerlichere Besichtigungen mit Helm und Grubenlampe.
6. – 22. Juni und 12. – 31. Aug. tgl. 10 – 16, 24. Juni – 9. Juli 10 – 17, 10. Juli – 11. Aug. 9 – 18, 1. – 30. Sept. 10 – 14 Uhr | Eintritt: 140 SEK
www.lummelundagrottan.se

Lickershamn

Steinerne Jungfrau
Weiter geht es zum Fischerhafen Lickershamn. Ein 600 m langer, schmaler Weg führt auf dem Klint entlang zum schönsten und mit 36 m größten **Raukar**, der »Jomfru« (Jungfrau).

Bro

Kirchenjuwel
Wählt man von Visby aus die ins Inselinnere führende Nr. 148, gelangt man in den kleinen Ort Bro. Die hiesige **romanisch-gotische Kirche** aus dem 13. Jh. zählt mit ihrer barocken Innenausstattung zu den schönsten Gotlands. An der Außenfassade der Kirche befinden sich

BAEDEKER MAGISCHE MOMENTE

MUTPROBE IM ABENDROT

Ein bisschen können Ihre Knie schon schlottern, umso unvergesslicher ist aber der Moment, wenn Sie auf der 50 m senkrecht aus dem Meer ragenden Klippe Högklint weit übers Wasser schauen. Kommen Sie am besten in den Abendstunden – wenn der feuerrote Ball in der Ostsee versinkt, bietet der Himmel ein einmaliges Lichtspiel. Und im Norden glitzert die Inselhauptstadt Visby mit dem Hafen idyllisch in der Dämmerung.

Steine mit Tierdarstellungen und Symbolen, die von einer älteren Kirche stammen.

Der 500-Kronen-Mann

Tingstäde

Der alte »Thingplatz« (die Gerichts- und Versammlungsstätte) ist in Schweden besser bekannt als Geburtsort des Kanalbauers und Wissenschaftlers **Christoffer Polhem** (1661 – 1751), der die Rückseite der 500-Kronen-Banknote ziert. Sein Geburtshaus Polhemsgården am Stenkyrkavägen 4 ist heute ein kleines Heimatmuseum. Die Dorfkirche liefert mit ihren romanischen Portalen und Wandmalereien ein schönes Beispiel mittelalterlicher Kirchenkunst.
Am Binnensee **Tingstädeträsk** sind noch Pfähle der letzten Wasserburg der Wikinger erhalten.

Gotländischer Jungbrunnen

Lärbro

Die Kirche von Lärbro, 25 km nordöstlich an der Landstraße Nr. 148 gelegen, besitzt einen einzigartigen achtkantigen Turm aus dem 14. Jh., Reste von Wandmalereien aus dem 13. Jh. und zahlreiche Skulpturen. Ein sehr beliebter Wanderweg führt von der Kirche zur **Hangers Källa**. Diese idyllische Quelle gilt als Jungbrunnen.

Leben und Glauben auf Gotland

Bunge

Von Lärbro geht es vorbei an der Kirche von Rute aus der Zeit um 1260 nach Bunge mit einer **Wehrkirche** des 14. Jh.s, deren Südportal reich geschmückt ist. Das Innere zieren sehr gut erhaltene Wandmalereien aus dem 14. Jh., die wahrscheinlich von einem Meister aus Böhmen stammen.
Das **Bungemuseum** ist eines der größten und ältesten Freilichtmuseen Schwedens. Drei Bauernhöfe aus dem 17. bis 19. Jh. geben Ein-

blick in das ländliche Leben auf Gotland. Ausgestellt sind auch zwei große Runensteine.

Bungemuseum: Mitte Mai – Ende Juni, Mitte Aug. – Anf. Sept. tgl. 12 – 16, Juli – Mitte Aug. tgl. 11 – 18 Uhr | Eintritt: 100 SEK
www.bungemuseet.se

Viele Steinsäulen und ein Filmemacher

★ Insel Fårö

Jenseits des Fårösund liegt die »Schafsinsel« (eine Autofähre setzt in sechs Minuten über). Das wenig überlaufene Eiland lockt im Nordosten mit reizenden Sandstränden wie Sudersandviken, Ekeviken und Norsta Auren. Die vielleicht **schönsten Raukar Gotlands**, von den Elementen geschaffene Steinstatuen, sind die Attraktionen im Nordwesten. Im Naturreservat **Digerhuvud** ragen auf 3,5 km² mehrere Hundert der verwitterten und bis zu 8 m hohen Kalktürme auf. An den Strand schließt sich ein karges Geröllsteinfeld an. Im weiter nördlich gelegenen Langhammars ragen weitere 50 Raukar auf.
Die Großartigkeit der Landschaft und das magische Licht der Insel

Naturliebhaber werden sie augenblicklich in ihr Herz schließen: die nur durch einen schmalen Meeresarm von Gotland getrennte »Schafsinsel« Fårö.

haben auch den berühmtesten schwedischen Filmemacher inspiriert: **Ingmar Bergman** (1918 – 2007) drehte zahlreiche Filme auf der Insel, die er erstmals auf der Suche nach einem Drehort für den Film »Wie in einem Spiegel« besuchte. 1965 kehrte Bergman nach Fårö zurück, drehte dort »Persona«, baute sich eine Villa mit Meerblick und lebte hier bis 1976. Auf Fårö ist er auch gestorben, wo er auf dem Inselfriedhof bestattet wurde. Seit 2006 erinnert alljährlich Ende Juni/Anfang Juli die **Bergmanveckan** (Bergman-Woche) mit Seminaren, Ausstellungen, Filmvorführungen im Sudersand-Kino und Ausflügen zu Drehorten an die Filmlegende (www.bergmancenter.se/bergman).

Das Tüpfelchen auf dem i

Wer noch einen Sprung weiter möchte, kann von Fårö aus zum 40 km nördlich gelegenen Inselchen Gotska Sandön übersetzen. Es ist als Gotska Sandön

Nationalpark unter Schutz gestellt (www.gotskasandon.se). Der größte Teil der Insel besteht aus Sanddünen und Kiefernwäldern, am Boden wachsen Rentierflechten und Heidekraut. Einzige Übernachtungsmöglichkeiten sind der sehr einfach ausgestattete Zeltplatz und einige Hütten. Lebensmittel müssen mitgebracht werden. Die Fähre verkehrt von Ende Mai bis September, die Fährzeiten sind unter Tel. 0498 24 04 50 zu erfragen.

Inselzentrum und Gotlands Süden

Gotlands Bauernkrieg

Valdemarskreuz

Das Valdemarskreuz steht südöstlich von Visby in den Ruinen von Kloster Solaberga und erinnert an ein dunkles Kapitel im Jahr 1361, als ein Bauernheer durch Dänenkönig Valdemar Atterdags Truppen vollkommen aufgerieben wurde. Damals hatten sich die Einwohner von Visby hinter ihren starken Mauern verschanzt, die Tore verrammelt und die kämpfenden Gotländer ihrem Schicksal überlassen.

Shakespeare auf Gotland

Roma

Man verlässt Visby durch die Söderport und folgt der Straße Nr. 143 nach Roma. 2 km südöstlich des Orts ist die Ruine der romanischen Zisterzienserabtei Romakloster erhalten. Sie wurde 1164 gegründet und nach der Reformation zerstört (www.romakungsgard.se). In der Ruine werden im Sommer Shakespeare-Stücke aufgeführt.
Der Gutshof **Roma Kungsgard** beherbergt ein Kulturzentrum mit Kunstgalerie und ein Handelshaus für gotländisches Kunsthandwerk, Glasbläserei und Café.

Spaß auf Schienen

Dalhem

Das knapp 7 km östlich von Roma gelegene Dalhem besitzt eine um 1250 erbaute Kirche mit sehenswerten Wand- und Glasmalereien. Im stillgelegten Bahnhof hat das **Eisenbahnmuseum** seinen Sitz. Im Sommer rattert eine 90 Jahre alte Dampflok mit nostalgischen Waggons ins 1,3 km entfernte Hesselby. An verkehrsfreien Tagen kann man zwischen 11 und 15 Uhr auch eine Draisine mieten und auf eigene Faust losfahren. Im Eisenbahncafé wird u. a. selbst gebackenes Brot angeboten.

Juni So. und Juli – Mitte Aug. tgl. 11 – 16 Uhr | Fahrpreis: 120 SEK
www.gotlandstaget.se

»... widdewidde wie sie mir gefällt«

Kneippbyn

Rund 4 km südwestlich von Visby liegt eine Attraktion für Lindgren-Fans: Die Villa Villekulla wurde als Villa Kunterbunt in den Pippi-Langstrumpf-Filmen bekannt. Sie ist das Glanzlicht des Kneippbyn-Vergnügungsparks mit Shows, Wasserland und Fahrgeschäften.

Nochmals 4 km weiter erhebt sich der **Högklint** (▶ Magischer Moment S. 90), eine 45 m hohe Klippe, von der man eine weite Sicht auf das Meer und Visby hat.

Vergnügungspark: Juni tgl. 10 – 17, Juli/Aug. bis 18 Uhr
Eintritt: je nach Saison 280 – 325 SEK | www.kneippbyn.se

Schätze auf vier Rädern

Vibble

Wer sich für Oldtimer begeistert, wird im **Veteranbilmuseum** fündig: Von Rolls Royce bis zum Traktor werden aus der Zeit von 1910 bis zu den 1970er-Jahren Fahrzeuge aller Art ausgestellt; eine Gokart-Bahn sorgt für Abwechslung.

Sommersaison tgl. 11 – 20 Uhr | Eintritt: 50 SEK, Gokart à ca. 5 Min. Fahrt: 50 SEK | www.bilmuseum.se

Ausflug in die Wikingerzeit

Tofta

In der mittelalterlichen Dorfkirche von Tofta wurde jüngst eine Ringhaube aus dem 12. Jh. mit vollständig erhaltenen Lederriemen entdeckt, ein sensationeller Fund. An den feinen **Sandstränden** in der Bucht von Tofta tummeln sich im Sommer die Badegäste. Das nachgebaute **Wikingerdorf** lädt ein, wie zu Wikingerzeiten zu weben, zu spinnen, Bogen zu schießen oder eine Axt zu werfen.

Gotland ist Windmühlenland.

Ganz und gar modern geht es hingegen am ersten Novemberwochenende zu, wenn in Tofta die Motoren dröhnen: Seit 1984 ist das Dorf Schauplatz der größten Enduroveranstaltung der Welt, des **Gotland Grand National** mit jährlich rund 2500 Teilnehmern (www.ggn.se).

Wikingerdorf: Mai – Sept. Mo. – Sa. 11 – 17 Uhr | Eintritt: 120 SEK
www.vikingatider.se

Dänische Invasion

Klintehamn

Der Hafenort schrieb Geschichte: 1361 ging hier der machthungrige Dänenkönig **Valdemar Atterdag** an Land, schlug das in Eile einberufene gotländische Bauernheer vernichtend und eroberte Visby.

Vogelfelsen im Meer

Stora Karlsö

Die Herzen von Hobbyornithologen werden auf Stora Karlsö schneller schlagen: Über 250 Vogelarten leben auf dem kleinen Eiland, darunter Tordalke, Pilgrimsfalken, Eiderenten und Lummen. Zahlreiche Raukar und Grotten prägen die Landschaft. Die größte Höhle, **Stora Förvar**, war in der Steinzeit Wohnstätte. Stora Karlsö, das von Klintehamn von Personenfähren angesteuert wird, und die nur von Schafen bevölkerte Nachbarinsel Lilla Karlsö stehen unter Naturschutz. Auf Lilla Karlsö kann man im Juli dreistündige Touren auf einem Naturlehrpfad buchen. Und eine winzige Jugendherberge auf Stora Karlsö bietet Platz für Übernachtungen (keine Verpflegung, Informationen unter Tel. 0498 24 11 39).

Wikinger und wunderbare Natur

An der Westküste

Unterhalb der Kirche von **Fröjel**, 7 km südlich an der Küstenstraße Nr. 140, gab es einst einen Wikingerhafen. Daran erinnert heute **Ganarve**, eine 29 m lange und 5 m breite Schiffsetzung der Bronzezeit, die aus aufgestellten Steinen den Rumpf nachzeichnet.

Nur wenige Kilometer südlich von Fröjel führt eine Küstenstraße um das **Kap Hamarrud** zum Naturreservat **Ekstakusten**: Windzerzauste Krüppelkiefern und Kieselstrände, gesäumt von bunten Blumenwiesen und in der warmen Sonne duftenden Kräutern, und herrliche Aussichten auf die Vogelinseln Lilla und Stora Karlsö machen diesen Abstecher zum Erlebnis.

20 km südlich von Fröjel an der Küstenstraße Nr. 140 entführt ein typischer weißer gotländischer Bauernhof ins Landleben von einst: **Petes Museigård** bei Hablingbro.

Mitte Juni – Mitte Aug. 11 – 17 Uhr | Eintritt: 50 SEK
www.museigardenpetes.se

Schwedischer Wein

Hablingbro

Reben mitten auf einer Ostsee-Insel? Manch Urlauber meint seinen Augen nicht zu trauen, doch seit 2002 hat sogar der Weinbau Einzug

BAEDEKER ÜBERRASCHENDES

6X EINFACH UNBEZAHLBAR

Erlebnisse, die für Geld nicht zu bekommen sind

1. GIGANTISCH

Nanu! Fast schon wähnt man sich auf der Osterinsel und nicht auf **Gotland**. Die 10 m hohen Kalksteinsäulen, Raukar genannt, erinnern tatsächlich an die berühmten Skulpturen im Pazifik ... (▶ **S. 91/92**)

2. KULTURSOMMER

»Sommarlund« heißt die Veranstaltungsreihe, mit der **Lund** Tanz, Musik, Film, Literatur, Theater u. v. m. eine Bühne bietet. Fast alle Veranstaltungen sind kostenlos. (▶ **S. 144**)

3. PICASSO FOR FREE

Wer hätte das gedacht? Da steht eine gigantische Picasso-Skulptur mitten in einem Park des südschwedischen Provinzstädtchens **Halmstad**. Der Künstler schenkte sie der Stadt und diese der Allgemeinheit. (▶ **S. 102**)

4. FEIERZONE

Berührungsängste darf man nicht haben, wenn man sich im August unter die insgesamt 1,5 Mio. Besucher des **Malmöfestivals** mischt. Ein ausgelassenes Fest mit Konzerten, Theater und Kunst und viel Speis und Trank. (▶ **S. 168**)

5. ANNO DAZUMAL

Tante-Emma-Läden, Handwerksbetriebe und Kunstgewerbeateliers aus der Zeit von 1700 bis 1920 – in **Gamla Linköping** werden Sie in längst vergangene Zeiten katapultiert. (▶ **S. 137**)

6. INSIDER

Stockholmer Studenten nehmen Sie immer freitags um 11.30 Uhr mit auf einen Streifzug durch ihre Stadt. Los geht's an der U-Bahn-Station T-Centralen. Die Tour ist umsonst, ein Trinkgeld gern gesehen. (▶ **S. 212**)

auf Gotland gehalten: Die Rondo-, Phoenix- und Solaristrauben, die an der sonnenverwöhnten Südspitze wachsen, werden auf dem **Gute Vingard** in Hablingbro von Weinpionier Lauri Pappinen zu bestem Rotwein gekeltert, der vor Ort auch verkostet werden kann (www.gutevin.se). Angeboten werden auf dem wohl nördlichsten Weingebiet Europas auch u. a. Chutneys, Marmelade, Kräuter und Senf.

Burgsvik

Burgsvik am Südrand der gleichnamigen Bucht ist Hafen- und Badeort. 2 km östlich erhebt sich die **Kirche von Öja** mit einem Triumphkreuz aus dem 13. Jh. und mittelalterlichen Wandmalereien.

Wildromantischer Ausklang

Im äußersten Süden

Ab Burgsvik führt die Straße Nr. 142 weiter zur Südspitze von Gotland. Im **Museigård Bottarve**, seit 1920 Museum, versorgen Mägde und Knechte in zeitgenössischer Kleidung die Tiere, backen und brauen. Kunstausstellungen, Lesungen, Konzerte und andere Events prägen das Sommerprogramm.

Wildromantisch endet Gotland in seinem äußersten Süden: Grotten, Felsplateaus und Raukar wie die **Hoburgsgubben**, eine Kalksteinsäule mit Trollgesicht, prägen die Südspitze. Auf ihrer 37 m hohen Anhöhe wirft ein Leuchtturm sein Licht über die See.

Zurück gen Norden geht es mitten durch die karge Klintlandschaft unmittelbar die Küste entlang zum **Naturschutzgebiet Holmhällar**, das ebenfalls bizarre Steingebilde birgt. Vor der Küste liegt die winzige Insel **Heligholmen** mit einer sagenumwobenen Silbergrotte. Mit Wellness am Meer, auf Wunsch unter freiem Himmel, lockt das 2009 ganz in der Nähe eröffnete **Spa Suderhälsan** (www.suderhalsan.com).

Museigård Bottarve: 2. Juni – 3. Sept. tgl. 11 – 17 Uhr
Eintritt: 40 SEK | www.bottarve.se

Berühmte Seeräuber und Inselrekorde

Hemse

Hinter Hemse, einem einst bedeutenden Handelsort mit hübscher romanischer Kirche aus der Zeit um 1200 (Wandmalereien aus 14./15. Jh.), erreicht die Straße Nr. 142 die malerische Landschaft Lojstahajd, Heimat der halbzahmen **Gotland-Ponys**. Die vom Wasser umgebene mittelalterliche Verteidigungsanlage **Lojsta Slott** wird mit den Vitalienbrüdern in Verbindung gebracht: Klaus Störtebekers Mannen sollen hier einst gegen den Deutschen Ritterorden gekämpft haben. Die 1000-jährige Eiche von Lojsta ist der älteste Baum der Insel. Ebenfalls ein Inselrekord: Ganz in der Nähe von Lojsta befindet sich mit 83 m der höchste Punkt Gotlands.

Schwarzes Inselgold

Ljugarn

Gourmets aufgepasst! Gotland hält einen kulinarischen Schatz bereit, den man nicht unbedingt auf einer Ostsee-Insel erwarten würde:

Ende der 1990er-Jahre entdeckte man hier »tuber uncinatum« , den aromatischen schwarzen Burgunder-Trüffel, mit dem der Boden von Gotland geradezu gespickt ist. Er wird von italienischen Trüffelhunden aufgespürt und für rund 500 € pro Kilogramm verkauft! **Gotlands tryffel** (www.gotlandstryffel.se) im Badeort Ljugarn an der gotländischen Südostküste organisiert Trüffelsafaris zusammen mit dem Hotel Smakrike, das auch Trüffelmenüs serviert (www.tryffelsafari.se).
Gut 2,5 km nordöstlich von Ljugarn erstrecken sich die Raukarfelder von Folhammar. Etwas nördlich von hier gelangt man dann zur **Torsburg** aus dem 5. Jh.: Die größte prähistorische Befestigungsanlage Nordeuropas zieht sich um einen steil abfallenden Kalkhügel. An der Südseite gibt es eine 1,5 km lange und 4 bis 7 m hohe Mauer mit Aussichtsturm.

★ HALMSTAD

Landschaft: Halland | **Provinz:** Halland Län | **Einwohnerzahl:** 58 000
Höhe: Meereshöhe

Halmstad hat viele Gesichter. Schwedische Golfhauptstadt, Kunststadt und Badewanne Schwedens – so lauten denn auch die Beinamen der südschwedischen Provinzhauptstadt. Das passt! Rund um den Küstenort an der weiten Laholm-Bucht gibt es zwölf Golfplätze, jede Menge lange Sandstrände und Kunst in allen Facetten. Selbst Picasso hat hier seine Spuren hinterlassen.

Ferienparadies am Kattegat

Sand, so weit das Auge reicht! Südlich und nördlich von Halmstad erstrecken sich kilometerlange und von Dünen gesäumte Strände, die im Sommer von Badeurlaubern mit ihren bunten Sonnenschirmen bevölkert werden, in der Nebensaison aber auch viele einsame Flecken für ausgedehnte Spaziergänge bieten. Vom atlantischen Golfstrom verwöhnt, herrscht hier ein angenehm mildes, fast mediterranes Klima. Ein Grund, weshalb viele Schweden ein Sommerhaus in der Region besitzen.
Wer lieber den Sand meiden und den Golfschläger schwingen will, kann an insgesamt 183 Löchern sein Handicap verbessern. U. a. ist die Region Heimat des wohl schönsten Golfplatzes Schwedens – da gilt es, sich beim Abschlag nicht von der herrlichen Aussicht über das Kattegat ablenken zu lassen.
Für Kunstbegeisterte gibt es schließlich zahlreiche Sehenswürdigkeiten, ist doch die Stadt gespickt mit viel Kunst. Das vielleicht heraus-

HALMSTAD ERLEBEN

HALMSTAD TOURIST CENTER
Köpmansgatan 20
30242 Halmstad, Tel. 035 12 02 00
www.destinationhalmstad.se

LEIFS LOUNGE
Am Dünenstrand von Tylösand versteckt sich der angesagteste Nachtclub der schwedischen Westküste: Leifs Lounge, betrieben von Per Gessle, seit den 1980er-Jahren Songwriter und Sänger des legendären Pop-Duos Roxette, das 2009 sein Comeback feierte und 2010 auf der Hochzeit von Kronprinzessin Victoria sang. Gessle ist außerdem Frontmann der populären Band »Gyllene Tider«.
Tylöhusvägen 28, Tel. 035 3 05 00,
www.leifslounge.se

PIO MATSAL & BAR €€€
Das schicke Restaurant mit Backsteinwänden ist auf Steaks spezialisiert, es stehen aber auch andere Gerichte auf der Karte. Erlesene, mehrfach preisgekrönte Küche mit lokalen Zutaten aus Öko-Anbau, umfangreiche Weinkarte.
Storgatan 37, Halmstad
Tel. 035 21 06 69, www.pio.se

LAXBUTIKEN VÄXKROG €€
Der Name ist Programm: Christer und Margareta Lagnell servieren Lachs, geräuchert in allen erdenklichen Variationen. Selbstbedienung oder À-la-carte-Restaurant. Es gibt auch ein Delikatessengeschäft (tgl. 10 – 19 Uhr).
Heberg, an der E 6 zwischen Halmstad und Falkenberg
Tel. 0346 5 11 10
www.laxbutiken.se

LIZZIES CAFÉ €
Leckere Käsehörnchen und Waffeln sind ein guter Grund, in Lizzies Café in Holm einzukehren. Ein weiterer Grund ist aber auch die kleine Galerie eine Treppe höher mit Kunst und Kunsthandwerk einheimischer Künstler.
Holm (5 km nördl. von Halmstad), Tel. 035 3 81 18
Mai – Aug. Di. – So. 13 – 18 Uhr
sonst nach Absprache

HOTEL TYLÖSAND €€€€
Das große und luxuriöse Wellnesshotel mit sagenhaftem Spa liegt traumhaft schön an einem der besten Strände Hallands.
30116 Tylösand, Tel. 035 3 05 00
230 Z., www.tylosand.se

VALLÅSENS WÄRDSHUS €€€
Konferenz- und Wildnishotel am Fuß der Hügellandschaft Hallandsås. Im Speisesaal in der alten Jagdvilla wird köstliche Bioküche mit Blick auf den Wald serviert.
Rössjöholmsvägen,
31275 Våxtorp, Tel. 0430 3 00 87,
23 Z., www.vallasensvardshus.se

ragendste Kunstwerk – und das im doppelten Wortsinn – ist der »Kvinnohuvud«, eine 15 m hohe Skulptur eines Frauenkopfes, die Pablo Picasso 1972 der Stadt spendete.

Dänische Vergangenheit

Geschichte

Die Provinzhauptstadt Halmstad wurde an der Mündung des Flusses Nissan ins Kattegat erbaut. Einst gehörte Halmstad zu Dänemark. Da Halland eine Grenzprovinz war und es immer wieder Konflikte mit den Schweden gab, ließ Dänenkönig Christian IV. Halmstad Ende des 16. Jh.s befestigen und zu Beginn des 17. Jh.s einen Schutzwall aus Erde und Steinen errichten. Nachdem im August 1619 ein Feuer fast den gesamten Ort zerstört hatte, wurde er unter Christian IV. als Renaissancestadt mit geraden Straßen wieder aufgebaut. Einige Fachwerkhäuser in der Storgatan stammen noch aus dieser Zeit. Auch der Stadtteil westlich vom Stortorg zeigt zum Großteil noch die Bebauung aus dem 17. und 18. Jahrhundert. 1645 wurde Halmstad schwedisch.

Wohin in und rund um Halmstad?

Die schwedische Riviera

★ Strände

Laufstege für Beachboys und -girls in den neusten Kreationen internationaler Modemacher, aber auch sonnige Bade- und Picknickplätze für Familien. Die kilometerlangen Sandstrände rund um Halmstadt bieten für Urlauber jeglicher Couleur das Passende. Rund 8 km trennen Halmstad vom mondänsten Strand der »schwedischen Riviera«, dem dünengesäumten **Tylösand** (Abb. ► S. 102). Das nordische St. Tropez ist Tummelplatz von Prominenten, die hier ihre Sommervillen haben. So überrascht es nicht, dass Tylösand auch Heimat des exklusivsten Golfclubs in Südschweden ist, des **Halmstad Golf Clubs** mit zwei Weltklasseplätzen im Norden und Süden (www.hgk.se).
Der Tylösandsvägen führt zum **Äventyrsland**, in dem Plastikdinos, Karussells und Rutschbahnen sowie 80 Modelle schwedischer Sehenswürdigkeiten im Maßstab 1 : 25 warten. Zwischen Vergnügungspark und Stadt verkehrt ein lustiges Bimmelbähnchen.
Etwas mehr Platz hat man auf der Landzunge in **Frösakull** oder **Ringenäs** an Stränden. Auch zwischen Vilshärad und Haverdal lässt es sich gut baden. Wer es noch ruhiger mag, sollte nach **Lynga** gehen, wo ein Fußweg durch ein Naturschutzgebiet zum Wasser führt.
Auch Richtung Süden gibt es mehrere Strände wie den Östra-Strand, gut 5 km von Halmstads Zentrum entfernt. Der **Mellbystrand** an der Laholm-Bucht ist mit 12 km der längste Sandstrand Schwedens. Die leicht geschwungene Bucht ist im Sommer ein einziges Badeparadies, das auch bei Surfern sehr beliebt ist.

Äventyrsland: Anf. Juni – Ende Aug. tgl. 10 – 18 Uhr
Tagesticket 125 SEK | www.aventyrslandet.se

Herzstück der Stadt ...

Stora Torget

... ist der weite Marktplatz. 1926 erhielt er seine große Brunnenskulptur **»Europa mit dem Stier«** von Carl Milles. An der südlichen Ecke

Riviera auf Schwedisch: der Stand von Tylösand

beeindruckt das Rathaus, ein 1938 errichteter Klinkerbau mit Glockenspiel. Das stattliche Fachwerkhaus **Tre Hjärtan** (Drei Herzen) rechts daneben stammt aus dem 15. Jh. und ist das älteste erhaltene Gebäude der Stadt. Auch in der Kyrkogatan stehen gut restaurierte Fachwerkhäuser. Die **Nikolaikirche** aus dem 14. Jh. am Südrand des Marktplatzes ist ein dreischiffiger Backsteinbau, in dem die modernen Glasfenster von Erik Olson und Einar Forseth sowie der Taufstein und die Kanzel von 1634 einen Blick verdienen.

Moderne Kunst und Wege in die Natur

Halmstads Slott

Südlich der Slottsgatan erhebt sich das im 17. Jh. erbaute Schloss, heute die Residenz des Landeshauptmanns und daher nicht zu besichtigen. Vor dem Schloss der Nissan-Brücke dümpelt die 1897 vom Stapel gelaufene Dreimastbark **»Najaden«**; wer will, kann für einen Rundgang an Bord des Segelschulschiffs gehen. Am jenseitigen Ufer befindet sich ein kleiner Park mit der Bronzeskulptur **»Laxen går upp«** (Aufsteigender Lachs, 1958) von Walter Bengtsson und Pablo Picassos Betonplastik **»Kvinnohuvud«** (Frauenkopf).

Der **Prins Bertils Stig** führt vom Schloss als rund 18 km langer Wanderweg vorbei am Strand von Tylösand zum Möllegårds-Naturreservat.

Noch mehr moderne Kunst

Norre Katts Park

Vom Stora Torget bummelt man durch die von stattlichen Häusern gesäumte Storgatan zur **Norre Port** von 1605. Jenseits des Stadttors breitet sich der weitläufige Norre Katts Park aus. An dessen Nordende wird das **Hallands Konstmuseum** derzeit komplett umgebaut. Wenn es wieder eröffnet hat, zeigt es Sammlungen zur Seefahrt und modernen Kunst, u. a. Arbeiten von Olle Bærtling (1891 – 1981) als Vertreter der konkreten Kunst und vom Surrealisten Gösta Adrian-Nilsson (1884 – 1965), der seine Gemälde stets mit GAN signierte.

Architektonisches Erbe

Freilicht-museum Hallandsgården

Am nördlichen Stadtrand, an der dicht von Birken bestandenen Flanke des Galgenbergs (Galgbjerget; mit Aussichtsturm), kann man im Hallandsgården historische Holzhäuser aus der Region, eine alte Windmühle, Flachsanbau und einen Kräutergarten besichtigen.

Juni – Mitte Aug. tgl. 11 – 17 Uhr | Eintritt frei
www.hallandskonstmuseum.se

Schwedischer Surrealismus

★ Mjellby Konstgård

In Halmstad arbeitete in den 1930-Jahren eine Gruppe surrealistischer Künstler, der so bekannte Maler wie Axel Olson und Erik Olson angehörten. Eines ihrer bekanntesten Werke, »Picassostatyn«, steht am Ufer der Nissan.

Einen Überblick über das Schaffen der **Halmstad-Gruppe** gibt der 4 km südwestlich gelegene Künstlerhof Mjellby mit Skizzen, Entwürfen und Skulpturen. Regelmäßig wechselnde Ausstellungen zeigen Werke zeitgenössischer Künstler.

Mo. – Fr. 12 – 17, Sa./So. 11 – 17, 1. Juli – 13. Aug. 11 – 17 Uhr
Eintritt: 80 SEK | www.mjellbykonstmuseum.se

Petri heil!

Laholm

Knapp 30 km südöstlich von Halmstad liegt Laholm, in dessen verwinkelten Gassen vorbildlich renovierte alte Häuser erhalten sind. Nicht umsonst schmücken drei Lachse das Stadtwappen, denn der Lagan, der durch die Stadt fließt, ist einer der besten Lachsflüsse Schwedens – in guten Jahren ziehen Angler bis zu 2000 Lachse aus dem Wasser.

Ein Teil des Hallands Konstmuseum ist das **Teckningsmuseum**, das einzige Museum Skandinaviens, das sich ganz der Kunst des Zeichnens widmet.

Sankt Knuts gränd 1 | Mi. – So. 12. – 16, Anf. Juli – Mitte Aug. bis 17 Uhr | Eintritt: frei (im Sommer) | www.teckningsmuseet.se

Hals- und Beinbruch!

Hallandsåsen

Südlich von Laholm erhebt sich der Höhenzug Hallandsåsen. Hier befindet sich Schwedens südlichstes Skigebiet mit Blick aufs Meer. Zwar sind die Verhältnisse nicht alpin, doch den Schwung von 145 m Höhenunterschied kann man immerhin auf 1260 Pistenmetern auskosten. Die Skigebiete am Hallandsåsen werden von Malmö und Helsingborg auf der E 6 Richtung Göteborg erreicht, Abfahrt Östra Karup.

★ HELSINGBORG

Landschaft: Skåne (Schonen) | **Provinz:** Skåne Län
Einwohnerzahl: 130 600 | **Höhe:** Meereshöhe

Zum Greifen nah liegt an der schmalsten Stelle des Öresund das dänische Festland, vom Kärnan reicht der Blick nach Helsingør auf der anderen Seite der Meerenge. Doch warum in die Ferne schweifen? Zu Füßen des wuchtigen Turmes ist es ein Leichtes, sich in der charmanten kleinen Altstadt mit ihren hervorragenden Restaurants und zahlreichen Kneipen zu verlieren. Und Helsingborgs vielfältiges Musikangebot und drei Seebadehäuser lassen auch sonst keine Langeweile aufkommen.

Schwedens Tor zum Kontinent

Noch bevor die Fähre aus dem dänischen Helsingør am Hafen von Helsingborg ankommt, ist auf einem Felsen über der Altstadt das Wahrzeichen der Stadt zu sehen: der viereckige Festungsturm Kärnan. Überbleibsel aus jener Zeit, als Helsingborg aufgrund seiner strategischen Lage an der schmalsten Stelle des Öresunds heiß umkämpft war. Ursprünglich dänisch, wurde die Stadt mal von den Schweden, mal von den Dänen erobert, bis sie 1710 endgültig an Schweden fiel.
Während heute die beiden Nachbarn längst freundschaftlich miteinander verbunden sind und Schweden wie Dänen in rund 20 Minuten auf die andere Seite der Meerenge hüpfen, zeugt der 35 m hohe Kärnan von kriegerischeren Zeiten. Als die dänische Festung, deren Teil er war, von den Schweden zerstört wurde, blieb der Turm als Seezeichen stehen. 170 Stufen geht es über eine schmale Wendeltreppe hinauf zur Spitze des Turms. Wer den mühsamen Treppenaufstieg auf sich nimmt, wird mit einem grandiosen Blick über Helsingborg, den Öresund und das gegenüberliegende „Hamlet-Schloss" Kronoberg in Helsingør belohnt. Der ideale Ausgangspunkt für eine Stadttour, um sich eine Übersicht über die Stadt zu verschaffen!

Wohin in Helsingborg?

Repräsentative Plätze

Hamntorget & Stortorget

Das repräsentative Zentrum Helsingsborgs bilden zwei Plätze, der Hafen- und der Alte Platz. An der Nordseite des inneren Hafens steht am Hamntorget das **Seefahrtsmonument**, eine Merkur-Plastik von Carl Milles auf hoher Säule, daneben ein Denkmal, das an die Ankunft des französischen Marschalls Jean Baptiste Bernadotte nach seiner Ernennung zum schwedischen König Karl XIV. Johann im Jahr 1810 erinnert.

Dahinter erstreckt sich der Stortorget, der zugleich als Marktplatz dient. Beste Adresse im Ort ist das hier beheimatete **Hotel Mollberg**, das vermutlich älteste Hotel Schwedens, das 1814 neu erbaut wurde (▶ S. 106). An der Kreuzung mit der Strandgatan erhebt sich das neugotische **Rathaus**, ein mächtiger roter Klinkerbau mit Türmchen, Zinnen und einem 65 m hohen Turm aus dem Jahr 1897. Im Innern erzählen farbige Glasfenster Episoden aus der Stadtgeschichte. Davor grüßt eine Reiterstatue von Feldmarschall Magnus Stenbock (1665 – 1717), der 1710 in der Schlacht bei Helsingborg den endgültigen Sieg der Schweden über die Dänen errang.

Backsteinrote Ikone

★ Kärnan

Magisch zieht er in der Flucht der beiden Plätze die Blicke an. Über dem weiten Stortorget ragt das wuchtige **Wahrzeichen der Stadt** auf: der Kärnan (sprich »tchärnan«), ein 35 m hoher, vierkantiger Backsteinturm. Vom Platz führt seit 1903 eine von zwei Türmen flankierte Freitreppe hinauf zur König-Oskar-II.-Terrasse, wo sich der alte Verteidigungsturm mit seinen bis zu 4,50 m dicken Mauern erhebt. Um 1400 bildete er den Mittelpunkt einer von Valdemar Atterdag in Auftrag gegebenen Festung, die 1680 zerstört wurde. Im Turm zeigt ein kleines **Museum** ein Modell der einstigen Burg. Von der Plattform reicht der Blick über die Stadt bis zum Sund nach Dänemark.

April, Mai, Sept. tgl. 9 – 16, Sa., So. 11 – 16, Juni – Aug. tgl. 10 – 18 Uhr
Eintritt: 50 SEK

Da hinten ist Dänemark: Der Blick reicht über den Öresund bis nach Helsingør.

HELSINGBORG ERLEBEN

HELSINGBORGS TURISTBYRÅ

Dunkers Kulturhus, Kungsgatan 11
25189 Helsingborg
Tel. 042 10 43 50
www.visithelsingborg.com

Rund um die Uhr pendeln im 20- bis 40-Minuten-Takt die Fähren über den Öresund ins dänische Helsingør; www.scandlines.se.

Das Angebot in Helsingborg ist in erster Linie auf Kurzurlauber aus Dänemark abgestimmt. Die größte Shoppingmeile führt von der Kullagatan, der ersten Fußgängerzone Skandinaviens, südwärts. Lifestyle-Geschäfte wie »trettan« gibt es in der Bruksgatan, einen exotischen Markt am Gustav Adolf Torg. Etwas außerhalb lockt das Väla, mit 180 Geschäften eine der größten Malls Skandinaviens (www.vala.com). Exquisites Kunsthandwerk von schonischen Designern gibt es bei Karla konsthantverk (Bruksgatan 15, www.karlakonsthantverk.se).

1 GASTRO €€€€

Edles Restaurant mit französischem Touch; die Küche von Karl Bengtsson gehört laut schwedischer Gourmetbibel »White Guide« zu Skånes Top Ten.
Järnvägsgatan 3, Tel. 042 24 34 70
www.gastro.nu, So. geschl.

2 SILLEN & MAKRILLEN €€ – €€€

Schlemmen mit Blick auf Dänemark. Das ausgezeichnete Seafood-Restaurant liegt direkt am Wasser. Die hohen Glasfenster vom Boden bis zur Decke bieten auch bei Regen einen herrlichen Blick über den Öresund.
Gröningen Norra 1
Tel. 042 28 15 53, www.sillenmakrillen.se, tgl. ab 17 Uhr

3 PÅLSJÖ KROG €€

Die Fischgerichte sind großartig, Gleiches gilt für den Blick zum dänischen Hamletschloss Kronborg.
Drottninggatan 151
Tel. 042 14 97 30
www.palsjokrog.se

1 ELITE HOTEL MOLLBERG €€€

Im wohl ältesten Hotel Schwedens – es besteht seit Anfang des 14. Jh.s – entspannen Sie im Spa mit Blick auf die Marienkirche. Die Kaffeemarke »Mollbergs Blend« ist ein Aushängeschild.
Stortorget 18
Tel. 042 37 37 00, 104 Z.
www.elite.se

2 RADISSON BLU METROPOL HOTEL €€€

Wohlfühloase in Hafennähe: In den wunderschönen Zimmern des im Herbst 2015 eröffneten Hotels fühlt man sich sofort wie zu Hause. Ein Highlight ist das Frühstücksbuffet mit riesiger Auswahl an Brot und Brötchen, frisch gepresstem Orangensaft, leckerem Espresso und reichlich Obst. Und abends könnte man in dem gemütlichen Restaurant mit außergewöhnlichen Kronleuchtern, großen Holztischen und Fenstern vom Boden bis zur Decke ewig verweilen.
Carl Krooks Gata 16
Tel. 042 6 23 79 00, www.radissonblu.com/en/hotel-helsingborg

1 Gastro
2 Sillen & Makrillen
3 Pålsjö Krog

1 Elite Hotel Mollberg
2 Radisson Blu Metropol Hotel

Schnuckelig und historisch

Altstadt

Hinter dem Rathaus beginnt die größtenteils autofreie Altstadt mit repräsentativen Jugendstil- und Fachwerkhäusern. An der Norra Storgatan Nr. 21 steht das gut restaurierte **Jakob Hansens Hus** von 1641, auf dem kleinen Platz davor erinnert seit 1927 ein Brunnendenkmal an den dänischen Astronomen **Tycho Brahe** (1546 bis 1601). Auf der anderen Seite des Stortorget steht die im 13. Jh. gotisch errichtete und im 15. Jh. umgebaute **Sankta Maria Kyrka** (Marienkirche).

Mitte Juni – Mitte Aug. Mo. – Fr. 8 – 18, Sa., So. 9 – 18, sonst Mo. – Fr. 8 – 16, Sa., So. ab 9 Uhr | www.svenskakyrkan.se

Museum aus Gummigeld

Dunkers Kulturhus

Strahlend weiß und mit markant geschwungenem Dach erhebt sich das 2002 errichtete Kulturhaus, um das herum ein komplett neuer, architektonisch durchaus sehenswerter Stadtteil direkt am Wasser entstanden ist. Der preisgekrönte Bau am Ufer des Öresund wurde vom dänischen Architekten Kim Utzorn entworfen, die Finanzierung übernahm die Henry-Dunker-Stiftung, deren Kapital aus dem Nachlass des ehemaligen Direktors der Helsingborger Gummifabrik stammt. Henry Dunker (1870 – 1962) war einer der reichsten Männer Schwedens und starb kinderlos. Das Gebäude wird für Wechselausstellungen, Musik- und Theatervorführungen genutzt. Quiche, Entrecôte und Fisch stehen auf der Speisekarte von **Dunker Bar & Matsalar**.

Di. – Fr. 10 – 18, Do. bis 20, Sa./So. 10 – 17 Uhr | Eintritt: 70 SEK
www.dunkerskulturhus.se

Das alte Schonen

★ Fredriksdal

In der herrlichen Parkanlage des Freilichtmuseums Fredriksdal begeben sich die Besucher auf eine spannende Zeitreise. Neben dem klassizistischen Haupthaus Fredriksdals Herregård von 1787 stehen mehrere altschonische Bauernhäuser, historische Gebäude mit Friseursalon, Zahnarztpraxis, Uhrmacherwerkstatt und Krämerladen sowie ein Druckereimuseum. Zu den Höhepunkten im Advent gehört »Jul på Fredriksdal«; Kunsthandwerker aus Skåne bewerben sich Jahre im Voraus, um hier ihre Werke auszustellen. Entsprechend exquisit ist das Angebot. Man erreicht das Museum über die Stenbocksgatan, die die Innenstadt im Osten begrenzt.

Mai – Ende Aug. tgl. 10 – 18, April, Sept. – Dez. tgl. 16 Uhr
Eintritt: 70 SEK | www.fredriksdal.se

Rund um Helsingborg

Erfolgreiches Wasser

Ramlösa Brunn

Rund 4 km südlich vom Zentrum liefern die Mineralquellen von Ramlösa Brunn ein im ganzen Land geschätztes Tafelwasser, das auch Mikael Blomquist, der Held aus Stieg Larssons »Millennium-Trilogie«, ständig trinkt, Beweis für eine gute Marketingstrategie. Der 1993 im Brunnspark eröffnete Wasserpavillon führt die über 300-jährige Kurtradition fort. An die Blütezeit im 19. Jh. erinnern das Brunnenlazarett von 1836, die ehemalige Brunnenverwaltung »Brunskontoret« von 1829 und das 1882 eröffnete Brunnenhotel, Schwedens größtes Holzhaus.

Ein königliches Geschenk

Sofiero Slott

Erbaut wurde Schloss Sofiero, 5 km nördlich von Helsingborg, 1864 vom späteren König Oskar II. als Sommerresidenz für seine Frau

Sofia. 1905 schenkte es der König seinem Enkel Prinz Gustav Adolf zur Hochzeit, dieser vermachte es 1973 der Stadt Helsingborg. Feinschmecker lieben das **Sofiero Palace Restaurant** im ersten Stock (www.sofieroslottsrestaurang.se). Die gepflegte Parkanlage mit uralten Bäumen und Themengärten (u. a. Kräuter, Duftpflanzen) wurde 2010 zum »besten Park Europas« gewählt. Die Zucht der berühmten Rhododendren lag König Gustav VI. besonders am Herzen.

Mitte April – Dez. tgl. 10 – 18 Uhr, Schloss und Ausstellungen Mitte Sept. – Dez. geschl. | Eintritt: 100 SEK | www.sofiero.se

Aussichtsreiche Promenade

Landborgen

Der Landborgen, ein fossiles Kliff, entstand vor 4000 bis 7000 Jahren, als der Meeresspiegel bis zu 30 m höher war als heute. Der zwischen 8 und 40 m hohe Felsbogen zieht sich über fast 9 km am Öresund entlang. Die oberhalb der Felskante verlaufende Landsborgpromenade führt vom Pålsjö Skog, einem idyllischen Wald beim Schloss von Pålsjö nördlich von Helsingborg, bis zum Naturschutzgebiet Rååns Dalgång im Süden der Stadt. An der Wanderstrecke liegt mit der Raus Kyrka die älteste Kirche von Helsingborg: Ihre Geschichte reicht bis ins 12. Jh. zurück.

★★ KALMAR

Landschaft: Småland | **Provinz:** Kalmar Län | **Einwohnerzahl:** 63 100
Höhe: Meereshöhe

Idyllisch und friedlich liegt es auf einer kleinen Insel im nach ihm benannten Slottsfjärden, rot leuchten seine mächtigen Mauern im Licht der tief stehenden Sommersonne Skandinaviens. Dabei stehen das großartige Renaissance-Schloss Kalmar wie auch das aufwendig restaurierte Wrack der »Kronan« für eine oft auch wenig friedliche Vergangenheit, in der Schweden und Dänemark um die Vorherrschaft kämpften. Heute sind sie Symbole einer äußerst geschichtsträchtigen Stadt, die als Schauplatz bedeutsamer Ereignisse jedes schwedische Schulkind kennt.

Geschichtsträchtiges Städtchen

Den größten Auftritt in der Geschichte Skandinaviens hatte Kalmar am 17. Juni 1397. Abgesandte Dänemarks, Norwegens und Schwedens unterzeichneten den Vertrag zur Kalmarer Union, die fortan unter Vorherrschaft der dänischen Krone stand. Das skandinavische Großreich war das Werk der »Dänenkönigin« Margarethe I. (1353 – 1412), die eigentlich nie gekrönt wurde, aber ab 1375, nach

KALMAR ERLEBEN

KALMAR TURISTBYRÅ
Ölandskajen 9, 39120 Kalmar
Tel. 0480 41 77 00
www.kalmar.com/de

Wichtigste Einkaufsmeile ist die Kaggensgatan. Neben dem Jachthafen liegt das Einkaufszentrum Baronen.

Abenteuerwochenenden für kleine Gruppen in der Umgebung von Kalmar mit Kajak- und Mountainbiketour, Wanderung und Hochseilbahn organisiert an einigen Terminen im Sommer Vilse Äventyr (Tel. 0480 36 39 30, 0470 34 83 40; Anfrage per E-Mail: info@vilse.com). Geschlafen wird im Zelt, gekocht wird gemeinsam. Die notwendige Ausrüstung stellt der Veranstalter.

❶ MR & MRS HANSSON €€ – €€€
Stilvoll eingerichtetes Restaurant mit vielfältigem Angebot auf der Karte. Tipp: Mo. – Fr. gibt es von 11 – 14 Uhr (Sa. 12 – 14 Uhr) besonders günstiges Mittagessen vom Grill.
Norra Långgatan 1, Tel. 0480 1 04 21
www.mmhansson.se, So. geschl.

❷ GRÖNA STUGAN €€ – €€€
Fisch-, Fleisch-, Gemüse- oder Pastagerichte, Pizza und Vegetarisches – die »Grüne Hütte« serviert ab 17 Uhr leckere europäische Gerichte in stilvollem Ambiente zu fairen Preisen.
Larmgatan 1, Tel. 0480 1 58 58
www.gronastuganikalmar.se

❸ KÄLLAREN KRONAN €€
Gemütliche Schenke im Gewölbekeller eines der ältesten Steinhäuser der Stadt. Passend dazu gibt es ein Menü aus dem Jahr 1660.
Ölandsgatan 7, Tel. 0480 41 14 00
www.kallarenkronan.com

❶ SLOTTSHOTELLET €€€
Stilecht! Die meisten Zimmer haben antikes Mobiliar und Kristallkronleuchter, wie es sich eben für ein »Schlosshotel« gehört. Es liegt praktisch beim Schloss und Park.
Slottsvägen 7
Tel. 0480 8 82 60, 44 Z.
www.slottshotellet.se

❷ KAPTENSVILLAN €€
Das heimelige B & B ist in der von Kapitän Isaksson 1912 erbauten Villa untergebracht. Göta-Kanal-Kapitän Håkansson und seine Frau haben die drei Zimmer mit viel Liebe zum Detail stilsicher eingerichtet.
Söderportsgatan 7
Tel. 0480 1 95 80
www.kaptensvillan.se

GARPENS FYR B&B €€
Auf der winzigen Leuchtturminsel im Kalmarsund, 15 Schiffsminuten vor Bergkvara entfernt, wähnt man sich auf einer einsamen Insel. Das ehemalige Haus des Leuchtturmwärters wurde in ein ungewöhnliches B & B mit hübschen Zimmern verwandelt. Den Rundum-Seeblick gibt es gratis dazu.
Garpens Fyrplats, Bergkvara
Tel. 073 070 34 88
http://garpen.se/en
Okt. – April geschl.

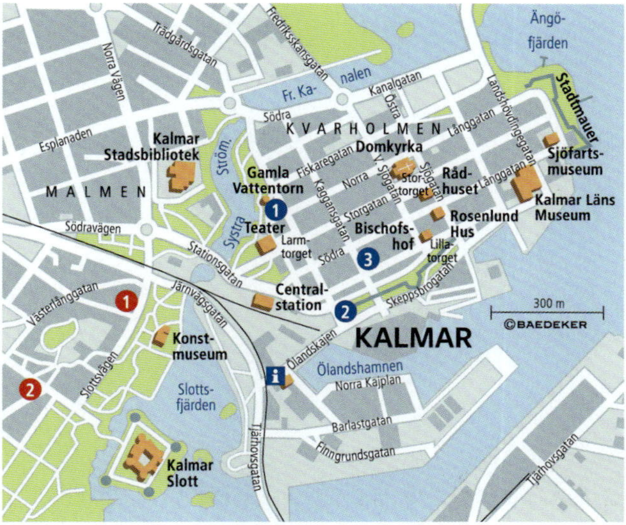

Restaurants:
1 Mr & Mrs Hansson
2 Gräna Stugan
3 Källaren Kronan

Hotels:
1 Slottshotellet
2 Kaptensvillan

dem Tod ihres Vaters Waldemar IV. Atterdag, den Titel einer Königin von Schweden trug. 126 Jahre hatte die Union Bestand, bis Gustav Wasa 1523 gegen die Dänen aufbegehrte.
Das mittelalterliche Kalmar, das direkt vor dem Schloss lag, brannte 1647 fast vollständig nieder. Die Stadt wurde auf der Insel Kvarnholmen neu aufgebaut und zwar als Barockstädtchen mit rasterförmig angelegten Straßen. Begeistert waren die Kalmarer über den neuen Standort nicht, und viele siedelten nur unter Zwang auf die Insel über. Die neue »alte« Stadt punktet mit bildhübschen Häusern aus dem 17., 18. und 19. Jahrhundert. In der abgebrannten Altstadt stehen heute farbenfrohe Sommerhäuser. Und unmittelbar nördlich des Zentrums führt eine Brücke hinüber zur beliebten Ferieninsel ► Öland.

Wohin in Kalmar?

Mächtiges Wasserschloss

★ Kalmar Slott

Mittelalterliche Ursprünge, 24 Belagerungen, ein Dasein als Schnapsbrennerei und Gefängnis – Kalmars von Wassergräben umgebenes Schloss hat so manche Geschichte zu erzählen. Die ersten Teile des

Steingewordene Großmachtszeit: das Wasserschloss von Kalmar

fünftürmigen Baus sind bereits gegen Ende des 11. Jh.s entstanden. Von 1307 bis zum Beginn des Kriegs gegen Dänemark 1611 trotzte die Festung immer wieder feindlichen Truppen. Ihr heutiges Aussehen mit den wuchtigen Ecktürmen erhielt sie im 16. Jh., als die Wasakönige Gustav, Erik XIV. und Johan III. die mittelalterliche Burg zu einem Renaissancepalast umbauten. Nach 1677 verfiel das Schloss zusehends, das lange Zeit zweckentfremdet wurde, bis man es Mitte des 19. Jh.s. Stück für Stück restaurierte.

Höhepunkt der Schlossbesichtigung ist das **Gemach König Eriks**, das reich mit exzellenter Intarsienvertäfelung und zahlreichen Wandgemälden ausgeschmückt ist. Eindrucksvoll sind auch der Goldene Saal mit seiner geschnitzten Kassettendecke und der Grüne Saal. Im Südflügel befindet sich die **Schlosskirche** von 1569, deren Wände lückenlos mit ornamentaler Malerei und Bibelsprüchen bedeckt sind. Ende Juli/Anfang August begeistern die **Kalmarer Renaissancetage** mit Markt und Ritterspielen.

Jan. – April, Okt., Nov. Sa., So. 10 – 16, Mai, Juni, Sept. tgl. 10 – 16, 24. Juni – Anf. Aug. 10 – 18, restl. Aug. bis 17 Uhr | Eintritt: im Sommer 135 SEK, sonst 100 SEK | www.kalmarslott.se

Als Schweden eine Großmacht war

Altstadt auf Kvarnholmen

Am weiten Marktplatz **Stortorget** fallen der Barockdom und das Barockrathaus auf, beide in der zweiten Hälfte des 17. Jh.s nach Plänen von Nicodemus Tessin d. Ä. errichtet. Der **Dom** ist eines der wenigen unveränderten Gebäude aus Schwedens Großmachtzeit. Die Kreuzkirche mit vier Ecktürmen wirkt mit ihrer streng klassizistischen, zweistöckigen Fassade eher wie ein Palast. Der prachtvolle Barockaltar wurde 1704 von Nikodemus Tessin d. J. entworfen und zeigt den dreieinigen Gott: Vater, Sohn und Heiliger Geist.
Auch einige Abschnitte der alten **Stadtmauer** sind erhalten geblieben. Im Bereich zwischen Stortorget und dem »Kavaljeren« genannten südlichen Stadttor verläuft die Södra Långgatan. An ihr steht das Haus des Bürgermeisters **Rosenlund** (Nr. 40), das älteste Steinhaus auf Kvarnholmen. Ebenfalls in dieser Straße zeigt das **Sjöfartsmuseum** Schiffsmodelle, Navigationsinstrumente und eine Ausstellung zur Seefahrtsgeschichte.
Südlich vom Stortorget gruppieren sich um den **Lillatorget** der alte Bischofshof, der Bürgermeisterhof und die Provinzverwaltung. Die vom Stortorget nach Südwesten verlaufende Storgatan führt zum Larmtorget, auf dem ein Brunnendenkmal von 1928 an Gustav Wasa erinnert, der am 31. Mai 1520 südwestlich von Kalmar bei Stensö landete. An der Westseite des Larmtorget ziert eine Neorenaissancefassade das Theater von 1863.
Sjöfartsmuseum: Mitte Juni – Mitte Sept. tgl. 11 – 16, sonst So. 12 – 16 Uhr | Eintritt: 50 SEK | www.kalmarsjofartsmuseum.se

Die gefallene Krone

★★ Kalmar Läns Museum

Ein gesunkenes Kriegsschiff und sein Goldschatz stellen die spannende Hauptattraktion des Provinzmuseums östlich vom Stortorget dar: 1679 sank vor Kalmar die **»Kronan«** (dt.: Krone), eines der größten Segelschiffe des 17. Jh.s, doch erst 300 Jahre nach ihrem tragischen Untergang entdeckte Anders Franzén, der schon die »Vasa« im Hafen von ▶ Stockholm gehoben hatte, das Schiffswrack in 27 m Tiefe. Mehr als 20 000 Gegenstände wurden seither aus der »Kronan« geborgen. Einen Teil zeigt das Museum, darunter Kanonen, kunstvoll gefertigte Musikinstrumente, Schmuck, Kleidung und persönliche Gegenstände der Besatzung und die 1982 geborgenen 255 Golddukaten, der größte Schatzfund in Schweden. In **Sahlins Conditori**, einem stimmungsvollen Café, kann man bei Kaffee und selbst gebackenem Kuchen die Vergangenheit wieder aufleben lassen.
Juni – Aug. tgl. 10 – 17, sonst Mo. – Fr. 10 – 16, Sa., So. ab 11 Uhr
Eintritt: 100 SEK | www.kalmarlansmuseum.se

Kunst des 19. und 20. Jahrhunderts

Konstmuseum

Das Kunstmuseum im streng-klaren Kubus von Bolle Tham und Martin Videgård Hansson im Stadtpark zeigt schwedische Kunstwerke des 19. und 20. Jahrhunderts. Neben Werken von Siri Derkert, Per Ekström, Axel Kargel, Carl Larsson, Evert Lundquist, Arthur Percy und Anders Zorn ist auch kontinentaleuropäische Kunst bis zur Gegenwart vertreten. Die Design-Galerie dokumentiert anschaulich die Geschichte des schwedischen Designs vom 20. Jh. bis heute.

Im Sommer tgl. 11 - 17, sonst Di. - So. 12 - 17, Mi. bis 19 Uhr | Eintritt: 50 SEK, freitags freier Eintritt | www.kalmarkonstmuseum.se

Bürgerhaus

Krusentiernska Gården

Nur rund 200 m trennen das gut erhaltene und komplett eingerichtete Haus im Krusentiernska Gården aus dem 19. Jh. vom Schloss. Im Sommer gibt es Führungen durch das Anwesen, den Garten kann man auch auf eigene Faust besichtigen oder im Café einkehren.

Garten: Mai - Sept. Mo. - Fr. 11 - 18, Sa., So. 12 - 17 Uhr, Museum: nur im Rahmen von Führungen 2. Mai - 30. Sept. 12, 13 und 14 Uhr Eintritt Museum: 40 SEK | www.krusenstiernskagarden.se

Grüne Halbinsel

Stensö

Stensö 3 km südlich vom Zentrum ist mit Freibad und Trimm-dich-Pfad, Minigolf und abwechslungsreicher Natur ein beliebtes Ausflugsziel. An der Spitze von Stensö markiert der **Wasastein** die Stelle, an der Gustav Wasa nach seiner Flucht aus Lübeck 1520 an Land ging.

Ölandsbron ▶ S. 189

KARLSKRONA

Landschaft: Blekinge | **Provinz:** Blekinge Län | **Einwohnerzahl:** 64 200
Höhe: Meereshöhe

Schwedens Zeit als europäische Großmacht ist zwar längst vorbei, Karlskrona ist jedoch der Ort, an dem die ruhmreiche Vergangenheit des Landes noch mit Händen zu greifen ist. Einst befand sich hier der Heimathafen der schwedischen Kriegsmarine und in den Werften wurden die Kriegsschiffe auf Kiel gelegt. Grund genug, hinaus in die Schären zu fahren, zumal Karlskrona auch damit wirbt, »Sveriges Soligaste Stad – Schwedens sonnigste Stadt« zu sein.

Noch heute merkt man der Stadt auf Schritt und Tritt an, dass sie Marinestützpunkt und Sitz der Marineakademie ist. Fesche Matrosen

KARLSKRONA ERLEBEN

TURISTBYRÅ

Stortorget 2
Tel. 0455 30 34 90
www.visitkarlskrona.se

1 T PORSLINAN €€

Hier trifft sich die Jugend der Stadt zum Essen, Trinken und Musikhören. Oft geben regionale Bands Einblicke in das aktuelle schwedische Musikgeschehen.
Östra Hamngatan
Tel. 0455 1 69 22
www.ungdomenshus.se

3 R LENNARTHS KONDITORI €

Traditionsreiches Bäckerei-Café mit unwiderstehlichem Kuchen – im Sommer schmeckt er draußen am kleinen Springbrunnen.
Norra Kungsgatan 3
Tel. 0455 31 32 32

1 CLARION COLLECTION HOTEL €€€

Mit seiner Glasfassade ist das Hotel im Herzen von Karlskrona ein Wahrzeichen der Stadt. Die Tapeten in den Zimmern beschreiben die Geschichte Karlskronas und zeigen das Konterfei des Stadtgründers Karl XI. In den hellen, individuell ausgestatteten Zimmern fühlt man sich so richtig heimelig. Das große Frühstück, Nachmittagssnack und Abendessen sind inklusive. Wunderschöner Innenhof mit Garten.
Skeppsbrokajen
Tel. 045 536 1500
www.nordicchoicehotels.com

2 FIRST HOTEL STATT €€€

Charmante Nobelherberge aus der Zeit um 1900 im Herzen der Stadt. Feinschmeckerbistro, mehr als 200 Whiskysorten im Fox & Anchor Pub und Abtanzen im Statt Nightclub.
Ronnebygatan 37–39
Tel. 0455 5 55 50, 107 Z.
www.firsthotels.com

und Seeoffiziere in ihren Uniformen prägen Schwedens einzige Barockstadt, die sich zudem landschaftlich äußerst reizvoll auf 33 Schäreninseln verteilt. Insel-Hopping ist ein Leichtes, verbinden doch etliche Brücken die großen und winzigen Eilande. Da stellt sich im Handumdrehen maritimes Flair ein!

33 Schären, eine Stadt

Hauptattraktion Karlskronas ist denn auch der 300 Jahre alte Marinehafen auf der Hauptinsel Trossö. Mit seinen gut erhaltenen Werften und Verteidigungsanlagen gehört er zum Weltkulturerbe der UNESCO. Bei Touren über das Werftgelände werden die Teilnehmer in den gigantischen Holzschuppen geführt, in dem einst Hunderte von Arbeitern mit Kanonen bestückte Schiffe bauten. Noch heute ist die Werft mit über 1000 Arbeitnehmern der größte Arbeitgeber Karlskronas. In Hallen abseits des Besucherareals entstehen hypermoderne Korvetten und U-Boote, die bei UN-Missionen zum Einsatz kommen.

Wichtiger Marinestützpunkt

Geschichte
Karlskrona wurde 1679 von Karl XI. als Flottenhauptquartier angelegt, da die schwedische Marine im Kampf um die Vorherrschaft in der Ostsee dringend einen eisfreien Hafen benötigte. Im 18. Jh. wuchs der Stützpunkt zu einer der bedeutendsten Städte Schwedens heran, wurde aber 1790 durch einen verheerenden Brand weitgehend zerstört. Während des Kalten Krieges bestand die Mission darin, im Fall der Fälle eine Großinvasion der Russen über die Ostsee zu stoppen.

Wohin in Karlskrona?

Altstadtinsel

Trossö
Der Stortorget, monumentaler Hauptplatz der Stadt, liegt auf Trossö. In der Mitte grüßt die Statue des Stadtgründers Karl XI. Begrenzt wird der Platz von der 1802 vollendeten **Trefaldighetskyrkan** (Dreifaltigkeitskirche) mit mächtiger Kuppel und von der barocken **Fredrikskyrka** (Frederikskirche) von 1744, beide von Nicodemus Tessin d. J., dem bedeutendsten schwedischen Architekten um 1700, ent-

worfen. Repräsentativ wirkt auch das Rathaus aus dem 18. Jahrhundert. Am Fischmarkt zeigt das **Blekinge Museum** kulturhistorische Exponate.

Weiter östlich, am Rand des Marinestützpunkts, steht die dunkelrote **Admiralitetskyrka** (Admiralitätskirche) von 1685. Interessant ist ihr hoher Zentralraum mit offener Balkenkonstruktion und die in Blau und Grau gehaltene Kuppel. Vor der Kirche steht der **»Alte Rosenbohm«**, eine originelle, oft fotografierte Holzfigur, die aus Selma Lagerlöfs Buch »Die wunderbare Reise des kleinen Nils Holgersson mit den Wildgänsen« bekannt ist. Nach einer Legende erfror der arme ehemalige Gefreite Matts Rosenbohm in der Neujahrsnacht 1717 vor der Admiralitätskirche. Er wurde am Morgen mit ausgestreckter Hand, den Hut tief über die Ohren gezogen und mit dem Bettlersack auf dem Rücken gefunden. Im Gedenken an ihn hat die Holzfigur einen Hut, den man hochhebt, um eine Münze in die Armenbüchse zu werfen.

Blekinge Museum: Juni – Aug. tgl. 10 – 18, sonst Di. – So. 11 – 17, Mi. bis 19 Uhr | Eintritt: im Sommer 80 SEK | www.blekingemuseum.se

Alle Mann an Deck

★ Marinmuseum

Das Marinemuseum existiert bereits seit 1752 – das erklärt die umfangreiche Sammlung, die ihresgleichen sucht. Auch architektonisch wurde auf der Insel Stumholmen ein außergewöhnlicher Akzent gesetzt: Das 140 m lange, moderne Hauptgebäude ruht teilweise auf Pfählen im Wasser. In diesem Bau ist sogar Platz für die Rekonstruktion des Kanonendecks der **»Dristigheten«** im Maßstab 1 : 1. Auf dem Deck geht es turbulent zu, denn es werden Szenen einer Seeschlacht dargestellt. Darüber hinaus zeigt das Museum Waffen und nautisches Gerät, viele Schiffsmodelle, Navigations- und Kommunikationstechnik sowie eine fantastische Sammlung von **Gallionsfiguren**. Ein Höhepunkt ist die U-Boot-Halle mit dem ersten schwedischen U-Boot aus dem Jahr 1904 sowie dem Neptun aus der Zeit des Kalten Krieges. Ein verglaster Unterwassertunnel gewährt einen Blick auf den Grund der Ostsee und ein Wrack aus dem 18. Jahrhundert.

Jan. – April, Okt. – Dez. Di. – So. 10 – 16, Juni – Aug. tgl. 10 – 18 Uhr
Eintritt frei | www.marinmuseum.se

Torwächter

Kungsholm-Fort

Ein Schärengürtel südlich von Karlskrona riegelte den Marinestützpunkt ab. An dessen südlicher Einfahrt liegt mittendrin ein Inselchen von großer strategischer Bedeutung. Auf ihm thront das Kungsholm-Fort, Teil der alten Befestigungen, deren Anfänge bis ins Jahr 1680 zurückgehen. Da das Fort immer noch vom Militär genutzt wird, ist eine Besichtigung nur im Rahmen von **Führungen** möglich. Bei der 10-Uhr-Tour darf werktags im Fort ein selbst mitgebrachtes Mittagspicknick verzehrt werden.

Start am Fisktorg, Mai - Sept. Di., Sa., So., Juni - Aug. tgl.
Personalausweis erforderlich, Buchung im Touristenbüro
Eintritt: 230 SEK | www.visitkarlskrona.se

Rund um Karlskrona

Schwedens südlichster Schärengarten

Blekinge-Archipel

Erst 1658 kam die historische Provinz Blekinge zu Schweden, vorher gehörte sie zum dänischen Königreich. Blekinge ist nur rund 100 km lang und erstreckt sich von Sölvesborg mit der Halbinsel Listerland bis Kristianopel. Trotz ihrer für schwedische Verhältnisse bescheidenen Größe ist sie landschaftlich abwechslungsreich, wobei die Spuren der letzten Eiszeit noch deutlich auszumachen sind.
Vor der Küste entpuppt sich das Blekinge-Archipel in der Hanö-Bucht als unbekannte Perle. Das Archipel ist ein Postkartenidyll und Seglerparadies mit winzigen Inselchen, kahlen Felsen, stillen Buchten, teils auch bewohnten größeren Inseln wie der Wassersportinsel **Tjärö** mit Kro, Sauna und schönen Liegeplätzen vor Anker, an Felshaken oder Anlegestegen. Die Insel **Aspö** mit besuchenswerter Festung ausgenommen, die man vom Fährhafen Handelshamnen ansteuert, sind

Viel Wasser, rote Holzhäuschen und ein Kanu – auf und zwischen den Inselchen im Blekinge-Archipel werden schwedische Urlaubsträume wahr.

alle großen Schäreninseln über Autobrücken zu erreichen. Der westliche Schärengarten wird mit Linienbooten von Karlshamn erschlossen, die die Inseln Tärnö, Joggesö, Tjärö und Guövik ansteuern. Ausflüge in die östlichen Schären unternimmt man am besten mit den Booten, die vom Fisktorg in Karlskrona starten.

Gefragter Kurort

Ronneby

Eine 1705 entdeckte eisenhaltige Quelle machte im 19. Jh. aus dem verschlafenen Dorf Ronneby einen gefragten Kurort. Die **Heiligkreuzkirche** stammt aus dem 11. Jh., bei Renovierungsarbeiten wurden Wandgemälde aus dem 15./16. Jh. freigelegt. Ein makabres Andenken ist eine Tür mit Axthieben. Sie erinnert an die Zeit, als Ronneby noch unter dänischer Herrschaft stand und schwedische Eroberer 1564 ein Blutbad unter den in die Kirche geflüchteten Einwohnern anrichteten. Der benachbarte Stadtteil Bergslagen besticht durch farbenfrohe Häuser und das Heimatmuseum Möllebackgården.

Wildes Fotoshoting

Eriksberg

In dem 10 km² großen Wildreservat Eriksberg, auf halber Strecke zwischen Ronneby und Karlshamn gelegen, kann man Damhirsche, Wildschweine, Mufflons, Wisente und Steinadler beobachten. Auf dem 400 Jahre alten Gutshof gibt es ein Café, ein Museum und einen Laden mit hauseigenen Wildspezialitäten.
Noch keinen Elch gesehen? Dann sind Sie ca. 30 km nördlich von Ronneby richtig: Die Farm **Räntemåla Gård** öffnet von Mitte Juni bis Mitte August täglich um 15.45 Uhr die Tore für Besucher, die Fütterung der Tiere findet um 16 Uhr statt.

Wildreservat Eriksberg: Anf. Juni – Ende Aug. 12 – 19 Uhr
Eintritt: 130 SEK | www.eriksberg.nu
Räntemåla Gård: Eintritt: 80 SEK | www.rantemala.nu

Tor zur Neuen Welt

Karlshamn

Von Karlshamn aus stachen im 19. Jh. zahlreiche schwedische Auswanderer in See, auf dem Weg in eine ungewisse Zukunft in Amerika. Das **Emigrantendenkmal** im Hamnpark erinnert an diese Zeit. Im Juli findet das Ostseefestival, ein großes, mehrtägiges Volksfest mit Musik und Tanz statt. In der Altstadt stehen Holzhäuser aus dem 17. und 18. Jh., darunter das 1682 als Rathaus errichtete Asschierska Huset und der Skottsbergska Gården, ein gut erhaltener Kaufmannshof. An der Drottninggatan birgt das Kulturkvarter eine historische Druckerei und die Kunsthalle. Hier hat auch das **Punschmuseum** seinen Sitz. Es bewahrt die originalen Produktionsräume der wilden Zeiten auf, als Karlshamn noch eine Schnapsbrennermetropole war und viel Geld mit »Carlshamns Flaggpunsch« verdient wurde.

An mehr als 100 verschiedenen Stationen des **Entdeckerzentrums Kreativum**, das in der ehemaligen Baumwollspinnerei Strömma untergebracht ist, können Jung und Alt Naturwissenschaften und Technik spielerisch erleben. Wem das nicht genügt, der kann im »Kreanova« vorbeischauen, Südschwedens einzigem Mega-Dome-Kino.

Punschmuseum: Juni – Aug. Di. – So. 13 – 17, sonst Mo. – Fr. 13 – 16 Uhr Eintritt: 20 SEK | www.karlshamnsmuseum.se

Kreativum: Mitte Juni – Mitte Aug. tgl. 10 – 17, sonst Fr. – So. 11 bis 16 Uhr | Eintritt: 160 SEK | www.kreativum.se

Kleine Stadt, ganz groß

Sölvesborg

Sölvesborg, an der Grenze nach Skåne gelegen, mag die kleinste Stadt in Blekinge sein, in puncto Freizeitwert kommt es jedoch ganz groß heraus . Die östlich angrenzende Halbinsel **Listerland** mit malerischen Fischerdörfern und Badeplätzen wie Sandviken und Hällevik ist größtenteils topfeben und daher ein perfektes Ziel für Radfahrer. Wanderer können hingegen Blekinge auf dem rund 240 km langen **Blekingeleden** erkunden, der in 15 Etappen von Sölvesborg nach Kristianopel führt. Und zur sagenumwobenen Insel **Hanö** schippert ab Nogersund eine Fähre.

Sölvesborg selbst hat sich mit schmalen Straßen und kleinen Häusern seinen altertümlichen Charme bewahrt. Alljährlich Anfang Juni ist es Austragungsort des **Sweden Rock Festival**, bei dem schon so legendäre Gruppen wie ZZ Top, Kiss, AC/DC oder Motörhead aufgetreten sind (www.swedenrock.com). Sehenswert sind auch die Stadtkirche St. Nicolai mit ihrer Backsteingotik aus dem 14. Jh. und Kalkmalereien des 15. Jh.s, der runenbedeckte Stentoftesten und die Ruine des Schlosses, auf dem sich 1402 die dänische Königin Margarete I. und König Erik von Pommern getroffen hatten.

★★ KRISTIANSTAD

Landschaft: Skåne (Schonen) | **Provinz:** Skåne Län
Einwohnerzahl: 80 000 | **Höhe:** Meereshöhe

Dass die nach einem Dänenkönig benannte Stadt die erste in Skandinavien war, die gemäß den Idealen der Renaissance angelegt wurde, daran erinnert vor allem die außergewöhnliche Dreifaltigkeitskirche. Sie ist nicht nur eine der größten Renaissancekirchen Nordeuropas, sondern sicher auch eine der schönsten. Ein einmaliges Naturspektakel bietet hingegen das nahe Wasserreich, das Hobbyornithologen besonders im Frühjahr in seinen Bann zieht.

Als Skåne noch Zankapfel zwischen den Dänen und Schweden war und Kristianstad noch Vä hieß, brannten schwedische Truppen den Ort 1612 während des Kalmarkriegs nieder. Dänenkönig Christian IV. ließ daraufhin eine neue Stadt mit Lineal und Zirkel am Reißbrett entwerfen. Eine Festungsanlage gegen die Schweden sollte sie werden, mit gezackt verlaufenden Festungswällen und einem großen Paradeplatz (Stora Torg). Die rechtwinklig angeordneten Straßen mit ihrem rechteckigen Umriss gehen auf seinen Wunsch zurück. Der Name der Stadt ebenso. Als Skåne mit dem Frieden von Roskilde 1658 an Schweden abgetreten werden musste, verlor Kristianstad seine Bedeutung als dänische Grenzbefestigung und gewann als Handelsstadt an Einfluss. Heute ist der Ort beliebte Einkaufsstadt für die umliegende Region.

Reißbrett-Stadt

Wohin in Kristianstad?

Repräsentatives Zentrum

Stora Torg

Am Marktplatz schmückt das 1891 erbaute Rathaus in der mittleren Giebelwand eine Statue Christians IV. Auch das Freimaurerhaus und

KRISTIANSTAD ERLEBEN

KRISTIANSTAD TURISTBYRÅ

Stora Torg, Tel. 044 13 53 35
www.turism.kristianstad.se/en

Die Kristianstadstage, ein zehntägiges Volksfest, werden im Juli gefeiert. Im Herbst dreht sich alles um den Aal (► S. 124).

KIPPARS KÄLLARE €€ – €€€

Belohnen Sie sich mal wieder selbst mit einem Essen in außergewöhnlicher Atmosphäre. Hier speisen Sie in einem urigen Gewölbekeller aus dem 17. Jahrhundert. Serviert werden Fisch-, Fleisch und vegetarische Gerichte sowie Tapas.

Östra Storgatan 9
Tel. 044 10 62 00, www.kippers.se
So., Mo. geschl.

LA FINESTRA ITALIANA €-€€

Es muss ja nicht immer schwedisch sein! Hier gibt es in skandinavischem Ambiente leckere Pizza und Pasta, auf Wunsch auch mit laktosefreiem Käse.
Västra Storgatan 39
Tel. 044 20 97 20
http://lafinestra.se

TOMARP GÅRDSHOTELL €€€€

Wunderschön gelegenes, ruhiges Anwesen am Westufer des Sees Råbelövssjö, rund 15 km nordöstlich von Kristianstad. Champagner und Trüffln gehören zum Sieben-Gänge-Dinner.
Helmershusvägen 218
Tel. 044 9 31 18, 15 Z.
www.gardshotell.com

das Bürgermeisterhaus, das 1640 gebaut wurde und um 1800 seine jetzige Gestalt erhielt, verdienen Beachtung. Das Stora Kronohus, ein weißer Empirebau aus dem 19. Jh., einst Remise für die Pferde Christians IV., dient seit 1957 als **Regionalmuseum**, zu dem auch ein Zentrum für zeitgenössische Kunst gehört.

Regionalmuseum: Juni – Aug. tgl. 11 – 17, sonst Di. – Fr. 12 – 17, Sa., So. 11 – 16 Uhr | Eintritt frei | www.regionmuseet.se

Filmpremiere

Filmmuseet

1910 schrieb Kristianstad Filmgeschichte. Im Filmatelier an der Östra Storgatan 53 wurde der erste schwedische Film »Järnbäranen« gedreht. Heute befindet sich in den Räumen von Schwedens erstem Filmstudio ein Filmmuseum mit alten Kameras und historischen Stummfilmen.

Ende Juni – Aug. Mo. – Fr. und So. 12 – 17 Uhr, sonst nur So.
Eintritt frei | www.regionmuseet.se

Eisenbahnromantik

Järnvägsmuseum

Im Südbahnhof an der Västra Storgatan 74 ist das Eisenbahnmuseum zu Hause. Schmuckstück der Sammlung ist die Lok S81646. Sie schnauft mehrmals im Jahr auf den alten Schienen der bis 1960 aktiven Bäderbahn nach Åhus.

Mitte Juni – Mitte Aug. tgl. 12 – 17 Uhr | Eintritt frei
www.regionmuseet.se

Backstein-Juwel

Trefaldighetskyrka

Gegenüber vom Bahnhof steht die 1617 – 1628 errichtete dreischiffige **Dreifaltigkeitskirche**, eine der größten Renaissancekirchen Nordeuropas. Achtkantige Granitpfeiler tragen das Hauptschiff, Renaissancealtar und -kanzel sind aus Marmor, und in den Wänden und im Fußboden sind gut erhaltene Grabplatten eingefügt.

Vergnügungspark

Tivolipark

Jenseits der Bahngleise säumt der Tivolipark den Helge-Fluss. In der weitläufigen, von einem dänischen Gartenarchitekten gestalteten Anlage gibt es ein Jugendstiltheater von 1906, Spielplätze, exotische Bäume, Vogelteiche und ein kleines Café.

★★ Kristianstads Vattenriket

Es ist ein unvergesslicher Anblick, wenn die majestätischen Kraniche im Frühjahr zu Tausenden ins »Wasserreich Kristianstad« zurückkehren. Aber auch sonst kommen Vogel- und Tierbeobachter auf ihre Kosten. Mit Feldstechern und Teleobjektiven bewaffnet, legen sie sich auf die Lauer und halten nach Seeadlern, Wildgänsen, Störchen

In Kristianstads Wasserreich wird viel getan, damit man ganz nah an die Tierwelt herankommt, etwa auf solchen Stegen.

und anderen Tieren Ausschau. Das Ramsargebiet rund um den kleinen Fluss Helgeån mit Seen, Altwässern und Strandwiesen ist ein wichtiges Refugium, in dem allein 22 Spezies leben, die von der Weltnaturschutzunion IUCN auf der Roten Liste der bedrohten Arten geführt werden. Nicht zuletzt deswegen hat die UNESCO 2005 das Gebiet zum **Biosphärenreservat** ernannt. Es liegt nur 300 m vom Bahnhof Kristianstad entfernt.
www.vattenriekt.kristianstad.se

Seltene Flora und Fauna

Damit man die Tiere beobachten kann, ohne sie zu stören, wurde das Wasserreich zu einem Ökomuseum mit 20 Besuchsplätzen, befestigten Pfaden und Beobachtungstürmen umgestaltet. Das auf Pfählen stehende Besucherzentrum **Naturum** informiert über die Gegend und deren besonderen Bewohner. Hier beginnt auch die **Linnérundan**, ein 7 km langer, teilweise mit Stegen befestigter Wanderweg, benannt nach Carl von Linné, der sich 1749 hier aufhielt. Ökomuseum

Naturens Bästa und Landskapet JO bieten von Mai bis September Bootsfahrten, Naturführungen, Adler- und Angelsafaris durch das Wasserreich an.

Naturum: April – Sept. tgl. 11 – 17, Okt. – März Di. – So. 11 – 16 Uhr
Bootsfahrten, Führungen: www.flodbaten.se | www.landskapet.se

Rund um Kristianstad

Kühles Höhlenlabyrinth

Tykarpsgrotten

Rund 25 km nordwestlich von Kristianstad (Straße Nr. 21) wurde bei Ignaberga jahrhundertelang unterirdisch Kalkstein abgebaut. Davon zeugen die Tykarpsgrotten, ein 20 000 m² großes Höhlenlabyrinth in 10 bis 12 m Tiefe. Eine warme Jacke ist geboten, denn in der Grotte herrschen das ganze Jahr hindurch nur 8 °C.

Mitte Juni - 20. Aug. tgl. 10 - 16, 21. Aug. - 1. Okt. Sa./So. 10.30 - 15.30 Uhr | Eintritt: 120 SEK | www.tykarpsgrottan.net.

Picknick im Schlosspark

Hovdala Slott

Ein Abstecher führt 40 km westlich von Kristianstad bei Hässleholm zum Hovdala-Schloss am Finja-See. 1678 wurden Teile des Schlosses von Freiheitskämpfern, den »Schnapphähnen«, niedergebrannt. Später ließ es Jens Mikkelsen wieder aufbauen. Man kann sich im Schlosscafé einen Picknickkorb für den Park richten lassen.

Mai - Sept. Di. - So. 11 - 17 Uhr, Park ganzjährig
www.hassleholm.se/hovdalaslott

Einmal wieder Kind sein

BRIO Lekoseum

Die Holzspielzeuge von BRIO sind ein Klassiker. Gegründet wurde das Unternehmen von den drei Söhnen des Spankorbmachers Ivar Bengtsson aus Osby. 1930 brannten sie zum ersten Mal in einen kleinen Holzlastwagen ihr rasch weltbekanntes Markenzeichen ein: Bröderna Ivarsson, Osby (Gebrüder Ivarsson, Osby), kurz BRIO. Seit 1950 begeistert die BRIO-Bahn Kinder in aller Welt.
Die Entwicklung von Spielzeug im Laufe der Jahrhunderte präsentiert das BRIO Lekoseum am Firmensitz. Hier dürfen Besucher nicht nur schauen, sondern auch spielen: mit Puppenhäusern und Eisenbahnen, alten Brettspielen, aber auch Computer-Games. Ein Highlight ist für viele der **Barbie-Saal** mit Barbies ab den 1960er-Jahren.

Mitte Feb. - Mitte Juni sowie 24. Aug. - 30. Dez. Do./Fr. 12 - 17, Sa./So. 11 - 15, 26. Juni - 20. Aug. tgl. 10 - 16 Uhr | Eintritt: 70 SEK
www.lekoseum.se

Aal satt!

Åhus

Knapp 20 km auf der Landstraße Nr. 118 trennen Kristianstad von dem Küstenstädtchen Åhus mit hübschen Häuschen und schmalen, gewundenen Gassen. Im Sommer tummeln sich hinter den Dünen an den kilometerlangen Sandstränden die Badegäste. Auf dem traditionsreichen 36-Loch-Golfplatz treffen sich Golfer aus aller Welt.
Seit mehr als 100 Jahren ist Åhus die Heimat des **Absolut Vodka**. Etwa eine halbe Million Flaschen der weltbekannten Spirituose werden hier täglich abgefüllt. Im Sommer öffnet die Brennerei an einigen Tagen ihre Tore für Besucher (www.absolut.com).

Im Spätsommer und Herbst dürfte die Nachfrage nach dem Kartoffelschnaps als Verdauungsanreger gerade in Åhus signifikant ansteigen: Denn wenn die ausgewachsenen Aale ihre Wanderung zur Saragossa-See beginnen, schlägt an der »Aalküste« südlich der Stadt die große Stunde der Aalfischer. Dann kommt Leben in die Fischerhütten, die Reusen sind prall gefüllt mit den fetten Speisefischen und in den Aalhütten entlang der Strände wird »Ålagille« gefeiert.

★★ KULLABERG

Landschaft: Skåne (Schonen) | **Provinz:** Skåne Län
Einwohnerzahl: 23 900 | **Höhe:** 0 – 187 m ü. d. M.

Längst kommen die Gäste nicht nur zum Baden auf die Halbinsel an der nordwestlichen Spitze von Skåne, die mit ihren langen Sandstränden, zerklüfteten Klippen und bilderbuchhübschen Orten zu den schönsten Ecken der Öresund-Region gehört. Naturliebhaber beobachten Schweinswale rund um den Kullaberg, Taucher erkunden die Grotten. Und dann wären da noch großartige Töpferkunst und eine feine Gourmetküche.

Bis zum Ersten Weltkrieg verbrachten mehr Deutsche als Schweden ihren Urlaub auf der Kullen-Halbinsel (so der deutsche Name des Kullabergs). Nicht ganz unschuldig daran war Kaiser Wilhelm II., der von dem schmucken Seebad Mölle so angetan war, dass ab 1910 im Sommer wöchentlich ein Direktzug von Berlin dorthin fuhr. Als der Krieg ausbrach, wurde der Zugverkehr eingestellt. Mölle war der erste schwedische Badeort, an dem Männer und Frauen bereits im 19. Jh. gemeinsam im Meer baden durften. Zu jener Zeit ein Skandal, weshalb der »Kullen« auch als »Sündenbabel« an der Gneisküste verrufen war. Das sündhafte Tun wurde erst 1869 mit dem Besuch von König Oskar II. gesellschaftsfähig. 1909 wurde für wohlhabende Badegäste das Grand Hotel Mölle eröffnet, das majestätisch über dem Jachthafen thront und immer noch die erste Adresse im Ort ist.

»Sündenbabel« und Naturparadies

Wohin auf Kullaberg?

Wildromantisches Outdoorparadies
Fast beliebter als die Strände ist jedoch das sich über weite Teile der Halbinsel erstreckende Naturreservat Kullaberg mit seinem wildromantischen Szenario, zahlreichen Wander- und Radwegen, dem

★★ Naturreservat Kullaberg

188 m hohen gleichnamigen Berg und den zerklüfteten, bis zu 70 m steil ins Meer abfallenden Felsklippen. Geologisch betrachtet ist der Kullen einmalig in Südschweden: Die Gneisscholle blieb stehen, als sich das umliegende Land senkte. Im Laufe der Jahrtausende nagten dann Wind und Wasser Höhlen in das Gestein, die bei einer Grottenwanderung und auch Tauchgängen erkundet werden können. Im Landesinneren stößt man hingegen auf lichte Buchen- und dichte Nadelwälder, Wiesen und Moore. Mit ihrer Romanfigur Nils Holgersson hat Selma Lagerlöff dem Kullaberg ein literarisches Denkmal gesetzt. Der kleine Nils erlebte hier das alljährliche Treffen der Tiere.

Von Schonen nach Sydney

Höganäs

Höganäs ist Schwedens Hochburg für Steingut. Ganz und gar traditionell gestaltet sind die Töpfe, Krüge, Teller und Tassen von Höganäs Saltglaserat, das seit 1835 mit dem Anker als Markenzeichen Steingut mit Salzglasur fertigt (▶ Fabrikverkauf, S. 128). Bei Höganäs Keramik, das ab 1909 zunächst auch robustes Steingut mit brauner Salzglasur produzierte, dominieren heute bunte Farben und modernes Design. Einfarbig matt in funktionellen Formen stapeln sich die Teller und Tassen im riesigen Fabrikshop. Das dritte Unternehmen vor Ort, CC Höganäs Byggkeramik, lieferte die 1,4 Mio. Kacheln, die das Sydney Opera House bedecken; je nach Lichteinfall geben sie dem Dach eine andere Farbe.

Einblicke in die reiche Töpfereigeschichte der Region gibt das **Höganäs Museum och Konsthall** mit seiner ständigen Sammlung und jährlichen Wechselausstellungen. Und wer noch etwas für ein Picknick braucht: Oldsbergs Ost in der Köpmansgatan 6 (www.oldsbergsost.se) führt 80 Käsesorten und andere Delikatessen aus Schweden.

Höganäs Museum och Konsthall: Polhemsgatan 1 | Di. – So. 13 bis 17 Uhr | Eintritt: 50 SEK | www.hoganasmuseum.se

Sternenschloss

★ Krapperup Slott

Bereits kurz hinter Höganäs wird die Landschaft merklich hügeliger. Vorbei an Nyhamnsläge und Lerhamn wird Schloss Krapperup erreicht. Der Stammsitz der Familie Gyllenstierna ist so schön wie ungewöhnlich: Weiße, siebenzackige Sterne auf schwedenrotem Grund – das Familienwappen – zieren die Fassade ihres Renaissanceschlosses von 1570, das ein breiter Wassergraben vor ungebetenen Gästen schützt (www.krapperup.se).

Der **romantische Landschaftspark** von Krapperup hingegen ist das ganze Jahr für Besucher geöffnet. Meterhohe Rhododendren säumen den Sandweg hinab zu einem stillen Buchenwäldchen. In den Stallungen von Krapperup präsentiert eine Galerie die Werke lokaler Künstler, ein kleines Museum die Geschichte von Gut und Gegend. Zum Gelände gehört auch die **Bräcke Mölla**, eine Holländerwind-

OBEN: Ein raues Fleckchen Schweden, die Halbinsel Kullaberg.

UNTEN: Seit rund 100 Jahren arbeiten Töpfer und Glasierer in Höganas. In manchen Ateliers kann man ihnen über die Schulter schauen.

KULLABERG ERLEBEN

KULLABERGS NATURRESERVAT
Italienska vägen 323, Mölle
Tel. 042 347201
www.kullabergsnatur.se

HÖGANÄS TURISTBYRÅ
Stadshuset, Centralgatan 20
Höganäs, Tel. 042 33 77 74
www.hoganas.se

ÄNGELHOLMS TURISTBYRÅ
Järnvägsgatan 5A
Tel. 043 8 21 30
http://engelholm.com/de

Kullaberg ist als »Töpferland« bekannt. Liebhaber von Ton- und Keramikwaren sollten das Urlaubsbudget im Blick behalten.

HÖGANÄS KERAMISKT CENTRUM
Das Ausstellungsforum bietet Einblicke in die Arbeit regionaler Töpfer. Und im Design-Outlet können deren Produkte erworben werden.
Gärdesgatan 4B, Höganäs
http://keramisktcenter.se, Ende Juni – 31. Aug. tgl. 11 – 17
sonst Do./Fr. 11 – 17
Sa./So. 11 – 16 Uhr.

HÖGANÄS SALTGLASERAT
Bruksgatan 36 B, Höganäs
Tel. 042 331020
www.saltglaserat.com
Mo., Di. 10 – 16, Mi. – Fr. 10 – 18
Sa., So. 11 – 16 Uhr

MÖLLE KRUKMAKERI
Cremefarben ist die Keramik von Lisa Wohlfahrt, die im Café neben dem Atelier gleich Anwendung findet.
Hamnallé 9, Mölle
Tel. 042 34 79 91
www.mollekrukmakeri.se

ANTIK & TRÄDGÅRD
Der edle Trödelshop ist in einer urigen alten Tankstelle zu Hause.
Kullensväg 269, Krapperup
Sa., So. 11 – 17 Uhr

RUT PÅ SKÄRET €–€€€
Für viele ist es das beste traditionelle Gasthaus auf der Kullen-Halbinsel. In uriger Atmosphäre wird überwiegend schonische Hausmannskost serviert.
Gläntan 6, 26372 Skäret
Tel. 042 34 61 88
http://rutpaskaret.com

FLICKORNA LUNDGREN €€
Richtig bekannt wurde das 1938 von den Lundgren-Schwestern Greta, Ebba, Marta und Rut eröffnete Café nach dem Zweiten Weltkrieg, als König Gustav Adolf VI. Stammgast war. Manchmal brachte er seltene Setzlinge mit, um sie gegen seine Lieblingskekse zu tauschen: Vanilleherzen. Das reetgedeckte Häuschen ist bis heute herrlich nostalgisch: Im Sommer schmeckt der selbst gebackene Kuchen im duftenden Garten, im Winter in der schwedenroten Bauernkate. Köstlich: die Prinzessinnentorte mit giftgrünem Marzipanüberzug.
Skäretvägen 19, Nyhamnsläge
Tel. 042 34 60 44
www.fl-lundgren.se

ELLEN'S CAFÉ RANSVIK €
Die Klassiker in dem romantischen Picknickcafé an einer felsigen Badebucht beim Golfclub von Mölle sind die selbst gemachten Waffeln und Smörgasbrod.

Italienska vägen, Mölle
Tel. 042 34 76 66
www.ransvik.se

GRAND HOTEL MÖLLE €€€€
Schneeweiß erhebt sich das feine Grand Hotel über dem Badeort und lädt zu noblen Übernachtungen und zu kulinarischen Entdeckungen im Restaurant Maritime ein.
Bökebolsvägen 11, 26042 Mölle,
Tel. 042 36 22 30, 65 Z.
www.grand-molle.se

KULLAGÅRDENS WÄRDSHUS €€ – €€€
Schon Carl von Linné nächtigte 1749 in diesem bezaubernden alten Gutshof, die Zimmer sind aber durchaus auf dem heutigen Stand des Komforts.
Auf dem Gelände des Golfplatzes von Mölle, Tel. 042 34 74 20, 12 Z.
www.kullagardenswardshus.se

---

mühle aus dem 19. Jh., in der mehrmals pro Jahr gezeigt wird, wie einst das Korn gemahlen wurde.
Café und Hofladen: Mai, Mitte Aug. – Sept. Fr. – So. 11 – 17, Juni – Mitte Aug. tgl. 11 – 17 Uhr

Leuchten in der Nacht

Mölle & Umgebung

Hauptort des Kullen ist das beliebte Seebad Mölle. Es wird dominiert vom weißen Holzpalast des Grand Hotels. Hinter Mölle führt die schmale Landstraße Nr. 111 mit bis zu 12 % Steigung durch das dicht bewaldete Naturreservat, vorbei an Golfplatz und Wildgehege, zum **Kullens Fyr**. Der stärkste Leuchtturm Schwedens wurde 1898 nach Plänen von Magnus Dahlander aus massivem Stein hoch über den zerfurchten Klippen errichtet, wo er aus 78,5 m Höhe vier Mal pro Minute sein Licht bis zu 50 km weit über die viel befahrene Meeresstraße des Öresund wirft. Zuvor hatte 1000 Jahre lang ein Leuchtfeuer Seefahrern den Weg durch die oft stürmische See gewiesen. Findige Bewohner der Kullaberg-Küste hatten damals öfter dafür gesorgt, dass das Signal seinen Standort wechselte und prompt ein Handelsschiff auf Grund lief oder an den Klippen zerschellte. Noch im Dunkel der Nacht wurde die Schiffsladung »gerettet«. Lehrreich ist das **»Naturum«**, eine kostenlose Ausstellung zur Geologie, Flora, Fauna und Kulturgeschichte des Kullaberg direkt am Parkplatz.

Grotten und Land-Art

Nordküste

Zwei Dutzend Grotten hat die See in den Fels genagt. Sie liegen vorwiegend an der Nordküste und waren teilweise bereits in der Steinzeit bewohnt.
Eine gänzlich andere Siedlung hat Lars Endel Roger Vilks in Håle Stenar vor über 25 Jahren am Strand zu errichten begonnen: **Nimis** (Abb. ► S. 130), ein zwischen Künstler, Landeigentümer und Staat umstrittenes Land-Art-Projekt aus Treibholz, Wurzeln und alten Äs-

ten, das mit mehreren Zehntausend Besuchern pro Jahr zu den beliebtesten Ausflugszielen der Provinz Skåne zählt. Achtung: Der Wanderweg von Himmelsstorp hinab zum Nimis-Projekt ist steil und auch bei gutem Wetter rutschig!
Hauptort an der Nordküste ist das idyllische Künstlerdorf **Arild** mit einem kleinen Hafen, üppig blühenden Gärten, anspruchsvollem 18-Loch-Golfplatz und **bunten Holzhäusern**, die terrassenförmig am Hang liegen.

Flöten, Kerzen, Flugobjekte

Ängelholm

In Ängelholm (40 000 Einw.) an der Mündung der Rönneå in die Skälderviken-Bucht weichen Fels und Kies den langen Sandstränden der Westküste. Die 1516 vom dänischen König Christian II. gegründete Kleinstadt, bis ins 18. Jh. Schauplatz vieler Auseinandersetzungen zwischen Dänen und Schweden, ist berühmt für ihre **Kuckucksflöten**. Heute fertigt nur noch die Keramikerin Sofia Nilsson die tönernen »lergök« (www.sofianilsson.se). Ebenfalls aus Ängelholm kommen Kerzen, die auch im schwedischen Königshaus brennen. Die **Skånska Stearinljusfabriken** (Ängeltoftavägen 91, www.stearinljus fabriken.se) verfügt nach eigenen Worten über das größte Kerzensortiment Schwedens.
Durch die engen Gassen wirkt das Stadtzentrum von Ängelholm noch immer recht altertümlich. Am Stortorget stehen das alte Rathaus von

Kunst mal anders: Das Projekt »Nimis« kommt ganz schön windschief daher.

1775 und die 1516 errichtete, im 19. Jh. umgebaute Kirche. Der Lokschuppen am Bahnhof birgt das **Sverige Järnvagsmuseum**, das für seine riesige Modelleisenbahn, seine historischen Loks und das Veteranenloktreffen »Dieseltage« im Frühjahr bekannt ist.
Wer einmal einen Kampfjet oder eine Cessna fliegen möchte, kann sich im **Flygmuseum** an die Simulatoren setzen und im Hangar die Geschichte der schwedischen Luftwaffe studieren. Auf einer Lichtung im Kronoskogen erinnert das **UFO-Memorial** an eine vermeintliche UFO-Landung, die am 18. Mai 1946 der schwedische Eishockeyspieler Gösta Carlsson hier beobachtet haben will.
Das **Ausflugsschiff »Laxen«** schippert von Mitte Juni bis Mitte August in zwei Stunden von der Stadshusets brygga im Zentrum zum Jachthafen in Skälderviken (www.skanemarin.se).

Sverige Järnvagsmuseum: Mitte Juni – 14. Aug. tgl. 10 – 17, 15. Aug. – 9. Sept. Di. – So. 10 – 16 Uhr | Eintritt: Juni – Aug. 120 SEK, sonst 80 SEK | www.trafikverket.se/jarnvagsmuseum/
Flygmuseum: Juni – Aug. tgl. 10 – 17 Uhr, sonst nur Sa., So. Eintritt: 60 SEK | www.engelholmsflygmuseum.se

LANDSKRONA

Landschaft: Skåne (Schonen) | **Provinz:** Skåne Län
Einwohnerzahl: 42 200 | **Höhe:** Meereshöhe

Gleich mehrere Herrscher erkoren das ehemalige Fischerdorf Södra Säby zum militärischen Stützpunkt und bauten es als Landskrona zum Bollwerk aus. Geblieben aus unruhigen Zeiten ist die große Zitadelle. Auf der vorgelagerten Insel Ven studierte einst der Astronom Tycho Brahe das Weltall.

Dem Meer entrissen

Erik von Pommern verlieh dem Fischerort Södra Säby 1413 Stadtrechte und nannte es »Landeskrone«. Der neue Name war Programm: Landskrona sollte die Kapitale der seit 1397 in der Kalmarer Union vereinigten nordischen Länder werden. 1416 zog Erik von Pommern aber weiter nach Kopenhagen und gab die hochfliegenden Pläne für Landskrona auf. Dänenkönig Christian III. wandelte 1549 durch den Bau der Zitadelle die Stadt zur Festung um. Unter den schwedischen Königen Karl X. und Karl XI. sollte Landskrona Bischofssitz und Universitätsstadt werden. Dabei spielte die Zitadelle eine wichtige Rolle und so war sie Anfang des 18. Jh.s schließlich eine der größten im Norden. 1747 beschloss der schwedische Reichstag, die mittelalterliche Stadt abzureißen, um noch mehr Platz für Befestigungsanlagen zu schaffen. Die neue Stadt entstand nach Plänen von Schlossbaumeister Carl Hårleman im französisch-klassizistischen Stil auf Neuland, das dem Meer abgerungen worden war.

Wohin in Landskrona?

Von der Garnisons- zur Industriestadt

Rund um den Rådhustorg

Das Zentrum bildet der Rådhustorg (Rathausplatz) mit dem neugotischen Rathaus von 1882 und der Skulptur »Västanvinden«, die Anders Olsen 1929 entwarf. Am Kasernplan in der ehemaligen Adolf-Fredriks-Kaserne aus dem 18. Jh. erzählt das **Landskrona-Museum** die 600-jährige Geschichte von der Garnisons- zur Industriestadt. Über die Storgatan erreicht man südlich die **Sofia-Albertina-Kirche** aus dem 18. Jh. mit Glasmalereien von Martin Emond. Im 1757 – 1769 erbauten **Haijiska Huset** in der Kungsgatan Nr. 13 wohnte Selma Lagerlöf von 1885 bis 1891 und verfasste die ersten Kapitel ihres Romans »Gösta Berling«.

Landskrona-Museum: Ende Juni – Mitte Aug. Di. – So. 10 – 17, sonst 12 – 17, Do. 12 – 20 Uhr | Eintritt frei | www.landskrona.se/museum
Sofia-Albertina-Kirche: tgl. 11 – 18 Uhr

Biogemüse mit Schlossblick: Vis-à-vis der imposanten Zitadelle gedeihen in der Rothoffska-Kolonie nach ökologischen Gesichtspunkten angebaute Nutzpflanzen.

LANDSKRONA ERLEBEN

LANDSKRONA TURISTBYRÅ
Skeppsbron 2, Landskrona
Tel. 0418 47 30 00
www.landskrona.se

Vom etwas außerhalb gelegenen Bahnhof fahren regelmäßig Shuttlebusse ins Zentrum. Wer seinen Zugfahrschein vorzeigt, benötigt kein Busticket!

FARBROR ELOFS SKAFFERI €€
Onkel Elofs Speisekammer nennt sich der schonische Hof, der von Feinschmeckern in den allerhöchsten Tönen gelobt wird. Die Gäste speisen hier rustikal-edel und können auch übernachten.
Kvarngården 1
Billeberga (12 km westl.)
Tel. 0418 43 11 77
http://elofsskafferi.se

STEFAN PÅLSSON €€
Stefan Pålssons geräucherte Lachse werden von König Gustav und Familie und selbst am englischen Hof genossen. Empfehlenswert für neugierige Gourmets: Chili- oder Whiskylachs!
Örjaleden 4, Tel. 0418 5 83 71
www.stefanpalssonab.se

ÖRENÄS SLOTT €€€€
Zehn der 115 Zimmer befinden sich in dem Schloss, das Zuckerkönig Carl Tranchell 1914 – 1918 im deutschen Barockstil auf einer Anhöhe mit Blick zum Öresund erbauen ließ. In der Nobelherberge wird exquisit gekocht.
26163 Glumslöv, Tel. 0418 7 02 30
www.orenasslott.com

Kohl statt Kanonen

Landskrona Slott

Leuchtend rot hebt sich die einstige **Zitadelle** von ihrer Umgebung ab. Bei ihrem Bau 1549 galt sie als modernste Wehranlage des Nordens. Das ringsum geschlossene, von einem Wassergraben umzogene Karree aus massivem Ziegelmauerwerk wird von einer weiteren Wall- und Grabenanlage umschlossen. Im südwestlichen Eckturm befindet sich eine kleine Fotodokumentation, im südöstlichen Eckturm zeugen die Zellen noch von der 1825 – 1940 bestehenden Haftanstalt (Besichtigung an ausgewählten Terminen im Sommer, Tel. 0418 44 82 50, www.citadellet.com).

Die Festungswälle sind seit mehr als 100 Jahren in der Hand der Kleingärtner, die hier angelegten Schrebergärten sind die ältesten in ganz Schweden. Mit der **Rothoffska-Kolonie** besitzt Landskrona auch das einzige schwedische Museum zum Kleingartenwesen. Im idyllischen Garten gedeihen nach ökologischen Gesichtspunkten Gemüse und Blumen; die kleine Laube wurde behutsam renoviert und in ihren Originalzustand von 1903 versetzt.

Ambitioniertes Kunsthaus

Konsthall

Bei der Brücke, vom äußeren Graben ins Stadtzentrum zeigt die Kunsthalle Wechselausstellungen. Das flache Gebäude mit viel Glas wurde zum 550-jährigen Bestehen der Stadt 1963 als Ausstellungsort für Industriedesign entworfen. Das Café, noch original eingerichtet, wird vom Landskrona Dagcenter betrieben, einer Einrichtung für Menschen mit Behinderung. Selbst gemachte Kuchen!

Di. – So. 12 – 17 Uhr | Eintritt frei | www.landskronakultur.se

Rund um Landskrona

Golferparadies

Svenska Golfmuseet

Mit 90 Golfplätzen im Umkreis von 90 Minuten besitzt die Öresund-Region die höchste Golfplatzdichte Skandinaviens. 58 davon liegen in Schonen. Warum, verrät das Schwedische Golfmuseum: Sie sind hier länger bespielbar als im übrigen Schweden, da der Frühling eher einsetzt und der Herbst später beginnt. Interessant ist die »Hall of Fame« der Spieler, die für diese Sportart bahnbrechend gewesen sind, wie Erik Runfelt, Ove Sellberg, Annika Sörenstam und Jesper Parnevik.

April – Sept. Mo. – Fr. 8 – 18, sonst Sa., So. 8 – 14 Uhr | Eintritt frei
www.svenskagolfmuseet.se

Hartes Fischerleben

Borstahusen

Direkt am Ufer des Öresund ist im Fischerdorf Borstahusen das Kulturzentrum Pumphuset mit Festsaal, Restaurant, Kunsthalle und Museum entstanden. Seine Ausstellung widmet sich dem harten Leben der Fischer und der Entwicklung der Fischkutter. Die Kunsthalle zeigt in Wechselausstellungen **Kunst der Moderne und Gegenwart**.

Di. – So. 12 – 17 Uhr | Eintritt: 20 SEK | http://pumphuset.nu

★ Ven

Radler- und Feinschmeckerinsel

Insel-erkundung

Einst gehörte die Insel Ven, 4,3 km nordwestlich vor der schwedischen Küste gelegen, zu einer Landverbindung zwischen Schonen und dem dänischen Seeland. Heute fährt die Fähre von Landskrona (25 Min.) bzw. im Sommer auch von Helsingborg und Råå auf das 7,6 km^2 große Eiland. Sie legen in Bäckviken an, wo 1200 Leihräder bereitstehen. Die Insel lässt sich aber auch bequem zu Fuß durchstreifen.

Auf Ven haben sich zahlreiche Künstler niedergelassen, die alljährlich zu Christi Himmelfahrt die **»Kunstrunde«** veranstalten und Besuchern ihre Ateliers öffnen. Ven hat auch unter Feinschmeckern einen sehr guten Ruf. Würzigen Ziegenkäse gibt es bei der Meierei Hvens Getost, frisch geräucherten Fisch aus dem Öresund beim Fiskboden,

Auf die Fahrradinsel Ven muss man sein eigenes Rad gar nicht mitbringen. Es gibt genügend Leihräder.

köstliches Sahneeis mit Inselaromen bei der Hvens Glassfabrik. Wer Hochprozentiges schätzt, sollte bei der Whisky-Destillerie »Spirit of Hven – Backafallsbyn« in Sankt Ibb im Norreborgsvägen 55 vorbeischauen und eine Führung mit Whiskyprobe buchen.
www.backafallsbyn.se

Den Sternen so nahe

Tycho-Brahe-Museum

Der dänische Astronom Tycho Brahe lebte von 1578 bis 1598 im Schloss Uranienborg, das mitten auf Ven stand. Dänemarks König Frederik II. – Ven wurde erst 1658 schwedisch – hatte dem Astronomen die Insel mit ihrer klaren, staubfreien Luft für seine Forschungen zur Verfügung gestellt. Vom Schloss ist heute nichts mehr zu sehen. Stattdessen ist in der ehemaligen Allerheiligenkirche seit 2005 das Tycho-Brahe-Museum beheimatet: Es berichtet multimedial und mit skalengetreuem Planetenweg über das Leben und »Die himmlische Neuordnung« des Sternenforschers. 2007 wurde es als »Europäisches Museum des Jahres« ausgezeichnet.

Zwei von Brahe verwendete Instrumente sind als Rekonstruktion zu sehen: der **Große Stahlquadrant** und der **Astronomische Sextant**. Im Observatorium Stjerneborg entdeckte Tycho Brahe die erste Supernova, wohlgemerkt mit bloßem Auge, denn das Fernrohr war noch nicht erfunden. Er war auch nicht der Einzige, der die Erscheinung sah, die von 1572 an 16 Monate lang hell wie ein Stern am

Himmel strahlte. Aber Brahe war derjenige, der den Mut hatte, die bislang geltende aristotelische Theorie von der Unveränderlichkeit des Sternenhimmels zu widerlegen. Seine Aufzeichnungen des Phänomens erlauben es heute, diese Erscheinung als Supernova zu identifizieren.

Mitte April – Ende Sept. tgl. 11 – 16, Juli – Mitte Aug. bis 18 Uhr
Eintritt inkl. Observatorium: 80 SEK | www.tychobrahe.com

Zwei Länder im Blick

Kyrkbacken

Im Nordwesten der Insel thront beim Hafenörtchen Kyrkbacken die im 13. Jh. geweihte Kirche **St. Ibb** stolz über den steilen Felsen des Backafalls. In der Kirche steht noch Tycho Brahes Kirchenbank. Von St. Ibb bietet sich eine grandiose Aussicht über den Öresund sowie die dänische und schwedische Küste.

★ LINKÖPING

Landschaft: Östergötland | **Provinz:** Östergötland Län
Einwohnerzahl: 147 500 | **Höhe:** 40 m ü. d. M.

Im »Alten Linköping« wird Geschichte lebendig. Zwischen Läden, Werkstätten und Wohnhäusern beginnt im Freilichtmuseum südwestlich der eigentlichen Stadt eine Zeitreise, die seine Besucher zurück bis ins 18. Jh. mitnimmt. Dabei hat die Altstadt hier nie existiert – als Linköping in den 1940er-Jahren neu bebaut wurde, wurden rund 100 der alten Gebäude zerlegt und am Stadtrand wieder aufgebaut.

»Museum« voller Leben

Aus heutiger Sicht war diese Entscheidung ein Glücksfall mit viel Weitblick. Denn so besteht bis zum heutigen Tag die Möglichkeit, seltene Einblicke in das vorindustrielle Schweden zu erhalten. Und da ein Großteil der Häuser in Gamla Linköping dauerhaft bewohnt werden, ist das Museum alles andere als museal, sondern vielmehr ein lebendiger Stadtteil mit nostalgischer Note. Die Bausubstanz reicht dabei bis ins Jahr 1700 zurück: Im Januar dieses Jahres wütete ein Feuer in Linköping, das bis auf den Dom und das Schloss so gut wie alle Gebäude vernichtete.

Auf dem Weg zur Großmacht

Geschichte

Die im 12. Jh. gegründete Stadt ging mit dem **Blutbad von Linköping** in die Geschichte ein. Herzog Karl von Södermanland, der spätere König Karl IX., besiegte 1598 Polenkönig Sigismund III. Wasa,

Wie Schwedens Großmütter einkauften, erfährt man in Gamla Linköping.

seit 1592 Erbkönig von Schweden, in der Schlacht von Stångebro und ließ dessen schwedische Gefolgsleute in der Burg von Linköping wegen Hochverrats einsperren. Zwei Jahre später wurden sie auf dem Marktplatz geköpft.

Berühmt ist Linköping aber als Luftfahrthauptstadt Schwedens. Die 1937 in Linköping gegründeten **Saab Flugzeugwerke** sind einer der bedeutendsten Arbeitgeber und unterhalten einen zivilen und militärischen Flugplatz im Osten und Westen der Stadt. Aber auch die Umweltfreundlichkeit hat hier Geschichte geschrieben: Zwischen Linköping und Västervik verkehrt seit Juni 2005 der erste Biogaszug der Welt.

Wohin in Linköping?

Lebendige Vergangenheit

★ Gamla Linköping

Überaus lebendig geht es zu, im Freilichtmuseum »Altes Linköping«. Dies ist vor allem den vielen **Handwerksbetrieben** zu verdanken. So schlendern Sie vom herrlich nostalgischen Tante-Emma-Laden zu Kunstgewerbeateliers oder folgen im Schul-, Apotheken- und Polizei-

❶ Wärdshuset Gamla Linköping
❷ Modmed
❸ Stängs Magasin

❶ Quality Hotel Ekoxen

museum Geschichten aus früheren Zeiten. U. a. ist das Museum der Bank von Östergötland in den reizenden Holzhäuschen zu finden, die hier ab 1940 wieder aufgebaut wurden. Ein Spaß für Groß und Klein ist auch das Phänomen-Magasinet, in dem Besucher technisch und naturwissenschaftlich experimentieren können.

Im Sommer pendelt eine Kleinbahn zwischen Gamla Linköping und **Valla Fritidsområde** hin und her, einem zehn Gehminuten entfernten Erholungsgebiet mit großem Spielplatz, Café, Eisenbahn-, Wagen- und Landwirtschaftsmuseum, Kleintierzoo und Ponystall.

Läden und Werkstätten: Mo. – Fr. 10 – 17, Sa., So. 11 – 16 Uhr
Eintritt frei | www.gamlalinkoping.info

★ Stora Torget & Domkyrka

Reich geschmücktes Gotteshaus

Den größten der drei Stadtplätze schmückt der **Folkunga-Brunnen**. Der 1927 fertiggestellte Brunnen gehört zu den bekanntesten Werken von Carl Milles und trägt die Skulptur von »Folke Filbyter« aus der Folkungersaga. Östlich des Hauptplatzes erhebt sich die 1802 erbaute St.-Lars-Kirche, deren Turm aus dem 12. Jh. stammt. Den Altar schmücken Bilder von Pehr Hörberg (1746 – 1816).

Die **Domkyrka** (Dom) in einem kleinen Park nordwestlich vom Stora Torget gehört zu den bedeutendsten Kathedralen Schwedens. Der ursprünglich romanische Bau von 1230 wurde durch Um- und Ausbauten gotisch vollendet, an den Flanken der Seitenschiffe sind noch romanische Bauteile zu entdecken. Sein 107 m hoher Turm, das Wahrzeichen Linköpings, wurde erst 1886 angefügt. Das Innere birgt neben einer

LINKÖPING ERLEBEN

TURISTBYRÅ

Konsistoriegatan 7
Tel. 013 1 90 00 70
www.visitlinkoping.se

Die drei Plätze Stora Torget, Trädgårdstorget und Lilla Torget, verbunden durch die Tannerforsgatan und Nygatan, sind eine schier endlose Shopping-Flaniermeile. Eine der größten Malls Schwedens, das Tornby Köpcentrum 2 km außerhalb, besitzt u. a. mehr als 50 Modeboutiquen (www.tornbykopcentrum.com).

1 WÄRDSHUSET GAMLA LINKÖPING €€€

Die beiden historischen Holzhäuser wurden vor dem Abriss gerettet und im Freilichtmuseum Gamla Linköping wieder aufgebaut. Heute gibt es hier Hausmannskost, internationale Gerichte und ein günstiges Lunchbuffet.
Gästgivaregatan 1
Tel. 013 13 31 10
www.wardshuset.se

2 MODMED €€ – €€€

Gönnen Sie sich das Besondere: Das Restaurant im Scandic Hotel wurde mehrmals in Folge als bestes Restaurant in Östergötland ausgezeichnet. Serviert werden internationale Gerichte mit Einfluss der schwedischen Küche. Tipp: An einen Tisch mit Blick auf den Fluss Stangan schmeckt das Menü gleich nochmal so gut.
Gamla Tanneforsvägen 51
Tel. 013 495 54 00
www.modmed.se

3 STÅNGS MAGASIN €€ – €€€

Perlhuhnbrust mit Pilzrisotto und glasierten Schwarzwurzeln – die Küche im 200 Jahre alten Gasthaus ist hervorragend.
Södra Stånggatan 1
Tel. 013 31 21 00
www.stangsmagasin.se
So. geschl.

1 QUALITY HOTEL EKOXEN €€€

Das sympathische Hotel der Quality-Kette liegt günstig im Zentrum beim Stadtpark. Große Spa-Abteilung mit Pool, Sauna und Aromatherapie. Probieren Sie in der »Brasserie Britto« die Hirschkeule mit Apfel-Meerrettich an Mandelkartoffeln.
Klostergatan 68
Tel. 013 25 26 00, 190 Z.
www.nordicchoicehotels.com

---

wuchtigen Barockkanzel und einem Flügelaltar mehrere »Laubgesichter«: gemeißelte Antlitze, umrahmt von begrünten Ranken.
tgl. 9 – 18 Uhr | www.linkopingsdomkyrka.se

Skurriler Fund

Im Nordflügel des Schlosses dokumentiert das Schloss- und Domkirchenmuseum die Hassliebe zwischen Kirche und Staat, zwischen König Gustav Wasa und dem letzten katholischen Bischof Hans Brask.

Slotts- och Domkyrkomuseum

Makabre Unikate unter den Ausstellungsstücken sind die beiden mumifizierten Hausratten aus der bischöflichen Toilette.
April – Sept. Di. – So. 12 – 16. Uhr | Eintritt: 60 SEK | http://lsdm.se

Geschichte, Medizin, IT

Östergötlands Länsmuseum

Nördlich vom Dom residiert eines der ältesten und größten Provinzmuseen des Landes in einem funktionalistischen Gebäude von 1939. Gezeigt werden Sammlungen zur Vor- und Frühgeschichte, schwedische Kunst vom Mittelalter bis zur Gegenwart sowie eine kleine medizingeschichtliche Sonderausstellung. Seit einigen Jahren hat auch Schwedens einziges Computermuseum hier seine neue Heimat: Das **IT-ceum** stellt die Entwicklung der Informationstechnologie von 1950 bis heute vor.
Di. – So. 11 – 16, Di./Do. bis 20 Uhr | Eintritt: 70 SEK, bis 26 Jahre frei
www.ostergotlandslansmuseum.se

Grüne Lunge der Stadt

Trädgårdsföreningen

Seit mehr als 150 Jahren ist der Park der Garten-Gesellschaft die größte Grünanlage der Stadt und bei den Einheimischen sehr beliebt. Sie spazieren hier an exotischen Pflanzen vorbei, genießen ihren Lunch inmitten der tropischen Vegetation des **Tropikhuset**, nehmen an den kostenlosen Open-Air-Sportkursen teil, lauschen im Sommer den mittäglichen Freiluftkonzerten, besichtigen das Naturzentrum oder besteigen den Belvedere, der von oben weite Ausblicke auf die Stadt und ihr Umland eröffnet.

Rund um Linköping

Schleusen-Hopping

Kinda Kanal

Ein netter Ausflug ist eine Fahrt auf dem Kinda-Kanal, der den Roxen-See mit einigen südlich gelegenen, von der Stångån durchflossenen Seen verbindet. Wer auf dem Kanal unterwegs ist, muss auf 80 km Länge **15 Schleusen** passieren. Die Schleuse von Hackefors war beim Bau die tiefste in ganz Europa, an der Schleuse von Brokind informiert ein kleines **Kanalmuseum** über die Geschichte der Wasserstraße. Für die Berufsschiffer ist der Kinda-Kanal schon lange nicht mehr rentabel, deshalb sind hier heute nur noch Freizeitkapitäne unterwegs. Auch zwei nostalgische Dampfer bieten Ausflugsfahrten an.
Dampferfahrten: www.kindakanal.se

Flugzeug-Oldtimer

Flygvapenmuseum

Die Sammlung auf dem Flugplatz von Malmen dokumentiert die Geschichte der schwedischen Luftstreitkräfte mit fast 50 Flugzeugen, darunter eine 1936 von SAAB hergestellte Junkers Ju 86 und eine SAAB JAS 39 Gripen.

Sept. - Mai, Di. - So., Juni - Aug. tgl. 11 - 17, Mi. bis 20 Uhr, Führung um 14 Uhr | Eintritt frei | www.flygvapenmuseum.se

Stattliches Schloss

Ekenäs Slott

Im weißen Renaissanceschloss 20 km östlich von Linköping wird alljährlich Anfang Juni ein farbenfrohes Ritterturnier veranstaltet.

Mai, Juni, Aug. Sa., So. 13 - 16, Juli Di. - So. 13 - 16 Uhr, Park tgl. 8 - 20 Uhr | www.ekenasslott.se

Kletternde Schiffe

Berg

In Berg überwindet die größte Schleusentreppe des **Göta-Kanals** (▶ Baedeker Wissen S. 40), die den Roxen-See mit Berg verbindet, in sieben Schleusenstufen einen Höhenunterschied von 18,8 m.

Das erste Kloster Schwedens

★ Vreta-Kloster

2010 feierte das Vreta-Kloster 8 km nordwestlich von Linköping das 900-Jahre-Jubiläum seiner Gründung. Im Jahr 1110 wurde es von Ingo I. und seiner Frau Helena auf Anraten des Papstes eingerichtet. Anfänglich lebten hier Benediktinerinnen, 1162 wurde das Kloster zur Heimat von Zisterzienserinnen und erhielt damit königliche Landgüter und eine Residenz Karls VII. Die Blütezeit des Klosters – die Nonnen hatten das Recht zum Ablasshandel erhalten – endete abrupt 1533, als König Gustav Wasa die Konvertierung der Kirchengemeinde zum lutherischen Glauben erreichte. Im Frühjahr 1568 verließen die letzten Nonnen das Kloster. Geblieben ist nur eine Ruine, eingebettet in eine Gartenlandschaft, die die alten Strukturen nachzeichnet. Vorbildlich erhalten ist jedoch die Klosterkirche, die noch ein »Hagioskop« besitzt, eine Spalte im Mauerwerk, durch die im Mittelalter die Leprakranken von außen auf den Altar blicken konnten.

Fundstücke aus der Kirchengeschichte zeigt ein kleines **Museum** in der Kirche; unbedingt sehenswert sind auch die kunstvollen Steinmetzarbeiten an den Säulen. Ganz modern läuft die Führung: Die dreiminütige Minitour kann mit jedem Mobiltelefon empfangen werden. Die entsprechenden Nummern stehen am Haupteingang zum Friedhof.

Mo. - Fr. 7.30 - 15.30, 23. Juni - Mitte Aug. Mo. - Fr. bis 17.30, Mitte Mai - Mitte Aug. auch Sa., So. 10 - 18 Uhr (die Klosterruine ist immer zugänglich) | www.vretaklosterforening.se

Ausflug in die Fünfziger und Sechziger

Kornettgården

In der Nähe des Vreta-Klosters bewahren Birgitta und Lars-Erik Johansson in ihrem Museum den Zeitgeist der 1950er- und 1960er-Jahre mit authentisch eingerichteten Räumen. Dazu gehören auch ein Café, Friseursalons für Damen und Herren und eine alte Küche.

Juni - Mitte Aug. Di. - So. 10 - 16 Uhr | Eintritt: 60 SEK
www.kornettgarden.se

Ross und Reiter

Ulrika

Etwa 40 km südwestlich von Linköping liegt das Örtchen Ulrika, dessen berühmter, traditionsreicher Pferdemarkt jährlich im September rund 40 000 Besucher anzieht.

★★ LUND

Landschaft: Skåne (Schonen) | **Provinz:** Skåne Län
Einwohnerzahl: 111 700 | **Höhe:** Meereshöhe

Lund schafft den Spagat. Es pflegt sein historisches Erbe, ist aber so jung geblieben wie kaum eine andere Stadt in Schweden. Rund 42 000 Studenten aus aller Welt, die an der zweitältesten Universität Schwedens eingeschrieben sind, verleihen der über 1000 Jahre alten Stadt jugendlichen Charme und eine pulsierende und weltoffene Atmosphäre. Über alledem thronen die beiden Türme des gewaltigen Doms, des Lunder Wahrzeichens.

Alte Stadt, junges Flair

Eine der Hauptattraktionen Lunds ist zweifelsohne ein Spaziergang durch die lebhafte wie charmante Altstadt mit ihren verwinkelten mittelalterlichen Gassen und hübschen Fachwerkhäusern. Hier und da locken kleine Läden mit Unikaten, Galerien und zahlreiche Cafés, die allerlei Kaffeevariationen und leckere Zimtschnecken servieren – ach, wie schnell werden Sie die Zeit vergessen. Soll es eine etwas sättigendere Mahlzeit sein, lockt beim Mårtenstorget die über 100 Jahre alte Saluhallen mit kulinarischen Köstlichkeiten, für Feinschmecker ein Fest für Augen und Gaumen! Und wie es sich für eine Studentenstadt gehört, hat Lund ein reges Nachtleben. Rund um den Stortorget liegen Kneipen für Nachtschwärmer, Jazz gibt es dienstagabends im Old Bull Pub am Bantorget und in Harry's Bar gegenüber des Bahnhofs wird donnerstagabends Irish Folk gespielt. Fast möchte man da vergessen, dass Lund auch das geistige und kulturelle Zentrum Südschwedens ist, das bereits vier Nobelpreisträger hervorgebracht hat.

»Dänische Metropole«

Geschichte

Gegründet wurde Lund wahrscheinlich um 990 vom dänischen König Sven Gabelbart. Seit 1666 ist es Sitz einer Hochschule, nach Uppsala die zweitälteste des Landes. Vom 12. bis 15. Jh. war Lund die größte Stadt Skandinaviens und Sitz eines dänischen Bischofs, 1104 sogar des Erzbischofs, weshalb es damals auch »Metropolis Daniae« genannt wurde.

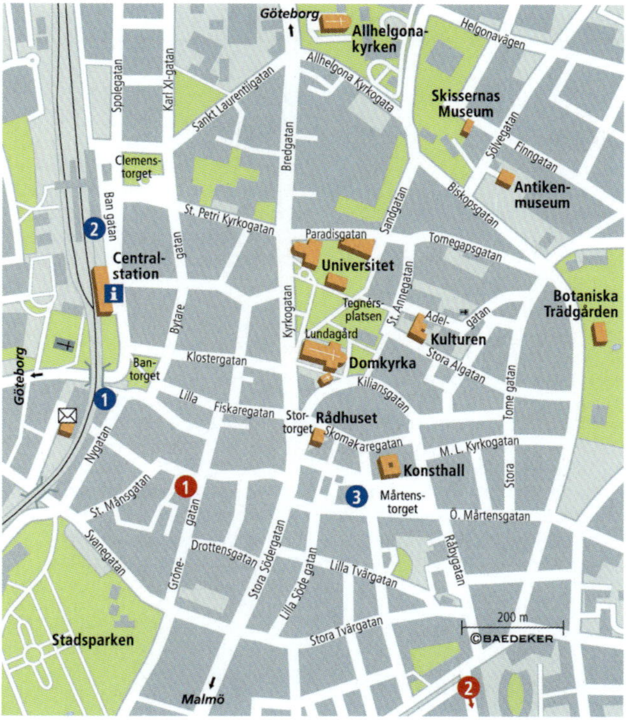

1 Bantorget 9
2 Godset
3 Saluhallen

1 Hotel Concordia
2 The More Hotel

Wohin in Lund?

Älteste und bedeutendste Kirche Schwedens

★★ Domkyrka

Der wuchtige Dom zu Lund bildet das Zentrum der Altstadt. Zugleich war er bis zur Einführung der Reformation 1527 auch geistliches Zentrum des Nordens, was seine beachtlichen Ausmaße erklären. Begonnen wurde der Bau 1103 anlässlich der Ernennung von Asker zum Erzbischof. Nach einer gründlichen Innenrenovierung im 19. Jh. erhielt der Sakralbau Mitte des 20. Jh.s auch seine ursprüngliche Außengestaltung zurück. Die Architektur ist für Skandinavien ungewöhnlich. Die deutschen und italienischen Steinmetze nahmen als Vorbild Kirchen aus dem Rheintal und der Lombardei. Typisch für den

LUND ERLEBEN

TURISTBYRÅ
Botulfgatan 1
Tel. 046 35 50 40
www.visitlund.se

Sommarlund (www.sommarlund.se) heißt die Veranstaltungsreihe mit Musik, Tanz, Literatur, Film u. a., die während der Sommermonate in Lund angeboten wird.
Alljährlich Mitte September feiert Lund Skandinaviens größtes Filmfest für Fantasy, Fiktion und Horror: das Fantastisk Filmfestival FFF (www.fff.se). Seit Beginn 1995 wurden bereits mehr als 600 Filme aus 30 Ländern gezeigt, darunter mehrere Weltpremieren.

1 BANTORGET 9 €€ – €€€
In den drei kleinen Häusern aus dem 19. Jh. wurde früher Brot gebacken, heute gibt es das selbst gebackene Brot zu regionalen Spezialitäten. Die Speiseräume sind im Stil von 1900 möbliert.
Bantorget 7 – 9
Tel. 046 30 39 99
www.bantorget9.se

2 GODSET €€
Chic, modern und köstlich ist die Küche in Lunds »guter« Bahnhofsgaststätte, die mit ungewohnten Kreationen begeistert. Kulinarische Pioniere testen nach dem Hirsch an Kastanienpüree die Crème brûlée mit Lakritzeis!
Bangatan 3, Lund, Tel. 046 12 16 10, www.godset.se, So. geschlossen

3 SALUHALLEN € – €€
Ein Fest für Augen und Gaumen! In der Markthalle von 1906 gibt es in kleinen Restaurants und an Ständen für jeden kulinarischen Geschmack etwas – ob Fisch, Fleisch, vegetarisch oder vegan, ob schwedisch, asiatisch oder italienisch. Tipp: Bei »Rosie's« gibt es am Nachmittag den traditionellen britischen Afternoon Tea.
Västra Mårtensgatan 7
www.lundssaluhall.se

1 HOTEL CONCORDIA €€€ – €€€€
Erstklassiges Hotel mit langer Geschichte. Im 19. Jh. wohnten hier Gelehrte, die den Schriftsteller August Strindberg im gegenüberliegenden Haus kopfschüttelnd dabei beobachteten, wie er auf alchimistischem Wege versuchte, Gold herzustellen.
Stålbrogatan 1
Tel. 046 13 50 50, 62 Z.
www.concordia.se

2 THE MORE HOTEL €€ – €€€
Das 2012 eröffnete Boutique-Hotel in einem historischen Eisenbahndepot aus dem Jahr 1906 verfügt über geräumige, minimalistisch eingerichtete Studios im nordischen Stil. Großartig für Selbstversorger sind die Küchenzeilen, wo Mittag- oder Abendessen selbst zubereitet werden können. Das Frühstück ist dennoch im Preis enthalten. Das zentral gelegene Hotel verleiht auch Fahrräder zur Stadterkundung.
Kastanjegatan 18
Tel. 046 271 64 00
http://themorehotel.se/lund

norditalienischen Einfluss ist der Grundriss der Domkirche mit ihrer großräumigen Krypta und der Zwerggalerie um den Chor.
Eine Legende besagt, dass der Riese **Finn**, der die Kirche für den hl. Laurentius baute und sie im Zorn über die ausgebliebene Bezahlung wieder zerstören wollte. Doch der Riese und seine Frau wurden überlistet und erstarrten an zwei Säulen der Krypta zu Stein. Anderen Deutungen zufolge stellt die männliche Steinfigur den biblischen Simson dar, wie er den Tempel in Jerusalem zerstört.
Um die Wasserquelle in der Gruft schuf der westfälische Meister Adam van Düren um 1513 einen **Brunnen** mit satirischen Motiven und niederdeutschen Texten. Für Lunds Einwohner war dieser Brunnen lange Zeit die einzige Trinkwasserversorgung. Ebenfalls von Adam van Düren stammt der Sarkophag für den letzten Erzbischof von Lund, Birger Gunnarsen (gest. 1512) in der Krypta.
Wenn die **Astronomische Uhr** im Innenraum spielt, dann erheben hölzerne Bläser ihre Hörner zu den Klängen des Lobgesangs »In dulci jubilo« und die Heiligen Drei Könige schreiten an Maria und dem Jesuskind vorbei. Die ältesten Teile des mechanischen Wunderwerks stammen von 1424. Angezeigt werden nicht nur die Stunden auf einer 24-Stunden-Uhr und die Mondphasen, sondern auch die Tierkreise. Die 1934 eingeweihte **Orgel** ist mit 101 Registern und vier Manualen die größte des Königreichs.

Geistliches und Weltliches

Historiska museet med Domkyrkomuseet

Altarbilder, liturgische Gewänder und andere Zeugnisse aus der über 900-jährigen Geschichte der Kirche birgt das Dommuseum, das direkt mit dem bereits 1805 gegründeten Historischen Museum der Universität verbunden ist. Die Exponate wie ein gut erhaltenes Bronzehorn, Grabfunde aus der Wikingerzeit und die auf 1300 datierte **Madonna von Östra Tommarp** zeichnen die Entwicklung der Menschheit von der Prähistorie bis ins Mittelalter nach.
Di. – Fr. 11 – 16, So. 12 – 16 Uhr | Eintritt: 50 SEK,
www.luhm.lu.se

Berühmte Wendeltreppe

Lundagård

Zwischen Dom und Universität erstreckt sich der Lundagård, ein Park mit alten Bäumen, die Carl Hårlemann Mitte des 18. Jh.s anpflanzen ließ. Westlich erhebt sich das turmgeschmückte **Kungshus** aus dem 16. Jahrhundert. Der Überlieferung nach soll hier der schwedische König Karl XII. die Wendeltreppe hinaufgeritten sein, als er, von Feldzügen auf dem europäischen Festland kommend, sein Lager in Lund aufschlug.
Südöstlich vom Lundagård zeigt die **Konsthall** (Kunsthalle) am Mårtenstorget moderne schwedische Kunst und Sonderausstellungen.
Di., Mi., Fr., So. 12 – 17, Do. bis 20, Sa. ab 10 Uhr | Eintritt frei
www.lundskonsthall.se

SCHWEDENS BEDEUTENDSTE KIRCHE

BAEDEKER WISSEN

Der Dom, um 1080 von Dänenkönig Knut dem Heiligen gegründet, ist die älteste und bedeutendste romanische Kirche Schwedens. Der heutige Bau wurde zwischen 1123 (Krypta) und 1161 (Apsis am Hauptchor) fertiggestellt, aber bereits 1145 geweiht. Als im 16. Jh. Lund an Bedeutung verlor, verfiel auch der Dom. Im 19. und 20. Jh. wurde er restauriert.

Mo. – Fr. 8 – 18, Sa. 9.30 – 17,
So. bis 18 Uhr
Astronomische Uhr: werktags um 12 und 15, So. um 13 und 15 Uhr
www.lundsdomkyrka.org

1 Schiff
Ein gotisches Kreuzrippengewölbe überspannt das Hauptschiff, romanische Gewölbe die Seitenschiffe.

2 Kanzel
Johannes Ganssog aus Frankfurt an der Oder schuf 1592 das Kunstwerk aus Alabaster, Sand- und Kalkstein.

3 Chorgestühl
Das Chorgestühl aus Eichenholz zählt zu den größten und schönsten des 15. Jh.s in ganz Europa.

4 Altar
Der geschnitzte Altaraufsatz (1398) ist eines der ältesten gotischen Retabeln Schwedens. Seine 40 Figuren stammen wohl aus Norddeutschland.

5 Mosaik
Das 6 m hohe Christusmosaik (1925) in der Apsis ist ein Werk des dänischen Künstlers Joakim Skopvgaard.

6 Krypta
18 Säulen tragen die Decke der Krypta; zwei davon zeigen Menschengestalten, die die Säule umklammert haben. Der Sage nach soll es sich um den legendären Erbauer der Kirche, den Riesen Finn, und seine Frau handeln. Welche Persönlichkeiten tatsächlich dargestellt sind, ist aber unklar. Die Krypta besitzt mit jeweils dreischiffigem Lang- und Querhaus einen ungewöhnlichen Grundriss und ist von großartiger Raumwirkung.

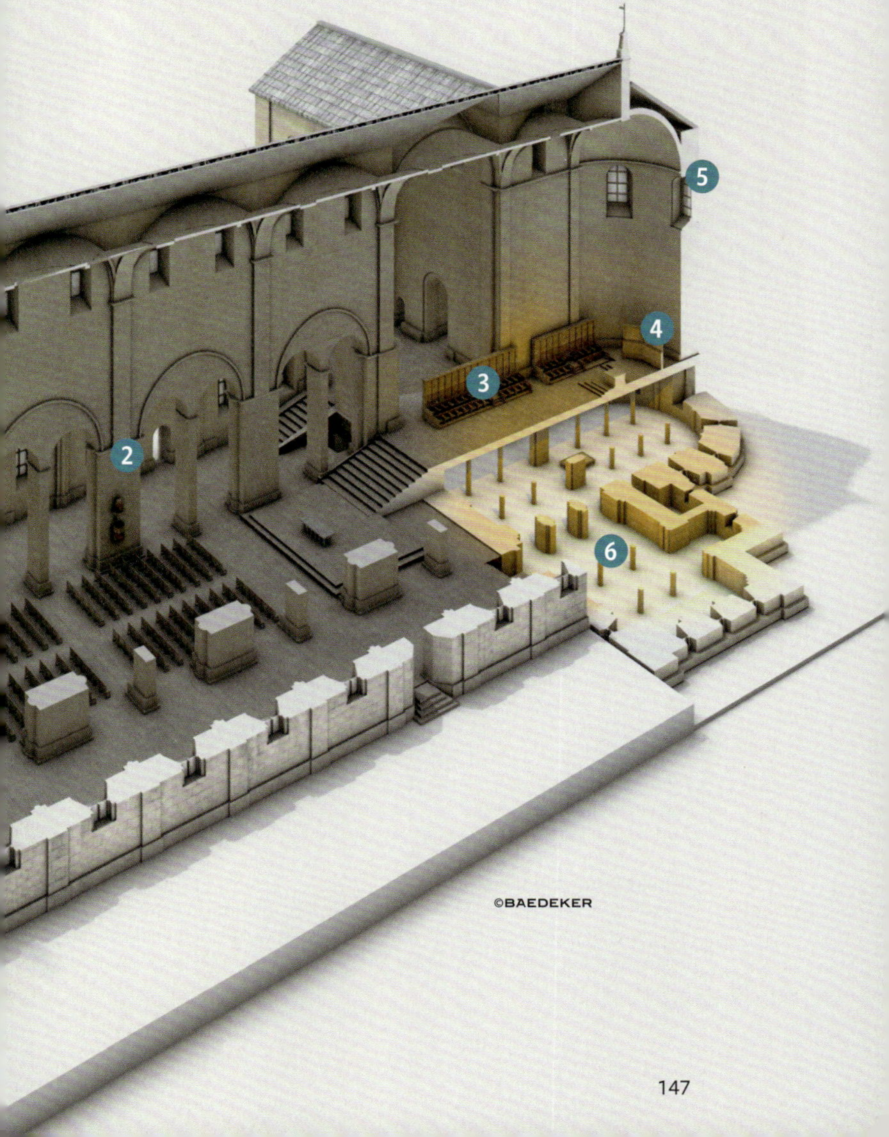

Perfekte Rundbögen, gedrungene Säulen, schlichte Kapitelle – in der Krypta des Doms von Lund lässt sich gut die romanische Baukunst studieren.

Kultur und Krimskrams

Tegnérsplatsen & Kulturen

An der Südostecke des Lundagård grüßt auf dem Tegnérplatz das Standbild des schwedischen Romantikers Esaias Tegnér (1782 bis 1846). Die Wohnung des Dichters an der Stora Gråbrödersgatan 11 ist ein Museum. Den Tegnérplatz beherrscht aber Schonens größter Museumskomplex Kulturen. Eine Unterführung verbindet die kulturhistorischen Sammlungen im klassizistischen Haupthaus mit dem 1892 eröffneten **Freilichtmuseum**, wo 43 Bauten die Wohnkultur von Stadt und Land seit dem Mittelalter zeigen. Zum Ensemble gehört auch die **Hökeriet** an der Ecke St. Annegatan/Tomegapsgatan, ein nostalgischer Kramladen, gefüllt mit Haushaltswaren, Leckereien, Kitsch und Kunst aus der guten alten Zeit.

Dichterwohnung: Juni – Aug. Sa. 13 – 15 Uhr | Eintritt: 20 SEK
Kulturen: Mai – Aug. tgl. 11 – 17, sonst Di. – So. 12 – 16 Uhr
Eintritt: Mai – Aug. 120 SEK, sonst 90 SEK | www.kulturen.com

Alma Mater von Lund

Universitet

Bereits von 1438 bis 1537 lehrten Professoren in Lund an einem Studium generale, die heute bestehende Universität wurde 1666 begründet – damit konkurriert die Bildungseinrichtung mit der 1477 gegründeten Universität von Uppsala um den Titel der ältesten Universität Schwedens. 1882 wurden die heutigen Universitätsgebäude im Norden des

Lundagård im neoklassizistischen Stil erbaut. Über die Geschichte der Hochschule informiert ausführlich das Universitätsmuseum. Weiter nördlich kann man in der neogotischen Universitätsbibliothek von 1901 wertvolle Handschriften aus dem 12. Jh. bewundern. Östlich in der Sölvegatan sind im **Antikenmuseum** griechische und römische Skulpturen ausgestellt. Ebenfalls zur Universität gehört das **Skissernas Museum – Arkiv för dekorative Konst**. Das einzigartige Museum dokumentiert mit mehr als 25 000 Entwürfen und Modellen die Entstehung monumentaler Kunst im öffentlichen Raum.

Antikenmuseum: Mo. - Fr. 9 - 14 Uhr
Skissernas Museum: Di. - So. 12 - 17, Mi. bis 21 Uhr
Eintritt: 50 SEK | www.adk.lu.se

Feines Kunsthandwerk

Skånekraft

Skånekraft nennt sich der Zusammenschluss von rund 20 Kunsthandwerkern aus Lund, die mit Keramik, Textilien, Silber und Glas arbeiten. Ihre gelungensten Arbeiten zeigt eine Verkaufsgalerie in der Östra Mårtensgatan 3, die auch als Ausstellungsraum genutzt wird.

Mo. - Fr. 11 - 18, Sa. 10 - 15 Uhr | www.skanekraft.com

Rund um Lund

Uralte Steinkirche

Dalby

Die um 1060 gegründete **Heligkorskyrka** von Dalby zählt zu den ältesten Steinkirchen des Nordens und wurde zu einer Zeit errichtet, als die Christianisierung Schwedens noch in vollem Gange war. Hinter der weiß getünchten Fassade birgt sie ein Sandsteintaufbecken aus dem 12. Jh. mit großen Tier- und Menschenköpfen am Sockel sowie Reliefs an den Seiten, die u. a. die Taufe Christi zeigen. Das Chorgestühl entstand im 15. Jh., Altar und Kanzel wurden im 18. Jh. gefertigt. Dalby liegt 17 km südöstlich von Lund an der Landstraße Nr. 16.

Exoten aus dem Süden

Dalby Söderskog

Der kleine Nationalpark Dalby Söderskog schützt seit 1918 auf rund 36 ha einen Laubwald, der sonst eher weiter südlich anzutreffen ist: Erlen, Eichen und Eschen, Ulmen, Buchen, Rosskastanien und Salweiden wachsen hier. Im Frühling blühen Butterblumen und Buschwindröschen, Goldstern und Scharbockskraut auf dem kalk- und kreidereichen Waldboden. Um diese einzigartige Vegetation zu schonen, wurden zahlreiche Wanderstrecken als Plankenwege angelegt, auf denen man das Gebiet erkundet.

Märchenschloss

Häckeberga Slott

Fernsehzuschauern in ganz Schweden ist das Häckeberga-Schloss auf einer Insel im gleichnamigen See aus der beliebten Samstagsserie

»Stjärnorna på Slottet« (Sterne im Schloss) bestens bekannt. Heute lädt der Neorenaissancebau aus rotem Backstein und hellem Putz zum Schlemmermahl im Schlossrestaurant und zur noblen Übernachtung. Als Gute-Nacht-Trunk eignet sich ein Gläschen des berühmten Mackmyra Whisky aus dem Keller.
www.hackebergaslott.se

Blumenschloss

Bosjökloster Slott

Auf einer Landzunge im Ring-See erhebt sich 32 km nordöstlich von Lund bzw. 5 km südlich des hübsch gelegenen Örtchens Höör strahlend weiß das Schloss Bosjökloster. Es wurde um 1080 von Benediktinerinnen gegründet und ist heute im Besitz der Familie Bonde af Björnö. Giebeldächer zieren den Bau, der mit einem Museum zur Geschichte der Nonnen und Räumen für wechselnde Kunstausstellungen aufwartet. Es gibt ein recht ambitioniertes Konzertprogramm. Auf den Terrassen rund um das Schloss blühen im Frühling und Frühsommer reichlich Narzissen, Tulpen, Pfingstrosen und Lilien, den Schlosshof rahmen Buchsbaumhecken, Rosen, Rhododendren und Hortensien ein. Den Eingang zum Park, in dem man zwischen Ponys, Lamas und Ziegen spazieren gehen kann, markiert eine 1000-jährige Eiche.
Garten und Park Mai – Sept. tgl. 8 – 19, Okt. – April 10 – 17 Uhr,
Restaurant und Teile des Schlosses Mai – Sept. 11 – 17 Uhr
Eintritt: im Sommer 100 SEK, sonst 80 SEK
www.bosjokloster.se

(Streichel-)Zoo

Skånes Djurpark

Lämmer, Ziegen, Kaninchen und Kälber – Skånes Djurpark, 10 km nordöstlich von Bosjökloster hinter Höör, verspricht Spaß für die ganze Familie. Die nordische Fauna ist mit 75 Arten vertreten, nicht alle Tiere eignen sich aber unbedingt zum Streicheln. So leben hier auch Wölfe, Elche, Luchse und Adler. Und die Bären haben fast jedes Jahr Nachwuchs! Von Mai bis Mitte August sind zudem zwei 70 m lange Wasserrutschen in Betrieb.
Juni – Aug. tgl. 10 – 18, Sept., Okt. bis 16 Uhr | Eintritt 199 SEK
www.skanesdjurpark.se

»Riesige« Landschaft

★ Nationalpark Söderåsen

Steile Schluchten und Täler, durch die herrliche Wanderwege führen – dass Skåne nicht nur sanft gewellt ist, sondern auch dramatische Landschaften besitzt, beweist 50 km nordöstlich von Lund der 2001 eingerichtete Nationalpark Söderåsen. Geradezu sagenhaft ist auch die Entstehung: Der Riese Alle habe einst einen Sack mit Kies auf seinem Rücken getragen, mit dem er eine Brücke nach Dänemark bauen wollte. Doch der Sack hatte ein Loch, der Kies rieselte heraus und bildete den Bergrücken. Es geht aber auch prosaischer: Geologen zu-

folge ist die Hügelkette vor etwa 150 Mio. Jahren bei einer Senkung des umliegenden Lands entstanden.
Heute bedeckt Buchenwald den Fels, zahlreiche Flüsse wie der fischreiche Skärån bahnen sich ihren Weg durch die Schluchten. Marder und Dachse leben im Unterholz, Mäusebussarde ziehen am Himmel ihre Kreise.
Über das 1625 ha große Schutzgebiet informiert die Ausstellung **Skäralids Naturum** bei Ljungbyhed. Wer den Nationalpark per GPS erwandern oder sich auf eine Geocaching-Schatzsuche begeben will, kann sich die entsprechenden Navigationsgeräte beim Touristenbüro ausleihen.

Skäralids Naturum: Mai – Aug. tgl. 10 – 18, Sept. 11 – 17, Okt. Di. – So. 11 – 16 Uhr | Eintritt frei | www.nationalparksofsweden.se

★★ MÄLAREN · MÄLARSEE

Landschaft: Södermanland, Uppland und Västmanland
Größe: 1140 km^2

Ab an den See! So lautet die Devise vieler Stockholmer in den Sommermonaten. Dann packen sie regelmäßig ihre sieben Sachen und pilgern an den weit verzweigten See westlich von Stockholm mit seinen 1000 Inseln und Inselchen. Längst ist ein Wochenende in der zauberhaften Wasserlandschaft kein Privileg mehr für den schwedischen Adel, der hier prächtige Herrensitze und Schlösser errichten ließ. Und so leuchten vielerorts rote Schwedenhäuschen in der grün-blauen Landschaft.

Labyrinth aus Wasser und Land

Der drittgrößte See Schwedens ist durch eine Meerenge mit der Ostsee verbunden und erstreckt sich fast 120 km landeinwärts. Seine Buchten, Halbinseln und Inseln mit idyllischen Städtchen und das viele Grün ringsum machen den Mälarsee zu einem beliebten Naherholungsgebiet der Hauptstädter, die ihn deshalb auch den inneren Schärengarten Stockholms nennen. Da die Stadt direkt an der Schnittstelle zwischen dem Mälaren und der Ostsee liegt, ist man dank guter Fährverbindungen in Nullkommanichts auf den Inseln. Mit dem winzigen Unterwasserhotel Utter Inn (Gasthaus des Otters) vor Västerås, das wie ein umgedrehtes Aquarium 3 m unter der Seeoberfläche schwankt, garantiert der Mälaren sogar einen kurzen Abenteuerurlaub.

MÄLAREN ERLEBEN

ESKILSTUNA TURISTBYRÅ
Rothoffsvillan, Tullgatan 4
Eskilstuna, Tel. 016 7 10 70 00,
www.eskilstuna.se

MARIEFRED TURISTBYRÅ
Kyrkogatan 13, Rådhustorget
Mariefred, Tel. 015 92 97 90
www.strangnas.se

SIGTUNA TURISTBYRÅ
Storagatan 33, Sigtuna
Tel. 0859 48 06 50
http://destinationsigtuna.se

STRÄNGNÄS TURISTBYRÅ
Västerviken, Storgatan 38
Tel. 0152 2 96 99
www.strangnas.se

Ende Juli finden die Skoklosterspiele im gleichnamigen Schloss statt: ein fünftägiges Spektakel mit Rittern, Musik und bunten Turnieren.

Sehr nostalgisch geht es von Stockholm zum Schloss Gripsholm mit dem 1903 erbauten Dampfer »Mariefred«. Fahrzeiten: Mitte Mai – Anf. Sept. Di. – So. 10 ab Stockholm, 13.30 an Mariefred; 16.30 ab Mariefred, 20 Uhr an Stockholm; www.mariefred.info.

JULITA WÄRDSHUS €€ – €€€€
Skandinavischer geht's nicht – zumindest nicht in puncto Design. Küchenchef Tommy Myllymäki serviert am Abend schwedische, nobel verfeinerte Klassiker. Günstige Mittagsmenüs (150 SEK) gibt es täglich von 12 bis 15 Uhr. Und mittwoch- bis samstagabends wird zusätzlich Pizza angeboten, die aus steingemahlenem Mehl der Warbro-Mühle gebacken wird.
Julita Gård Värdshuset
Julita, Tel. 0150 9 10 50
http://julitawardshus.se

CAFÉ TINGSGÅRDEN €€
Hausgemachte Kuchen und herzhafte Spezialitäten bietet das charmante Café im Hedströmska huset von 1856.
Rådhustorget 2, Eskilstuna
Tel. 016 14 20 70
www.cafetingsgarden.se

JERNBERGHSKA KROG€€
In diesem urigen Gasthaus erwarten Sie sanfte Jazzklänge von Miles Davis, Charlie Parker oder Chet Baker zu französisch inspirierter Küche.
Rademachergatan 48
Eskilstuna, Tel. 016 14 65 05
www.jernberghska.se

GRIPSHOLMS SLOTTSPAVIJONG € – €€
In dem wunderschönen weißen Holzpavillon mit Seeblick werden von Mai bis September täglich gute und günstige Mittagsgerichte angeboten. Auf der Karte stehen Fisch- und Fleischgerichte, Pasta, Salate, aber auch Smörrebröd und das sogar in der vegetarischen Variante.
Lottenlund, Mariefred
Tel. 0159 100 23
www.slottspaviljongen.se

CAFÉ ÅNGBÅTSBRON €
Wenn es an der Dampferanlegestelle nach Zimt und frisch Gebackenem duftet, sollten Sie sich die süßen Stückchen nicht entgehen lassen.

Östra Strandvägen, Strängnäs
Tel. 0152 1 84 00

SUNDBYHOLMS SLOTT €€€€
Die sechs Luxussuiten im Herrenhaus sind wie gemacht für ein romantisches Wochenende zu zweit. Dazu eine Partie Golf auf dem benachbarten 18-Loch-Platz (www.sundbyholmsgolf.se), Afternoon Tea am Kamin oder ein Gourmet-Dinner im Restaurant. Ganz in der Nähe säumt einer der wenigen Sandstrände das Ufer des Mälarsees.
9 km nordöstlich von Eskilstuna am Mälarsee, Tel. 016 42 84 00
97 Z., www.sundbyholms-slott.se

GRIPSHOLMS VÄRDSHUS & HOTEL €€€
Am 13. Februar 1609 erhielt Jocim Smock die Konzession für das erste Wirtshaus Schwedens, das heute eine exquisite Nobelherberge mit Blick auf Schloss Gripsholm ist. Programmpunkte: Kochkurs oder Weinprobe im Gewölbekeller aus dem 15. Jahrhundert.
Kyrkogatan 1, Mariefred
Tel. 0159 3 47 50, 45 Z.,
www.gripsholms-vardshus.se

HOTEL LAURENTIUS €€ €
Kleines Hotel in einem historischen Holzhaus am Mälaren, nur wenige Fußminuten vom Zentrum entfernt.
Östra Strandvägen 12, Strängnäs
Tel. 0152 1 04 44, 12 Z.
www.hotellaurentius.eu

Aus dem Meer gehoben

Geologie

Der Mälarsee war nicht immer ein See. Noch zur Wikingerzeit kannte man ihn als Meeresbucht. Erst durch die nacheiszeitliche Landhebung entstand hieraus allmählich ein Süßwassersee, der etwa 70 cm über dem Meeresspiegel liegt. Und noch immer hebt sich die schwedische Landmasse, auf der einst ein 3 km Eispanzer lastete, im Zeitlupentempo nach oben, wodurch Schweden Jahr für Jahr ein klein wenig größer wird.

Wohin in Södertälje und Umgebung?

Industriestadt mit sehenswerten Museen

Södertälje

Södertälje, gegründet als Handelsplatz der Wikinger, ist als Exilstadt Tausender Iraker und Syrer bekannt – rund 22 000 Flüchtlinge stellen mehr als ein Drittel der Bevölkerung. Hauptarbeitgeber ist Scania, der größte Nutzfahrzeughersteller der Welt und mit Hauptverwaltung, Forschung, Entwicklung und Produktion in Södertälje ansässig. Am Stadtrand liegt Scanias Teststrecke. Berühmtester Sohn der Stadt ist der ehemalige Tennisspieler Björn Borg. Am **Stortorget** stehen die St.-Ragnhild-Kirche mit Überresten aus dem 13. Jh. und das Rathaus von 1965, dessen Vorgängerbau an den Kanal versetzt wurde.
Das **Torekällbergets Friluftsmuseum** lässt seit 1929 den Alltag in der Stadt und auf dem Land zwischen 1800 und 1915 wieder aufleben. Ein Erlebnis ist das Mittsommerfest im Open-Air-Museum. Mit mehr

als 600 Experimenten lässt sich im Wissenschaftszentrum **Tom Tits Experiment** an der Storgatan 33 die Faszination der Technik erleben.
Torekällbergets Friluftsmuseum: Juni – Aug. tgl. 10 – 17, Sept. – Mai 10 – 16 Uhr | Eintritt frei | www.sodertalja.se/torekallberget
Tom Tits Experiment: tgl. 10 – 18 Uhr | Eintritt: 225 SEK
www.tomtit.se

Majestätisches Domizil

Tullgarn Slott

Fans von Inga Lindström werden am Schloss Tullgarn ein Déjà-vu erleben: Das Lieblingsschloss von König Gustav V. und Sommerresidenz der königlichen Familie bis 1950 gehört zu den bekanntesten Drehorten der nach ihr benannten Filmreihe. Höhepunkte der 43 m langen, zweiflügeligen Anlage, die um 1720 südlich von Södertälje an einer Ostseebucht errichtet wurde, sind die Suite im Stil des schwedischen Klassizismus, das Frühstückszimmer im Stil der süddeutschen Renaissance und eine Sammlung holländischer Kacheln. Der englische Garten stammt aus dem 19. Jh., gebadet werden darf an der Königlichen Brücke.
Das **Gasthaus Tullgarn** bietet frischen Fisch oder Wildschweinfilet, im Hofstall von Königin Viktoria werden Kaffee und Kuchen serviert.
Führungen Juni – Aug. tgl. 11 – 16 Uhr | Eintritt: 100 SEK
www.kungahuset.se

Schwedens erste »Stadt«

★★ Birka Vikingastaden

Wikinger-Handwerker stellten begehrte Tausch- und Handelswaren her, das Rohmaterial lieferten das Mälartal und die Wälder des Nordens. Die Eisen und Felle wurden gegen arabisches Silber und Perlen aus Osteuropa getauscht: Um 760 entstand so auf der Insel Björko mit Birka einer der frühesten Handelsplätze Nordeuropas, der heute auch als erste Stadt Schwedens bezeichnet wird. In unmittelbarer Nähe, auf der Nachbarinsel Adelsö, ließ der König in Ergänzung zum Handelsplatz einen Königshof erbauen, den **Hovgården**. 829 kam der Benediktinermönch Ansgar im Auftrag Kaiser Ludwigs des Frommen auf die beiden Inseln und zahlreiche Bewohner ließen sich taufen – die Christianisierung Schwedens nahm ihren Anfang.
Heute gehören Birka und Hovgården zu den am besten erhaltenen Wikingerstätten mit Zeugnissen über und unter der Erde; seit 1995 sind sie **UNESCO-Weltkulturerbe**. Während ihrer Blütezeit lebten bis zu 1000 Menschen in der befestigten Stadt Birka. Von dem über 200 Jahre lang währenden Stadtleben auf der Insel zeugen heute noch Reste von Verteidigungsanlagen: starke Erdwälle mit Toröffnungen. Im Norden liegt mit 3000 Grabhügeln der größte bekannte Friedhof der Wikingerzeit. Wie Hafen, Handwerksviertel und Königshof ausgesehen haben, vermitteln anschaulich drei große Modelle im **Birka Museum**. Rekonstruiert wurde die einstige Siedlung ausschließlich mit Werkzeugen und Techniken der Wikinger.
www.birkavikingastaden.se

Schwedischer Schloss-VIP

★★ Gripsholms Slott & Mariefred

Schloss Gripsholm (▶ Baedeker Wissen S. 156), leuchtend rot auf einer Insel im Mälaren westlich von Södertälje gelegen, kennen viele Deutsche auch ohne je einen Fuß nach Schweden gesetzt zu haben. Kurt Tucholsky hat es mit seiner Erzählung » Schloß Gripsholm. Eine Sommergeschichte« 1931 in der Literaturgeschichte verewigt. Und auch in der schwedischen Geschichte hat das Schloss oft eine zentrale Rolle gespielt – letztmalig 1809, als man hier Gustav IV. Adolf zur Abdankung zwang. Heutige Besucher erreichen es per Auto oder – wesentlich stil- und genussvoller – im Rahmen eines Tagesauflugs mit dem Dampfschiff ab Stockholm, vorbei an vielen Inseln und Inselchen im Mälaren.

»
Das Schloss Gripsholm strahlte in den Himmel; es lag beruhigend und dick da und bewachte sich selbst.
«
Kurt Tucholsky

Auch wenn sich alle Augen auf Gripsholm richten, sollte man die unmittelbar benachbarte idyllische Kleinstadt **Mariefred** nicht links liegen lassen. Sie geht zurück auf das 1493 gegründete Kartäuserkloster Pax Mariae, das bis zur Reformationszeit bestand. Seit 1624 wird der Ort überragt von der auf einem bewaldeten Hügel thronenden Kirche. Unterhalb davon säumen hübsche, nach einem Großbrand 1682 erbaute Holzhäuser die Gassen der Altstadt. Das Rathaus am Marktplatz nördlich der Kirche, ein imposanter Holzbau von 1784, beherbergt das Touristenbüro.

Tucholsky, der im Sommer 1929 in Mariefred wohnte und hier auch den Stoff für seine Sommergeschichte fand, kehrte später als Emigrant nach Schweden zurück. Auf dem **Friedhof** von Mariefred fand er seine letzte Ruhestätte. Ob sein Tod 1935 in Hindås bei Göteborg Selbstmord war oder auf die versehentliche Einnahme einer Überdosis von Barbituraten zurückzuführen ist, bleibt wohl für immer ungeklärt. Sein schlichtes Grab unter einer alten Eiche ziert das Goethe-Zitat »Alles Vergängliche ist nur ein Gleichnis«.

Gripsholms Slott: Mitte Mai – Mitte Sept. tgl. 10 – 16, sonst Sa., So. 12 – 15 Uhr | Eintritt: 130 SEK | www.kungahuset.se/gripsholm

Eisenbahnromantik

Östra Södermanlands Järnväg

1895 wurde die Bahnlinie nach Mariefred eröffnet; heute wird die Östra Södermanlands Järnväg, die älteste **Schmalspurbahn** Schwedens, von einem Museumsverein betrieben.

mehrmals tgl. Fahrten auf der Strecke Mariefred–Läggesta
Dauer: ca. 45 Min. | Ticket: ab 80 SEK | www.oslj.nu

SCHWEDISCHE ROMANTIK

Das auf einer Insel im Mälarsee gelegene Schloss Gripsholm gilt als Inbegriff der schwedischen Romantik und zählt zu den berühmtesten Bauwerken des Landes. Gustav I. Wasa erbaute Gripsholm, Karl XV. war der Letzte, der das mehrfach erweiterte Schloss bis 1864 bewohnte.

Mitte Mai – Mitte Sept. tgl. 10 – 16,
sonst Sa., So. 12 – 15 Uhr
Eintritt: 130 SEK
www.kungahuset.se/gripsholm

1 Zentrale Gebäudegruppe
1537 – 1545 wurde unter Gustav I. Wasa die unregelmäßige Sechseckanlage mit den vier Türmen gebaut. Gripsholm ist Schloss und Festung zugleich, mit 4 m dicken Mauern.

2 Theaterturm
Theaterkönig Gustav III. ließ 1782 hier ein Schlosstheater einrichten; der Turm selbst ist so alt wie die anderen Türme (16. Jh.). Das Theater ist heute noch bespielbar.

3 Großer Reichssaal (Astraksaal)
Im Renaissancestil Gustav I. Wasas ausgeführt, besitzt der Saal eine Kassettendecke von 1570. Hier hängen Porträts des Fürsten und anderer Monarchen seiner Zeit, aber auch sonstiger wichtiger Persönlichkeiten Schwedens.

4 Schlafzimmer Gustavs III.
Zunächst für Christina II. eingerichtet, ist der Raum u. a. mit einer japanischen Lacktruhe und einem Elfenbeinspiegel ausgestattet.

5 Statthalterflügel
Dieser Anbau wurde 1690 errichtet.

6 Kavalierflügel
In der Zeit Gustavs III. (1746 – 1792) kam dieser Flügel mit 28 Zimmern und vier Halbetagen hinzu.

7 Hauptmannflügel
1550 – 1590 wurde der Eingangsbereich um die Gebäudegruppe erweitert. Seit 1596 ist das Haupttor hier.

7
6
5
1
4
3
2
©BAEDEKER

Kanonen für die Krone

Åkers Styckebruk · Skottvång

Ein Fahrradweg verbindet Mariefred mit Åkers Styckebruk, das aus einer 1580 gegründeten Kanonengießerei von Herzog Karl, dem späteren König Karl IX., entstand. Über die Ortsgeschichte und die Gießerei informiert das **Bruksmuseum**. Ebenso alt ist der Betrieb, der das Pulver für die Kanonen lieferte, die Åkers Krutbruk.
Das Erz für den Kanonenbau kam aus den Gruben der Region, etwa aus Skottvång, wo heute im Värdshuset der **Skottvångs Grufva** erstklassige Küche und wundervolle Konzerte geboten werden (www.skottvangsgrufva.se).

Bruksmuseum: Ende Mai - Aug. Sa./So., Juli Mi. - So. 13 - 16 Uhr, Eintritt frei | www.akershembygd.se

Dorado für Wanderer

Sörmlandsleden

Åkers Styckebruk ist Station auf dem Sörmlandsleden, dem mit mehr als 1000 km längsten Wanderwegenetz Schwedens. Mit rund 100 Sektionen lädt der Sörmlandsleden ein, das seenreiche Södermanland auf Tagestouren von 3 bis 17 km Länge zu Fuß zu entdecken. Die Startpunkte sind gut mit öffentlichen Verkehrsmitteln zu erreichen, unterwegs gibt es zahlreiche Rast- und Schutzhütten, Zeltplätze, Feuerstellen und Plumpsklos (www.sormlandsleden.se).

Ein Dom und die schönste Straße Schwedens

Strängnäs

Die Anfänge von Strängnäs reichen bis in die Wikingerzeit zurück. Nach einem Brand 1871 wurden große Teile der Stadt am südlichen Ufer des Mälarsees neu errichtet. Nur einige Bereiche um den Dom und die Mühle waren vom Feuer verschont geblieben. Seit dem 12. Jh. ist die Stadt Sitz eines Bischofs, in dessen befestigter Residenz Roggeburg am **6. Juni 1523** Gustav Wasa zum König ausgerufen wurde. Der 6. Juni ist heute Nationalfeiertag in Schweden. Der stattliche Dom wurde 1291 geweiht, später mehrmals verändert und 1907 - 1910 restauriert. 1470 erhielt der dreischiffige gotische Backsteinbau seinen 96 m hohen Turm.
Im Innern befinden sich u. a. die Gräber Sten Stures d. Ä. (um 1440 bis 1503) und König Karls IX. (1550 - 1611). Zu sehen ist auch das **Kindergrab von Prinzessin Isabella**, der Tochter Johans III. Sie starb 1566, als ihr Vater im Gefängnis von Gripsholm saß. Der Schnitzaltar aus Flandern wurde 1490 in Brüssel vollendet und zeigt in geschlossenem Zustand Mariä Verkündigung und das Jüngste Gericht.
Ganz in der Nähe der Domkirche ließ Bischof Kort Rogge im 16. Jh. seine Residenz errichten. Heute birgt die **»Roggeborgen«** Teile der königlichen Bibliothek. Zu den wenigen Bauten, die den Stadtbrand von 1871 überstanden haben, gehört der **Grassagården** in der

Kurt Tucholskys leichtfüßige Sommergeschichte nimmt Schloss Gripsholm doch ein wenig von seinem wuchtigen Charakter.

Kvarngatan 2, ein gut erhaltener Bürgerhof aus dem 17. Jh., heute Heimatmuseum. Von der Gyllenhjelmsgatan schwärmte der Dichter Bo Setterlind: »Sie ist die schönste Straße Schwedens.«
Am einstigen Standort des Panzerregiments P 10 präsentiert das Militärmuseum **»Arsenal«** neben einer recht umfangreichen Sammlung von Zinnfiguren und der Schwerpunktausstellung zum Kalten Krieg auch die Geschichte des Södermanland-Regiments sowie die Entwicklung der Militärmusik und den Einsatz schwedischer Armeefahrzeuge.
Arsenal: Sept. – Mai Mi. – So. 11 – 16, Do. bis 20, Juni – Ende Aug. tgl. 10 – 17 Uhr | Eintritt 100 SEK | www.arsenalen.se

Wohin in und rund um Eskilstuna?

Zentrum der schwedischen Eisenindustrie

Eskilstuna

Eskilstuna bildet das Bindeglied zwischen dem Mälarsee und dem Hjälmar-See. Namensgeber war der englische Missionar Eskil, der im 11. Jh. am Handelsplatz Tuna begraben wurde. Karl X. Gustav beauftragte 1654 den Livländer Reinhold Rademacher, eine große Eisenschmiede einzurichten. Den Plan für die Schmiede lieferte Jean de la Vallée, der auch für die Stadtplanung von Eskilstuna zuständig war.

Industriegeschichte hautnah

Rademachersmedjorna

Die Industriegeschichte Eskilstunas dokumentieren drei Museen. Im **Freilichtmuseum Rademacherschmiede** nordwestlich des Zentrums lassen sich Gold-, Silber- und Kupferschmiede in historischen Häusern aus dem 17. Jh. bei der Arbeit über die Schulter schauen. Das **Munktellmuseum** am Munktellstorget jenseits des Flusses zeigt alte Fabrikmaschinen; in der einstigen Fabrikhalle von Bolinder-Munktell (heute Volvo) stehen aufgereiht die Oldtimer der schwedischen Automobilgeschichte, u. a. der erste schwedische Traktor von 1913. Im benachbarten **Faktorimuseet** in der Faktorihomarna wird jeden ersten Sonntag im Monat die Dampfmaschine angeworfen.
Zu guter Letzt zeigen Glasbläser in der Altstadt im alten Handelshof **Tingsgård** aus dem 18. Jh. ihr Können.
Rademachersmedjorna: Rademachergatan 50 | Juli, Aug. tgl. 11 bis 16 Uhr | Eintritt frei
Munktellmuseum: Mo – Fr. 10 – 16, Sa./So. 12 – 16 Uhr | Eintritt: 50 SEK | http://munktellmuseet.volvo.com
Faktorimuseet: Di. – So. 11 – 16 Uhr

»Kleine« Kunst

Svenskt Barnbildarkiv

Einzigartig in Europa ist Eskilstunas Kinderbildarchiv. Seit 1977 sammelt es Zeichnungen von Kindern aus Eskilstuna, Schweden und der ganzen Welt
Portgatan 2 | Mo. – Fr. 10 – 16 Uhr

Exotische Tierwelt

Parken-Zoo

Westlich außerhalb im weitläufigen Parken-Zoo warten sie auf Besucher: das Abenteuerland und der Tiergarten, das Flamingotal, der Märchenpark und weiße Tiger, die hier gezüchtet werden.
Mai – Mitte Sept. tgl. 10 – 16, Juli – Mitte Aug. bis 18 Uhr
Eintritt: 380 SEK | www.parkenzoo.se

Eine Geschichte von Drachen und Gnomen

★ Sigurdsristning

Der berühmte Runenstein Sigurdsristning entführt Sie in die mystische Welt der Wikinger. Die Zeichnung auf dem Granitblock zeigt Sigurd, wie er den Drachen Fafnir tötet. Als er dessen Herz brät und sich dabei die Finger verbrennt, versteht er plötzlich die Sprache der Vögel. Sie verraten ihm, dass ein Zwerg seinen Bruder in jenen Drachen verzaubert habe. Die Rache: Sigurd enthauptet den bösartigen Gnom namens Reigen und wird dafür mit Gold überhäuft. Diese Episode aus der Volksunga-Sage wird auch in der »Edda« wiedergegeben. Die »Sigurds-Ritzung« befindet sich knapp 10 km nordöstlich von Eskilstuna und steht in einem der nördlichsten Buchenwälder Schwedens.

Künstlerstädtchen am Mälaren

Torshälla

Wo der Fluss Eskilstunaån in den Mälarsee mündet, befand sich einst ein Opferplatz für Thor. 1317 von König Birger I. mit Stadtrechten ausgestattet, war Torshälla lange Zeit bedeutender als Eskilstuna – erst mit dem Brand von 1798 und dem Bau des Kanals nach Eskilstuna 1860 kehrten sich die Verhältnisse um. Seit 1971 ist der einst blühende Handelsort Teil der Großkommune Eskilstuna.
Rund um den Rådhustorget, in den Gassen St Olofs gränd, Birgersgatan, Lilla Gatan und im Südteil der Storgatan konnten zahlreiche Holzbauten aus dem frühen 19. Jh. bewahrt werden. Das Bürgerhaus **Bergströmska Gården** aus dem 18. Jh. in der Lilla Gatan 12 ist heute Sitz des Heimatmuseums. Neben der Kirche von Torshälla, deren Chor und Sakristei auf das 12. Jh. zurückgehen, gründete die Glaskünstlerin Åsa Brandt 1968 ihre Studioglashütte. 1999 folgte der **Showroom Brandt Contemporary Glass**. Werke von Åsa Brandt sind auch im New Yorker Museum of Modern Art zu sehen. Das **Ebelingmuseet** im Eskilstunavägen 5 zeigt Gemälde, Keramik und Skulpturen des vielseitigen Künstlers Allan Ebeling (1897 – 1975), Gemälde und Grafiken seiner Tochter Marianne (1930 – 1979) sowie zahlreiche Fotos von Torshälla. Im Museumsgebäude hat auch der Keramiker Rolf Berg seine Werkstatt. Seine Weihnachtsmänner gehören zu jedem schwedischen Weihnachtsfest.
In ein grünes Kunstwerk hat Georg Nyström (1861 – 1944) die Hänge des **Holmberget** verwandelt: Der Stadtgärtner schuf dort einen Stadtpark mit verschlungenen Wegen, Statuen und immer wieder neuen Ausblicken auf das alte Torshälla. Aussichtsreich ist auch der

Klockberget. Zum Baden am Seeufer empfiehlt sich 5 km nördlich von Torshälla Mälarbaden.
Zwischen Torshälla und Eskilstuna verkehrt von Juni bis August mehrmals pro Woche das in den 1950er-Jahren erbaute Kanalboot M/S St Olof. Eine Tour dauert rund eineinhalb Stunden (Infos Tel. 019 10 73 59). Auf dem **Hjälmaren-Kanal**, der ältesten Wasserstraße Schwedens, ist das Motorschiff M/S Gustaf Lagerbjelke unterwegs (Tel. 019 10 71 91, www.lagerbjelke.com, zurück per Bus).
Ebelingmuseet: Mi. – So. 12 – 16 Uhr
www.eskilstuna.se/ebelingmuseet

★★ Julita Gård

Blütenzauber und Pflanzenpracht
Der Julita-Hof am **Öljaren-See** 40 km südwestlich von Eskilstuna ist ein heute noch bewirtschaftetes Gut mit 350 Gebäuden, darunter auch eine Ziegelbrennerei und eine Kirche. Gegründet wurde Julita als Zisterzienserkloster, 1527 enteignete Gustav Wasa die katholische Kirche und Julita wurde königlicher Hof. 1630 machte der Österreicher Melchior Wurmbrandt Julita zu einer Waffenschmiede, in der leichte Feldartillerie, sogenannte Lederkanonen, hergestellt wurden. 1877 kaufte der wohlhabende Tabakhändler Johann Bäckström das riesige Gut. Dessen kinderloser Sohn Arthur vermachte es dem Nordischen Museum.
Heute ist Julita nicht nur ein Herrenhof, sondern auch Schwedens Genbank für Obst, Gemüse und traditionelle Rinder-, Schweine- und Gänserassen. Den Zeitgeist der verschiedenen Epochen spiegelt nicht nur die Architektur, sondern auch die Landschaftsgestaltung wider – mit einem streng gestutzten Versailles-Park des 17. Jh.s, einem naturnahen englischen Landschaftspark aus dem 18. Jh. und dem von Deutschland inspirierten Park des 19. Jh.s mit tropischen Pflanzen und Rondellen. Auf dem Gutsgelände wachsen zudem 340 Apfelbäume von 123 schwedischen Sorten. Alljährlich im Juni wird hier groß das schwedische Midsommarfest gefeiert und eine Woche später ein großer Landwirtschaftsmarkt abgehalten.
Ein Muss für den Nachwuchs sind zwei Figuren, die hier leben: der eigenbrötlerische alte Mann Petterson und sein frecher Kater Findus aus den bekannten Kinderbüchern von Sven Nordquist. In **Pettersons Haus** – etwas verkleinert nachgebaut, damit die Kleinen sich größer fühlen – können Kinder die Tischlerwerkstatt und Küche besichtigen oder die Rutschbahn hinabsausen. Sogar das Hühnerhaus ist vorhanden. Wer länger bleiben will: In den Flügeln des gelb verputzten Gutshauses, im 18. Jh. für eine polnische Adelsfamilie entstanden, gibt es Gästezimmer.
Sept. – Mai Do. – Di. 10 – 17, Mi. bis 20, sonst tgl. 9 – 18 Uhr
Eintritt: 120 SEK | www.nordiskamuseet.se/julita

Västerås ▶ dort

Die Region rund um den Mälaren eignet sich auch bestens für eine sommerliche Radtour. Ein mögliches Ausflugsziel ist der Julita-Hof.

Stadt der Parks

Enköping

Enköping besaß einst das Privileg, den Königshof mit Gemüse zu versorgen; besonders die Meerrettichfelder machten die Stadt am Nordufer des Mälarsees bekannt. Heute ist die Stadt für ihre 24 Parks berühmt und jeder von ihnen hat sein eigenes Gesicht. Eindrucksvoll ist vor allem der **Drömparken**, in dem mehr als 220 Staudensorten mit verschiedensten Gräsern kombiniert sind. Entworfen hat den Park der Träume der holländische Gartenarchitekt Piet Oudolf, von dem auch die Gärten der Erinnerung in New York stammen. Regelmäßig werden Führungen durch die Grünanlagen angeboten (www.enkoping.se/parker).

Kulturhistorisch bedeutsam ist die kleine Dorfkirche von **Härkeberga**, einem Weiler ca. 10 km nordöstlich von Enköping. Einzigartig ist die hervorragend erhaltene, nahezu lückenlose gotische Ausmalung des Kirchleins mit biblischen Szenen aus dem 13./14. Jahrhundert.

Sprechblasen erobern die Welt

Bålsta Åberg Museum

In einer renovierten Scheune in Bålsta bei **Håbo** haben der Künstler Lasse Åberg und seine Frau Inger im Åberg-Museum eine einzigartige Disney-Sammlung zusammengetragen. In der ersten Abteilung werden Spielzeug, Porzellan, Uhren, Bücher, Comics und Sparbüchsen von 1928 bis 1938 gezeigt. In der Kunsthalle sind Originale berühmter Comic-Zeichner ausgestellt, wie Burne Hogarth, der Tarzan zeichnete, und Hal Foster, der Prinz Eisenherz schuf. Zu sehen sind auch Yellow Kid und Mickey Dugan, der erste moderne Comic, der 1895 in der New York World erschien, außerdem von Comics beeinflusste Kunstwerke von Pablo Picasso bis Keith Haring.

Mo. - So. 11 - 16 Uhr | Eintritt: 80 SEK | www.abergsmuseum.se

Wohin in Sigtuna und Umgebung?

Schwedischer Holzhaustraum

Sigtuna

Die idyllische Gartenstadt am Sigtunafjärden, einer nördlichen Verzweigung des Mälarsees, gehört neben ▶ Lund zu den ältesten Städten Schwedens: Sie wurde 980 von König Erik Segersäll gegründet. Unter König Olov Eriksson, der englische Münzmeister ins Land holte, wurden ab 995 die ersten schwedischen Münzen mit der Aufschrift »Situne Dei« geschlagen. Ab Mitte des 11. Jh.s wurde Sigtuna **Bischofssitz**, doch 1130 verlegte der Bischof von Svea seine Residenz in das nahe ▶ Uppsala. Verheerend wirkten sich 1187 der Überfall und die Brandschatzung durch die Esten aus. Erst 50 Jahre später hatte sich die Stadt erholt und gewann durch die Gründung eines Dominikanerklosters 1237 erneut an Bedeutung. Mitte des 12. Jh.s wurde der Bischofssitz nach Östra Aros verlegt. Die Reformation brachte die Schließung des Klosters, die Kirchen wurden bis auf die Marienkirche dem Verfall preisgegeben. Sigtuna versank in einen Dornröschenschlaf, aus dem es erst Mitte des 20. Jh.s erwachte. Heute ist es eine betriebsame Schul- und Konferenzstadt, die durch den Bau des nahen Flughafens Stockholm-Arlanda weitere wirtschaftliche Impulse erhielt.

Im Sommer kommen zahlreiche Tagesurlauber mit dem Ausflugsboot von ▶ Stockholm oder ▶ Uppsala herüber, um durch die **Stora Gatan** mit ihren schmucken Holzhäusern, Cafés und Geschäften zu bummeln. Das angeblich **kleinste Rathaus Schwedens** ist auf 1744 datiert; seine Säle blieben seitdem unverändert.

Wo vor 1000 Jahren der Königshof von Erik Segersäll lag, stellt heute das **Sigtuna-Museum**, Stora Gatan 55, Funde aus der Wikingerzeit und dem frühen Mittelalter aus.

Dominikanermönche waren im 13. Jh. die Bauherren der kleinen **Mariakyrkan** (Marienkirche) am Altstadtrand. Im Innern des gotischen Backsteinbaus sind ornamentale Malereien aus der Erbauungszeit zu sehen.

Rathaus: tgl. 12 - 16 Uhr, Sept. - Mai nur Sa. und So.
Sigtuna Museum: 1. Juni - 31. Aug. tgl. 12 - 16, 1. Sept. - 31. Dez. Di. - So. 12 - 16 Uhr | Eintritt: 50 SEK | www.sigtunamuseum.se

OBEN: Raue Sitten bei den Mittelalterspielen in Skokloster

UNTEN: Sigtuna behauptet, das kleinste Rathaus Schwedens zu besitzen.

Klotzen, nicht kleckern

Skokloster

Bescheidenheit ist eine Zier, zu den Stärken der Bauherrn des Barockschlosses Skokloster gehörte diese Tugend jedoch eher nicht. Weithin sichtbar thront der größte jemals in Schweden erbaute Privatpalast 22 km nordwestlich von Sigtuna direkt am Ufer einer Verästlung des Mälaren. Der weiße Vierflügelbau mit laternengekrönten Ecktürmen entstand auf dem Gelände eines 1244 gegründeten Zisterzienserkonvents, der jedoch 1574 bis auf die Kirche abgerissen wurde. Das zugehörige Gut erhielt 1611 der Feldmarschall Herman Wrangel. Sein Sohn Karl Gustav, der spätere Reichsadmiral und Reichsmarschall von Schweden, ließ in den Jahren 1654 – 1657 das Schloss zur prunkvollen Residenz ausbauen. Baumeister war zunächst Jean de la Vallée, später löste ihn Nicodemus Tessin d. Ä. ab. Für die Inneneinrichtung engagierte Wrangel Agenten, die in seinem Auftrag in Europa und Übersee Möbel, Tapeten, Kunstwerke, Bücher, Werkzeuge und Waffen einkauften. Nach Wrangels Tod übernahm die Familie Brahe das Schloss und ließ einige Säle im Stil des 18. und 19. Jh.s. einrichten.
Die gut erhaltenen **Prunkräume** mit kunstvollen Deckengemälden sind im Rahmen einer Führung zugänglich. Beeindruckend sind auch die **Wrangel'sche Rüstkammer** voller Jagdgewehre und Schwerter und die **Drechselkammer** mit kunstvollen Drechselstücken und Drehmeißeln.

Juni – Ende Aug. tgl. 11 – 17, Mai – Mitte Juni, Sept. Sa., So. 11 – 16 Uhr
Eintritt frei, geführte Tour: 80 SEK | www.skoklostersslott.se

★ MALMÖ

Landschaft: Skåne (Schonen) | **Provinz:** Skåne Län
Einwohnerzahl: 303 000 | **Höhe:** Meereshöhe

Malmö ist grün! Hydridbusse schlängeln sich durch die Straßen, Häuserdächer sind mit Solarzellen ausgestattet und ein vorbildliches Radwegnetz durchzieht die gesamte City. Am besten erkunden Sie also mit einem Drahtesel Skånes Hauptstadt, die als Zentrum moderner Kunst und Musicalmetropole Schwedens zu begeistern versteht.

Seit die Öresund-Brücke Malmö mit Kopenhagen verbindet und die beiden Städte in den letzten Jahren zu einer Wirtschaftsregion zusammengewachsen sind, fragen sich viele Göteborger und Stockholmer scherzhaft, ob Malmö überhaupt noch Schweden ist. Tatsächlich gehörte die Stadt bis zum Frieden von Roskilde 1658 zu Dänemark. Mit Einwohnern, die aus 170 Ländern kommen und 100 verschiedene Sprachen sprechen, ist die drittgrößte Stadt Schwedens aber eines ganz gewiss: multikulti. Das spiegelt sich in der kulinarischen Vielfalt in den über 600 Restaurants Malmös wider. Selbst einer der berühmtesten Söhne der Stadt hat einen Migrantenhintergrund: Zlatan Ibrahimovic, zeitweise der bestbezahlte Fußballer der Welt (▶ Interessante Menschen S. 375).

Boomtown am Öresund

Seit den 1990er-Jahren hat sich Malmö von einer Industriehochburg in eine Metropole des Wissens verwandelt. 1998 wurde mit der »Malmö Högskola« die jüngste Hochschule Schwedens eingeweiht, an der heute 25 000 Studenten eingeschrieben sind, und im Medeon Science Park haben sich zahlreiche Forschungseinrichtungen niedergelassen. Der Öresund-Brücke wurde mit dem mehrteiligen Thriller »Die Brücke – Transit in den Tod« ein Denkmal gesetzt.

Wohin in Malmö?

Stattlich und stolz

Altstadt-Spaziergang

In Malmös Altstadt mag man mitunter vergessen, dass Malmö eines der beiden Zentren einer Metropolregion ist, in der rund 3,8 Mio. Menschen leben. Hier zeigt Malmö vor allem sein historisches Gesicht: Die meisten Sehenswürdigkeiten befinden sich innerhalb des Ringkanals, der die Altstadt umschließt, und sind daher gut zu Fuß erreichbar.

Die Öresund-Brücke ist die Hauptschlagader der Metropolregion Malmö-Kopenhagen. Fähren verkehren aber nach wie vor über die Meerenge.

MALMÖ ERLEBEN

MALMÖ TURISM
Centralstationen
Tel. 040 34 12 00
www.malmotown.com

Der **Flughafen** Malmö-Sturup, 20 km östlich, ist zwar der drittgrößte Schwedens, doch an Kopenhagens internationalem Drehkreuz **Kastrup Lufthavn** ist Malmö verkehrsmäßig weitaus besser angebunden. Nur 30 Minuten brauchen die Züge von dort zur Malmöer Centralstation.
Das **Öresund-Rundt-Ticket** beinhaltet zwei Öresund-Überquerungen, einmal Brücke, einmal Fähre (▶ Baedeker Wissen S. 180). Gegenüber vom Hauptbahnhof legt von April bis Sept. mehrmals tgl. das Ausflugsboot Rundan zur Rundfahrt durch die Kanäle und den Schlosspark ab (www.stromma.se).
Preiswert ist die Stadtrundfahrt mit der Ringbuslinie 3.

Höhepunkt im Kulturkalender ist das alljährliche **Malmöfestival** in der dritten Augustwoche. Geboten werden über 900 Stunden kostenloser Unterhaltung, viel Musik und kulinarischen Spezialitäten. Mit 1,5 Mio. Besuchern ist es das größte Festival Südschwedens (www.malmofestivalen.se).

Das wichtigste Einkaufsviertel ist die Fußgängerzone **Södergatan** mit den angrenzenden Straßen. Am Lilla Torg verkauft das Form Design Center schwedisches Kunsthandwerk. Größte Shoppingmall ist das Hansa-Zentrum an der Stora Nygatan.
Di. – Do. und So. 8 – 13 Uhr gibt es am Fiskehoddorna fangfrischen Fisch. Ein Wochenmarkt wird Mo. – Sa. 8 – 14 Uhr auf dem Möllevångstorget abgehalten.
Flohmärkte gibt es So. an der Södra Promenaden und auf dem Drottningtorget.

Malmö hat mehr als 600 Restaurants. Freiluftfans schlemmen in den Lokalen am Lilla Torg, exotische Genüsse gibt es rund um den Möllevångstorget.

❶ ATMOSFÄR €€€ – €€€€
Hummer, Hering und die beste Crème brulée – Feinschmeckeroase von Henrik Regnér mit vielen Stammgästen.
Fersens Väg 4
Tel. 040 12 50 77
www.atmosfar.com
So. geschl.

❷ ÅRSTIDERNA I KOCKSKA HUSET €€€
Scholle Walewska oder Steinbutt in Champagnersauce? Im Keller aus dem 16. Jh. servieren Marie und Wilhelm Pieplow schwedische Gabelhappen. Für ambitionierte Hobbyköche gibt es Kurse mit Drei-Gänge-Menü.
Frans Suellsgatan 3
Tel. 040 23 09 10
www.arstiderna.se, So. geschl.

❸ BLOOM IN THE PARK €€€
Wie wäre es vor dem Konzertbesuch im Pildammsparken mit einem Abendessen im Bloom, das aus-

schließlich lokale Erzeugnisse verwendet? Stardesigner Jonas Lindvall verwandelte das Edellokal in einen Iglu in Gold, Grau und Weiß.
Pildammsvägen 2
Tel. 040 7 93 63
www.bloominthepark.se

❹ SALT & BRYGGA €€ – €€€

2010 vom White Guide als bestes Bio-Restaurant ausgezeichnet, überzeugt das Salt & Brygga mit mediterran beeinflusstem Slow-Food, stylishem Öko-Interieur und Traumblick auf den Öresund. Zum Winzer-Dinner werden edle Tropfen aus Italien kredenzt.
Sundspromenaden 7
Västrahamnen
Tel. 040 6 11 59 40
http://saltobrygga.se
So. geschl.

❺ MALMÖ CHOKLADFABRIK €€

Eine süße Verführung ist die Schokoladenfabrik. Seit 1888 stellt man hier Pralinen, Trüffel und andere Versuchungen her. Im Café kann man Kleinigkeiten essen (nicht nur Schokolade) und im kleinen Museum alles über Schokolade lernen.
Möllevångsgatan 36,
Tel. 040 45 95 05
www.malmochokladfabrik.se
So. geschl.

❻ GUSTAVINO€€

In der heimeligen Weinbar werden in italienisch-schwedischem Ambiente kleine Gerichte aus dem Lazio serviert. Hier stehen die Weine im Vordergrund – zur Auswahl gibt es 200 Tropfen! Durch große Rundbogenfenster schweift der Blick auf den Stortorget. Der Inhaber spricht dank seiner deutschen Mutter perfekt Deutsch.
Kyrkogatan 3
Tel. 0730 76 79 53
www.gustavino-malmo.se
So., Mo. geschl.

❼ SMAK €

»Smak« heißt Geschmack – und der Name ist Programm. Gekocht wird mit saisonalen Zutaten aus der Region. Kunstsinnige Genießer kommen sonntags zum Brunch.
Konsthall, St. Johannesgatan 7
Tel. 040 50 50 35
www.restaurangsmak.se

❶ MAYFAIR HOTEL TUNNELN €€€ – €€€€

Als das im 13. Jh. begonnene Gebäude noch Wohnsitz des Gouverneurs von Malmö war, logierten hier Könige. Und im Gewölbekeller, in dem heute das Frühstück serviert wird, saßen auch schon die Pop-Könige George Harrison und Paul McCartney.
Adelgatan 4, Tel. 040 10 16 20
70 Z., www.mayfairtunneln.com

❷ RADISSON BLU HOTEL €€€

Wohnen mit Aussicht: Das sehr schöne alte Fachwerkgebäude mit modernem Glasanbau liegt in ruhiger Lage, nur wenige Gehminuten vom Stortorget entfernt. Die geräumigen, hellen Zimmer in den oberen Stockwerken bieten eine traumhaften Blick über die Dächer der Altstadt. Das Hotel liegt zentral und doch sehr ruhig.
Östergatan 10, 21125 Malmö, Tel. 040 6 98 40 00, www.radissonblu.com/en/hotel-malmo

❸ SCANDIC HOTEL KRAMER €€€

Fünf Minuten vom Bahnhof entfernt bietet der Bau aus dem 19. Jh. großzügige Zimmer im nordischen Stil mit Blick auf den Stortorget. Wellnessbereich, mahagonigetäfelte Bar und Feinschmeckerrestaurant mit schwedischen Klassikern.
Stortorget 7, 20121 Malmö
Tel. 040 6 93 54 00, 113 Z.
www.scandichotels.com

1 Atmosfär
2 Årstiderna i Kockska huset
3 Bloom in the Park
4 Salt & Brygga
5 Gustavino
6 Malmö Chokladfabrik
7 Smak

1 Mayfair Hotel Tunneln
2 Radisson Blu Hotel
3 Scandic Hotel Kramer

Auf Geheiß von Jörgen Kock, Bürger- und und Münzmeister von Malmö, wurde 1536 der **Stortorget** als neuer Marktplatz angelegt. Den einstigen Standort des Stadtbrunnens markiert eine 1896 gegossene Reiterstatue. Sie zeigt König Karl X. Gustav, der die dänische Provinz Skåne 1658 nach dem Frieden von Roskilde mit Schweden vereinigte. An der Ostseite erhebt sich das prachtvolle **Renaissancerathaus** von 1546, in dessen Keller seit dem 16. Jh. der Rådhuskällaren die Gaumen verwöhnt. Das einstige Wohnhaus des Bürgermeisters, das denkmalgeschützte **Kockska Huset** mit verziertem Treppengiebel, ist Standort des Schlemmerlokals »Årstiderna i Kockska huset«. Hinter der Neorenaissancefassade des **Residenset** amtiert der Regierungspräsident. Am Stortorget 8 ist die **Lejonet Apotek** von 1890 erhalten.
Die **St. Petri Kyrka** an der Kyrkogatan entstand im 14. Jh. nach dem Vorbild der Lübecker Marienkirche. Das weiß verputzte Innere überspannen schmucklose Gewölbe, an den Pfeilern sieht man Epitaphe aus der Renaissance. Der Kirchenschatz ruht in einer Glasvitrine im Nebenschiff. Zu den eindrucksvollsten der alten und stolzen **Bürgerhäuser** Malmös gehören das Flensburgska Huset von 1589 in der Södergatan 9, das Jörgen Kocks Hus von 1525 sowie das Rosenvingeska Huset von 1534 in der Västergatan 2 bzw. 5. Das Tunnelns Hus in der Adelgatan 4 ist auf 1519 datiert, das Diedenska Huset in der Östergatan 6 auf 1620, das benachbarte Thottska Huset auf 1558.

Schönster Platz der Altstadt

★ Lilla Torg

Bunte Fachwerkhäuschen aus dem 16. – 18. Jh. – dänisches Erbe – bilden die Kulisse des Lilla Torg. In den warmen Monaten herrscht hier viel urbanes Flair, es wird in den kleinen Straßenlokalen gegessen und gelacht. Und im Winter dreht man auf dem Platz zu Pop und Rock Pirouetten auf dem Eis. Hinter einem Torweg versteckt sich der Hedmanska Gården. Hier präsentiert und verkauft seit 1964 das **Form Design Center** skandinavisches Design von 50 Firmen: Klassiker von Georg Jensen, Marimekko, Kosta Boda und Orrefors, aber auch Werke junger Designer (Abb ► S. 172).
Di. – Sa. 11 – 17, So. 12. – 16 Uhr | www.formdesigncenter.com

Malmös grüne Lunge

Kungsparken, Slottsparken

Machen Sie es den vielen Malmöern nach, die sich für unbeschwerte Sommerstunden ein Tretboot mieten und durchs Grüne im weitläufigen Gelände von Kungs- und Slottsparken westlich der Altstadt schippern. Kungsparken, **Malmös ältester Park**, wurde 1872 von König Oskar II. der Öffentlichkeit übergeben. Der Landschaftspark im englischen Stil besitzt neben zahlreichen exotischen Baumveteranen einen Pavillon von 1912, in dem heute das Casino Cosmopol mit jeder Menge Glücksspiel und Shows (www.cosmopol.se) residiert. Weit und offen präsentiert sich der Slottsparken, der seit Ende des 19. Jh.s an den Königspark anschließt und beliebter Platz

Form Design Center: modernes Design in altem Gemäuer

für Sport, Spiel und Picknick ist. Die Pegasus-Statue im Schlosspark stammt von Schwedens berühmten Bildhauer Carl Milles. Südlich des Schlossgrabens erstreckt sich der **Slottsträdgården**, ein Ökoidyll mit schnatternden Gänsen, einer Gärtnerei mit Gemüseverkauf und Malmös kleinstem und romantischstem Café. Neben dem Schlossgarten dreht sich die Slottsmöllan, eine Holländerwindmühle von 1851.

Vom Festungs- zum Museumsbau

Malmöhus Slott

Uralte Kastanien und ein recht breiter Wassergraben umzingeln Malmös Renaissanceschloss. Angelegt wurde es bereits 1436 unter dem Dänenkönig Erik von Pommern, der Malmö 1473 den Greif als Stadtwappen verlieh. Auf den Grundmauern eines zerstörten Kastells begann Dänenkönig Christian III. 1537 mit dem Bau eines Schlosses. Als Malmö schwedisch wurde, bauten die neuen Herren es zu einer vierflügeligen Festung aus, die nach einem Brand ihr jetziges Aussehen erhielt.

Heute dient Malmöhus Slott als Museum. Im Erdgeschoss befindet sich das **Naturmuseet** mit Tropikarium, Aquarium und Nachttierhaus. Im Stockwerk darüber präsentiert das **Kunstmuseet** skandinavische Künstler des 20. Jahrhunderts. Und im **Stadsmuseet** lassen sich neben Modellen der Stadt auch mittelalterliche Keramik, königliche Gemächer und ein Rittersaal bestaunen.

Tgl. 10 – 17 Uhr | Eintritt: 40 SEK | www.malmo.se/museer

Technik, die begeistert

Tekniska o Sjöfardsmuseet

Nicht nur Tüftler und Ingenieure werden am Malmöer Technik- und Seefahrtsmuseum ihre Freude haben. Bevor man sich Flugtechnik, Schienen- und Straßenverkehr, Lebensmitteltechnologie, Kernkraft und einem U-Boot widmet, kann man sich in den schwedenroten **Fiskehoddorna** mit Lachs und Makrelen frisch aus dem Rauch stärken.

Vor dem Museum hält die **Museumsstraßenbahn**, die von Mai bis September samstags und sonntags in 15 Minuten zwischen Banerskajen, Bastionen und der Stadtbibliothek hin- und herrattert. »Kalender des Lichts« lautet der Spitzname für den Bibliotheksanbau vom dänischen Architekten Henning Larsen aus dem Jahr 1997 (www.mss.se).

Tekniska o Sjöfardsmuseet: tgl. 10 - 17 Uhr | Eintritt: 40 SEK
www.malmo.se/museer

Malmös »Copacabana«

★ Ribersborg

Wer Sand zwischen den Zehen spüren will, ist am Ribersborgstranden goldrichtig. Er säumt den lang gezogenen Öresund-Park, der sich wiederum fast nahtlos an den Schlosspark anschließt. Malmös »Copacabana«, ein gut 2 km langer, feiner Sandstrand an einer seicht abfallenden Badebucht, punktet zudem mit einer ausgezeichneten Wasserqualität, die durch die »Blaue Flagge« attestiert wird. Im leuchtend weißen, 1898 im Jugendstil gebauten **Kallbadhus** baden Abgehärtete ganzjährig im Salzwasser, schwitzen in der holzbefeuerten Sauna und genießen im Café die Aussicht auf den Sund.

Hinter den Parks erheben sich mehrere Quader in Gelb, Musterbeispiele des schwedischen Funktionalismus. Die kantig wirkenden Mehrfamilienhäuser gehören zu den begehrtesten Wohngebäuden der Stadt. Die 1975 eröffnete **Konsthall** stellt zeitgenössische schwedische Künstler aus und lädt im **Smak** zum Lunch (▶ S. 169).

Kallbadhus: 1. Mai - 31. Aug. Mo. - Fr. 9 - 20, Mi. bis 21, Sa., So. 9 - 18, sonst Mo. - Fr. 10 - 19, Sa., So. 9 - 18 Uhr | Eintritt: 65 SEK
www.ribersborgskallbadhus.se

Konsthall: tgl. 11 - 17 Uhr, Mi. bis 21 Uhr | Eintritt frei
www.konsthall.malmo.se

Neue Heimstatt der Moderne

Moderna Museet Malmö

Seit 2010 hat das Stockholmer Museum für Moderne Kunst (▶ S. 241) eine Dependance in Malmö. Untergebracht ist sie im schon von Außen imposanten einstigen Elektrizitätswerk in der Gasverksgatan 22. 1901 von John Smedberg errichtet, erhielt der historische Backsteinbau einen futuristischen Anbau in Form eines orangefarbenen Kubus, den das renommierte Architekturbüro Tham & Videgård Hansson entwarf.

Di. - Fr. 11 - 18, Sa., So. bis 17 Uhr | Eintritt frei
www.modernamuseet.se/malmo/en/

BAEDEKER ÜBERRASCHENDES

6X UNTERSCHÄTZT

Genau hinsehen, nicht daran vorbeigehen, einfach probieren!

1. LEBENSRETTER

Ins **Stockholmer Armeemuseum** verirren sich nur wenige, dabei ist es allein wegen des Raumes zu Raoul Wallenberg sehenswert. Wallenberg rettete 1944 in Ungarn Zehntausenden Juden das Leben. (▶ **S. 244**)

2. EDLE TROPFEN

Eine **Weinstraße in Schonen**? Richtig gelesen! Die fast 40 Winzer produzieren gar nicht mal so schlechte Weine. Tipp: das Bio-Weingut Hällåkra in Anderslöv. (▶ **S. 18**)

3. ZWEIRAD-DORADO

Die Bewohner **Malmös** radeln gern, das ausgezeichnete Radwegnetz schafft klasse Bedingungen. Und dank Verleihstationen an fast jeder Ecke können auch Besucher die Öresundmetropole per Drahtesel erkunden. (▶ **S. 166**)

4. GESUNDES MIT AUSSICHT

Das beste vegetarische und vegane Essen **Stockholms**, garniert mit einem grandiosen Blick über die Hauptstadt und den Mälaren – das **Hermans** ist immer einen Besuch wert! (▶ **S. 222**)

5. BERÜHMTE INITIALEN

Wer meint, in Schweden könne man nur in Stockholm shoppen gehen, war noch nicht in **Västerås**. Und für Fans von H & M ist der durchaus sehenswerte Ort sowieso ein Muss: Denn von hier aus eroberte das berühmte Label die Modewelt. (▶ **S. 299**)

6. FILM, FILM, FILM

Ystad ist nur »Wallander-Land«? Mitnichten! Im **Filmmuseum** gibt es auch eine Ausstellung zur Thrillerserie »Die Brücke – Transit in den Tod«, die auch in Ystads Filmstudios gedreht wurde. (▶ **S. 329**)

★ Västra Hamnen · Westhafen

Neues Leben im alten Werftviertel

Turning Torso

Willkommen in Malmös dynamischstem Viertel! Wo ab 1909 auf Kockums Werft U-Boote und Ozeanriesen vom Stapel liefen und Saab-Scania in der damals modernsten Autofabrik Europas seine Fahrzeuge fertigte, ist die Gentrifizierung in vollem Gange. Es entsteht derzeit Malmös modernster Stadtbezirk: Västra Hamnen (www.malmo.se/westernharbour). Sein Wahrzeichen ist längst weltberühmt: der »Turning Torso«, ein futuristischer Wohnturm mit bestem Blick und allem Luxus, dessen Baukosten von 180 Mio. € ebenso Schlagzeilen machten wie seine Architektur. Ihm weichen musste das alte Malmöer Wahrzeichen, Kockums Kran, der demontiert und nach Korea verfrachtet wurde. Und so ist der Wohnriese des spanischen Stararchitekten Santiago Calatrava zugleich ein Symbol für den Wandel Malmös. Spektakulär »schraubt« sich der Wolkenkratzer 190 m in die Luft – und zwar um die eigene Achse gedreht. Dazu wurden neun Kuben mit jeweils fünf Stockwerken im Winkel von 90 Grad übereinandergesetzt. Die untersten beiden Kuben sind für Büros bestimmt, die oberen drei Kuben bergen 143 Luxusapartments, die beiden obersten Etagen die Versammlungsräume von »Turning Torso Meetings«.

Das Wohnen in der Zukunft

Wohngebiet Bo01

Zu Füßen des Turning Torso erstreckt sich ein preisgekröntes ökologisches Wohngebiet, 2001 für die große europäische Wohnmesse Bo01 fertiggestellt. Sonnenkollektoren, Meereswärme und Windkraft versorgen es mit regenerativer Energie; Regenwasser wird aufgefangen und in den Wasserkreislauf eingebunden. Der organische Abfall wird in den Wohnhäusern über Fallrohre in einen unterirdischen Sammler geleitet und von dort aus einer Biogasanlage zugeführt. Die Entwürfe lieferten international bekannte Architekten wie Ralph Erskine, Gert Windgårdh und Mario Campi. Immer wieder banden sie Flora und Fauna, Strand und Meer, Kunst und Kultur in ihre Kompositionen ein: mit einer Bühne am Sund, »Segeln« aus Stein, Teichen, Bootsliegeplätzen, Badebuchten und Hausbooten.

Flaniermeile

Öresund-Promenade

Der Mensch steht im Mittelpunkt des neuen, nahezu autofreien Stadtteils, in dem Fußgänger und Fahrradfahrer Vorrang genießen. Für sie wurde eine durchgehende Erholungs- und Flanierzone geschaffen. Grünes Zentrum ist der **Ankerpark**, der weite, offene **Daniapark** erinnert an eine Festung am Meer. Sein nördlichster Punkt betont als Bastion die exponierte Lage des Parks. An drei Stellen durchbrechen »Späher« die zur Ufersicherung aufgeschütteten Felsbrocken. Breite Badetreppen aus Beton führen hinab zum Meer,

Modernes Malmö: Über dem komplett umgemodelten Werftviertel steigt spektakulär der »Turning Torso« von Santiago Calatrava in die Höhe.

eine Liegewiese lädt zum Sonnenbad. Auch der abgesenkte **Scania-Park** reicht bis ans Wasser. Alle drei Parks verbindet die Öresund-Promenade. Ihre Holzdecks werden im Sommer zu Sonnendecks mit Blick auf die Stadt und die nahe Öresund-Brücke.

Zugpferd des demografischen Wandels

Malmö Högskola

Für die lebendige Atmosphäre von Västra Hamnen sorgen nicht nur Trendlokale und zukunftsorientierte IT-Betriebe, die hier mit einer recht jungen Mannschaft tätig sind, sondern auch die neue Malmö-Universität. Sie öffnete 1998 ihre Tore, ist aber inzwischen mit etwa 25 000 Studierenden schon die achtgrößte Lehranstalt des Landes. Die Hochschule im einstigen Zentrum der Schwerindustrie sorgte für einen eindrucksvollen demografischen Wandel: Heute ist über die Hälfte der 300 000 Einwohner Malmös jünger als 35 Jahre.

Wohin in Malmös äußeren Stadtbezirken?

Buntes Malmö

Möllevangen

Immigranten aus dem Mittleren Osten haben das einstige Arbeiterviertel in ein buntes Quartier verwandelt, das Szenegänger begeistert. Falafel-Buden, Thai-Restaurants und Asia-Shops konkurrieren mit cool gestylten Bars und Boutiquen. Feinschmecker zieht es zu **Möllans Ost** am Möllevångstorget, wo ein ganz besonderer Käse zu bekommen ist, gereift im Kümmelschnaps der Hafenstadt, dem Malmö Akvavit Ost (www.mollansost.com). Kinder lieben den **Folketspark**, der 1893 nach dem Vorbild des Kopenhagener Tivoli entstand. Aus jener Zeit stammen noch der Moriska Paviljongen und der japanisch inspirierte Eingang. Ende der 1930er-Jahre folgte der Bau des »Amiralen«, damals der größte Tanzpalast des Nordens (http://malmofolketspark.se).

Größter Park von Malmö

Pildammsparken

Der Pildamms-Park wurde bereits zur Baltic Expo 1914 angelegt. Aus jener Zeit sind noch der Margareta-Pavillon und der Echo-Tempel erhalten. Inmitten des Parks verwöhnt das Gourmetrestaurant »Bloom« die Feinschmecker, am Wochenende wandelt sich das Lokal zum Terrassencafé. Auf der Freilichtbühne werden im Sommer kostenlos Theaterstücke und Konzerte aufgeführt.

Nachhaltigkeit ist Trumpf

Augustenborg

Große Umwandlungen erlebt auch der 1948 – 1952 nach Plänen von Gunnar Lindmann erbaute Stadtteil Augustenborg: Er wandelt sich zur **Ekostaden** (Ökostadt) mit Solarstrom, Car-Sharing und Mülltrennung in neuen Holzhäusern und maßgeschneiderten Domizilen für Senioren. Bereits 2001 eingeweiht wurde der 9500 m² große **Bo-**

taniska Takträdgård, der erste Botanische Dachgarten Nordeuropas. Er lässt sich auf Laufstegen entdecken. Ratschläge zur eigenen Dachbegrünung erteilt das Besucherzentrum am Ystadvägen 56 (www.greenroof.se).

Zwei Länder, eine Brücke

★ Öresund-Brücke

Die Eröffnung der Öresund-Brücke (▶ Baedeker-Wissen S. 180 und Abb. S. 167) im Jahr 2000 war der Startschuss zum Boom der grenzübergreifenden Öresundregion. Die knapp 8 km lange Straßen- und Eisenbahnverbindung ließ Kopenhagen und Malmö wortwörtlich näher zusammenrücken. Selbst in der TV-Serie »Die Brücke – Transit in den Tod« jagen dänische und schwedische Ermittler gemeinsam einen Serienmörder; der Thriller beginnt mit einem Leichenfund mitten auf der Brücke.
Malmös Antwort auf Kopenhagens Ørestad heißt **Brostaden**. Die »Brückenstadt« soll bis 2020 auf 240 ha am schwedischen Kopf der Öresund-Brücke entstehen. Auf dem einstigen Ackerland sind 10 000 neue Arbeitsplätze und 5000 Wohnungen geplant.

Hyllie

Die »Geheimnisse des Wassers« präsentiert unterhaltsam der 75 m hohe **Hyllie Vattentorn** mit einer farbig sprudelnden, dampfenden, zischenden Ton- und Lichtshow über die verschiedenen Formen des Wassers. Ein Fahrstuhl bringt Besucher ganz nach oben, wo neben Computerspielen, Experimenten und Filmen zum Thema Wasser ein Fernblick auf den Öresund und Malmö geboten wird.
Direkt zu Füßen des Turms liegt mit Hyllie ein weiterer Stadtteil, der derzeit eine Metamorphose durchlebt: Nachdem der Bau des 216 m hohen Malmö Tower vorerst gestoppt worden war, öffnete dort im Oktober 2012 das riesige **Emporia-Einkaufszentrum** nach Entwürfen von Gert Wingårdh. **Point Hyllie**, der neue Shopping-, Wohn- und Bürokomplex an der City-Tunnel-Station Hyllie, ist noch im Entstehen begriffen. Und die Multifunktionshalle **Malmö Arena** ist Heimat der Eishockeyspieler der Malmö Redhawks und Veranstaltungsort von Großkonzerten (www.malmoarena.com).
Hyllie Vattentorn: nur nach Voranmeldung, Tel. 040 6 35 10 00, www.vasyd.se

Rund um Malmö

Kulisse für den schönsten Tag

Katrinetorps Herrgård

Der Herrenhof am südlichen Stadtrand in der Katrinetorps allé 1, 1813 vom betuchten Kaufmann Erland Bager erbaut, ist ein beliebter Ort für Hochzeitsfeiern. Im Gutshaus sind heute ein Café, ein Restaurant und Tagungsräume untergebracht. Die Grünanlage besteht aus einem englischen Garten und einem streng symmetrischen Park im

TECHNISCHES MEISTERWERK

Seit am 1. Juli 2000 die Öresund-Brücke nach sieben Jahren Bauzeit eröffnet wurde, kann man mit dem Auto in knapp zehn Minuten von Dänemark nach Schweden fahren, statt die Fähre zu nehmen. Blickfang des imposanten Bauwerks sind die beiden 2 km weit sichtbaren Pylone.

1 Tunnel und Insel Peberholm
Die 16 km lange Querung des Öresunds beginnt auf der dänischen Seite mit der Fahrt durch einen 4 km langen Unterwassertunnel. Darüber liegt die Einflugschneise des Kopenhagener Flughafens. Ans Licht kommt der Tunnel auf der künstlich angelegten Insel Peberholm (Pfefferinsel) und die Auffahrt auf die 7845 m lange Brücke beginnt.

2 Zufahrtsbrücken
Im Westen und im Osten führen zwei 3 bzw. 3,7 km lange Zufahrtsbrücken auf die Hochseilbrücke.

3 Hochseilbrücke
Kernstück der Öresund-Querung ist die 1092 m lange Hochseilbrücke. Ihre beiden gigantischen, H-förmigen Pylone aus Stahlbeton, die mit Kletterschalungen betoniert wurden, erheben sich 204 m über den Sund. Mit einer Spannweite von 490 m handelt es sich hier um die längste Schrägseilbrücke der Welt mit Auto- und Schienentrasse.

4 Fahrbahn
Dem Autoverkehr stehen vier Fahr- und zwei Standstreifen zur Verfügung. Rund 20 000 Fahrzeuge rollen täglich über die 1 Mrd. teure Brücke, deren Baukosten über Mauteinnahmen refinanziert werden sollen.

5 Schienentrasse
Auf dem ca. 8 m tiefer liegenden Unterdeck rollt der Schienenverkehr.

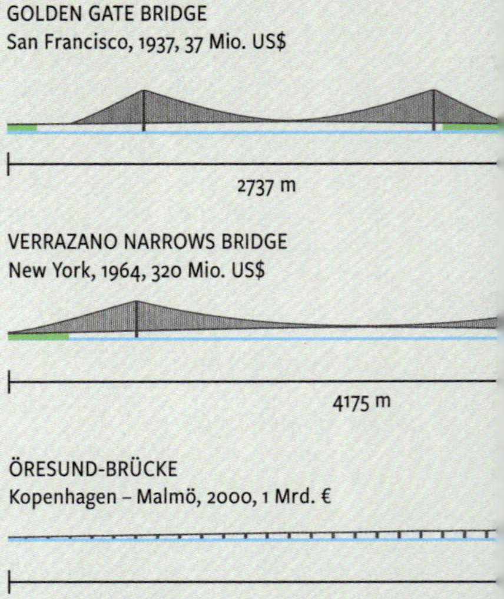

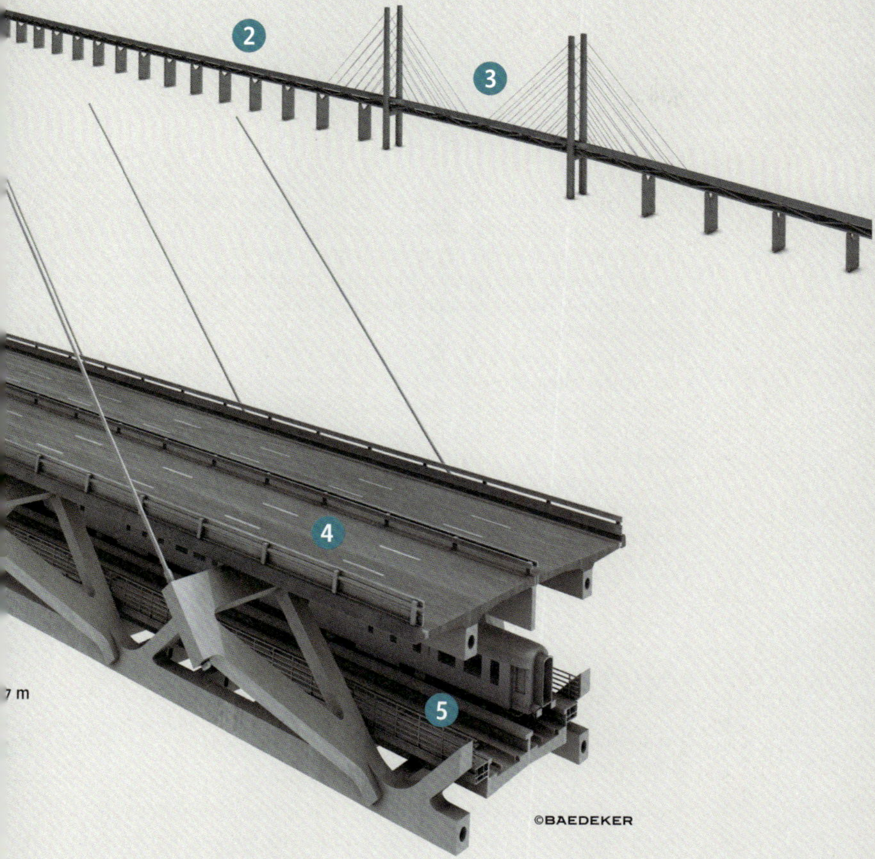
2
3
4
5
7 m
©BAEDEKER

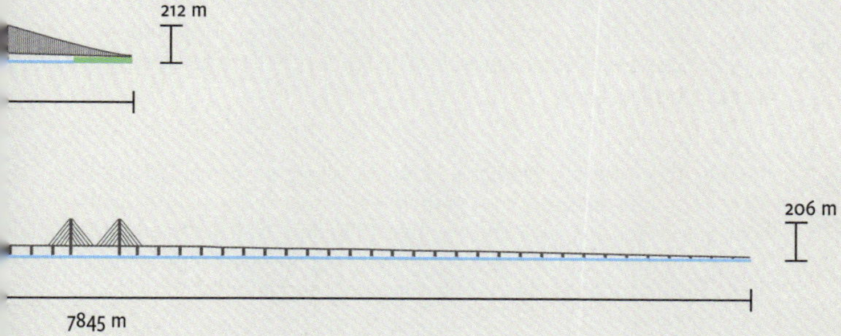
212 m
206 m
7845 m

Stil des französischen Klassizismus. Gemüse und Blumen vom Gut verkauft der Hofladen. Im Sommer werden Konzerte geboten, im Herbst wird das Erntefest gefeiert und im Winter lockt der traditionelle Weihnachtsmarkt zahlreiche Besucher an (www.malmo.se/katrinetorp).

Schwere Zeiten

Torup Slott

Eine der am besten erhaltenen mittelalterlichen Schlossanlagen ist Schloss Torup, 20 km östlich bei Boskogen. Der dreistöckige Backsteinbau, dessen Ursprünge bis ins Jahr 980 zurückreichen, schrieb 1811 blutige Geschichte. Damals versammelten sich rund 1500 Bauern vor dem viereckigen Prachtbau, um gegen Karl XIV. Johann und die landesweite Zwangsmusterung zu protestieren. Der sich daraus entwickelnde Bauernaufstand wurde binnen kürzester Zeit brutal niedergeschlagen.
Wie hart das Leben der einfachen Leute in früheren Zeiten war, zeigt das **Statarmuseet** nördlich des Schlosses mit original erhaltenen Wohnungen eines Tagelöhners und eines Landarbeiters (Torupsvägen 606-59). Direkt an das Schloss schließt ein 365 ha großer **Erholungswald** an, der zu den größten Buchenwäldern von Schonen gehört. Mit etwas Glück lassen sich bei einem Picknick Hasen und Rehe beobachten.

Statarmuseet: Di. – Fr. 10 – 15, Sa., So. 11 – 16, Juli, Aug. Di. – So. 11 – 17 Uhr | Eintritt frei | www.statarmuseet.com

NORRKÖPING

Landschaft: Östergötland | **Provinz:** Östergötland Län
Einwohnerzahl: 130 700 | **Höhe:** Meereshöhe

Die Wasserkraft des Motala Ström, der mitten durch die Stadt fließt, lieferte einst die für die Textilfabriken notwendige Energie. So wurde im 19. Jh. aus Norrköping das »Manchester Schwedens«. Die Textilindustrie ist heute längst in Billiglohnländer abgewandert, von ihrer wirtschaftlichen Größe zeugen aber bis heute Fabrikgebäude.

Schwedens Manchester

Norrköpings industrielles Erbe ist somit allgegenwärtig: Die stattlichen Backsteingebäude von Webereien, Papiermühlen und Baumwollspinnereien aus der Zeit zwischen 1850 und 1917 sind heute allesamt restauriert und werden auf unterschiedlichste Weise genutzt, längst sind in ihnen Museen, Bildungseinrichtungen und neue Unter-

nehmen eingezogen. Vorbei an den historischen Werkshallen, Schleusen und Kanälen der »Industrielandskapet« und dem Wasserfall Kungsfallet auf der Laxholm-Insel führen markierte Fußwege und Fußgängerbrücken. Und wie zu Beginn des 20. Jh.s kann man die Stadt im Sommer mit der historischen Straßenbahn Veteranspårvagnar erkunden.
Aber auch Ausflüge in die Umgebung lohnen. Denn landesweit bekannt ist Norrköping heute besonders für den Zoo Kolmården am Nordufer Ostseebucht Bråviken, die sich fast 50 km weit ins Landesinnere bis nach Norrköping (sprich: Norrtchöping) an der Mündung des Motala zieht. Die Bucht bildet zugleich die natürliche Grenze zwischen der Waldlandschaft Kolmården im Norden und dem fruchtbaren Vikbolandet im Süden.

Wohin in Norrköping?

Dokumentierte Industriegeschichte

Arbetets-museum

Die harten Arbeitsbedingungen während der frühen Industrialisierung schildert eindrucksvoll das Arbeitsmuseum auf der im Motala Ström künstlich angelegten Insel **Laxholmen**, die ihren Namen dem einstigen Lachsfang verdankt. Wechselausstellungen werden in einer Baumwollspinnerei von 1917 gezeigt.
Nur einen Steinwurf von hier entfernt demonstrieren dort, wo ab 1633 in der Holmens Bruk von Louis de Geer Papier hergestellt wurde, ehrenamtliche Mitarbeiter des **Holmens Museum** die Papierher-

NORRKÖPING ERLEBEN

UPPLEV NORRKÖPING
Värmekyrkan, Källvindsgatan 1
Tel. 011 15 50 00
www.upplev.norrkoping.se

FISKMAGASINET €€ – €€€
Innovative Kreationen rund ums Meer verspricht das beste Fischrestaurant der Stadt. Einen Laden gibt es auch, wo man Fisch und Meeresfrüchte auf gleichem hohem Niveau bekommt.
Skolgatan 1 B, Tel. 011 13 45 60
www.fiskmagasinet.se
So. geschl.

KRÅGHOLMEN €
Sommertreff für eine Kaffeepause oder ein leichtes Mittagessen.
Dalsgatan 4, Tel. 011 15 50 30

HOTEL KNEIPPEN €€
Um 1900 bevorzugten Prominenz und Adel dieses Kur- und Wellnesshotel.
Kneippgatan 7
Tel. 011 13 30 60, 22 Z.
www.kneippen.se

stellung von der Lumpensammlung bis zum handgeschöpften Papier. Norrköping ist bis heute ein Zentrum der Papierherstellung, mehr als 2 Mio. t Papier stellt Holmen Papier jährlich in der modernen Bråviken-Papiermühle 13 km östlich von Norrköping her.
Vis-à-vis dem Arbeitsmuseum steht am nördlichen Ufer schließlich das **Stadsmuseum**, in dem die große **Zeit der Textilindustrie** wieder auflebt.
Unweit der drei Museen steht das architektonisch ungewöhnliche **Louis de Greer Konserthus**, in dem regelmäßig Rock, Pop und Klassik zu Gast sind.

Arbetetsmuseum: tgl. 11 – 17, Di. bis 20 Uhr | Eintritt frei
www.arbetetsmuseum.se
Holmens Museum: meistens Di. und Do. 9 – 12.30 Uhr
Anmeldung unter Tel. 011 12 89 92
Stadsmuseum: Di. – So. 11.00 – 17.00, Mi. bis 20.00 Uhr | Eintritt frei
www.norrkoping.se

Mein kleiner grüner Kaktus

Karl Johans Park

Im Karl Johans Park südlich vom Bahnhof entsteht jedes Jahr im Juni ein neues, außerordentlich kunstvolles Kakteenmotiv aus mehr als 25 000 Exemplaren der stacheligen Pflanzen. Das Denkmal für Karl XIV. Johan schuf 1846 der klassizistische Münchner Bildhauer Ludwig Schwanthaler.
Für den deutschen Teil der Norrköpinger Bevölkerung wurde jenseits des Motala Ström der **Tyska Torg** (Deutsche Platz) mit der Hedwigskirche angelegt. Das Glockenspiel des zwischen 1907 und 1910 erbauten Rathauses an der Südseite des Platzes erklingt täglich um 12 und 17 Uhr.

Moderne Kunst

Konstmuseet

Am Kristinaplatsen am Südende der Drottninggatan zeigt das Kunstmuseum schwedische Künstler des 19. und 20. Jahrhunderts. Die Sammlung mit Werken von Carl Larsson, Isaac Grünewald, Sigrid Hjertén, Olle Bærtling, Lena Cronqvist, Maria Friberg und Cecilia Edefalk gilt als eine der besten des Landes. Ausdrucksstarke schwedische Plastik ist im Skulpturengarten ausgestellt.

Juni – Aug. Di. – So. 12 – 16, Mi. bis 20, Sept. – Mai Di. – So. 11 – 17, Mi. bis 20 Uhr | Eintritt frei | www.norrkopingskonstmuseum.se

Trendviertel

★ Knäppingsborg

Sein urbanes Gesicht zeigt Norrköping in Knäppingsborg, dem angesagtesten Flanierviertel von Östergötland. Dieses erstreckt sich rund um die frühere Wohnung des wohlhabenden Fabrikanten Swartz und seiner Familie an der Brücke Järnbron. Die ältesten Häuser stammen etwa aus der Mitte des 18. Jh.s: Wo einst Mehl und Schnupftabak hergestellt wurde, gehen heute kleine Boutiquen und Kunsthandwerker-ateliers, Cafés, Kneipen und Lokale, einige davon mit sehenswertem Kulturprogramm, ihren Geschäften nach (www.knappingsborg.se).

Bronzezeitliche Kunst

Felszeichnungen

Südwestlich von Norrköpings Zentrum wurden im Freizeitgebiet **Himmelstalund** rund 1600 bronzezeitliche Felsritzungen mit Darstellungen von Schiffen, Tieren und Menschen entdeckt (▶ Baedeker Wissen S. 64) Im nahe gelegenen **Hällristningarmuseet** werden die Felsbilder anschaulich erläutert.

Juni – Sept. Di. 17.30 – 18.30, Do. – Sa. 10 – 14 Uhr | Eintritt frei
www.ffin.se

Rund um Norrköping

Größter Zoo Nordeuropas

Kolmården Djurpark

Das Nordufer der Ostseebucht Bråviken säumt der Bergrücken Kolmården. Bis in die 1960er-Jahre wurde hier Marmor abgebaut, der u. a. für die Pariser Oper und das New Yorker Rockefeller Center verwendet wurde. Seit 1965 aber ist der Kolmården Heimat eines bekannten Zoos, in dem rund 750 Tiere aus allen Kontinenten und Klimazonen leben. Die weitläufige Anlage besteht aus zwei Bereichen: Im **Tierpark** warten ein Elefanten- und Raubtierhaus, der Themenpark Tiger World und die Delfinshow in der Marine World; den **Safaripark** können Besucher ohne eigenen Wagen bei einer Busrundfahrt entdecken. Kinder haben in der Märchenwelt, im Wildcamp, auf Schwedens längster Rutschbahn und im Kuschelzoo ihren Spaß. Allerdings ist das alles kein günstiges Vergnügen!

Mai – Aug. 10 – 17, 3. Juli – 6. Aug. bis 20 Uhr | Eintritt: 429 SEK
www.kolmarden.com

Adlige Zeitkapsel

Löfstads Slott

Knapp 10 km südlich der Stadt wurde im 15. Jh. das Bilderbuchschloss Löfstad erbaut. 1926 ist hier die Zeit stehengeblieben. Nichts wurde verändert, seit mit Emilie Pipers die letzte adelige Besitzerin starb, sodass man auf dem Adelssitz ganz authentisch das Leben der besseren Gesellschaft um 1900 erleben kann.

Nur mit Führung | Tel. 011 33 50 67 | www.lofstad.nu

Hommage an einen Ufa-Star

Zarah Leander Museum

Rund 30 km westlich von Norrköping lebte die Sängerin und Schauspielerin Zarah Leander. Die gebürtige Deutsche Brigitte Pettersson war ein großer Fan des gefeierten Ufa-Stars und hat bereits in jungen Jahren alles über ihr Idol gesammelt; später wurde sie Zarah Leanders Privatsekretärin und Freundin. Ihre umfangreiche Sammlung wurde 2007 zum 100. Geburtstag der Sängerin als »Zarah Leander

An den Bildern im Gewölbe der Risinge Gamla Kyrka kann man seine Bibelfestigkeit überprüfen: Wer erkennt die Szenen?

Museum« der Öffentlichkeit vorgestellt und ist eine Anlaufstelle für Leander-Fans, die im 14 km entfernten **Lönö** noch das Gut vorfinden, wo die Künstlerin von 1939 bis zur ihrem Tod lebte. Ihre letzte Ruhestätte fand die als Sara Stina Hedberg Geborene auf dem Häradshammar-Friedhof.

Mai – Aug. Sa. 11 – 14, Juli – Ende Aug. auch Mi. 17 – 20 Uhr
Eintritt: 50 SEK | www.zarahleander.se

Stolzes Überbleibsel großer Zeiten

Nyköping

Dass die moderne Provinzhauptstadt an der Mündung der Nyköpingsån in die Ostsee während des Mittelalters eine der wichtigsten Städte Schwedens war, kann man beim Besuch der **Schlossruine Nyköpingshus** nur noch erahnen. Diese steht südlich des Stortorg etwas erhöht am Fluss. Der Vorgängerbau ist vermutlich schon in der Zeit der Folkunger entstanden. König Birger Jarl setzte dort 1318 seine beiden Brüder, die ihm die Krone streitig gemacht hatten, gefangen und ließ sie verhungern. Nachdem das Schloss 1665 niedergebrannt war, wurde es später nur zum Teil wieder aufgebaut. Erhalten blieben das Haupttor, die Vasaporten und der weiß gekalkte, dreistöckige Kungstornet, in dem ein Modell der einstigen Burg sowie Funde aus dem Mittelalter und Glaskunst ausgestellt werden.

Kleinod unter den schwedischen Landkirchen
Von Außen wirkt das weiß getünchte Gotteshaus von Risinge (25 km nordwestl. von Norrköping) mit seinem schwarzen Dach und kleinen Türmchen noch recht unscheinbar. Betritt man die Marienkirche aus der zweiten Hälfte des 12. Jh.s., wird man jedoch von den reichen **Kalkmalereien** gefangen genommen, die ein anonymer Meister im 15. Jh. schuf. Er ging als »Risinge-Meister« in die Kunstgeschichte ein.
Ende Juni – Mitte Aug. Mo. – Fr. 10 – 17, Sa. 10 – 13, So. 13 – 17 Uhr

★ Risinge Gamla Kyrka

★★ ÖLAND

Landschaft: Öland | **Provinz:** Kalmar Län | **Einwohnerzahl:** 25 000

Rund 500 km Küste, über 50 Badestrände, eine mediterran anmutende Natur und Sonne pur – dass Öland die Lieblingsurlaubsinsel der Schweden ist, überrascht kaum. Und so verbringt auch die Königsfamilie ihre Sommerferien auf dem Eiland, das mittels einer Brücke über den Kalmarsund mit dem Festland verbunden ist.

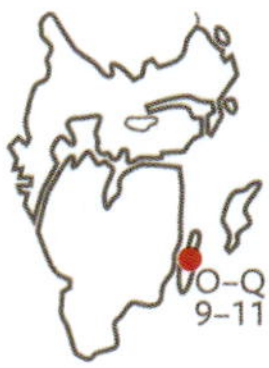

Der Öland-Sage nach ist die lang gestreckte Insel folgendermaßen entstanden: Ein Schmetterling, viele Meilen lang und mit riesigen, blau und silbern schillernden Flügeln, wagte sich einst auf die Ostsee hinaus. Doch sein Körper war zu groß und zu schwer für seine Flügel. Als ein Sturm aufzog, rissen die Flügel ab, der Körper fiel ins Meer und strandete vor Småland auf einem Felsenriff. Und da blieb er liegen, so groß und lang und flügellos, wie er war.

Insel der Sonne und der Winde

»Insel der Sonne und der Winde« ist der Beiname Ölands. Das passt! Keine andere Schwedeninsel weist laut Statistik mehr Sonnenstunden aus, und der Wind fegt – mal als steife Brise, mal als laues Lüftchen – täglich über das Eiland. So wundert es nicht, dass hier Mitte des 19. Jh.s die Flügel von rund 2000 hölzernen Windmühlen knatterten, von denen immerhin noch 400 erhalten sind. Die beliebten Fotomotive sind das Wahrzeichen Ölands und stehen unter Denkmalschutz.
Ein weiteres Wahrzeichen der weitgehend flachen und daher für Radtouren perfekt geeigneten Kalksteininsel ist die verkarstete Steppenlandschaft Stora Alvar, die sich mit einer Fläche von 300 km² über den südlichen Teil erstreckt. Sie ist das größte Alvar der Erde und eine der letzten naturbelassenen Karstlandschaften Europas. Alvare sind baumlose und für die Landwirtschaft unbrauchbare Landstriche – dass dies aber durchaus mit einer einzigartigen Flora einhergehen kann, beweist sich jedes Jahr im Frühling. Dann verwandelt sich die

ÖLAND ERLEBEN

BORGHOLMS TURIST/ RESECENTRUM
Storgatan 1, Borgholm
Tel. 0485 8 90 00
www.olandsturist.se

TRÄFFPUNKT ÖLAND
Am Brückenkopf Färjestaden
Tel. 0485 8 90 00
www.olandsturist.se

Ende April flammen an der Schlossruine Borgholm die Walpurgisfeuer auf. Am 14. Juli wird Kronprinzessin Victorias Geburtstag auf Öland ausgiebig gefeiert. Ein Fest für die ganze Familie ist Ölands Skördefest: Beim größten schwedischen Erntefest dreht sich alles um den Kürbis (www.skordefest.nu).

Die schönsten Sandstrände liegen in der Böda-Bucht. Fahrräder kann man an vielen Orten mieten, komplette Fahrradpakete mit Unterkunft können über www.olandsturist.se oder www.bikeisland.se gebucht werden. Öland besitzt auch sieben erstklassige Golfplätze. Von Borgholm und Byxelkrok starten Boote zur Insel Blå Jungfrun.

HALLTORPS GÄSTGIVERI €€€ – €€€€
Bezaubernder Landgasthof am Kalmarsund mit persönlich eingerichteten Doppelzimmern, Bäderbereich und preisgekrönter Gourmetküche. Spezialitäten sind Lamm von den Alvar-Weiden und Ostseefische. Zum Programm gehören auch Weinproben, Vogelsafaris und Angeltouren.
Borgholm, Tel. 0485 8 50 00, 36 Z.
www.halltorpsgastgiveri.se

GUNTORPS HERRGÅRD €€€
Charmanter Herrenhof mit Wellnessoase in der Orangerie. Erstklassiges Restaurant mit typisch schwedischem Smörgåsbord und lokalen Spezialitäten wie Henriks Knäckebrot mit Thymiangewürz, in Gin und Wacholderbeeren gebeizter Lachs, mit Ingwer und Meerrettich eingelegter Hering, Elchsalami und Lammpastete.
Guntorpsgatan, Borgholm
Tel. 0485 1 30 00, 32 Z.
www.guntorpsherrgard.se

HOTEL SKANSEN €€€
Nahe der Öland-Brücke logiert man im 1811 erbauten ehemaligen Landgericht. Spa-Bereich mit Pool und Sauna, gepflegtes Restaurant mit nordischen Gerichten. In der Bar stehen 100 Whiskys zur Auswahl.
Tingshusgatan, Färjestaden
Tel. 0485 3 05 30, 51 Z.
www.hotelskansen.com

LAMMET & GRISEN €€ – €€€
Bei den Brüdern Richert werden Lamm und Schwein über dem offenen Feuer gegrillt. Preisgekrönte Vinothek.
Löttorp, Tel. 0485 2 03 50
www.lammet.nu

SANDVIKS KVARN € – €€
Die weithin sichtbare, 24 m hohe Holländerwindmühle stand 1856 in Vimmerby, bevor sie 1885 nach Sandvik geschafft wurde. Probieren Sie den Heringsteller oder Lufsa, Kartoffelpuffer mit Pökelfleisch.
nördl. von Sandvik
Tel. 0485 2 61 72
www.sandvikskvarn.se

als UNESCO-Weltnaturerbe geschützte Landschaft in einen bunten Blütenteppich aus gelben Sonnenröschen, duftendem Klee, blauen Kugelblumen und seltenen Orchideen. Im Herbst hingegen können Tausende von Kranichen beobachtet werden, die hier auf ihrem Zug gen Süden rasten – ein unvergesslicher Anblick!

Wohin auf Öland?

Brückengigant

★ Ölandsbron

Bei starken Böen kann es einem schon etwas mulmig zumute sein, wenn man auf der Öland-Brücke unterwegs ist. Seit 1972 überquert sie von Kalmar aus die engste Stelle des Kalmarsunds. 156 Pfeiler tragen die 6 km lange Brücke, deren Länge je nach Jahreszeit und Temperatur um bis zu 4 m schwankt! Autofahrer sollten sich auf teils heftigen Seitenwind gefasst machen und entsprechend vorsichtig fahren. Wesentlich bessere Karten haben da die Beifahrer, die den schönen Blick zurück gen Kalmar genießen können. Radfahrer befördert der **Cykelbuss** kostenlos über die Brücke; er fährt von 7 bis 19 Uhr jede halbe Stunde auf Öland und jede volle Stunde in Kalmar ab

Tor nach Öland

Färjestaden

Die Brücke endet von Kalmar aus im Norden des Hafenorts Färjestaden. Hier lockt der **Ölands Djur & Nöjespark**, ein Freizeitzentrum mit Zoo, Dinosaurierpark, Schwimmbad und Märchenland.
Träffpunkt Öland (► S. 188) am Brückenkopf von Färjestaden ist ein Informationszentrum mit »Historium«, einer Ausstellung zur Geschichte Ölands. Für die Fahrt gen Süden empfiehlt es sich, nicht die im Inselinnern verlaufende Straße Nr. 136, sondern die landschaftlich reizvollere Landstraße in Ufernähe zu nehmen.
Bis ins Mittelalter genutzt wurde die Fluchtburg **Gråborg**, 8 km nordöstlich von Färjestaden. Die bis zu 6,40 m hohe Ringmauer umschließt ein elliptisches Areal von 220 × 165 m.
Mai – Sept. tgl. 11 – 16, Juli tgl. 10 – 18 Uhr | Eintritt: 150 SEK
www.olandsdjurpark.com

Sibbe war hier

Karlevistenen

In Karlevistenen, ca. 4 km südlich, steht der älteste Runenstein der Insel. Seine Inschrift besagt, dass der Stein von Sibbe dem Weisen, einem dänischen Seekönig, am Ende des Jahres 1000 gesetzt wurde.

Gräber der Frühzeit

Mysinge Hög & Gettlinge

Rund 3 km östlich von Mörbylånga ragt der bronzezeitliche Grabhügel Mysinge Hög auf, von dessen Höhe sich ein weiter Blick über die Stora Alvaret öffnet. In der Umgebung sind mehrere sehenswerte Kammergräber aus der jüngeren Steinzeit erhalten.

Keine Grabsteine, sondern Steinsetzungen in Schiffsorm auf dem Gräberfeld von Gettlinge

Auf der Straße Nr. 136 in südlicher Richtung folgt das Gräberfeld von Gettlinge mit mehr als 200 Gräbern aus der Eisenzeit. Im nördlichen Teil des 2 km langen Felds sind Steinsetzungen in Schiffsform und etliche Monolithen zu sehen.

Königliches Land

Mauer Karls X.

Hinter Degerhamn und Grönhögen verläuft die historische Mauer Karls X. Seit 1653 durchzieht sie auf 45 km die gesamte Südspitze Ölands und trennt das Krongut, heute ein Gestüt, von der übrigen Insel. Sie wurde gebaut, um das Damwild des Königs am Davonlaufen zu hindern.

Das königliche Gut **Ottenby** im äußersten Süden Ölands gehörte im 13. Jh. Gustav Wasa und seinen Söhnen. Die Gutsgebäude stammen von 1804. Nördlich davon erstreckt sich ein weiteres eisenzeitliches Gräberfeld, 2 km gen Westen liegen die **Kungsstenarna**, die Königssteine.

Öland zu Füßen

Långe Jan

Von Ottenby führt eine Stichstraße durch das Naturreservat bis zur Südspitze von Öland, wo der Långe Jan steht, mit 42 m der höchste Leuchtturm Schwedens. Nach 197 Stufen belohnt ein Panoramablick über die Insel und den Kalmarsund die Mühen des Aufstiegs. Am Fuß des Leuchtturms informiert das **Ottenby Naturum** über die Natur und Kultur Ölands.

Von der Vogelwarte Ottenby, die bereits 1946 gegründet wurde, starten von Frühling bis Herbst geführte Touren zur Vogelbeobachtung (Tel. 0485 66 12 00, www.sofnet.org).

Puzzle aus über 26 000 Teilen

Eketorp

An der Ostküste lohnt sich ein Abstecher zur Eketorpsborg, einer rekonstruierten Ringfestung, die in drei Phasen von der Eisenzeit bis zum Mittelalter bewohnt war (Abb. ► S. 356). Im Schuttkegel fanden sich menschliche Knochen und 26 000 Fundstücke. Die schönsten zeigt das **Museum** im größten der mit Kuhdung isolierten Häuser innerhalb einer zinnengekrönten Ringmauer; dazu Repliken damaliger Hausgeräte und ein Schnittmodell durch den Grabungshorizont. Im Sommer wird vorgeführt, wie Handwerker in der Eisenzeit und im Mittelalter arbeiteten. Man kann mitmachen und original eisenzeitliche Suppe kosten.

Fischfang und Seefahrt sind für die Bewohner Ölands wichtige Erwerbszweige. Im kleinen Hafen des nahen **Gräsgård** gehen bis heute Berufsfischer auf Lachs- und Dorschfang.

Mai, Juni und Mitte Aug. - Sept. tgl. 11 - 17, Juli- Mitte Aug. 10.30 bis 18 Uhr | Eintritt: 75 SEK | www.eketorp.se

Das Öland von einst

Himmelsberga

Gen Norden prägen zunehmend Kiefernwälder und Wacholderheiden die Landschaft. Bei Länglöt zweigt eine Nebenstraße ab zum Dörfchen Himmelsberga. Heute bilden das Herrenhaus und die vier stattlichen Bauernhöfe aus dem 18. und 19. Jh. ein Freilichtmuseum, das **Ölands Museum Himmelsberga**. Ausgestattet sind die Gebäude mit original öländischem Mobiliar, auf dem Gelände stehen landwirtschaftliche Geräte von anno dazumal. Authentisches Kunsthandwerk und regionale Köstlichkeiten gibt es im Handelsboden, kleine Leckereien in der gemütlichen Kaffestugan.

Juni - Aug. tgl. 11.00 - 17.30 Uhr | Eintritt: 80 SEK
www.olandsmuseum.com

Gewaltige Burg

Ismantorpsborg

Knapp 5 km westlich von Himmelsberga dominiert die Burg Ismantorp eine Waldlichtung. Die eigenartigste der 16 Wallburgen der Insel wurde wahrscheinlich im 5. Jh. mit einem Durchmesser von gut 125 m angelegt. Innerhalb der gut erhaltenen Ringmauer wurden 88 Hausfundamente freigelegt. Ob die Anlage Fluchtburg, geschützte Wohnstätte oder religiöses Zentrum war, ist nicht geklärt.

Zwei Kirchen, viele Mühlen

Gärdslösa & Egby

Gärdslösa besitzt die am besten erhaltene mittelalterliche Kirche der Insel, einen romanischen Bau aus dem 12. Jh. mit gotischem Chor. Dessen Wände schmücken Malereien nach alttestamentlichen Motiven. Beachtung verdienen auch die Fragmente gotischer Fresken, die

reich bemalte Kanzel von 1666 und ein Rokokoaltar von 1764. Etwas weiter trifft man an der Straße auf mehrere kleine **Bockwindmühlen**, die auf einem dicken Eichenstamm ruhen und mit einem langen Hebel in den Wind gedreht werden müssen.
Die kleine Kirche im nahen **Egby** wurde um 1100 erbaut. Trotz des Umbaus von 1818, bei dem der Turm angefügt wurde, zeigt sie noch weitgehend ihren romanischen Stil. Das Taufbecken und der steinerne Altar sind auf das 12. Jh. datiert, die barocke Kanzel und der Altaraufsatz auf die Zeit um 1750.

Wikingergräber und Hexenreigen

Byxelkrok

In der Nähe des kleinen Fischerdorfs Byxelkrok erstreckt sich das von Carl von Linné als **Neptuni Åkrar** (Äcker des Neptun) bezeichnete Gebiet. Diese eigenartige Strandformation besteht aus losen Steinen, auf denen im Hochsommer das Borretschgewächs »Natternkopf« meerblau blüht. Auf dem Strandwall hat ein Feld mit 35 Gräbern, zu dem auch ein Schiffsgrab der Wikinger gehört, die Zeiten überdauert. Vom Strand blickt man auf **Blå Jungfrun**. Diese Insel aus rötlichem Granit ist Nationalpark und gilt als Treffpunkt von Hexen. Tatsächlich wirkt der Ort dank vieler Grotten und eines undurchdringlichen Walds je nach Stimmung geheimnisvoll bis schauerlich, bei Schönwetter aber recht freundlich. Wer sich selbst ein Bild machen will, kann im Sommer an einer Bootstour teilnehmen und auf gut markierten Wanderwegen die Insel erkunden.

Sonne, Sand und Meer

Böda-Bucht

Die Nordspitze der Insel markiert der Leuchtturm **Långe Erik**. Weiter südlich gehört die Böda-Bucht wegen ihrer schönen Sandstrände zu den beliebtesten Urlaubszielen auf Öland.

Mühlenriese und Burgengigant

Borgholm

Auf dem Rückweg verläuft die Landstraße Nr. 136 abseits der Küste durch das Inselinnere nach Süden und an der achtstöckigen holländischen Windmühle **Sandviks Kvarn** (▶ S. 188) vorbei bis nach Borgholm. Die einzige Stadt der Insel ist mit Hafenpromenade, Restaurants und Geschäften ein Anziehungspunkt für alle Inseltouristen und entsprechend überlaufen. Im Sommer bestehen Bootsverbindungen nach Oskarshamn auf dem schwedischen Festland und zur Insel Blå Jungfrun.
Knapp 1 km südwestlich der Stadt überragt die mächtige Ruine des **Borgholm Slott** das Land. Es wurde 1572 an der Stelle einer alten Burg errichtet, später umgebaut und 1806 durch einen Brand zerstört. Heute dient die Ruine als Kulisse für Konzerte; die schwedische Pop-

Einst gab es über 2000 Windmühlen auf Öland, heute sind es immerhin noch rund 400. Diese hier stehen in Reihe bei Lerkaka.

WO STECKT DER TROLL?

Knotige Wurzeln, verschlungen gewachsene Kiefern, uralte Eichen und zahlreiche dicke Steine. Und guckt da nicht gerade ein Troll um die Ecke? Mit ein bisschen Phantasie wird der »Trollskogen« im Ökopark Böda tatsächlich zum Zauberwald – in einsamen Augenblicken ist's fast schon unheimlich!

gruppe Roxette drehte hier ein Musikvideo, Status Quo, Opernstars und Liedermacher standen in Borgholm Slott schon auf der Bühne.
April – Sept. tgl. 10 – 16, Mai – Aug. bis 18 Uhr | Eintritt: 70 SEK
www.borgholmsslott.se

Königliches Domizil

★★ Solliden Slott

Wer schon immer mal königliche Häupter aus nächster Nähe sehen wollte, kann sein Glück bei Schloss Solliden, keine 3 km südlich von Borgholm, versuchen. Schwedens Königsfamilie hat hier seit 1906 ihre Sommerresidenz. Und alljährlich feiert Kronprinzessin Victoria am 14. Juli in dem weißen, klassizistischen Schlösschen ihren Geburtstag. An diesem Tag kann man die volksnahen Royals live erleben, es treten verschiedene Künstler auf und der begehrte Sportpreis mit dem Victoria-Stipendium wird vergeben.

Als Vorbild für den Bau diente die Villa San Michele von Axel Munthe auf Capri, mit dem Königin Viktoria (1862 – 1930) eine enge Freundschaft verband. Die königliche Villa lässt sich nicht besichtigen, wohl aber der **Schlosspark**. Direkt an den königlichen Landsitz schließt sich der mit Buchsbaumhecken geschmückte **Italienische Garten** an. Vorbei am rankenbewachsenen Spielhaus, in dem einst der Gärtner mit seiner Familie wohnte, führt der Weg zum **Englischen Garten**, einem Landschaftspark mit uralten Bäumen und weiten Rasenflächen. Der **Holländische Garten** ist ein Geschenk der niederländischen Königin Wilhelmina und mit Marmorskulpturen und Rosen geschmückt. Die Kaskaden unterhalb des Schlosses schenkte das schwedische Parlament dem König.

Park: Mitte Mai – Mitte Sept. tgl. 11 – 18 Uhr | Eintritt: 75 SEK
Führung: 350 SEK | www.sollidensslott.se

Malerei, Fotokunst, Bildhauerei und Design ...

VIDA Museum & Konsthall

... zeigt die 2002 eröffnete VIDA-Kunsthalle in Halltorp, 8 km südlich von Borgholm. Ein Flügel ist der Glaskünstlerin Ulrica Hydman gewidmet, die mit ihren eigenwilligen Kunstwerken für Kosta Boda weltberühmt wurde. In Vida kann man auch ihre weniger bekannten Arbeiten als Malerin und Bildhauerin bewundern.

Mai – Sept. tgl. 10 – 17 Uhr, Juli, Aug. bis 18, Okt. – Dez., April Sa., So. 10 – 17 Uhr | Eintritt: 50 SEK | www.vidamuseum.com

Ein Schiff aus Stein

Karums Alvar

Rund 15 km südöstlich von Borgholm birgt das große eisenzeitliche Gräberfeld Karums Alvar die 30 m lange schiffförmige Steinsetzung »Arche Noah«. An den beiden nahen Kalksteinhügeln soll der Sage nach Odin sein Ross Sleipnir angebunden haben.

★ ÖREBRO

Landschaft: Närke | **Provinz:** Örebro Län | **Einwohnerzahl:** 137 100
Höhe: 22 m ü. d. M.

Seit mehr als 700 Jahren wacht das mächtige Schloss auf einer Insel im Svartån-Fluss über Örebro. Schon früh nutzten Reisende hier die Furt, um den Fluss zu überqueren, der den Hjälmar-See nach Westen hin entwässert und heute die Lebensader eines wunderbaren Naturidylls ist.

Das Herz Schwedens

Örebro nennt sich stolz das »Herz Schwedens«. Wer nun einen Blick auf eine Landkarte wirft, mag etwas mit der Stirn runzeln. Örebro liegt allenfalls mitten in Südschweden – doch eben auch auf halbem Weg zwischen Göteborg und Stockholm und damit im Zentrum des bevölkerungsreichsten Teils des Landes. Und auch historisch betrachtet, wird Örebro seinem Etikett durchaus gerecht. Denn auf Örebro Slott, dem imposanten und trutzig wirkenden Wahrzeichen der Stadt, entstanden die Säulen der schwedischen Staatsordnung. 1347 verfasste ein von König Magnus Eriksson einberufenes Parlament Schwedens erstes landesweites Grundgesetz, 1617 führte Gustav II. Adolf auf Schloss Örebro die erste schwedische Reichstagsverordnung ein.

ÖREBRO ERLEBEN

ÖREBROKOMPANIET

Olof Palmes Torg 3
Tel. 019 21 21 21
www.visitorebro.se

Im Hochsommer verkehren Ausflugsboote der Arboga Rederi und der Stromma-Kanalbolaget (www.stromma.se) auf dem Hjälmar-Kanal, der 40 km nordöstlich von Örebro den Hjälmaren mit dem Mälaren verbindet. Der Kanal ist auch ein beliebtes Paddlerrevier: In den Touristeninformationen von Kungsör (Tel. 0227 60 01 01, www.kungsor. se) am westlichsten Zipfel des Mälaren und in Arboga (Tel. 0589 8 71 51, www.arboga.se) gibt es Routenbeschreibungen und Adressen von Kanuvermietern. In Gustavsvik, 1 km südlich vom Zentrum, wartet ein weitläufiges Abenteuerbad mit Wasserrutschen, u. v. m. (tgl. 9 – 19 Uhr, Eintritt: 185 SEK, www.gustavsvik.se).

❶ RESTAURANG DRÄNGEN €€€

Das moderne Restaurant serviert Gerichte aus der neuen schwedischen Küche. Zu den Klassikern gehören Muscheln auf Fenchel und Gurke, geräucherte Tomaten auf Zwiebeln.
Oskarsvägen 1, Tel. 019 32 32 96
www.drangen.se

❷ SLOTTSSKÄNKEN €€

Hier speist man entweder im Schlossrestaurant (Mi. – Sa.) oder günstiger im Tornkaféet, das werktags ein preisgünstiges Mittagsbuffet anbietet.
Im Schloss von Örebro
Tel. 019 12 23 39

❶ GRYTHYTTANS GÄSTGIVAREGÅRD €€€€

1640 wurde der Grundstein gelegt für den stilvollen Gasthof 70 km nordwestlich von Örebro. Spa und raffinierte Gourmetküche mit sensationeller Weinkarte – im Keller lagern mehr als 7000 Flaschen. Tipp: das Golfpackage mit Übernachtung, 4-Gänge-Menü und Greenfee auf den Golfplätzen in Saxå oder Nora.
Prästgatan 2, Grythyttan
Tel. 0591 6 33 00, 60 Z.
http://grythyttansgastgivaregard.se

❷ HOTEL GÖTA €€ – €€€

Klein, aber fein sind die Zimmer des charmanten Hotels in unmittelbarer Nähe des Schlosses. Wellnessabteilung mit Sauna und Massage.
Olaigatan 11
Tel. 019 6 11 53 63, 20 Z.
www.hotellgota.se

❶ Restaurang Drängen
❷ Slottsskänken

❶ Grythyttans Gästgivaregård
❷ Hotel Göta

Folglich wird ein Besuch des Schlosses Programmpunkt Nr. 1 in der Hauptstadt der gleichnamigen Provinz sein. Geschichtsinteressierte sollten Örebro aber auch mit einem Abstecher ins nahe Städtchen Arboga verbinden. Wer hingegen seine Urlaubstage lieber aktiv verbringt, wird sich an der Natur rund um Örebro erfreuen, die Wanderer und Radfahrer, Kanuten und Angler für sich entdecken können.

Wohin in Örebro und Umgebung?

Krumme Uhrzeit

Stortorget

Im Zentrum der Provinzhauptstadt erhebt sich am lang gestreckten Stortorget **Sankt Nikolai**, die Nikolaikirche aus dem 18. Jahrhundert. Hier wurde 1810 der französische Marschall Jean Baptiste Bernadotte zum Thronfolger gewählt, da das schwedische Königshaus keine Nachkommen hatte. In der Kirche ist der legendäre schwedische Volksheld und Reichshauptmann Engelbrekt Engelbrektsson bestattet; sein 1865 von Carl Gustav Qvarnström geschaffenes Bronzestandbild steht vor dem neugotischen Rathaus. Jeden Tag um 12.03, 18.03 und 21.03 Uhr erklingt das Glockenspiel des Rathauses.

Örebros ganzer Stolz

★ Örebro Slott

Auf einer Insel mitten im Svartån thront das stattliche viertürmige Renaissanceschloss. Es strahlt die Würde aus, die von einem Bau zu erwarten ist, der lange Zeit schwedisches Machtzentrum war. Seit über 200 Jahren dient das Schloss als Amtssitz für den Regierungspräsidenten des Bezirks Örebro. Die Anfänge der Festung liegen im späten 13. Jh., als sie lediglich aus einem Verteidigungsturm bestand, der von einer Ringmauer umgeben war. 1573 ließ Herzog Karl, der spätere Karl

IX., die mittelalterliche Festung niederreißen und das heutige Prunkschloss bauen, in dem zwischen 1606 und 1617 sechs Reichstage abgehalten wurden. 1810 wurde hier der aus Frankreich stammende Marschall Jean Baptiste Bernadotte, Begründer des heutigen schwedischen Königshauses, zum schwedischen Thronfolger gewählt.
Eine Besichtigung des Schlosses ist nur im Rahmen einer Führung möglich. Unabhängig davon kann die Ausstellung im Südwestturm angeschaut werden, die sich Örebroer Persönlichkeiten wie dem Trickdieb Lasse-Maja, Königin Kristina, Reformator Olaus Petri und Jean Baptist Bernadotte widmet.
Das nahe **Örebro Länsmuseum** in der Engelbrektsgatan 3 stellt zeitgenössische Künstler der Region vor und zeigt wechselnde kunsthistorische Ausstellungen.
Juni – Aug. Mo. – Fr. 11 – 18, Sa., So. bis 17, Sept. – Mai Mo. – Fr. 12 bis 18, Sa., So. bis 17 Uhr | im Sommer tgl. Führungen, sonst nur Sa., So. | Eintritt: 60 SEK | www.visitorebro.se
Örebro Länsmuseum: tgl. 10 – 17, Mi. bis 20 Uhr, Mitte Sept. – Mitte Juni Mo. geschl. | Eintritt frei | www.orebrolansmuseum.se

★ Wadköping Friluftmuseum & Karlslunds Herrgård

Wie im alten Örebro

Östlich vom Schloss beginnt der Stadsträdgården, der sich am Schwarzen Fluss entlang zieht bis zum Freilichtmuseum Wadköping. Die roten Holzhäuschen und Höfe des 17. bis 19. Jh.s standen früher in Örebro. Zum historischen Stadtteil gehören Handwerksbetriebe, Museen, Läden und Cafés, die frei zugänglich sind.
Während sich das Freiluftmuseum also eher dem Stadtleben von einst widmet, erhält man auf dem königlichen Herrenhof Karlslunds am westlichen Stadtrand einen Eindruck, wie es sich auf einem großen Gut im 19. Jh. lebte. Im ehemaligen königlichen Stall des 16. Jh.s haben sich Museen, Läden und Künstler etabliert. In der Meierei zeigt das Tagelöhnermuseum, wie die Ärmsten der Armen in den 1930er-Jahren wohnten. In der alten Mühle können Kinder im Tekniska Kvarnen experimentieren. Und auch das Elektrizitätswerk von 1897 lohnt einen Besuch.
Wadköping Friluftmuseum: Mai – Aug. tgl. 11 – 17, sonst bis 16 Uhr Eintritt frei | www.orebro.se/wadkoping

Svampen

Pilz mit Aussicht

Der pilzförmige Wasserturm an der Dalbygatan 4, der nördlichen Ausfallstraße Richtung Falun, wurde zum Vorbild aller modernen Wasserspeicher Schwedens. Interessant ist die Bauweise des 1958 errichteten »Pilzes«: Zuerst wurde die Kuppe geschaffen und diese dann Meter für Meter in die Höhe gehoben. Heute ist der 50 m hohe Turm der beste Aussichtspunkt mit weitem Rundblick über die Stadt. Im »Pilzhut« gibt es ein Café, ein Restaurant und das **»Aqua Nova«**, eine erlebnisreiche Schau rund ums Wasser.
Aqua Nova: Führung Sa./So. 14 Uhr | Eintritt: 50 SEK

Der erste Bernadotte wurde vor über 200 Jahren auf Schloss Örebro zum Thronfolger gewählt. Die Famile stellt noch heute Schwedens Könige.

Schwanentanz

Auf ihrem Weg nach Finnland und Russland rasten jedes Jahr gegen Ende März bis zu 3000 Singschwäne am Tysslingen-See westlich von Örebro. Die leicht an dem geraden Hals und dem gelben Schnabel zu erkennenden Tiere vollführen vor allem am Morgen ihre Tänze und trompeten lautstark. Rund um den See gibt es mehrere gute Beobachtungsplätze. Nachdem das Gewässer in den 1980er-Jahren renaturiert wurde, lohnt sich auch ein Besuch außerhalb der Schwanenrast, da heute wieder viele Vögel am Tysslingen-See brüten.

Tysslingen-See

Das Carrara Schwedens

Bekannt wurde Glanshammar, 12 km nordöstlich, durch seine Marmorbrüche, die u. a. auch das Baumaterial für das Stadthaus und das Dramaten in ▶ Stockholm lieferten. Die Kirche des Orts stammt aus der Mitte des 12. Jh.s und besitzt kunstvolle Renaissancemalereien.

Glanshammar

Wohin in Arboga und Umgebung?

Hauptstadt in Kurzarbeit

Anno 1710 war Arboga, 40 km nordöstlich von Örebro, für ein halbes Jahr Schwedens Hauptstadt. Da in ▶ Stockholm in jenem Jahr die Pest wütete, wurden viele Ämter und der königliche Senat ins 150 km entfernte Städtchen verlegt, die Schiffe unter Quarantäne gestellt.

Geschichte

Arboga entstand im 12. Jh., als der Fluss schiffbar gemacht wurde, und entwickelte sich rasch zu einem betriebsamen Handelsplatz. Diese Bedeutung verlor sich allerdings, als man im 17. Jh. die Bergbausiedlungen Nora und Lindesberg gründete und den Hjälmar-Kanal anlegte. Der mittelalterliche Stadtkern mit historischen Kaufmanns- und Handwerkshäusern wurde aufgrund seiner Geschlossenheit zum **Kulturgut von nationalem Interesse** erklärt.

Schwedische Bilderbuch-Stadt

Mittelalterlicher Stadtkern

Arbogas Altstadt entführt Spaziergänger auf eine Zeitreise in vergangene Jahrhunderte. Älteste Straße des Städtchens ist die **Västerlånggatan**, in der noch Steinhäuser und Gebäude mit Kellern aus dem Mittelalter erhalten sind – beispielsweise im Hof von Nr. 1. Das Rathaus am Storatorget wurde im 15. Jh. als Kirche errichtet, aber von Gustav Wasa bei der Reformation säkularisiert und neuer Verwaltungssitz. Gleichzeitig nutzte König Gustav das Gebäude auch für sich und seine Familie als Königshof. Dazu gehörte auch der Kungsgården bei der Gamla Bron.

Auf dem 1650 angelegten **Järntorget** erinnert die Kopie der Originalwaage daran, dass all das Eisen, das von Bergslagen hierher transportiert wurde, vor der weiteren Verschiffung gewogen wurde. Jede Schiffsladung musste versteuert werden und brachte der Stadt Einkünfte. Ganz und gar kämpferisch gibt sich Engelbrekt Engelbrektsson als Bronzestatue von Carl Eldh. Der Volksheld hatte einen Aufstand gegen den König der Union, Erik von Pommern, angeführt und war in Arboga 1435 zum Reichshauptmann gewählt worden – diese Zusammenkunft gilt als die erste Versammlung zum Reichstag in Schweden. Doch Engelbrekt hatte viele Feinde: Bereits 1436 wurde er auf einer kleinen Insel im Hjälmar-See ermordet.

Hinter der Statue erhebt sich die **Heliga Trefaldighets Kyrka** (Heilige Dreifaltigkeitskirche), die im 13. Jh. ursprünglich als Klosterkirche für den Franziskanerorden entstand. Zu Beginn des 16. Jh.s, als Gustav Wasa mit der katholischen Kirche brach, schenkte er Arboga das Gotteshaus als Stadtkirche, seinen Turm erhielt es jedoch erst im 17. Jh. bei der Renovierung. Sehenswert sind im Innern die 1736 vom Hofbildhauer Buchard Precht geschnitzte Kanzel und die Kronleuchter aus Messing, die zu den größten Lüstern von Schweden gehören. An der Südwand erzählen Wandmalereien des 15. Jh.s vom hl. Franziskus.

Auf dem **Friedhof** fand 1847 ein landesweit berüchtigter Dieb und Abenteurer seine letzte Ruhestätte: Lars Molin, besser bekannt als Lasse-Maja. Der meist als Frau verkleidete Gauner ist auch auf einem Wandbild im Örebro Slott abgebildet.

Flüssiges Gold und andere Kostbarkeiten

Bedeutende Museen

Seit Jahrhunderten ist Arboga Sitz einer Brauerei. Ein Versuch wert ist das Arbogaöl –doch Obacht, es ist ungewöhnlich stark! Wie es gebraut wird, verrät ein Besuch des **Bryggerimuseet** (Brauereimuseum). Im großbürgerlichen Örströmska Huset, von Kaufmann Anders Örström 1846 für sich und seine Familie an der Nygatan 37 errichtet, informiert das **Arboga Museum** über die große Zeit der Zünfte und zeigt Objekte aus Silber und Zinn. An den Bau des Hjälmaren-Kanals und die Blütezeit der Binnenschifffahrt erinnert das **Kanalmuseet Arboga** in einem alten Speicher am Hjälmare Dock. Technikfans begeistert das **Arboga Robotmuseum** in der Glasbrukgatan 1 mit Sammlungen zur Waffentechnikgeschichte seit 1940. Zu den Highlights gehören 25 verschiedene Lenkwaffen des Heeres, der Marine und der Luftwaffe und Flugsimulatoren für eine Saab 35 Draken und Saab 37 Viggen.

Bryggerimuseet: Mitte Juni – Anf. Aug. Mo. 17 – 19, Do. 14 – 16 Uhr
Eintritt: 50 SEK | www.arbogamuseum.se/bryggerimuseet.html
Arboga Museum: Di. – Do. 13 – 16, Sa. bis 15 Uhr | Eintritt: 50 SEK
www.arbogamuseum.se
Arboga Robotmuseum: Mo. – Fr. 9 – 12, Sa. 12 – 16 Uhr
Eintritt: 50 SEK | www.robotmuseum.se

Idyllischer Herrensitz

Jädersholm

Dass das Robotmuseum gerade im idyllischen Arboga zu finden ist, hat seinen Grund: 1551 hatte Gustav Wasa auf der Insel Jädersholm eine Waffenfabrik gegründet. Bis 1630 wurden dort Klingen und andere Stichwaffen hergestellt. Als die Waffenproduktion zum Erliegen kam, wurden Metalldraht und Produkte für die Zivilbevölkerung geschmiedet. 1757 kaufte Wilhelm Neumann, später unter dem Namen »Mannerstråle« geadelt, Jädersbruk. Der mehrstöckige Gutshof mit 22 Räumen stammt von 1883. Im Wintergarten verwöhnt heute ein Café mit hausgemachtem Kuchen und Kaffee (www.jadersbruk.se). Wunderschön ist auch der Julemarket im Advent.

Weit verzweigtes Wasserstraßennetz

Hjälmarsee

Die Verbindung zwischen Arboga und dem Hjälmar-See bildet der 13,7 km lange **Hjälmar-Kanal**, der mit neun Schleusen eine Höhendifferenz von gut 21 m überwindet (www.hjalmarekanal.se). Schwedens älteste künstliche Wasserstraße wurde 1639 gebaut und bis in die 1970er-Jahre zum Transport von Eisen aus Bergslagen über Örebro nach Stockholm genutzt. Der 483 km² große Hjälmar-See reicht östlich bis Södermanland und steht über den Kanal und den Fluss Arbogaån mit dem ▶ Mälarsee und letztlich der Ostsee in Verbindung.

Ursprüngliche Uferwiesen, seichte Schilfbuchten und ein Wasserpark mit Dämmen und verschlungenen Pfaden säumen im **Naturschutzgebiet Rynningeviken** das Westufer des Sees. Wanderer und Radfahrer werden im **Naturreservat Oset** auf ihre Kosten kommen, die Wege dienen hier gleichzeitig als Dämme zur Regulierung

Herbst am Hjälmar-See hat auch seine Reize.

des Wasserstands. So lassen sich im Frühjahr die Uferwiesen überschwemmen, um der Vogelwelt Brutmöglichkeiten zu bieten. Im preisgekrönten **Naturens Hus** gibt es schwedische und italienische Spezialitäten (www.orebro.se/naturenshus).

Ungewöhnliches Opernhaus

Opera på Skäret

100 m lang und 18 m hoch ist die riesige Halle aus Holz, in der früher die Planken zum Trocknen aufgestapelt wurden. Heute ist sie ein skurriles Opernhaus, in dem renommierte internationale Solisten und Orchester beim alljährlichen Opernfestival im August auftreten. Die Idee, das ehemalige Sägewerk am See Ljusnaren, gut 70 km nördlich von Örebro, zu einer Opernbühne umzufunktionieren, stammt vom schwedischen Bassbariton Sten Niclasson, der 1996 zum ersten Mal in die Bergbausiedlung **Skäret** kam. 2004 feierte sein Openfestival Premiere.
Der besondere Reiz liegt im Gegensatz von Kunst und ungebändigter Natur. Auf der Bühne werden »Rigoletto«, »Aida«, »Tosca« und »La Bohème« von großen Stimmen wie Stuart Neil, César Augusto Gutiérrez und Gitta-Maria Sjöberg gegeben. Bis zu zehn Aufführungen stehen auf dem Programm, zu denen mehrere Tausend Besucher vom dreieinhalb Autostunden entfernten ▶ Stockholm anreisen. Hinter der Sägemühle hält am Wochenende ein Sonderzug aus der Hauptstadt.
Ticketservice: Tel. 0580 7 11 00 | www.operapaskaret.se

SIMRISHAMN · ÖSTERLEN

Landschaft: Skåne | **Provinz:** Skåne Län | **Einwohnerzahl:** 19 000
Höhe: Meereshöhe

Man schmeckt förmlich die vielen Sonnenstunden, die in den saftigen Äpfeln der Region stecken. Simrishamn, die einzige Stadt der Obstbauregion Österlen, verbreitet mit gepflasterten Gassen und pastellfarbenen Häuschen gelassene Gemütlichkeit. Recht gemütlich – jedenfalls für damalige Zeiten – war auch das Leben im Glimmingehus: Die am besten erhaltene Mittelalterburg Schwedens ragt wie ein riesiger, grauer Monolith aus der recht flachen Landschaft.

Simrishamn erlebte seine große Blüte in der Regierungszeit des dänischen Königs Christian IV. Diese endete abrupt, als die Pest 1655 große Teile der Bevölkerung dahinraffte. Umso schöner ist heute der Kleinstadt-Charme, mit dem das Städtchen seine Besucher nach einem Sonnentag an einem der hübschen Badestrände Österlens umgarnt. Schlendern Sie auch zum Fischereihafen, der dank der Lage an der Südostspitze Schwedens bis heute ein Drehkreuz zwischen der westlichen Ostsee, Ostschweden und dem Baltikum ist. Bis in die 1980er-Jahre hatte hier die größte Fischereiflotte Schwedens ihr Zuhause.

Die Südostspitze Schwedens

Wohin in Simrishamn und Umgebung?

Kein Kuhhandel

St. Nicolai

Als der berühmte Künstler Carl Milles Mitte der 1950er-Jahre in Simrishamn zu Besuch war, versprach er, dem Ort eine seiner Skulpturen zu schenken, wenn man nur die St.-Nicolai-Kirche von ihrem hässlichen Zementputz befreien würde. Der Handel war erfolgreich, denn heute hat die Kirche wieder ihre unverputzte Fassade aus grauem Halla-Stein und auch Carl Milles hat Wort gehalten: Auf dem Rasen steht eines seiner Werke. Im Innern des im 12. Jh. erbauten Gotteshauses sind die Kanzel mit einem Monogramm von König Christian IV., das prächtige Taufbecken und ein Votivschiff von 1776 sehenswert.

Tulpen aus Simrishamn

Österlens Museum

Alljährlich im Mai erblühen im Museumsgarten beim **Tulpenfest** historische Tulpenarten in allen erdenklichen Farben. Gartenenthusias-

SIMRISHAMN UND ÖSTERLEN ERLEBEN

SIMRISHAMN TURISTBYRÅ
Tullhusgatan 2, Tel. 0414 81 98 00
www.simrishamn.se

Jedes Jahr im April präsentieren die Künstler von Österlen ihre Arbeiten in Öl, Aquarell, aus Glas, Edelmetallen, Holz und Keramik. Die Idee zur Kunstrunde, an der inzwischen über 140 Künstler und Kunsthandwerker teilnehmen, entstand 1968. Wegen des wunderbaren Lichts über der Landschaft nennen viele Maler die Gegend auch »Provence des Nordens« (www.oskg.nu).

KARLABY KRO €€€
Inmitten der fruchtbaren Landschaft Österlens bringt Küchenchef Linus Persson beste regionale Saisonküche auf den Tisch. Wem's gefällt, der bucht gleich das Bett dazu und eine Massage im Spa.
Karlaby, Tommarp, Tel. 0414 2 03 00, www.karlabykro.se

EN GAFFEL KORT € – €€€
Die Spezialität des gemütlichen Restaurants, das sich im Maritim Hotel befindet, ist mittags Smörrebröd in allen Variationen. Am Abend werden Fisch aus Nord- und Ostsee aufgetischt.
Hamngatan 31, Simrishamn
Tel. 0414 41 13 60
https://engaffelkort.se

BRÖSARPS GÄSTGIVERI €€€
Ländliche Romantik, ein großer Weinkeller zur ausgezeichneten Küche und alle Zimmer mit persönlicher Note. Kein Wunder, dass sich seit über 300 Jahren die Gäste hier wohlfühlen!
Albovägen 21, Brösarp, Tel. 0414 7 36 80, 37 Z., www.gastis.se

AURORA B & B €€
Die ruhige Pension mit tollem Frühstück, Garten und Parkplatz ist nur wenige Gehminuten vom Jachthafen entfernt.
Christian Barnekowsgatan 8
27232 Simrishamn,
Tel. 0414 1 77 07, 13 Z.
www.aurorabedbreakfast.com

ten können den städtischen Gärtnermeister Rolf Carlsson auf einer Blumenexkursion begleiten. Das Museum selbst widmet sich der Fischerei und Seefahrt sowie der Klöppeltradition in Österlen.
Storgatan 24 | Mo. – Fr. 10 – 17, Sa. bis 14 Uhr | Eintritt: 40 SEK
www.simrishamn.se/museum

Gut geschützter Luxus

★ Glimmingehus

Auch Selma Lagerlöf muss von Glimmingehus beeindruckt gewesen sein, sonst hätte sie den kleinen Nils Holgersson kaum so ausführlich über die besterhaltene mittelalterliche Burg Skandinaviens berichten lassen. Begonnen wurde die Festung südöstlich von Simrishamn 1499. Reichsadmiral und Reichsrat Jens Holgersen Ulfstand war der

Auftraggeber, Adam van Düren, der sich schon in Köln und Lund einen Namen gemacht hatte, lieferte die Pläne. Zahlreiche Verteidigungsanlagen und Wassergräbern betonen den Festungscharakter. Eindringlinge konnten mit kochendem Wasser oder Pech begossen werden, jedes Stockwerk war einzeln zu verteidigen und notfalls wurde die enge Treppe mit schweren Steinplatten blockiert. Im Treppenhaus steht der **»Vildmann«**, eine Kalksteinskulptur, die noch von Adam van Düren stammt und wahrscheinlich den Bauherrn mit Keule und erlegtem Hasen darstellt. Archäologische Funde von venezianischem Glas, gepresstem Glas aus dem Rheingebiet und spanischer Keramik belegen, dass der Haushalt auf Glimmingehus im 16. Jh. sehr exklusiv war. Im Sommer finden in der Burg **Ritterspiele**, Mittelalterfestivals und nächtliche Führungen statt.

Juni – Mitte Aug. tgl. 10 – 18, April, Mai, Mitte Aug. – Sept. tgl. 11 bis 16 Uhr | Eintritt: 70 SEK, Juli, Aug. 80 SEK | www.raa.se

Feinschmecker-Schloss

Kronovall Slott

Auf einer Insel, umgeben von Wallgräben, wurde Schloss Kronovall im 18. Jh. im Stil des französischen Barocks nach Entwürfen von Isak Gustaf Clason errichtet. Das strahlend weiße Anwesen bei Tomelilla birgt edle Tropfen: Im Keller ruhen mehrere Tausend Flaschen Schaumwein. Jährlich wird ein großes Weinfest gefeiert, im Schlossladen kann man sich für daheim eindecken. Seit 1998 ist Petri Pumpa

Einladend wirkt Glimmingehus nicht unbedingt.

Herr auf Schloss Kronovall, veranstaltet dort **Weinproben** und verarbeitet im Restaurant beste Regionalprodukte zu Hochgenüssen. Am Wochenende ist Übernachtung möglich (www.kronovall.se).

Im Zeichen des Apfels

Kivik

Mitten im Apfelanbaugebiet von Österlen liegt 20 km nördlich von Simrishamn der kleine Küstenort Kivik. Welche Apfelsorten hier angebaut werden, lässt sich im **Kiviks Musteri och Äpplets Hus** entdecken, das auch süffigen Cidre, Smoothies, Glögg und Marmelade verkauft. Ende September wird das berühmte Apfelfest **Äppelmarknaden** mit einem großen Markt am Hafen gefeiert (www.applemarknaden.se). Zu Beginn wird ein gigantisches »Gemälde« aus Äpfeln enthüllt. Für diesen »Äppeltavlan«, dem bereits der Eintrag in das Guinnessbuch der Rekorde gelang, verwendet die Künstlerin Emma Karp Lundström jedes Jahr mehrere Tonnen Äpfel.
Einen Superlativ stellt auch das **Königsgrab aus der Bronzezeit** am östlichen Ortsrand dar. Das größte Rollsteingrab Schwedens ist leicht an dem beeindruckenden Steinhaufen mit 75 m Durchmesser zu erkennen. Auf Steinritzungen der inneren Kammer sind Sonnenräder, Pferde und Wagen zu sehen.
Kiviks Musteri och Äpplets Hus: Ende März – Juni, Sept., Okt. tgl. 10 – 17, Juli, Aug. bis 18 Uhr | Eintritt frei | www.kiviksmusteri.se
Königsgrab: Mai Di. – So. 11 – 16, Juni tgl. 11 – 17, Juli, Aug. 10 – 16, Sept. Di. – So 12 – 16 Uhr | Eintritt: 20 SEK | www.kiviksgraven.se

Blütenmeer

Brösarp Backar

Im Frühling verwandeln sich die Südhänge der Hügel um das Bilderbuchdörfchen Brösarp, 10 km nördlich von Kivik, in ein Blütenmeer mit Millionen von Schlüsselblumen. Auf den kalkreichen Böden der Nordhänge wachsen Graslilien, Sandnelken und Katzenpfötchen.

Nationalparkwinzling mit riesiger Aussicht

Stenshuvud

Weit reicht der Blick vom 97 m hohen Gipfel des »Steinernen Hauptes« im nur 4 km² großen **Nationalpark Stenshuvud** südlich von Kivik: Im Süden sieht man flache Sandfelder mit Heiden und blumenreichen Trockenwiesen, die an kinderfreundlichen Sandstränden enden. Bei klarem Wetter lässt sich sogar die dänische Insel Bornholm am Horizont erkennen. Seit jeher ist der Berg aber nicht nur Aussichtspunkt, sondern wichtiger Orientierungspunkt für Seeleute.
Laubwald bedeckt das Innere des Parks. Mitten durch den Nationalpark verläuft der Fernwanderweg **Skåneleden**. Von Södra Mellby erreicht eine Stichstraße nach 2,5 km das Besucherzentrum **Naturum**, wo im Sommer tgl. um 10 Uhr geführte Touren mit Rangern starten.
Naturum: Juni – Aug. 11 – 18, sonst bis 16 Uhr
www.swedishepa.se

SÖDERKÖPING

Landschaft: Östergötland | **Provinz:** Östergötland Län
Einwohnerzahl: 14 000 | **Höhe:** Meereshöhe

Kopfsteinpflastergassen, mittelalterliche Kirchen und das angeblich beste Eis Schwedens machen Söderköping zu einem beliebten Stopp für Freizeitskipper, die auf dem Göta-Kanal unterwegs sind.

Einzigartig gut erhalten

Für Archäologen ist Söderköping ein Paradies. Die Stadt liegt auf dichten Lehmschichten, in denen organisches Material wie Holz und Leder in einzigartiger Qualität erhalten sind – und dies zudem in Hülle und Fülle: Söderköping ist die schwedische Stadt mit den meisten Grabungsfunden. Sie sind an historisch interessanten Plätzen ausgeschildert; eine ausführlichere Broschüre erhält man im Touristenbüro oder kann sie unter www.soderkoping.se herunterladen. Aber auch das verwinkelte Drothemskvateren und der zerklüftete Schärengarten von Östergötland lohnen einen längeren Aufenthalt in Söderköping.
Gegründet wurde die Stadt 17 km südöstlich von ▶ Norrköping im 13. Jh. als Lübecker Handelskolonie. Im Mittelalter war sie einer der wichtigsten schwedischen Handelsplätze, hier fanden Königskrönungen und Reichstreffen statt. Später wurde der Handel durch den ertragreicheren Fischfang in den Schären abgelöst.

Wohin in Söderköping?

Ein Viertel wie anno dazumal

★ Drothemskvateren

Urig ist besonders das ehemalige Klosterviertel mit verwinkelten Gassen und niedrigen Häusern aus dem 18. Jh., die so klangvolle Namen wie »Das Haus des Glöckners Kalle« und »Der Hof des Knäckeweibleins« tragen. Über der niedrigen Bebauung erheben sich gleich zwei Kirchen: die Drothemskyrka und die **St. Laurentii Kyrka** (spätes 13. Jh.). Den Märtyrer zeigt im Innern ein Kalkgemälde an der Stirnseite der Sakristei. Der 50 m hohe Glockenturm aus Holz wurde 1583 von Anders »Stapelmakare« (Turmbauer) erbaut.

Bedeutsame Wasserader

Innenstadt

In Gelb und Weiß dominiert das auf mittelalterlichen Fundamenten stehende Rathaus seit 1777 den Rådhustorget. Von hier wurde die Stadt bis in die 1970er-Jahre verwaltet. Im Turm befand sich die Feuerwache, die bei Bränden die Rathausglocke läutete – heute residiert hier die **Galerie Rådhuset**, in der der Künstlerverein blandArt Kunst und Kunsthandwerk ausstellt und verkauft. Im Keller sind noch die

Gefängniszellen erhalten.
Die **Rathausbrücke** überquert den Storån, der einst nicht ein idyllisch dahinfließendes Flüsschen, sondern ein gewaltiges Fahrwasser war, mit einem Hafen, in dem die mit Waren beladenen Koggen der Hanse festmachten. Die **Storgatan** ist die mittelalterliche Hauptachse der Innenstadt. Reizvolle kleine Häuschen, heute mit Cafés und charmanten Läden, spiegeln die Blütezeit der Stadt vom 13. bis 16. Jh. wider.

Erinnerungen in Schwarz-Weiß

St. Ragnhilds Stadshistoriska Museet

Das historische Gebäude des Stadthistorischen Museums diente vom Mittelalter bis 1861 als Schule, später als Altenheim und Bibliothek.

SÖDERKÖPING ERLEBEN

SÖDERKÖPING TYRISTBYRÅ
Stinsen, Margaretagatan 19
Söderköping, Tel. 0121 1 81 60
www.soderkoping.se

ARKÖSUND KROG & HOTELL €€
In dem Hotelrestaurant mit großer Holzterrasse und Paradeblick auf die Schären werden wahre Kunstwerke aus der Küche serviert, darunter viel Seafood, aber auch für Vegetarier ist etwas dabei. Oder soll es vegan sein? Der Küchenchef bereitet auf Anfrage gerne etwas Gewünschtes zu.
Världens ände 3, Vikbolandet,
Tel. 0125 2 00 03
www.arkosundshotell.se

LA UVA €€
Gehobene Tapas-Bar mit über 30 Tapas, spanisch inspirierten Fisch- und Fleischgerichten und gut sortierter Weinkarte.
Rådhustorget 1, Söderköping
Tel. 0121 1 03 38
www.tapasbar.se

JANNES HEMBAGERI €
Köstliche Torten, belegte Brote und bester Kaffee – eine der ältesten Konditoreien Schwedens eignet sich bestens für einen kurzen Boxenstopp.
Habatorget, Söderköping
Tel. 0121 1 00 52, www.jannes hembageri.se, So. geschl.

SÖDERKÖPINGS BRUNN €€€€
In diesem alten Kurhotel am Göta-Kanal können Sie sich in einem hervorragenden Spa und genauso ausgezeichneten Restaurant verwöhnen lassen.
Skönbergagatan 35, Söderköping
Tel. 0121 1 09 00, 102 Z.
www.soderkopingsbrunn.se

LILLA UPPÄNG €€€ – €€€€
Inga Maj, Anna Rolandsson und Carola Sandell haben im Schärengarten von St. Anna ein verstecktes Bilderbuchidyll geschaffen: mit bester Küche, nostalgischem Design und einem kleinen, aber feinen Spa.
Väg 210, St. Anna, Söderköping
Tel. 0121 4 00 74
www.lillauppang.se

Besonders sehenswert ist die große Fotosammlung aus den 1920er- und 1930er-Jahren.

Juni – Aug. tgl. 10 – 16 Uhr, Sept. – Mai nur Mo. – Fr. | Eintritt frei
www.stragnhildsgille.se

Uraltes Kleidungsstück und Blütenpracht

Bryggaren

In dem Handelshof am Hagatornet, einst Standort der Göta-Brauerei, fanden Archäologen einen mittelalterlichen rot-blauen Wollrock. Es handelt sich um das älteste und das einzige zweifarbige mittelalterliche Gewand in ganz Skandinavien. Eine Perle für Rosenfreunde ist das **Rosarium** am Hagatornet. Wenige Schritte weiter gibt es in der Skönbergagatan einen wundervollen Kräutergarten.

Hier kurte man

Söderköpings Brunn

An Söderköpings Vergangenheit als feiner Kurort erinnert das Heilbad Söderköpings Brunn, heute ein charmantes Hotel (► S. 208). Ältestes Gebäude der Kuranlage ist das Slottet aus den 1770er-Jahren mit Anbauten von 1851. Im Kurpark erhalten ist der Heilquellensalon aus dem Jahr 1819 und auf der anderen Seite des Flusses die Quellenkirche von 1898 und das Heilquellenlazarett, das 1893 – 1976 genutzt wurde und jetzt als Schule dient. Der Kurbetrieb wurde 1719 aufgenommen und 1842 durch eine Wasserkuranstalt ergänzt. Seit den 1960er-Jahren wird das Heilwasser aber nicht mehr getrunken.

(Fast) ein Freilichtmuseum

Korskullen

Ursprünglich als Freilichtmuseum geplant war Korskullen, für das der 1918 gegründete Heimatverein St. Ragnhilds Gille ganze Gebäude hierher verlegen ließ. Zwar wurde der Plan schon bald aufgegeben, doch auch die wenigen Häuser sind durchaus sehenswert. Zu ihnen gehören die Grindstuga aus dem 18. Jh., das Hauptgebäude vom Ende des 19. Jh.s und das Lusthaus auf dem Hügel. Die Windmühle und der Schuppen stammen von der Küste, ebenso das Fischerhäuschen aus Västra Husby.

Hoch hinaus!

Ramunderberg

Der Berg, auf dem der Sage nach einst der Riese Ramunder lebte, erhebt sich fast senkrecht 73 m über dem Kanal. Wer die 278 Stufen zum Gipfel hinaufsteigt, hat einen weiten Blick über die Stadt und ihre Umgebung. Hübsche Spazierwege und Fitnesspfade erschließen das Naturreservat.

Simply the best!

Göta-Kanal

In der Nähe des Ramunderbergs fließt der 1832 eingeweihte Göta-Kanal (► Baedeker Wissen S. 40) durch Söderköping. Im Sommer zählen der Kanalhafen und die Schleuse mitten in der Stadt wegen ihrer Cafés, Restaurants und Handwerksläden zu den angesagtesten

Nicht weit von Söderköping legen Oldtimer-Schiffe wie die »Juno« zu ihrer Reise über den Göta-Kanal ab. Es geht einmal quer durch Südschweden.

Treffpunkten. Größter Beliebtheit bei Kindern erfreut sich die **Skulptur »Rabbit Crossing«** von Eva Fornåå. Sie zeigt hilfsbereite Kaninchen auf beiden Seiten des Kanals.

Doch Vorsicht, ein Ausflug hierher könnte Diätpläne durchkreuzen, denn am Kanalhafen ist zugleich die berühmte **Eisdiele Smultronstället!** (www.smultronstallet.se) zu Hause. Ihre Fangemeinde ist sich sicher: Hier gibt es das beste Eis in ganz Schweden! Und angesichts der über 60 Sorten wird man vielleicht das Verlangen verspüren, nicht nur einmal vorbeizuschauen

★ Die Schären von Östergötland

Inselhopping auf Schwedisch

Schärengarten von St. Anna

Von Aspöja im Norden bis zur Södra Finnö im Süden säumt der Schärengarten von St. Anna mit rund 1000 Inseln und Inselchen auf 25 km Länge und rund 15 km Breite die Ostseeküste. Im Unterschied zu den meisten anderen schwedischen Schärengärten gibt es auf St. Anna eine sesshafte Bevölkerung: Fast 800 Menschen leben ganzjährig hier und weiden auf den inneren Inseln ihre Rinder und Schafe. Weiter draußen auf den unzähligen Klippen, Felsen und kleinen Schären ist die Natur deutlich karger. Hier sonnen sich Robben auf den Felsen,

tummeln sich Barsch, Zander und Kabeljau in den kühlen Fluten. In Tyrislöt erzählt ein vom Heimatverein St. Anna geführtes **Schärenmuseum** von den Lebensbedingungen um 1900 in den Schären. Seinen Namen erhielt der idyllische Schärengarten nach der Mutter der Jungfrau Maria, der Schutzheiligen aller Seefahrer. Wer nicht mit dem eigenen Boot unterwegs ist, kann mit den Linienschiffen von **Skärgårdslinjen** von Mai bis September auf Inseltour gehen (www.skargardslinjen.com). Die Schärenboote verkehren regelmäßig auf drei verschiedenen Routen zwischen 20 Inseln. Infos zu Fahrplänen gibt es in den Touristenbüros von Norrköping, Söderköping und Valdemarsvik. Knotenpunkt der Bootslinien von St. Anna ist der Hafen Tyrislöt im Süden der Insel Norra Finnö. **Meerespaddeln** im Kajak, Wasserscooter-Safaris und andere Aktivitäten bietet Äventyrsbolaget an (www.aventyrsbolaget.se). Und wer im Winter die Schärenlandschaft besucht, kann mit Spezialschlittschuhen, die vor Ort verliehen werden, zum ganz besonderen Inselhopping starten.
Juli – Mitte Aug. Di. – So. 12 – 17 Uhr | Führungen nach Voranmeldung unter Tel. 0121 2 02 27 | Eintritt 30 SEK

Zentrum des Schärengartens

Arkösund

Arkösund auf der Halbinsel **Vikbolandet** bietet in seinem Gasthafen auch großen Jachten Platz zum Anlegen. Besonders schön ist der Holzbohlenweg, der zwischen den Bootsstegen den Kvarnberget umrundet und am Badholmarna vorbeiführt, einem kleinen Naturbad. Im **Arkösunds Krog och Hotell** wird ein Schärengartenmenü serviert; Pirglass ist für sein feines selbst gemachtes Eis bekannt. Einen Besuch wert ist auch die **Töpferei Arkösunds Krukmakeri** von Marie Söderholm am Fyrvägen 24 (www.arkosundskrukmakeri.se). Ebenfalls auf Vikbolandet befindet sich das wohl edelste Hotel des Schärengartens: **Mauritzberg Slott** (www.mauritzberg.se), ein Golf- und Wellnesshotel in einem mehr als 400 Jahre alten Schloss direkt am Meer.

Majestätisches Flair

Stegeborg

An Ritterzeiten erinnert die Burgruine Stegeborg auf einer Insel in der Slätbaken-Bucht. Die Burg, im 13. Jh. zum Schutz der Handelsstraße von Söderköping zur Ostsee errichtet, war im Mittelalter eine von Schwedens wichtigsten Festungen und gleichzeitig ein königliches Schloss. 1537 wurde hier König Johan III. geboren, ein Sohn von **Gustav Wasa**. Ein paar Hundert Meter weiter steht das 1806 erbaute neue Schloss Stegeborg. Rund 1 km von der Ruine entfernt wird im **Hamnkrog** beim Gästehafen jeden Mittwoch im Juli ein Wildschwein gegrillt, freitags kommt den ganzen Sommer lang ein Garnelenbuffet auf den Tisch. Das **Stegeborg Tradgardshotell** bietet die Übernachtung in einem Zimmer an, in dem schon die königliche Familie geschlafen hat (www.stegeborg.se). Alternativ gibt es zwei Ferienhäuser und einen Campingplatz.

★★ STOCKHOLM

Landschaft: Södermanland | **Provinz:** Stockholm Län
Einwohnerzahl: Stadt: 923 500, Großraum 2,2 Mio.
Höhe: Meereshöhe

Stadt der Inseln und Brücken

Der häufig bemühten Floskel »Venedig des Nordens«, wie Schwedens Hauptstadt gerne bezeichnet wird, sind die Stockholmer längst überdrüssig. Sicher, das Puzzle aus Inseln, Kanälen und Brücken zwischen Mälaren und Ostsee erinnert an die italienische Lagunenstadt. Doch die Mischung aus Großstadtflair, Natur und allgegenwärtiger Nähe zum Wasser, das Licht langer Sommertage, die majestätische Würde einer Königsstadt und die vielen Prachtbauten machen Vergleiche mit anderen Städten hinfällig.

»Stockholm ist nicht nur Schwedens Hauptstadt, sondern auch die Kapitale Skandinaviens und eine der schönsten und aufregendsten Städte der Welt«, behauptet Stockholms ehemaliger Bürgermeister Sten Nor-

Königliches Stockholm. Wasser ist allgegenwärtig in Schwedens auf 14 Inseln »schwimmender« Hauptstadt.

din stolz. Ob ungewöhnliche Cafés, Retro-Shops und Designerläden im multikulturellen Bohème-Viertel Södermalm, historische Restaurants und hippe Kneipen in Gamla Stan, Einkaufstempel in Norrmalm, ein Bad auf Långholmen oder ein aufregendes Nachtleben in Östermalm – die zahlreichen Viertel und Stadtteile der auf 14 Inseln schwimmenden Metropole im Mälarsee haben alle ihren ganz eigenen Charakter. Und dank des weltweit ersten Nationalstadtparks, der sich quer durch die Stadt zieht, ist Stockholm nicht nur vom Wasser, sondern auch von sehr viel Grün geprägt. Sightseeing, shoppen, schick essen oder picknicken, radeln, joggen, Kanu- und Kajak fahren – und das alles an einem Tag. In Stockholm ist das möglich!

»

Der Junge … sah hinab auf die lustigen Villen am See, als Daunenfein einen Schrei ausstieß. ›Jetzt weiß ich, wo wir sind! Dort liegt die Stadt, die auf dem Wasser schwimmt.‹

«

Selma Lagerlöff in »Nils Holgersson«

STOCKHOLM ERLEBEN

STOCKHOLM VISITOR BOARD

Um Auskünfte zu bekommen, muss man erst eine Nummer ziehen! Zusätzlich gibt es im Stadtgebiet 300 Stockholmterminals mit Live-Chat-Verbindung zur Touristeninformation.
Sergels Torg 3 – 5
Tel. 08 50 82 85 08
www.visitstockholm.com

»WHAT'S ON STOCKHOLM« ...

... heißt die monatlich auch in Englisch erscheinende Broschüre mit dem kompletten Veranstaltungskalender der Hauptstadt. Der Nöjesguiden bietet eine Veranstaltungsübersicht für Szenegänger (http://nojesguiden.se).

ANREISE MIT AUTO, BUS UND BAHN

Wer mit dem Auto anreist, sollte es am Stadtrand parken. Die Parkplätze in der City sind rar und teuer; Falschparker werden umgehend abgeschleppt. Von Aug. bis Juni erhebt Stockholm werktags eine **City-Maut**, die nun auch für im Ausland regist-

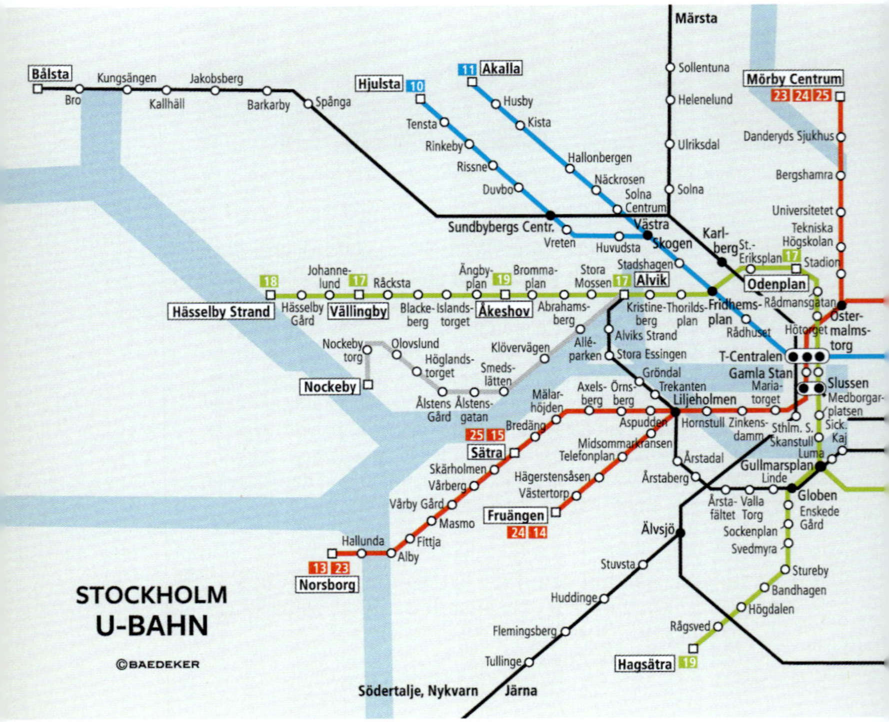

rierte Pkws fällig wird. Es werden automatisch die Kennzeichen erfasst, die Rechnung wird nach einigen Wochen zugeschickt.
Knotenpunkt für alle Bahnreisenden ist **Stockholm C** (C = Central). Umsteigeverbindungen bestehen dort zur U-Bahn und auch zum Arlanda-Express, der von hier abfährt.
Endstation für Busreisende ist der **Cityterminalen**, der moderne Busbahnhof am Hauptbahnhof. Von hier starten Flughafenbusse und die Überlandfahrten mit Swebusexpress.
Für die großen Kreuzfahrtschiffe gibt es in Stockholm sieben Anlegestellen, mehrere direkt in der Innenstadt. Von Deutschland wird die Stadt allerdings zurzeit nicht angelaufen.

Fährverbindungen bestehen nach Riga, Tallinn, Helsinki, Turku und Mariehamn (Åland-Inseln). Die Göta-Kanal-Schiffe legen am Skeppsbrokajen 103 in Gamla Stan an.

FLUGHÄFEN

Internationale Airlines landen meist auf dem Flughafen **Arlanda** (www.arlanda.se) 40 km nördlich von Stockholm; der Arlanda-Express (www.arlandaexpress.com) ist in 20 Min. am Hauptbahnhof. Zusätzlich verkehren alle 5 – 10 Min. zwischen Arlanda und dem Stockholmer Busbahnhof die Flybussarna. Eine Taxifahrt in die City kostet ca. 500 SEK. Hauptsächlich für Inlandsflüge wird der Flughafen Bromma genutzt, der

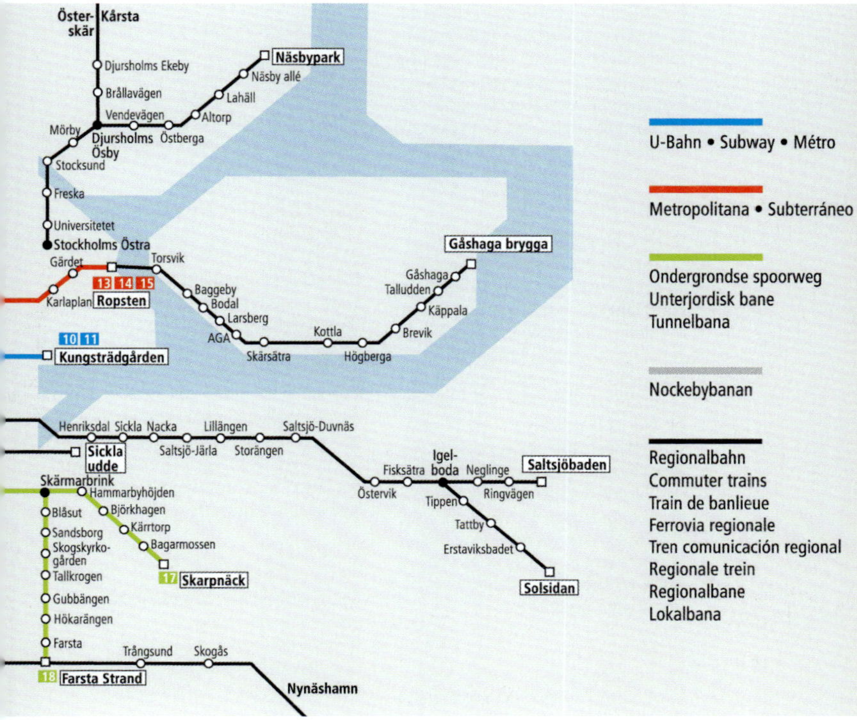

zwischen den U-Bahn-Stationen Brommaplan und Sunybergs Centrum liegt und ebenfalls von den Flybussarna angefahren wird. Billigcarrier fliegen meist den gut 100 km südwestlich von Stockholm gelegenen Flughafen **Skavsta** oder das ca. 120 km entfernte **Västerås** am Mälarsee an; von hier gibt es Shuttlebusse nach Stockholm.

STOCKHOLM PASS

Der Stockholm Pass für 1, 2, 3 oder 5 Tage (595, 795, 995 oder 1295 SEK) gewährt freien Eintritt in über 60 Museen, Sehenswürdigkeiten und Freizeiteinrichtungen, kostenlose Fahrten mit öffentlichen Verkehrsmitteln, freies Boot-Sightseeing und Rabatte. Er ist erhältlich bei den Tourismusinformationen, Pressbyrå-Kiosken und vielen Hotels im Stadtbereich oder online unter www.stockholmpass.de. Mit der Båtluffarkortet kann man die Stockholmer Schären fünf Tage per Boot erkunden.
www.waxholmsbolaget.se

HOP-ON, HOP-OFF

Stockholm vom Wasser aus zu sehen, ist ein genussvolles Muss. **Hafenrundfahrten** macht man am besten mit den Hop-on-hop-off-Booten, die zwischen Altstadt, Nybroplan, Skeppsholmen, Djurgården und Södermalm pendeln. Man kann beliebig oft ein- und aussteigen und ist damit sehr flexibel. Das 24-Stunden-Ticket ist auch als Kombifahrkarte für Boote und offene Doppeldeckerbusse erhältlich. Zwischen 50 Min. und 2½ Std. dauern die verschiedene nKanalrundfahrten, Dinner Cruises und Good-Morning-Bootstouren.
www.stromma.se

U-BAHN/BUS

Wichtigstes innerstädtisches Verkehrsmittel ist die 1930 angelegte Tunnelbana (U-Bahn), die heute mit drei Linien auch das nahe Umland erschließt. Wer die Stockholmkarte besitzt, fährt kostenlos. Sonst kann man Netzkarten für 24 oder 72 Std. erwerben. Fährt man nur in der Innenstadt, empfiehlt sich die Rabattkuponger, auf der man je nach Zonenzahl Felder abstempelt. Einzelfahrkarten sind im Vorverkauf – also bei Pressbyråer oder am Automaten – wesentlich billiger als direkt an der Eingangsperre. Im Bus kann man keine Fahrkarten kaufen. Wer mit dem Bus fahren will, muss das Ticket vorab beschaffen.
www.sl.se.

STOCKHOLM CITY BIKES

Beim Tourismusbüro oder im Internet gibt es eine Leihkarte für drei Tage oder die ganze Saison, mit der man an mehr als 70 Stellen von April bis Okt. ein Fahrrad mieten kann. Auch Helme werden verliehen. Die Saisonkarte kostet 300 SEK, online 250 SEK, für drei Tage 165 SEK.
www.citybikes.se

NACH DROTTNINGHOLM UND BIRKA

Vom Kai am Stadshus verkehren Ausflugsschiffe nach Drottningholm (ca. 1 Std.) und Birka (ca. 2 Std.)
www.stromma.se

DJURGÅRDSLINJEN

Herrlich nostalgisch ist eine Fahrt mit der himmelblauen Museumsstraßenbahn Nr. 7N aus den 1920er-Jahren von Norrmalmstorg nach Djurgården mit dem Freilichtmuseum Skansen
www.sparvagssallskapet.se

FÜHRUNGEN, TOUREN, BALLONFLÜGE

Beites Angebot an Sspaziergängen und Themenführungen
www.visitstockholm.com
Gut gesichert, können Schwindelfreie von April bis Sept. Riddarholmen

auf einer Führung über die Dächer entdecken.
www.upplevmer.se
Ballonfahrten veranstaltet Far & Flyg, Segway-Touren und Ballonfahrten Upp & Ner .
www.farochflyg.se
www.uppner.se

IM KAJAK DURCH DIE CITY

Stockholms Kajak Club logiert im Smedsuddsvägen 23 am Ufer des Riddarfjärden im Rålambshovs-Park. Er verleiht Seekajaks und Kanus für die ganz besondere Stadttour: z. B. auf dem stillen Långholm-Kanal, am Rathaus vorbei oder an den herrlichen Buchten des Mälarsees entlang; schöne Badeplätze gibt es überall.
Kafé Kajak, Smedsuddsvägen 23
Tel. 08 7 38 06 00
www.kafekajak.se

MUSIK PÅ SLOTTET

Renommierte Schlosskonzerte mit nationalen und internationalen Künstlern.
Jan., www.royalfestivals.se

VÅRSALONGEN

Frühjahrssalon mit ausgesuchten Werken schwedischer Künstler.
Feb., www.liljevalchs.stockholm.se

VERLEIHUNG DES ASTRID LINDGREN MEMORIAL AWARD (ALMA)

Am letzten Mittwoch im Mai wird auf der Freilichtbühne von Skansen der mit 5 Mio. SEK höchstdotierte Kinderbuchpreis der Welt verliehen.
Mai, www.alma.se

STOCKHOLM MARATHON

Ziel der mehr als 21 000 Läufer ist nach knapp 42,2 km das Olympiastadion.
Juni, www.stockholm marathon.se

STOCKHOLM PRIDE

Höhepunkt des schwul-lesbischen Festivals: Die Pride Parade wälzt sich durch die Innenstadt.
Juli, www.stockholmpride.org

STOCKHOLM SUMMER GAMES

Internationale Sommerspiele für 10- bis 20-Jährige.
Juli, www.summergames.se

KULTURFESTIVALEN

Riesiges Kulturspektakel mit Tanz, Theater, Musik und Kunst – fast alle Veranstaltungen sind kostenlos!
Aug., www.kulturfestivalen.stockholm.se

MIDNATTSLOPPET

Mitternachtslauf durch Södermalm. Das Event hat inzwischen Nachfolger u. a. in Göteborg und Malmö gefunden.
Aug., www.midnattsloppet.com

FILMFESTIVAL

Seit 1989 versteht sich das Filmfestival als Wegweiser zu modernen Produktionen aus Schweden und aller Welt.
Aug., www.stockholmfilm festival.se

TJEJMILEN

Bei dem 10,3 km langen Laufwettbewerb gehen auf Djurgården mehr als 30 000 Frauen an den Start.
Sept., www.tjejmilen.se

STOCKHOLM BEER & WHISKY FESTIVAL

Konzerte, Ausstellungen und Gastro-Events werden ergänzt durch eine Fachmesse für Wein, Bier und Calvados im Nacka Strand Fair & Conference Center.
Sept., www.stockholmbeer.se

STOCKHOLM JAZZ FESTIVAL

Topevent mit Stars der Jazz-, Blues- und Soulszene auf Skeppsholmen.
Okt., www.stockholmjazz.se

STOCKHOLM OPEN
Zu den Rekordsiegern des ältesten Hallenturniers der ATP-Tour gehört Boris Becker – er gewann 4-mal das seit 1969 ausgetragene Tennisturnier.
Okt., www.ifstockholmopen.se

NOBELDAGEN
Alljährlich am 10. Dezember überreicht König Carl XVI. Gustaf im Stockholmer Konzerthaus den Nobelpreis (▶ Baedeker Wissen S. 380).

LUCIAFIRANDE
Die Lichterkönigin Lucia verteilt am 13. Dezember im Freilichtmuseum Skansen Pfefferkuchen und Glögg.
Dez., www.skansen.se

WEIHNACHTSMÄRKTE
Besonders anheimelnd sind die Weihnachtsmärkte von Skansen und auf dem Stortorget.
Dez.

In **Norrmalm** ballen sich Stockholms große Kaufhäuser und Filialen preiswerter Modeketten. Beliebteste Bummelmeilen sind hier Drottninggatan und Kungsgatan. Originelle Boutiquen drängen sich in **Södermalm** in der Götgatan, so u. a. das Textilkollektiv »10 Designers« in Nr. 25 (www.tiogruppen.com). Stockholms Antwort auf SoHo heißt **SoFo**: Südlich der Folkungatan finden sich Vintage-Läden. Schick shoppen lässt es sich in der Birger Jarlsgatan, Antiquitäten gibt's in der Kommendörsgatan. **Östermalm** liebt es zeitlos und elegant.

ACNE
Concept Stores des trendigen schwedischen Labels.
Nytorgsgatan 36 und Norrmalmstorg 2
www.acnestudios.com

ÅHLÉNS CITY
Stockholms größter Konsumtempel für Kosmetik, Mode, Medien, Haushalt und Einrichtung. Im Untergeschoss wartet eine hervorragende Feinkostabteilung auf anspruchsvolle Kundschaft.
Klarabergsgatan 50
www.ahlens.se

BRUKA DESIGN STOCKHOLM
Nordisches für Küche und Garten.
Regeringsgatan 44 und Humlegårdsgatan 1
www.brukadesign.se

DESIGN HOUSE STOCKHOLM
Alle Marken führender skandinavischer Designer.
Smalandsgatan 11
www.designhousestockholm.com

GALLERIAN HAMNGATAN
60 Geschäfte auf zwei Ebenen mit preiswerter Mode für junge Leute.
Hamngatan 37, www.gallerian.se

H & M
Nur in Stockholm gibt es die kompletten Kollektionen des weltweit vertretenen schwedischen Modelabels.
Hamngatan 22, www.hm.com

HÖTORGSHALLEN
Markthalle mit Spezialitäten aus aller Welt. Oben auf dem Platz ist werktags Wochenmarkt, sonntags Flohmarkt.
Hötorget, www.hotorgshallen.se

IKEA
Das größte IKEA-Einrichtungshaus der Welt öffnete 1963 südlich von Stockholm. Der Kundenandrang war bald so groß, dass das Personal nicht zum Bedienen ausreichte. Kurzerhand wurde das Lager für die Kunden geöffnet und IKEAs SB-Prinzip war erfunden.
Modulvägen 1, Kungens Kurva
www.ikea.com

KONSTHANDVERKARNA
Im Showroom von Stockholms ältester Kunsthandwerkerkooperative ist jedes Material vertreten: Glas, Keramik, Holz, Textilien, Gold, Silber u. a.
Södermalmstorg 4
www.konsthantverkarna.se

LOPPMARKNADEN
Der größte Flohmarkt des Landes mit Tand und Trödel.
Fjärdholmsgränd 4
Vårberg Centrum, Skärholmen
www.loppmarknaden.se
Mo. – Fr. 11 – 18, Sa. 10 – 16 und So. 11 – 16 Uhr

NORDISKA KOMPANIET
»NK« ist Schwedens Ausgabe von Harrod's. Das Nobelkaufhaus huldigt seit 1902 auf sechs Etagen der luxuriösen Lebensart – von edler Designermode bis zu kubanischen Zigarren.
Hamngatan 18 – 20, www.nk.se

ÖSTERMALMS SALUHALL
Unter dem Dach der 1888 von Isak Gustaf Clason und Kaspar Salin eröffneten Markthalle überbieten sich die Händler und Gastronomen in Auswahl und Qualität ihrer schwedischen Spezialitäten. Kein Wunder, dass selbst die Königsfamilie hier gern einkauft. Bis zur Wiedereröffnung der rundum renovierten Markthalle im Frühjahr 2019 gibt es ein Provisorium an gleicher Stelle.
Östermalmstorg
www.ostermalmshallen.se
Mo. – Fr. 9.30 – 19, Sa. bis 17 Uhr

PUB
Schon 1882 eröffnete Paul Urbanus Bergström sein Warenhaus PUB, heute ein kreativer Mix aus Mode, Medien, Kosmetik, Schmuck und Secondhand. Die oberen vier Stockwerke gehören der Design-Herberge Rica Hotel Kungsgatan (www.rica-hotels.com).
Hötorget, www.pub.se

STUREGALLERIAN
Preisgekrönter Einkaufstempel mit rund 60 hochpreisigen Geschäften, Cafés und Restaurants.
Stureplan, www.sturegallerian.se

SVENSKT TENN
Textilien, Geschirr und Möbel im fantastischen Design von Josef Frank.
Strandvägen 5
www.svenskttenn.se

Epizentren des Nachtlebens sind der Stureplan, die Prachtstraßen Kungsgatan und Birger Jarlsgatan und der Bezirk um den Kungsträdgården.

1 ABSOLUT ICE BAR
Hier liegt die Temperatur konstant bei –5 °C: Alles außer den Drinks ist aus Eis.
Vasaplan 4, Nordic Sea Hotel
Tel. 08 50 56 31 24
www.icebarstockholm.se

2 CADIERBAREN
Elegante Bar mit bequemen Sitzgruppen und schöner Aussicht auf das Schloss. Tagsüber gute Adresse für Brunch und Afternoon Tea, abends tolle Cocktails, z. B. »Ebony & Ivory« aus Butterscotch, Vanille und Chocolate Cream.
Södra Blasieholmshamnen 8
im Grand Hotel, Tel. 08 6 79 35 85
www.grandhotel.se/mat-dryck/cadierbaren

3 CAFÉ OPERA
Schon Mick Jagger, Madonna und die Backstreet Boys haben hier gefeiert (► Abb. S. 220).
Karl XII:s Torg, Tel. 08 6 76 58 07
www.cafeopera.se

4 FASCHING
Spitzenjazz, Soul und Latin gehören seit 1977 zum festen Programm des Clubs.

STOCKHOLM
U-Bahn (Tunnelbana)
Hop-on-Hop-off Sightseeing-Boote
Vasastaden
Flughafen Arlanda
Rådmansgatan
Humlegården
Kungliga Biblioteket
Strindbergs-museet
Tegnérlunden
Johannes kyrka
A. Fredriks Kyrka
Folketshus Stora Teat.
Scala
Norra Latin City Conference Center
Norra Bantorget
Hötorget
Konserthuset
NORRMALM
Vasateatern
Oscarsteatern
Stureplan
Ingenjörs akad.
Östermalmstorg
Dramat. teatern
Hallwylska museet
NK
Nybroplan
Berzelii Park
Kungsträdgården
T-Centralen
Sergels Torg
Kulturhuset
Stadsteatern
City-terminalen
Klara kyrka
T-Centr. Central-station
Jakobs-kyrka
Kungsträdgården
Karl XII:s Torg
Operan
Dansmuseet
G. Adolfs Torg
Konst.-akad.
Rosenbad
Medeltidsmuseet
Norrström
Vaxholm
Riksdagshuset
Livrustkammaren
Kungliga Slottet
Helgeandsholmen
Riddarhuset
Birkastan
Drottningholm
Rådhuset
Kungsbroplan
Barnhusviken
Klara Sjö
Bolindersplan
Kungsholms kyrka
Ragnar Östbergs plan
KUNGSHOLMEN
Stadshuset
Norr Mälarstrand
Riddarfjärden
Birger-Jarls-torg
Svea Hovrätt
Evert Taubes Terrass
RIDDARHOLMEN
Riddarholmskyrkan
Storkyrkan
Nobelmuseet
Stortorget
GAMLA STAN
Postmus.
Gamla Stan
Tyska kyrkan
Järntorget
Kornhamnstorg
Slussplan
Gripsholm Slott
Långholmen, Lilla Essingen
Mälaren (Mälarsee)
Söder Mälarstrand
Södermalmstorg
Slussen
Katarinahissen
Stockholms Stadsmuseum
Skinnerviksparken
Mariatorget
Maria Magdalena kyrka
S:t Paulskyrkan
SÖDERMALM
Mosebacke Torg
Björns trädgård
Zinkensdamms idrottsplats
Medborgarplatsen
Söderhallarna
Medborgarhuset
Tantolunden
Ånghästparken
Sankt Eriks Katolska Domkyrka
Globe, Skogskyrkogården

1 Operakällaren
2 Rolfs Kök
3 Wedholms Fisk
4 Den Gyldene Freden
5 Eriks Gondolen
6 Esperanto
7 Pontus!
8 Fem Små Hus
9 F12
10 Niklas
11 Sturehof
12 Café Lasse i Parken
13 Grill
14 Hermans
15 Kvarnen
16 Tennstopet
17 Tysta Marie
18 Kungshallen

1 Grand Hotel Stockholm
2 Victory Hotel
3 Hotel Hellsten
4 Grand Hotel Saltsjöbaden
5 Hotel Scandic Victoria Tower
6 Mälardrottningen Yacht Hotel
7 Nordic Light Hotel
8 Rival Hotel
9 2Home Hotel Apartments
10 af Chapman & Skeppsholmen
11 Jumbo Hostel
12 Långholmens Vandrarhem

1 Icebar
2 Cadierbaren
3 Café Opera
4 Fasching
5 Golden Hits
6 Himlen
7 Sturecompagniet

Fußgängerzone

Kungsgatan 63, Tel. 08 53 48 29 60
www.fasching.se

5 GOLDEN HITS

Dinnershows und Karaoke. Am Wochenende stehen lange Warteschlangen vor dem hippen Club im Retro-Stil.
Kungsgatan 29, Tel. 08 50 55 60 80
www.goldenhits.se

6 HIMLEN

Vor der Skybar mit Cocktaillounge in einem Hochhaus auf Södermalm eröffnet sich ein Traumblick.
Götgatan 78, Tel. 08 6 60 60 68
www.restauranghimlen.se

7 STURECOMPAGNIET

Skandinaviens größter Nachtclub mit vier Tanzsälen auf zwei Ebenen um ein beeindruckendes Atrium.
Sturegatan 4, Tel. 08 54 50 76 10
www.sturecompagniet.se

1 OPERAKÄLLAREN €€€€

Michelin-besternte kulinarische Höhenflüge in der Oper, fürstliches Ambiente mit Panoramablick aufs Schloss inklusive. Im Weinkeller Nobis lagern edle französische Raritäten.
Karl XII:s Torg, Tel. 08 6 76 58 00
www.operakallaren.se
Mo., So. geschl.

2 ROLFS KÖK €€€€

Lecker: knuspriges Rocklunda-Spanferkel oder Ochsenschwanz mit gotländischem Trüffelpüree und zum Nachtisch Rhabarber-Meringen.
Tegnérgatan 41, Tel. 08 10 16 96
www.rolfskok.se

3 WEDHOLMS FISK €€€€

Lachstartar, Scholle mit Krabben, in Knoblauch gedünstete Riesengarnelen, Mönchsfisch mit Entenleber – in dem Fischrestaurant wird auf höchstem Niveau geschlemmt!
Nybrokajen 17, Tel. 08 6 11 78 74
www.wedholmsfisk.se
So. geschl.

4 DEN GYLDENE FREDEN €€€ – €€€€

Am Stammtisch des 1722 eröffneten Kellerlokals soll schon so mancher Nobelpreisträger bestimmt worden sein, gehört das Gebäude doch der Svenska Akademie. Nicht minder legendär ist die schwedische Küche mit Krabben, Köttbullar, Ryggbiff und geräuchertem Rentier.
Österlånggatan 51, Tel. 08 24 97 60
www.gyldenefreden.se

5 ERIKS GONDOLEN €€€ – €€€€

Ob bei Hummer, Entenbrust oder Gondolens Schokoladendessert, die Aussicht in 36 m Höhe über Stockholms Hafeneinfahrt ist wundervoll.
Stadsgarden 6, Tel. 08 6 41 70 90
www.eriks.se

6 ESPERANTO €€€ – €€€€

Esskultur aus aller Welt inspiriert Daniel Höglander und Sayan Isaaksson. Tipp: Lamm mit karamellisierten Zwiebeln und Jerusalem-Artischocken.
So. geschlossen
Kungstensgatan 2, Tel. 08 6 96 23 23
www.esperantorestaurant.se

7 PONTUS! €€€ – €€€€

Edler Treffpunkt am Stureplan mit Austern- und Champagnerbar, Dim-Sum und Sushi-Theke. 2009 wurde das Pontus vom »White Guide« zum »Ökorestaurant des Jahres« gekürt.
Brunnsgatan 1, Tel. 08 54 52 73 00
www.pontusfrithiof.com

8 FEM SMÅ HUS €€€

Das Restaurant macht seinem Namen alle Ehre – übersetzt bedeutet Fem Små Hus »fünf kleine Häuser«. In den Gewölbe-Räumlichkeiten des Feinschmeckerlokals kommen traditionelle schwedische Fisch- und

Fleischgerichte auf den Tisch. Werktags werden mittags günstige Tagesgerichte angeboten.
Nygränd 10, Tel. 08 10 87 75
www.femsmahus.se

❾ F12 €€€
Wie wäre es mit Entenleber auf Haselnussbrot oder Senneby-Kalbshaxe an Kürbis mit Ingwerschalotten in einem Seitenflügel der Kunstakademie? Die F12-Gruppe betreibt mehrere Restaurants im Raum Stockholm.
Fredsgatan 12, Tel. 08 50 52 44
f12.se, So. geschl.

❿ NIKLAS €€€
Fernsehkoch Niklas Ekstedt verwendet nur beste heimische Produkte wie Lamm aus Österlen oder Bohuslän-Austern. In die Gläser kommen himmlische Cocktails und Bio-Weine.
Regeringsgatan 66
Tel. 08 20 60 10, http://niklas.se

⓫ STUREHOF €€€
Gegrillter Steinbutt, Lachs mit Dillkartoffeln oder Sturehofs Bouillabaisse? Die Brasserie mit Terrasse steht für hervorragende Meerestiere.
Stureplan 2, Tel. 08 4 40 57 30
www.sturehof.com

⓬ CAFÉ LASSE I PARKEN €€ – €€€
Romantisches Plätzchen, verwunschener Garten. Jazz- und Blues – und dann die Schokoladentrüffeltorte ...
Högalidsgatan 56
Tel. 08 6 58 33 95
www.lasseiparken.se
im Winter geschl.

⓭ GRILL €€ – €€€
Saftige Grillgerichte aus dem Holzkohleofen, dem amerikanischen Barbeque Smoker, von der französischen Rotisserie, dem Steinkohlegrill und dem asiatischen Tischgrill.
Drottninggatan 89
Tel. 08 31 45 30, www.grill.se

⓮ HERMANS €€
Das vegetarisch-vegane Restaurant ist seit Jahren eine Institution in Stockholm, die 110 Innen- und 200 Außenplätze sind stets gut ausgelastet. Die Stockholmer kommen nicht nur wegen des guten Essens hierher, sondern auch wegen des grandiosen Blicks über den Mälaren und die Stadt. An warmen Sommerabenden wird im Garten gegrillt. Beliebt ist das »All you can eat vegetarian buffet«. Tipp: Das leckere, hausgebackene Brot.
Fjällgatan 23 b, 08 6 43 94 80
https://hermans.se/

⓯ KVARNEN €€
Die Windmühle ist ein populärer Pub. Deftig kommt die Rentierpfanne mit Pilzen und Preiselbeeren daher. Sa. und So. Brunch.
Tjärhovsgatan 4
Tel. 08 6 43 03 80
www.kvarnen.com

⓰ TENNSTOPET €€
Sechs Sorten eingelegter Hering gehören zum Sillbricka des populären Lokals, das seit 1867 schwedische Hausmannskost serviert.
Dalagatan 50, Ecke Odengatan
Tel. 08 32 25 18
www.tennstopet.se

⓱ TYSTA MARIE €€
Köstlich: Graved Lachs, marinierter Brathering oder Fischsuppe.
Östermalms Saluhall
Östermalmstorg
Tel. 08 76 67 58 54

⓲ KUNGSHALLEN € – €€
Takos, Woks, Pizza, Sushi oder Wraps? Die 15 Lokale in der Markthalle lassen einem die Qual der Wahl.
Kungsgatan 44, Hörtorget
Tel. 08 21 80 05
www.kungshallen.eu

❶ GRAND HOTEL STOCKHOLM €€€€

Staatsgäste und Nobelpreisträger logieren seit 1874 gegenüber vom Schloss im Grand Hotel. Das Fünf-Sterne-Haus ist Mitglied der »Leading Hotels of the World«. Mathias Dahlgren erhielt 2010 als erster schwedischer Koch drei Michelin-Sterne: zwei für sein Nobelrestaurant Matsalen und einen für das Menü seiner Foodbar Matbaren (www.mathiasdahlgren.com).
Södra Blasieholmshamnen 8
Tel. 08 6 79 35 00, 359 Z.
www.grandhotel.se

❷ VICTORY HOTEL €€€€

Maritimes Boutiquehotel: Die nostalgischen Zimmer im Stil des 18. Jh.s erinnern aber eher an schwedische Seehelden. Angeschlossen sind das vielfach ausgezeichnete Restaurant Leijonhornet (Tel. 08 7 50 64 00 80) und das kleine Bistro Djuret, in dem jeden Tag nur das Fleisch einer Tierart auf der Speisekarte steht (Tel. 08 50 64 00 84, www.djuret.se).
Lilla Nygatan 5, Tel. 08 50 64 00 02.
www.thecollectorshotels.se

❸ HOTEL HELLSTEN €€€ – €€€€

Charmantes Designhotel in einem auf 1898 datierten Stadthaus mitten in Stockholm. Alle Zimmer tragen die Handschrift von Per Hellsten, der die Möbel von Reisen nach Afrika und in die arabischen Länder mitgebracht hat. Preisgünstige Alternative: das angeschlossene Hotel Rex gegenüber.
Luntmakargatan 68
Tel. 08 6 61 86 00, www.hellsten.se

❹ GRAND HOTEL SALTSJÖBADEN €€€

Das über 120 Jahre alte Hotel mit den vielen Türmchen, das direkt am Ufer thront, steckt voller Geschichten und hat selbst auch Geschichte geschrieben. Ruhige Lage in herrlicher Umgebung des Stockholmer Schärengartens, gute Bademöglichkeiten, und die S-Bahn-Station liegt direkt vor dem Hotel. Ins Zentrum von Stockholm sind es nur 20 Min.
Hotellvägen 1, Saltsjöbaden
Tel. 08 506 170 00
http://grandsaltsjobaden.se

❺ HOTEL SCANDIC VICTORIA TOWER €€€

Mit seinen 34 Etagen ist der Hotelturm in der Science City Kista im Nordwesten Stockholms das höchste Hotelgebäude in Schweden. Die Aussicht von den Zimmern in den oberen Stockwerken ist spektakulär – je höher Sie Ihr Zimmer buchen, desto besser! Im 34. Stock gibt es eine Skybar mit ausgezeichneten Cocktails und einem noch grandioseren Blick auf die Stadt.
Arne Beurlings Torg 3, Kista
Tel. 08 51 75 33 00
www.scandichotels.de

❻ MÄLARDROTTNINGEN YACHT HOTEL €€€

Die 1924 für den Millionär Billing gebaute Luxusjacht mit 61 Kabinen ist seit 1982 vor Riddarholmen vertäut.
Gymnasiegränd
Tel. 08 54 51 87 90, 61 Z.
www.malardrottningen.se

❼ NORDIC LIGHT HOTEL €€€

Polarlicht taucht das Hotel in Farbenspiele von Blau bis Rot, im Kamin knistert das Feuer, kunstvoll arrangierte Teelichter setzen Akzente – für Kai Piipoos ausgefallene Lichtspiele erhielt das Designhotel am Hauptbahnhof die European Light Trophy.
Vasaplan 7, Tel. 08 50 56 30 00
175 Z., www.nordiclighthotel.se

❽ RIVAL €€€

Das Haus von ABBA-Sänger Benny Andersson genießt Kultstatus. Im Hotelkino aus den 1930er-Jahren wurde

Herberge und Bar mit Alleinstellungsmerkmal: der Dreimaster »af Chapman«

die Weltpremiere des erfolgreichen Musical-Films »Mamma Mia« gefeiert. Art-Déco-Cocktailbar, Bistro, Café und Bäckerei.
Mariatorget 3, Tel. 08 54 57 89 00
99 Z., www.rival.se

9 2HOME HOTEL APARTMENTS €€

Kleine Studios und Apartments mit Kochnische, Kühlschrank und Mikrowelle. Mit Dachterrasse, Café, Fitness-Studio und Sauna, 150 m zur nächsten U-Bahnstation, 10 Fahrminuten vom Stadtzentrum Stockholms.
Råsundavägen 175, Stockholm-Solna, Tel. 08 7 05 71 00
http://solna.2homehotels.se/en

10 AF CHAPMAN & SKEPPSHOLMEN €

Weit mehr als ein »herkömmliche« Jugendherberge! Man schläft entweder in den komfortablen Kajüten an Bord des 1888 gebauten Dreimasters oder auf Skeppsholmen in einem Holzlager aus dem 19. Jh. in Stockbetten – rechtzeitig reservieren! Die »Bar Chapman« serviert auch Drinks im Freien.
Flaggsmansvägen 8
Tel. 08 4 63 22 66
http://svenskaturistforeningen.se/afchapman

11 JUMBO HOSTEL €

Bis zu 85 Gäste können am Flughafen Arlanda im Bauch einer ausgedienten Boeing 747 logieren. Die Kojen sind zwar sehr eng, bieten aber ein einmaliges und preisgünstiges Erlebnis. Teuerste Variante: die Suite für zwei im Cockpit.
Jumbovägen 4, Stockholm-Arlanda, Tel. 08 59 36 04 00
www.jumbohostel.com

12 LÅNGHOLMENS VANDRARHEM €

Hier schläft man hinter schwedischen Gardinen: Neben Jugendherbergsbetten gibt es im ehemaligen Gefängnis auch Einzel- und Doppelzimmer.
Gamla Kronohäktet, Långholmsmuren 20, Tel. 08 7 20 85 00
www.langholmen.com

Festung, Hauptstadt, grüne Metropole

Stadtgeschichte

Stockholm bedeutet »Pfahlinsel«. Keimzelle der Hauptstadt ist das Inselchen Helgeandsholmen, das heute fast ganz vom Reichstag eingenommen wird. Von dort breitete sich die Siedlung auf die Inseln Stadsholmen und Riddarholmen aus. Die Letztere ließ Reichsverweser Birger Jarl 1252 befestigen, um die Bürger vor den ständigen Überfällen, besonders von See her, zu schützen. Diese Inseln bilden die Altstadt Gamla Stan. Ende des 13. Jh.s entstand eine befestigte Burg auf Stadsholmen, genannt die **Tre Kroner** – die »drei Kronen«, die das Staatswappen zeigt. Sie symbolisieren die vereinigten Königreiche von Götaland, Svealand und Norrland. Im 14. Jh. war die Hanse einflussreich. Viele Deutsche lebten hier und stellten die Hälfte aller Stadträte. Zum Dank dafür, dass die Stadt beim Aufstand gegen den dänischen König die Aufständischen unterstützt hatte, wurde sie **1634 zur Hauptstadt Schwedens** ernannt und damit das Zentrum des schwedischen Ostseereichs.

Im 18. und 19. Jh. zerstörten Brände viele Holzhäuser, sodass heute Stein- und Betonbauten aus früheren Zeiten überwiegen. Im 19. Jh. stieg die Einwohnerzahl von 75 000 auf 300 000 an, was zu gravierenden Problemen führte: Stockholm hatte bis 1861 keine Kanalisation und galt als eine der schmutzigsten Städte Europas. Immer wieder brach die Cholera aus. Almählich besserten sich die Zustände, und 1912 wurden in Stockholm die V. Olympischen Spiele ausgetragen.

Im Zuge der baulichen Entwicklung verschob sich das Stadtzentrum nach Norrmalm. Das ab 1950 angelegte neue Stadtzentrum konzentriert sich um Hötorg und Sergels Torg. Heute leben im Großraum über 2 Mio. Menschen. Dank beispielhafter Umweltarbeit wurde Stockholm **2010 zu Europas erster Umwelthauptstadt** ernannt.

★★ Gamla Stan

Zeitkapsel im Herzen der Stadt

★ Stortorget

Für Krimiautorin Liza Marklund, die ihr Büro in Gamla Stan hat, ist die labyrinthische Altstadt heute wie eine Zeitkapsel. »Wenn ich hier spazieren gehe, kommen mir all die Menschen in den Sinn, die im Laufe der Jahrhunderte bereits auf diesen Wegen gegangen sind.« Heute beherbergen in den kopfsteingepflasterten Gassen zahlreiche mittelalterliche Keller einige der besten Restaurants der Stadt und Kneipen wie Stampen und Wirströms, die mit Live-Musik, Blues- und Jazz-Sessions allabendlich zur Einkehr einladen.

Die Gamla Stan entstand ab 1252 auf der Insel **Stadsholmen**. Seit dieser Zeit bildet der Stortorget das Zentrum im Gewirr der vielen verwinkelten, mittelalterlichen Gassen. Wunderbar herausgeputzte, pastellfarbene Giebelhäuser säumen den Stortorget, vergnügt und gesellig geht es in den Bars und Cafés am Platz zu. Dabei trugen sich auf diesem im Mittelalter durchaus auch schaurige Geschichten zu: Wo sich heute Stockholmer und die Touristen aus aller Welt tummeln, wurden einst die Todesurteile vollstreckt, die im Rathaus ausgesprochen wurden. Und im November 1520 floss das Blut gar in Strömen, als Christian II. 92 politische Gegner als angebliche Ketzer hinrichten ließ: Im Jahr 1397 waren die skandinavischen Länder unter der dänischen Krone vereint worden, was besonders die Schweden in Aufruhr versetzte – einen dänischen Herrscher wollten sie nicht anerkennen. Immer wieder kam es zu Aufständen und Kriegen. Als Christian nun die Macht erlangte, versprach er, das Land nach schwedischem Recht zu regieren. Kaum hatte er die Krone jedoch auf dem Haupt, brach er sein Versprechen und ließ alle führenden Adligen und Geistlichen enthaupten, die sich gegen ihn auflehnten. Mit diesem **»Stockholmer Blutbad«** brachte er jedoch auch den Adel in Dänemark und Norwegen gegen sich auf. Der Widerstand war so massiv, dass er nach nicht einmal drei Jahren Regierungszeit fluchtartig das Land verließ.

Der berühmteste Wissenschaftspreis der Welt

Alte Börse

Wo sich einst das Rathaus Stockholms befand, steht heute die Alte Börse (Hausnr. 2), Sitz der Schwedischen Akademie und des Nobel-Museums. Im oberen Stock werden jährlich die Nobelpreisträger ge-

Das Herz der Gamla Stan ist der von Cafés und Restaurants flankierte Stortorget.

BAEDEKER ÜBERRASCHENDES

6X TYPISCH

Dafür fährt man nach Südschweden und Stockholm.

1. EINE SÜSSE SCHNECKE

Sie sind eine nationale Institution: Die Kanelbullar (Zimtschnecken) werden in Schweden in rauen Mengen verspeist. Die besten der buttrig süßen Teile bekommen Sie übrigens in Bäckereien in **Gamla Stan**. (▶ S. 224)

2. »ICH ROLLE«

Die Schweden lieben ihren Volvo, besonders den robusten Kombi. In Göteborg, der Geburtsstadt des schwedischen Volkswagens, erzählt das **Volvo Museum** dessen Geschichte. (▶ S. 80)

3. ELCH GARANTIERT

Das Nationaltier Schwedens ist ein scheues Tier. Bei einer Elchsafari auf dem Elchberg im **Ökopark Halle-Hunneberg** treffen Sie jedoch garantiert auf den majestätischen Schaufelträger! (▶ S. 11)

4. KRIMINELL GUT

Liegt es an den langen Winternächten, dass die Schweden so düstergute Krimis schreiben? Wer weiß! Zwei der berühmtesten schwedischen Spürnasen, Mikael Blomkvist und Kurt Wallander, lernt man auf Stadtspaziergängen in **Stockholm** und **Ystad** kennen. (▶ S. 12)

5. KLEINE HELDEN

Astrid Lindgren wuchs umhütet im Idyll der schwedischen Kleinstadt Vimmerby auf. In der **Astrid Lindgrens Värld** erfahren Sie alles über ihre Romanhelden, allen voran Michel, Ronja und Pippi. (▶ S. 310)

6. SO VIEL ZEIT MUSS SEIN!

Für ein Kaffeekränzchen (**Fika**) nehmen sich die Schweden immer Zeit – gern auch mehrmals täglich. Auf den Fika-Tisch gehören Hefeteigspezialitäten, Kekse, Schokokugeln, Torten und eine Kanne dampfenden Brühkaffees.

kürt, in den Räumen darunter vermittelt das Museum Wissenswertes zur Geschichte des Nobelpreises und zu den Preisträgern seit 1901.
Juni – Aug. tgl. 9 – 20, Sept. – Mai Di. – Fr. 11 – 17, Di. bis 20, Sa., So. 10 – 18 Uhr | Eintritt: 120 SEK, Di. ab 17 Uhr frei
http://nobelcenter.se/

Schlendern, shoppen und genießen

Västerlånggatan & Österlånggatan

Hauptgasse der Altstadt ist die Västerlånggatan, die etwas östlich vom Stortorget fast die gesamte Gamla Stan von Norden nach Süden durchschneidet. Mit ihren zahlreichen Restaurants, Souvenirshops und Geschäften ist sie die hiesige Flaniermeile. Liebhaber modernen Designs sollten hier den **Concept Store Designfirman** ansteuern, wo es von Accessoires über Möbel alles gibt, was das Herz begehrt. Die weiter östlich verlaufende Österlånggatan und ihre Seitengassen sind gespickt mit kleinen Kuriositätenläden und gemütlichen Cafés. Bei **Bröd & Salt** am Järntorget 83 gibt es leckere Zimtschnecken für unterwegs. Und in der Österlånggatan 51 befindet sich in einem mittelalterlichen Keller **Den Gyldene Freden** (Der goldene Frieden), das älteste Restaurant Schwedens. Seit seiner Gründung 1722 war das Freden Treffpunkt von Künstlern und Schriftstellern. Heute gehört das Haus der Schwedischen Akademie. Die zwölf Mitglieder treffen sich hier jeden Donnerstagabend zum Essen. Den Gerüchten nach wurde schon so mancher Nobelpreisträger an deren Stammtisch ausbaldowert.

»Kommt man da durch?«

Mårten Trotzig Gränd

Bei einem Blick in den »Canyon« zwischen den Häuserreihen beschleichen einen leise Zweifel: Das ist tatsächlich ein Durchgang? Ja! Stockholms schmalste Gasse, die Mårten Trotzig Gränd, ist an einigen Stellen nur 90 cm breit und besteht zum Großteil aus Treppen. Bei Regen ein Unding, sie mit aufgespanntem Schirm zu durchschreiten. Auch bei Gegenverkehr kann es schon einmal etwas enger werden. Trotzig, eigentlich Martin Traubtzig aus Wittenberg, kam 1581 nach Stockholm, wurde durch Handel mit Kupfer zu einem der reichsten Stockholmer und 1617 auf einer Geschäftsreise nach Darlana von Räubern erschlagen. Zu Trotzigs Zeiten hieß die Gasse »Trappegrenden« (Treppengasse). Da der reiche Händler aber mehrere Gebäude in der Gasse besaß, wurde sie ihm zu Ehren nach seinem Tod umbenannt.

Landmarke von Gamla Stan

Tyska Kyrkan

Der spitze grüne Turm der deutschen Kirche St. Gertrud (Tyska Kyrkan) hat mit seiner stolzen Höhe von 96 m schon so manchem Stockholm-Besucher als Orientierungspunkt im Gassenlabyrinth der Altstadt gedient. Die im 16. Jh. erbaute Kirche ist das höchste Gebäude der Altstadt und erinnert daran, dass einst die Hanse die Ostsee kontrollierte. Nach dem Glockenschlag um 8, 12 und 16 Uhr erklingt ein

Glockenspiel mit Takten der Kirchenlieder »Nun danket alle Gott« und »Lobe den Herren, den mächtigen König der Ehren«. In der Kirche versammeln sich jeden Sonntag um 11 Uhr Gemeindemitglieder und Besucher zum deutschsprachigen Gottesdienst. Schirmherrin der St. Gertruds Gemeinde ist übrigens Königin Silvia, die man auch hin und wieder im Gottesdienst sieht.
Mai – Sept. tgl. 11 – 17, sonst Mi., Fr., Sa. 12 – 16, So. ab 12.30 Uhr
www.svenskakyrkan.se/deutschegemeinde

★ Storkyrkan

Der Ort für Gänsehaut-Momente
Die halbe Welt konnte vor dem Fernseher live miterleben, wie sich Kronprinzessin Victoria und Daniel Westling am 19. Juni 2010 in der frisch renovierten Stockholmer Domkirche das Jawort gaben. Auf den Tag genau 34 Jahre, nachdem aus der Heidelbergerin Silvia Sommerlath an gleicher Stelle Königin Silvia geworden war. Die Hochzeits- und Krönungskirche der schwedischen Monarchen, symbolträchtig am höchsten Punkt von Stadsholmen gelegen, ist das älteste Gotteshaus der Stadt. Schon während der Reformation spielte es eine entscheidende Rolle: Von hier verbreitete Olaus Petri (1493 – 1552) die lutherische Lehre.
Wie eng die Verbindung von Kirche und Staat einst war, zeigt die Architektur: Die **Kirchenfassade** ist wie das Schloss im italienischen Barock gehalten. Die fünfschiffige Basilika wurde mehrfach umgebaut, zuletzt 1736 bis 1743 barockisiert. Neben dem großen, in Silber und Schwarz gehaltenen Renaissancealtar ist die vom Lübecker Meister Bernt Notke († 1509) geschaffene Skulptur des **hl. Georg mit dem Drachen** einzigartig. Links neben dem Altar prunkt das Renaissancedoppelgrab für den Reichsschatzmeister Jesper Mattson Kruus († 1622) und seine Familie. Das Grab von Olaus Petri befindet sich unter der Kanzel. Die beiden rechten Seitenschiffe sind mit schönen gotischen Gewölbemalereien geschmückt. Hier ist auch die älteste bekannte Stadtansicht von Stockholm zu sehen: das Gemälde **Vädersolstavlan**. Es zeigt ein seltenes Wetterphänomen: durch Eisplättchen in der oberen Atmosphäre erzeugte Nebensonnen, die am 20. April 1535 über der Stadt zu sehen waren. Den **Obelisk** vor der Rückseite des Doms schenkte Gustav III. den Stockholmer Bürgern zum Dank für ihren Einsatz im schwedisch-russischen Krieg 1788 – 1790.
Sept – Mai tgl. 9. – 16, Juni Mo. – Fr. 9 – 17, Sa./So. 9 – 16, Juli/Aug. Mo. – Fr. 9 – 18, Sa./So. 9.– 16 Uhr

★★ Kungliga Slottet

Schloss-Riese
Selbst überzeugte Republikaner werden sich dabei erwischen, wie sie bei einem launigen Potpourri aus zackiger Marschmusik und Popsongs – gerne auch von ABBA – im Takt mitwippen, während die Svea Livgarde, die königliche Palastwache, im äußeren Schlosshof ihre **Wachablösung** vollzieht. Mit viel Pomp und flankiert von zahlreichen Schau-

lustigen marschieren die Leibgardisten in ihren dunkelblauen Uniformen in den weiten Hof. Emsige Helfer mit Pickelhauben und mürrischem Blick sorgen derweil dafür, dass die Zuschauer auf der Jagd nach einem Schnappschuss auch brav hinter der Absperrung bleiben. Für eine gute Sicht empfiehlt es sich daher, sich einige Zeit vor Beginn des Spektakels einen Platz in der ersten Reihe zu sichern.
Wer nun aber meint, die Palastwache müsse doch ein sicheres Indiz für die Anwesenheit der Königsfamilie sein, wird sich getäuscht sehen. Mit seinen über 600 Zimmern ist das Königliche Schloss am Rand von Gamla Stan zwar eines der größten Stadtschlösser in Europa, doch die offizielle Residenz der Schwedenkönige dient heute hauptsächlich als Arbeitsplatz von Carl XVI. Gustav und als monumentaler Rahmen für Empfänge. (Als Wohnsitz nutzen die Bernadottes Schloss Drottningholm, ► S. 262.)
Bereits die mittelalterliche Wasaburg, 1697 durch einen Brand zerstört, stand an der Stelle, an der heute der 1754 nach Plänen von Nicodemus Tessin d. J. vollendete barocke Neubau die Nordspitze von Stadsholmen in Beschlag nimmt – Geldmangel in Folge des Großen Nordischen Krieges erklärt die lange Bauzeit. Teile der königlichen Gemächer können besichtigt werden: Die üppig ausgestatteten Repräsentationsräume sind über die Südseite am Slottsbacken zu erreichen. Im ersten Stock liegen die Wohnräume König Oskars II. (1829 – 1907), im zweiten Stock die Prunkräume und Gästezimmer.

Pickelhaubenparade bei der täglichen Wachablösung vor dem Schloss

WIE NILS HOLGERSSON

Lesen Sie doch noch einmal auf S. 213 nach, wie Nils Holgersson zum ersten Mal Stockholm sah. Um die Wildgans-Perspektive zu erleben und dem Gewusel der Stockholmer Altstadt zu entfliehen, braucht es nicht viel: Ausgestattet mit Gurt, Helm und einer guten Portion Schwindelfreiheit, erlebt man über den Dächern der Gamla Stana aus über 40 m Höhe die ganze Schönheit der Stadt! (Touren ab 595 SEK, Tel. 08 22 30 05, https://takvandring.com/de)

Besonderes Schmuckstück ist die spätbarocke **Galerie Karls XI.**, die dem Spiegelsaal von Versailles nachempfunden ist. Der 1650 angefertigte Silberthron von Königin Kristina steht im Südflügel im prachtvollen **Reichssaal**. Hier ist außerdem eine höfische Tracht mit dem Band des Seraphinenordens ausgestellt, des höchsten Verdienstordens des Königreichs Schweden. Zu den sonntäglichen Gottesdiensten in der **Schlosskapelle** ist jeder willkommen. Im Sommer werden hier Orgel- und klassische Konzerte aufgeführt.
Die **Schatzkammer** im Keller birgt mit Schlüssel, Reichsapfel und Zepter die schwedischen Reichsinsignien. Ausgestellt sind ferner der Krönungsmantel Oskars II. von 1873, eine stattliche Zahl von Königskronen, Krönungs- und anderen Prunkschwertern, darunter auch das Reichsschwert Gustav Wasas aus dem 16. Jh. und ein riesiges silbernes Taufbecken aus dem 17./18. Jahrhundert.
Das ebenfalls im Keller untergebrachte **Museum Tre Konor** dokumentiert eindrucksvoll die Schlossgeschichte. In der **Rüstkammer**

funkeln Prunkharnische, Festgewänder und Staatskarossen. Die mehr als 200 Skulpturen und Statuen, die König Gustav III. auf seiner Italienreise zusammengetragen hat, zeigt seit 1794 das **Gustav III. Antikmuseum**. Nur im Rahmen von Veranstaltungen lässt sich die **Bernadotte-Bibliothek** besichtigen: Sie wurde 1796 vollendet und umfasst neben den rund 100 000 Büchern aus dem Besitz der Könige auch rund 500 000 Fotografien.

Wachablösung: Mo. – Sa. 12.15, So 13.15 Uhr, im Winter nur Mi. und Sa.
Kungliga Slottet: Mitte Mai – Mitte Sept. tgl. 10 – 17, sonst Di. – So. 12 – 16 Uhr | Eintritt: 160 SEK | www.kungahuset.se

Kein schnöder Mammon

Kungliga Mynt-kabinettet

Ebenfalls am Slottsbacken erzählt das Königliche Münzkabinett auf drei Etagen die Geschichte des Geldes von den ersten Münzen der Griechen, die 625 v. Chr. geprägt wurden, bis zum schwersten Geldstück der Welt mit 19,7 kg.

tgl. 11 – 17 Uhr | Eintritt frei | www.myntkabinettet.se

Vom Ball- zum Gotteshaus

Finska Kyrkan

Das benachbarte schlichte, gelbe Gebäude an der Südseite des Slottsbacken wurde 1653 errichtet, um dem König im Winter das französische Ballspiel Jeu de Paume – ein Vorläufer des Tennis – zu ermöglichen. Heute dient das Gebäude der finnischen Gemeinde als Gotteshaus.

Im Park hinter der Kirche lässt sich die kleinste Skulptur Stockholms bewundern: Die nur 14 cm große Plastik **»Der Junge, der in den Mond schaut«** wurde 1967 von Liss Eriksson geschaffen. Meist liegen auch ein paar Münzen vor den Füßen der Figur. Denn denjenigen, der ihm etwas Geld schenkt, belohnt der Junge mit großem Reichtum. Da verwundert es nicht, dass ihn die Stockholmer im Winter mit Mütze und Schal bekleiden, um ihn vor der Kälte zu schützen.

Ein Brief auf Reisen

Postmuseum

Unterhaltsam präsentiert das Postmuseum in der Lilla Nygatan 6 anhand der Reise eines Briefs durch die Jahrhunderte die 370-jährige Postgeschichte des Königreichs. Fürs bessere Verständnis gibt es einen digitalen Führer auf Englisch und der Nachwuchs kann im Kinderpostamt das Postwesen spielend nacherleben.

Di. – So. 11 – 16 | Eintritt: 80 SEK | www.postmuseum.posten.se

Im Angesicht von Gustav Wasa

Riddarhus-torget

Zwei Paläste beherrschen den Riddarhustorget: Der **Bondeska Palatset**, der seinen Namen vom Schatzmeister Gustav Bonde (1620 bis 1667) erhielt, wurde von Nicodemus Tessin d. Ä. im barocken Stil errichtet und diente zwei Jahrhunderte lang als Stockholmer Rathaus. Seit 1949 residiert dort das Reichsgericht. Im **Riddarhuset** hielten von 1668 bis 1866 die schwedischen Ritterschaften ihre Versammlungen ab. Dieses Gebäude entstand 1641 – 1674 nach Plänen des französischen Architekten Simon de la Vallée. Die Hauptfront des Riddarhuset wird von zwei frei stehenden Eckpavillons flankiert. Vor dem Haus steht eine Statue Gustav Wasas, auf der anderen Seite des Platzes prangt ein Abbild des schwedischen Reichskanzlers Axel Oxenstierna.

★ Riddarholmen

Königliche Grablege

Durch die Gleise der Tunnelbana von Stadsholmen getrennt, schließt sich westlich davon die Ritterinsel an. Sie ist das Justizzentrum des Landes, das für seine Aufgaben viele der ehemaligen Adelspaläste nutzt. Auf dem **Birger Jarlstorg** grüßt von hoher Säule ein Standbild des Stadtgründers. Umrahmt wird der Platz von Prachtbauten des 17. und 18. Jh.s wie dem Wrangelska Palats (Nr. 16), der einst der durch einen Schlossbrand obdachlos gewordenen Königsfamilie als Unterkunft diente. An der Südseite des Platzes erhebt sich die **Riddarholmskyrkan**. Die dreischiffige Backsteinkirche entstand zwischen 1280 und 1300 im gotischen Stil auf dem Gelände eines Franziskanerklosters. 1835 erhielt sie nach einem Brand ihren 90 m hohen Westturm mit dem markanten durchbrochenen Turmhelm. Seit 1807 wird sie nur noch als Beisetzungskirche genutzt und ist Grablege der schwedischen Könige – von Magnus Ladulås bis Gustav V. fehlen nur wenige Monarchen. Den dreischiffigen Kirchenraum zieren Wappenschilde des 1336 gegründeten Seraphinenordens. Mitglied dieser erlauchten Gesellschaft können nur Angehörige der Königsfamilie oder bedeutende ausländische Staatsmänner werden.

Neben all den herrschaftlichen Gebäuden ist die **Evert Taubes Terrass** – vor allem in der Abenddämmerung – ein beliebtes Ziel für einen Spaziergang über die Insel, genießt man doch von hier einen wunderbaren Blick über den Riddarfjärden auf das Stadshuset auf der einen und Södermalm auf der anderen Seite. Ein Denkmal erinnert an Willy Gordon, einen in Schweden populären Poeten, Künstler und Sänger.

Riddarholmskyrkan:
Mitte Mai – Mitte Sept. tgl. 10 – 17 Uhr | Eintritt 50 SEK
www.kungahuset.se

RIDDARHOLM-KIRCHE

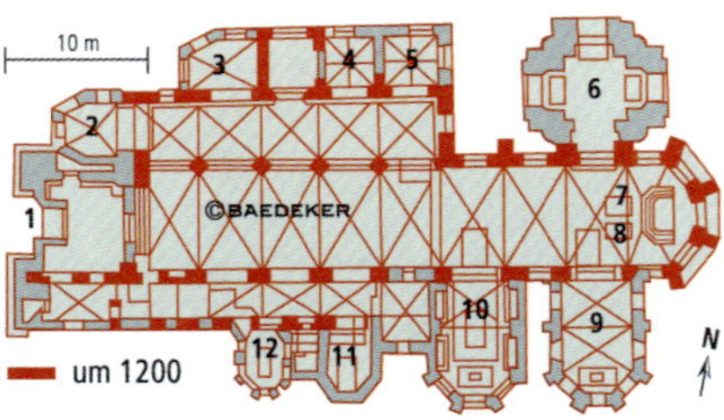

1 Westeingang
2 Torstensonsche Kapelle (1651)
3 Wachtmeistersche Kapelle (1654)
4 Lewenhauptsche
5 Kapellen (1654)
6 Karolinische Kapelle (1671 – 1743)
7 Grabmal von Magnus Ladulås († 1290)
8 Grabmal von Karl Knutsson († 1470)
9 Gustav-II-Adolf-Kapelle (1633 – 1634)
10 Bernadottsche Kapelle (1858 – 1860)
11 Vasaborgsche Kapelle (1647)
12 Banérsche Kapelle (1636)

9000 Säulen der Macht

Riksdaghuset

Es ist ein Bild, das Symbolcharakter besitzt. Auf Helgeandsholmen, der kleinen Insel gegenüber vom Schloss, thront Schwedens heutiges Zentrum der Macht: der **Reichstag**. Sein Bau wurde bereits 1888 beschlossen, doch erst gut neun Jahre später konnte König Oskar II. den Grundstein legen, denn erst einmal mussten 37 000 m^3 Erdreich abgetragen und 9000 Eichenpfähle in den Grund gerammt werden, die das Gebäude tragen. Erbaut wurde der Reichstag wie die nahe Oper im neobarocken Stil. Das Gebäude barg neben dem Parlament einst auch die Reichsbank, die aber wegen des Neubaus des Plenarsaals in den 1970er-Jahren zum Brunkebergstorg umziehen musste.
Unter der Brücke Norrbro entführt das **Medeltidsmuseet** (Mittelaltermuseum) in die Vergangenheit vor etlichen Hundert Jahren. Unter den 850 Exponaten sind das 22 m lange Riddarholmsschiff und Reste der alten Stadtmauer besonders sehenswert. Gezeigt werden auch ein Nachbau des mittelalterlichen Hafens, Kleidung und Werkzeug.

Riksdaghuset: Besichtigung nur mit Führung, engl. Touren:
Sept. - Juni Sa., So. 13.30, Juli, Aug. Mo. - Fr. stündl. 12 - 15 Uhr
Eintritt frei | www.riksdagen.se
Medeltidsmuseet: Di. - So. 12 - 17, Mi. bis 20 Uhr | Eintritt frei
www.medeltidsmuseet.stockholm.se

Kungsholmen

Symbol der Freiheit Schwedens

★ Stadshuset

Weithin sichtbar glitzern die **Tre Kronor**, die drei goldenen Kronen des Staatswappens, auf der Spitze des Stadthausturmes über Kungsholmen. Das Stadshuset thront an prominenter Stelle am Ufer des Riddarfjärden, bereits bei der Einfahrt mit dem Zug in Hauptbahnhof erblickt man den wuchtigen, dunkelroten Klinkerbau mit seinen grün patinierten Kupferdächern; verbaut wurden 8 Mio. Ziegelsteine! 1911 nach Plänen von Ragnar Östberg begonnen, wurde das Stadshuset am Mittsommerabend 1923 eingeweiht – exakt 400 Jahre, nachdem Gustav Wasa als Sieger in die schwedische Hauptstadt eingezogen war.
So knüpfen denn auch die Kronen symbolträchtig an die einstige Burganlage Tre Kronor auf Stadsholmen, die nach einem Brand 1697 durch den Nachfolgebau des Schlosses ersetzt wurde. Sie bilden den Abschluss des vierkantigen und von einer offenen Laterne gekrönten, 106 m hohen **Campanile**. Ein Fahrstuhl fährt hinauf zur Plattform unter dem Glockenstuhl, die eine herrliche Rundsicht bietet. An der Nordwand zeigt ein Spielwerk den hl. Georg mit dem Drachen. Unter einem von Säulen getragenen Baldachin am Sockel der östlichen Turmflanke sieht man die ruhende Gestalt des Stadtgründers Birger Jarl. Im **Ratssaal**, einem Wikinger-Langhaus nachempfunden, tagen zwei Mal pro Monat die Stadtverordneten.

Der Goldene Saal im Stadshuset trägt seinen Namen zu Recht.

Jedes Jahr am 10. Dezember ist das Stadshuset der Schauplatz des Nobelpreisbanketts (▶ Baedeker Wissen S. 380). Es findet in der **Blauen Halle** statt, einem gedeckten Innenhof mit Säulengang und einer klanggewaltigen Orgel mit 10 000 Pfeifen und 138 Registern. Danach versammeln sich die Preisträger, die Mitglieder der Königsfamilie und die Gäste im **Goldenen Saal** mit dem Monumentalmosaik der «Mälarkönigin«, die Einar Forseth 1923 aus 18,6 Mio. goldfarbenen Glassteinchen zusammensetzte.

Besichtigung nur im Rahmen von Führungen: engl. Touren tgl. 10 – 15 Uhr stündl., deutsche Touren 7. Juni – 27. Aug. tgl. 10, 11, 12 und 14 Uhr | Eintritt: April – Okt. 110 SEK, sonst 80 SEK
www.stockholm.se/stadshuset

Bevorzugtes Wohnviertel

Weitere Sehenswürdigkeiten

Kungsholmen, wörtlich die »Königsinsel«, hat viele Wandlungen durchlebt: von der Klosterinsel zum königlichen Jagdgebiet bis zum Industrie- und Arbeiterviertel. Heute gehört die Insel nordwestlich von Gamla Stan zu den beliebtesten Wohnlagen der Stadt, da zentral und doch ruhig. Nach dem Verschwinden der Handwerksbetriebe Anfang des 20. Jh.s entwickelte sich **Norr Mälarstrand** entlang des Riddarfjärden zur Prachtstraße. In den 1930er-Jahren kamen Wohngebiete im Stil des Funktionalismus wie Kungsholmstrand, Kristineberg und Fredhäll hinzu. 1935 entstand die eindrucksvolle **Västerbron**, die Kungsholmen mit Södermalm verbindet. Als Interpretation der Burg von Vadstena, mit Einflüssen von Nationalromantik und Jugendstil, entwarf Carl Westman das Amtsgericht an der Bergsgatan, das zwar **Rådhuset** heißt, aber kein Verwaltungssitz ist. Weiter westlich an der Bergsgatan folgt der **Kronobergsparken** mit dem ältesten jüdischen Friedhof Stockholms. An der Alströmergatan 39 illustriert das **Tullmuseet** die Arbeit der schwedischen Zollbehörden mit einer interessanten Sammlung zum Thema Schmuggel. Haupteinkaufsstraßen von Kungsholmen sind die St. Eriksgatan und Fleminggatan mit zahlreichen Geschäften rund um die U-Bahn-Station **Fridhemsplan**.

Tullmuseet: Di., Mi., So. 11 – 16 Uhr | Eintritt frei
www.tullverket.se/museum

Norrmalm und Vasastaden

Geschäftszentrum der Hauptstadt

Sergels Torg

Als es auf den Inseln von Gamla Stan zu eng wurde, begann im 17. und 18. Jh. die Bebauung Norrmalms. Ende des 19. Jh.s wurden der Hauptbahnhof, **Bankpaläste und Kaufhäuser** fertiggestellt. Heute bildet Norrmalm das wirtschaftliche Zentrum der Hauptstadt mit einer großen Fußgängerzone. Sein Aussehen erhielt es in den 1950er- bis 1970er-Jahren, als das gründerzeitliche Klaraviertel abgerissen wurde, um funktionellen Neubauten Platz zu machen.

Das Herz des modernen Stockholm schlägt am weiten Sergels Torg mit der allabendlich bezaubernd beleuchteten, 40 m hohen Skulptur **Kristallvertikalaccent** von Edvin Öhrström (Abb. ► S. 238). Der in mehreren Ebenen mit Einkaufspassagen angelegte Platz ist ein Verkehrsknotenpunkt und Jugendtreff. Die Südseite begrenzt seit 1974 das **Kulturhuset** (www.kulturhuset.stockholm.se). Geliebt und gehasst, ist der riesige Beton-Glas-Komplex bis heute eine der Topattraktionen von Stockholm. Er vereint unter seinem Dach die sechs Bühnen des Stadttheaters, Ausstellungsräume, einen Lesesaal mit 500 internationalen Zeitschriften, eine CD-Bibliothek, einen Design-Torget-Shop, ein Panoramacafé, Restaurants und eine Etage nur für Kinder. Auf dem Kirchhof der benachbarten **Klarakirche** befindet sich das Grab des Barockdichters Carl Michael Bellman (1740 – 1795).

Platz zum Bummeln

Hötorget

Auf dem Hötorget werden werktags Obst und Gemüse verkauft, sonntags ist hier ein großer Flohmarkt. Weitere Lebensmittel gibt es in den Hötorgshallen. Das frühere PUB-Kaufhaus von 1882, in dem Greta Garbo einst als Hutverkäuferin arbeitete, ist heute Kaufhaus (unten) und Hotel (oben, ► S. 238). Im Sommer strahlt der »Heuplatz« eine fast mediterrane Atmosphäre aus – ganz Stockholm trifft sich dann am **Orpheusbrunnen** von Carl Milles und genießt die Sonne.

Das blaue, neoklassizistische **Konserthuset**, 1926 von Ivar Tengbom entworfen, ist Heimstatt der Stockholmer Philharmoniker. Hier werden außerdem jedes Jahr die **Nobelpreise** verliehen, mit Ausnahme des Friedensnobelpreises, der in Oslo überreicht wird (▶ Baedeker Wissen S. 408). Östlich und westlich des Hötorg verläuft die **Kungsgatan**. Flankiert wird diese sehr beliebte Einkaufsstraße von den beiden 17-stöckigen Königstürmen. Ob Prinzessinnentorte, Großmutters Fruchtschnitten oder die Käsesahnetorte mit Himbeerkompott, die Kuchen im Café **Vete-Katten**, Kungsgatan 55, sind absolut köstlich (www.vetekatten.se).

Ein ungelöster Fall

Adolf Fredriks kyrka

Nordwestlich birgt die 1774 erbaute Adolf-Fredriks-Kirche Skulpturen des Bildhauers J. T. Sergel. Hier ist auch das Epitaph des französischen Philosophen René Descartes zu sehen, der 1650 in Stockholm starb und dessen Leichnam 1666 nach Paris überführt wurde. An der Kreuzung Sveavägen/Olof Palmes Gatan erinnert eine Gedenkplatte daran, dass Schwedens charismatischer Ministerpräsident **Olof Palme** am 28. Februar 1986 dort nach einem Kinobesuch erschossen wurde. Bis heute wurde der Täter nicht gefunden.

»Literarisches« Viertel

Vasastaden

Dort, wo sich Odengatan und Sveavägen kreuzen, beginnt die Heimat von **Astrid Lindgren**: Vasastaden. 60 Jahre lang wohnte die weltbe-

Edvin Öhrströms Kristallskulptur setzt am Sergels Torg tatsächlich einen vertikalen Akzent. Für den horizontalen sorgt der Oldtimer.

rühmte Kinderbuchautorin (▶ Baedeker Wissen S. 312) in der Dalagatan 46 mit Blick auf den Vasaparken. Ob ihr beim Blick auf den dortigen Spielplatz die Ideen für Pippi, Kalle & Co. gekommen sind? Als die beste Adresse für Antiquitäten in Stockholm gilt die Upplandsgatan, eine Stichstraße zum Odenplan. An der Odengatan 55 schuf Stararchitekt Gunnar Asplund ein Meisterwerk der Moderne, das Prinz Eugen im März 1928 einweihte: **Stockholms Stadtbibliothek**. Im imposanten zylinderförmigen Hauptraum reichen die Bücherregale bis zur Decke.

Neuer Szenetreff

Birkastan

Westlich des verkehrsreichen St. Eriksplan hat sich rund um die Einkaufsstraße Rörstrandsgatan das nach einer Porzellanfabrik benannte Viertel Birkastan zum Szenetreff gemausert. Angesagte Cafés und Restaurants finden sich hier ebenso wie gemütliche Kneipen, Secondhandläden und Modeboutiquen schwedischer Designer wie Strayboys, Black Market oder Carin Wester. Parallel zum Sveavägen verläuft die zum Teil als großzügige Fußgängerzone gestaltete **Drottninggatan**. In deren Nr. 17 vermittelt seit Herbst 2013 das **Dansmuseet** Einblicke in die Welt des Tanzes. Im Haus Nr. 85 wohnte der Dichter August Strindberg (1849 – 1912), über dessen Leben und Werk jetzt das **Strindberg-Museum** erzählt, das nach umfangreichen Renovierungsarbeiten inzwischen wieder eröffnet sein müsste.

Dansmuseet: Di. – Fr. 11 – 17, Sa./So. 12 – 16 Uhr | Eintritt 120 SEK
www.dansmuseet.se

Strindbergmuseet: Di. – So. 12 – 16 Uhr | Eintritt: 75 SEK
www.strindbergsmuseet.se

Hauptachse der neuen City

Hamngatan

Lust auf nobles Shoppen? Dann ist die Hamngatan zwischen Sergels Torg und Norrmalmstorg das richtige Ziel. Seit 1902 residiert hier das **Nordiska Kompaniet** (kurz NK, ▶ S. 219), das weit mehr als »nur« ein Kaufhaus ist. Vom Dachrestaurant bietet sich ein hübscher Rundblick! Im Stil der italienischen Renaissance entstand 1893 – 1898 das Stadtpalais Nr. 4: Im **Hallwylska museet** vermitteln Möbel des 14. – 17. Jh.s, Gemälde holländischer Meister des 15. Jh.s, Waffen, Silber und Porzellan, wie die Grafen von Hallwyl um 1900 lebten.

Hallwylska museet: Juli, Aug. Di. – So. 10 – 19, Sept. – Dez. Di. – Fr. 12 – 16, Mi. bis 19, Sa., So. 11 – 17 Uhr | Eintritt: 70 SEK, Paradehalle frei | www.hallwylskamuseet.se

Vom Königs- zum Volksgarten

Kungsträdgården

Die einst nur Königen vorbehaltene Parkanlage, später als Exerzierplatz genutzt, ist besonders im Sommer ein beliebter Treffpunkt. Im Winter kann man hier Schlittschuh laufen. Die Standbilder stellen die Könige Karl XII. und Karl XIII. dar.

Schicksalsstätte Gustavs III.

Gustav Adolfs Torg

Wahrzeichen des Gustav Adolfs Torg mit einem Reiterstandbild des Königs (1796) sind das 1783 erbaute Erbfürstenpalais, seit 1906 Sitz des Außenministeriums, und die **Königliche Oper**. Die Gründung von Schwedens Nationalbühne für Oper und Ballett war für König Gustav III. eine Herzensangelegenheit. Geradezu makaber erscheint es daher, dass der Monarch 1792 bei einem Maskenball in »seiner« Oper ermordet wurde. Die heutige Spielstätte im opulenten Stil der italienischen Spätrenaissance wurde 1898 eröffnet und 1989 saniert. Mit dem Operakällaren besitzt die Oper zudem eine Schlemmeroase (▶ S. 220). Hinter der Oper erhebt sich die 1643 geweihte **St. Jacobs Kyrka**.
Etwas versteckt an der Fredsgatan 2 widmet sich das **Medelhavsmuseet** der Geschichte und Kultur der Mittelmeerländer.

Medelhavsmuseet: Di. – Fr. 12 – 20, Sa./So. bis 17 Uhr | Eintritt frei
www.varldskulturmuseerna.se/medelhavsmuseet

Hort der schönen Künste

Nationalmuseet

Ursprünglich ebenfalls eine Insel war **Blasieholmen**, Standort des altehrwürdigen Grand Hotel und Bindeglied zwischen Norrmalm und den Inseln Skeppsholmen und Kastellholmen. Vor allem aber ist Blasieholmen die Heimat einer exquisiten Kunstsammlung: Das schwedische Nationalmuseum hütet Werke von Lucas Cranach d. Ä., Rembrandt, Rubens, Goya, Renoir, Degas – insgesamt besitzt das größte Kunstmuseum im Land über 16 000 Gemälde, Grafiken, Zeichnungen und Skulpturen vom späten Mittelalter bis zum Beginn des 20. Jh.s sein. Das Gebäude entwarf 1866 der deutsche Architekt August Stüler.
Schwerpunkt der Sammlung bildet die schwedische Malerei des 16. bis frühen 20. Jh.s mit Arbeiten von Hanna Pauli, Fanny Brate, Bruno Liljefors, Alexander Roslin, Johan Tobias Sergel, Carl Larsson und Anders Zorn (▶ Interessante Menschen S. 382). Larsson schuf ab 1896 auch die Fresken im Treppenaufgang (▶ Abb. S. 390) und 1905 das große **Wandgemälde im ersten Stock**, das Gustav Wasas Einzug in Stockholm darstellt. Zu den hochrangigen Werken französischer Maler des 18. Jh.s zählen Antoine Watteaus »Liebeslektion«, Édouard Manets »Birnenschäler« und Camille Pissarros »Bäuerin mit Schubkarren«. Die Abteilung »Den moderna formen 1900 – 2000« stellt die Entwicklung des skandinavischen Designs und Kunsthandwerks vor. Sehenswert sind auch die Zeichnungen und Drucke vom späten Mittelalter bis 1900 und die herrlichen Arbeiten der Kungsholm-Glaswerke und der Gustavsberg-Porzellanmanufaktur.
Das Museum hat eine über fünfjährige Renovierung hinter sich (Abschluss im Oktober 2018) , die mehr Raum für Ausstellungen und Besucherservice gebracht hat. Dank einer neuen Klimaanlage können nun auch empfindliche Gemälde und andere Kunstwerke gezeigt werden, die bisher im Depot bleiben mussten.

www.nationalmuseum.se

Skeppsholmen und Kastellholmen

Hostel auf dem Wasser

Skeppsholmen

Die aus fünf Eisensegmenten zusammengesetzte Skeppsholmbron führt seit 1989 hinüber zur kleinen »Schiffsinsel«, bis in die 1960er-Jahre ein Flottenstützpunkt. Das einstige Segelschulschiff **af Chapman** ist heute Jugendherberge, die früheren Marineeinrichtungen beherbergen nun Museen.

Picasso, Dalí & Co.

★ Moderna Museet

Für die spannende Sammlung moderner Kunst entwarf der Spanier Rafael Moneo einen würdigen Neubau, dessen Architektur genauso großartig ist wie die Exponate. Kunstfreunde dürfen sich auf Hochkaräter von Picasso, Matisse, Dalí, Robert Rauschenberg, Vera Nilsson, Sigrid Hjertén, Oskar Kokoschka u. a. freuen, aber auch die Wechselausstellungen zur Gegenwartskunst lohnen stets genaueres Hinschauen. Farbenfroh geht es selbst an grauen Tagen im Park vor dem Eingang zu. Hier grüßen knallbunte Kunstwerke von Niki de Saint Phalle und skurrile Aufbauten von Jean Tinguely. Nach dem Kunstgenuss kann man sich im Museumsrestaurant verwöhnen lassen, an einem schönen Tag am besten auf der Sonnenterrasse mit Blick aufs Wasser und die Insel Djurgården.

Im angrenzenden Gebäude erzählt das **ArkDes (Zentrum für Architektur und Design)** mit Plänen und Modellen, wie sich das Verständnis von Funktion, Form und Ästhetik in der schwedischen Baugeschichte verändert hat.

Moderna Museet: Di., Fr. 10 – 20, Mi., Do., Sa., So. 11 – 18 Uhr
kostenlose Führungen in Englisch Juli, Aug. Di./Do. 14, So. 13 Uhr
Eintritt: Dauerausstellung frei, temporäre Ausstellungen teilweise frei, sonst 150 SEK | www.modernamuseet.se
ArkDes: Di. 10 – 20, Mi. – So. bis 18 Uhr | Eintritt: 120 SEK
www.arkdes.se

Feines aus Fernost

Östasiatiska Museet

Das kleine ostasiatische Museum nordwestlich der Kirche zeigt Kunst und Kunsthandwerk aus Fernost und besitzt eine bedeutende Sammlungen chinesischer Kunst. Gezeigt werden buddhistische Skulpturen, chinesische Malerei und chinesisches Porzellan. Wechselausstellungen beleuchten die Verbindungen von asiatischer Kunst und westlichem Alltag, beispielsweise in der Kunst der Tattoos.

Di. 11 – 20, Mi. – So. bis 17 Uhr | Eintritt frei | www.ostasiatiska.se

Insel-Winzling

Kastellholmen

Es geht noch kleiner: Namensgeber von Kastellholmen ist das auf einer kleinen Anhöhe gelegene **Kastell**. In seiner Erscheinung mittelalterlich anmutend, wurde es doch erst 1846 – 1848 unter Leitung von Frederik

Blom errichtet. Wer hier eine kleine Lesepause einlegen möchte: »Der Mord auf Kastellholmen« des Schweden Stieg Trenter (1914–1967) ist ein Krimiklassiker und spielt auf dem idyllischen Eiland.

Östermalm und Gärdet

Stockholms Nobelboulevard

Strandvägen

An sonnigen Sonntagen könnte man meinen, ganz Stockholm sei hier auf den Beinen. Jung und Alt schlendert über den 35 m breiten Strandvägen, vorbei an uralten Linden, edlen Boutiquen und prachtvollen Villen wohlhabender Bürger. Am Ufer der Bucht Nybroviken

Nobeljachten und elegante Schoner hier, Prachtbauten aus dem frühen 19. Jh. dort – der Strandvägen bietet einiges zum Schauen.

verläuft zwischen Nybroplan und Djurgården mit dem Strandvägen eine der schönsten Flaniermeilen der Stadt. Sein heutiges Aussehen erhielt er zur Industrieausstellung 1897. Wer seine Füße schon überstrapaziert hat, kann den Strandvägen auch gemütlich mit der Museumsbahn **Djurgårdslinjen** erkunden.

In einem Gebäude im Stil der Wiener Secession, 1901 – 1908 nach Plänen von Frederik Liljekvist am Nybroplan entstanden, residiert die renommierte Schauspieltruppe des 1788 von Gustav III. gegründeten **Königlich Dramatischen Theaters**. Aufgeführt werden Klassiker wie moderne Stücke (Tickets unter www.dramaten.se).

Teilweise ländlich

Östermalmstorg

Es ist noch gar nicht so lange her, da grasten in Östermalm noch die Schafherden, denn erst im 19. Jh. wurde das Viertel Teil der City. Das Zentrum bildet der Östermalmstorg, den stattliche Häuser mit Geschäften und Restaurants säumen. Einen Augen- wie Gaumenschmaus verspricht die **Östermalms Saluhall**, eine nostalgische Markthalle aus Backstein und Gusseisen, deren Verkaufsstände sich unter der Last der Delikatessen biegen. (Bis zur Wiedereröffnung der dann renovierten Markthalle im Frühjahr 2019 gibt es ein Provisorium an gleicher Stelle.) Bis heute noch stellenweise ländlich ist der östlich anschließende Stockholmer Bezirk Ladugårdsgärdet.

Bitte anfassen!

Scenkonstmuseet

Rund 5600 Musikinstrumente, einige davon mehrere Jahrhunderte alt, andere brandneu: Die Instrumentensammlung aus Europa und Skandinavien ist beeindruckend und darf sogar ausprobiert werden! Ausgestellt werden auch Gemälde zum Thema Musik.

Juli – Aug. tgl. 11 – 17, Sept. – Juni Di. – So. 11 – 17, Mi. bis 20 Uhr
Eintritt: 120 SEK | http://scenkonstmuseet.se

Der schwedische Oskar Schindler

Armémuseum

Fahne und andere erbeutete Trophäen, uniformierte Soldatenfiguren und nachgestellte Schlachten verschaffen einen Überblick über Schwedens Militärgeschichte von den Wikingern bis heute. Darüber hinaus aber erinnert das **Königliche Armeemuseum** in der Riddargatan an den Diplomaten Raul Wallenberg, der 1944 in Budapest mindestens 20 000 ungarische Juden vor der Deportation bewahrte.

Juni – Aug. tgl. 10 – 17, sonst Di. 11 – 20, Mi. – So. 11 – 17 Uhr
Eintritt frei | www.sfhm.se

Kostbare Handschriften, seltene Drucke

Kungliga Biblioteket

Nordwestlich begrenzt der ehemals königliche Humlegården (Hopfengarten) die im 19. Jh. errichtete und später erweiterte Königliche Bibliothek. Zu ihren Schätzen gehört ein Codex Aureus, eine kostbar ausgestattete lateinische Evangelienübersetzung aus dem 8. Jahrhundert. Kurios: Das Archiv der Bibliothek wurde in den Fels gehauen. Östlich des Parks steht an der Sturegatan 14 das Gebäude der **Nobel-Stiftung** (▶ Baedeker Wissen S. 380).

1000 Jahre schwedische Geschichte

Historisk Museet

Östlich an der Linnégatan, Ecke Narvavägen, widmet sich das Historische Museum der Geschichte Schwedens. Besuchermagnet ist der unterirdische **Guldrummet** (Goldraum) mit kostbaren Gold- und Silberarbeiten. Ein zweites Highlight sind die Bildsteine aus Gotland.

Mai – Aug. tgl. 10 – 17, sonst Di. – So. 11 – 17, Do. bis 20 Uhr
Eintritt frei | www.historiska.se

Museums-Trio

Ladugårdsgärdet Museumspark

Östlich von Östermalm führt der Strandvägen zum »Museumspark« von Ladugårdsgärdet am Djurgårdsbrunnsvägen mit drei sehenswerten Museen. Das **Sjöhistoriska Museet** informiert über Unterwasserarchäologie, erzählt die Geschichte der Kriegsmarine und zeigt das rekonstruierte Achterkastell des Schoners »Amphion«, Sammlungen zu Schmuggel und Piraterie sowie eine Schiffsmodellbau-Werkstatt.

In die Welt der Maschinen entführt das **Tekniska Museet**. In der Maschinenhalle sind Verbrennungsmotoren, Bergwerksmaschinen sowie Oldtimer-Autos und -Flugzeuge zu sehen; das Teknorama lädt zum Experimentieren ein. Man besucht die nachgebaute Internationale Raumstation ISS und das 3D-Kino Cino4, wo man 30 Minuten lang durch das Universum reist oder das Fliegen lernt.

Entdeckungsreisen zu den Kulturen der Erde bietet das **Etnografiska Museet**, Slowfood-Gerichte das Ethno-Restaurant »Matmekka«.

Sjöhistoriska Museet: Di. – So. 10 – 17 Uhr | Eintritt frei
www.sjohistoriska.se

Tekniska Museet: Mo. – Fr. 10 – 17, Mi. bis 20, Sa., So. 11 – 17 Uhr
Eintritt: 150 SEK | www.tekniskamuseet.se

Etnografiska Museet: Di. – So. 11 – 17, Mi. bis 20 Uhr | Eintritt frei
www.etnografiska.se

In Östermalms Saluhall trifft kulinarisches Angebot auf nostalgisches Flair.

Södermalm und Långholmen

Angesagtes Trendviertel
Designer und Künstler haben das einstige Arbeiter- und Schmuddelviertel Södermalm zur angesagten Adresse für Alternative und Trendsetter gemacht. **»Söder«** ist »in« und wird daher immer teurer. Doch wer abseits der Einkaufsboulevards Götgatan, Hornbergsgatan und des Retroviertels SoFobummelt, kann noch immer kleine, lauschige Plätze und kopfsteingepflasterte Gassen mit niedrigen Holzhäusern entdecken (▶ Touren S. 37).
Den Übergang von Gamla Stan nach Södermalm bildet ein Verkehrsknotenpunkt, der bei seiner Einweihung 1935 als technisches Wunderwerk galt: Am Slussen verteilt sich der Verkehr auf drei Ebenen. Zur oberen Plattform des Liftes **Katarinahissen**, der hier von 1883

ROMANTISCHER GEHT'S NICHT

Die Stockholmer nennen ihn den romantischsten Weg ihrer Stadt. Vom Monteliusvägen am Nordufer von Södermalm liegt Ihnen halb Stockholm zu Füßen. Der Blick schweift über die Riddarfjärden-Bucht zur Gamla Stan und dem Rathaus, auf dessen Turm die Tre Kronor im Sonnenlicht glitzern. Um die sommers wie winters großartige Aussicht zu genießen, genau in den Stadtplan schauen: von der U-Bahn-Station Slussen nach rechts die Hornsgatan lang und dann rechts die Blecktornsgränd bergauf. Unterwegs vielleicht eine Zimtschnecke einkaufen – Bänke gibt es oben genug.

bis 2011 die 39 m Höhenunterschied hinauf zum Katarinenberg überwand, gelangt man heute nur noch per pedes – der Aufzug befand sich in solch einem schlechten Zustand, dass ein Betrieb zu gefährlich wurde. Die Mühen des »Aufstiegs« lohnen sich aber allemal, hat man doch eine tolle Aussicht auf die Gamla Stan, den man auch zusammen mit einem Drink oder Dinner im Restaurant **Gondolen** genießen kann. Dieses befindet sich in der verglasten Brücke zwischen Berg und Lift (► S. 221).

Stockholmer Geschichte(n)

Stockholms Stadsmuseum

Wie so viele Gebäude der Stadt wurde auch das Stadtmuseum am Ryssgården von Nicodemus Tessin d. Ä. erbaut. Das Museum informiert den Besucher u. a. anhand von Stadtmodellen über die Geschichte Stockholms. Es beschäftigt sich aber auch mit der Gegenwart und stellt die einzelnen Stadtteile mit ihren Besonderheiten vor. Außerdem veranstaltet es Spaziergänge auf den Spuren der Millennium-Trilogie von Stieg Larsson und der Popgruppe ABBA. Beide Touren kann man aber auch alleine abgehen, wenn man sich die Zeit selber einteilen möchte. Im Museum werden die entsprechenden Stadtpläne verkauft.

Das Museum wird derzeit renoviert und bleibt voraussichtlich **bis Ende 2018 geschlossen**. Die Spaziergänge finden jedoch weiterhin statt – Infos gibt es auf der Website.

www.stadsmuseum.stockholm.se

Industriegeschichte hautnah erleben

Sidenväveri

Fast 180 Jahre alt sind die Webmaschinen der K. A. Almgrens Seidenweberei, die auch heute noch funktionieren. Das Familienunternehmen an der Repslagargatan 15A, das fünf Generationen lang feinste Seide für die Krone und wohlhabende Kaufleute fertigte, ist die einzige Seidenweberei, die nördlich der Alpen erhalten ist. Im Museumsshop liegen herrliche Seidenstoffe zum Verkauf.

Mo. – Fr. 10 – 16, Sa. 11 – 15 Uhr, Juli – Mitte Aug. Mo. – Sa. 11 – 15 Uhr
Eintritt: 75 SEK | www.kasiden.se

Stehaufmännchen

Katarina Kyrka

Markantes Wahrzeichen von Södermalm ist die Kuppel der Katharinenkirche. Stockholms älteste Barockkirche brannte 1723 und noch einmal 1990 aus, wurde aber originalgetreu wiederaufgebaut. Dienstags und donnerstags erklingen um 12.15 Uhr **kostenlose Orgelkonzerte**. Es lohnt sich, die alten Gassen des Katharinenviertels zu erkunden.

Eine besonders schöne Aussicht auf die Innenstadt und Djurgården bietet sich von der Fjällgatan. In der Mäster Mikaels Gatan wohnte einst der Henker. Der Galgen stand auf der Klippenspitze bei der Stigbergsgatan.

Ein Platz für die Bürger

Medborgplatsen

Auf dem weiten »Bürgerplatz«, heute beliebter Treff, erinnert eine Stele daran, dass die populäre schwedische Außenministerin **Anna Lindh** hier am 10. September 2003 ihre letzte Rede hielt. Am Tag darauf wurde sie beim Shopping im Kaufhaus Nordiska Kompaniet niedergestochen. Sie ist auf dem Friedhof der Katharinenkirche begraben. Das **Medborghuset** (Bürgerhaus), 1939 im Stil des schwedischen Funktionalismus erbaut, birgt u. a. das Forsgrénska Badet mit 25-m-Pool und Fitnessbereich sowie eine Bibliothek. Zum Bummel laden die Delikatessenstände in der **Söderhallarna** ein. Das ehemalige Kraftwerk Katarinastation, 1903 vom Architekten der Nordika Kompagniet, Ferdinand Boberg, mit grünen und weißen Ziegeln erbaut, wandelte sich 2000 in Stockholms erste Moschee; besichtigt werden kann der Gebets- und Predigtraum (www.ifstockholm.se).

Stockholms hippstes Viertel

SoFo

SoFo, was abgekürzt so viel heißt wie »südlich der Folkungagatan«, ist tagsüber das Jagdrevier für Liebhaber von Secondhand- und Vintage-Mode. Viele Avantgardekünstler haben das Viertel noch zu Zeiten entdeckt, als es noch nicht hipp und damit erschwinglich war. Charmante Läden wie »Grandpa« in der Södermanngatan 21 verkaufen einen Mix aus jungem Design, Trendmode und Kuriosa. Aber auch kulinarische Schätze muss man nicht lange suchen: In der nahen Götgatan 92 verführt Sie beispielsweise **Gunnarsons Specialkonditori** mit hausgemachten Köstlichkeiten wie Diamantentrüffel, Mangoeis und einer Sommertorte mit frischen Früchten (www.gunnarsons.se). Abends verlagert sich das Leben von SoFo dann in die zahlreichen Cafés, Bars und Restaurants.

http://sofo-stockholm.se/

Straßenbahn-Nostalgie

Spårvägsmuseet

1965 verschwanden die Trams aus dem Stockholmer Stadtbild. Wer sie dennoch einmal selbst fahren möchte, kann im Fahrsimulator des **Straßenbahnmuseums** in der Tegelviksgatan 22 durch die Birger Jarlsgatan rattern. Hauptattraktion für den Nachwuchs ist die Mini-U-Bahn.

Mo. – Fr. 10 – 17, Sa., So. 11 – 16 Uhr | Eintritt: 50 SEK
www.sparvagsmuseet.sl.se

Geselliger Platz zum Verweilen

Mariatorget

Mitten auf dem Marienplatz kämpft Thor gegen eine Seeschlange, eigentlich aber ist dies ein friedlicher und von fröhlichen Menschen bevölkerter Ort. Rund um die zentrale sprudelnde Fontäne laden Bänke zum Pausieren ein. Den Platz umgeben kleine Bars und Cafés. Abba-Sänger Benny Andersson verwandelte hier ein altes Kino ins **Hotel Rival** (► S. 224).

Kirchen-Oldie mit großem Klang

Maria Magdalena Kyrka

Södermalms älteste Kirche ist die 1580–1625 erbaute Maria-Magdalena-Kirche an der Bellmansgatan. Ihr Rokokointerieur mit dem kunstvoll gestalteten Orgelprospekt von Carl Frederick Adelcrantz erhielt es nach dem großen Brand von 1759. **Orgelkonzerte** erklingen donnerstags um 12.15 Uhr sowie abends (www.mariamagdalena.se). In der Kirche haben einige berühmte schwedische Künstler ihre letzte Ruhestätte gefunden, darunter der Volkssänger Evert Taube.

Wenige Meter von der Kirche entfernt, in einem kleinen gelben Häuschen in der Urvädersgränd, schrieb der schwedische Nationaldichter Carl Michael Bellman (1740–1795) an seinem Werk »Fredmans Epistlar«, das die Briefe des Apostels Paulus parodiert. Auszüge aus Bellmans Werk werden das ganze Jahr über bei Abendveranstaltungen präsentiert (www.bellmanhuset.se).

Kam nicht gut an

Sofia Kyrkan

Auf einem 46 m hohen Hügel, dem Vita Bergen, erhebt sich die 1906 erbaute **Sofienkirche** über das Häusermeer von Södermalm. Die nach Sofia, der aus Deutschland stammenden Gemahlin von König Oskar II., benannte Kirche wurde von Gustaf Hermansson im Stile der rheinischen Neoromanik errichtet – was nicht wenigen Stockholmern missfiel.

Lichtbildkunst

Fotografiska

Im alten Zollgebäude in der Stadsgårdshamnen 22 ist heute das größte fotografische Museum Nordeuropas untergebracht. Es ist die Plattform für vier große und gut ein Dutzend kleinerer Wechselaus-

BAEDEKER MAGISCHE MOMENTE

COCKTAIL IM HIMMEL

Himlen (Himmel) – passender könnte der Name nicht sein, denn im 24. Stock der himmlischen Panoramabar in der Götagatan 78 fühlt sich jeder Abend fast wie im Himmel an: In der Hand einen leckeren Cocktail, unter sich das urbane Lichtermeer Södermalms. Da können die restlichen Pläne für den Abend schnell durcheinandergeraten!

stellungen pro Jahr. Vom Museumsrestaurant im Obergeschoss hat man einen ausgezeichneten Blick auf Gamla Stan mit dem Königsschloss sowie die Insel Skeppsholmen.
Auch wer das Museum auslässt, muss auf diesen nicht verzichten. Die nahe **Fjällgatan** ist ein beliebter Aussichtspunkt. Dies ist unschwer an den häufig hier haltenden Rundfahrtbusse zu erkennen ist, die eine Pause für den Fotostopp einlegen.
So. – Mi. 9 – 23, Do. – Sa. bis 1 Uhr nachts | Eintritt: 135 SEK
www.fotografiska.eu

Der schönste Biergarten der Stadt

Mosebacke Torg

Von den Mosebacke-Terrassen genießt man bei einem kühlen Getränk einen weiten Blick über die Stadt. Weil August Strindberg gern zu Gast war und den Biergarten literarisch in seinem Roman »Das rote Zimmer« verewigt hat, steht dort eine Strindberg-Statue des Bildhauers Carl Eldh.

Hinter schwedischen Gardinen

Långholmen

Die »lange Insel« im ▶ Mälarsee, heute ein bevorzugter Platz für Picknick und Badefreuden, war bis 1975 kein Ort des leichten Frohsinns, sondern das Zuhause des schwedischen **Zentralgefängnisses**. In diesem nächtigt man heute nur noch freiwillig – in die verbliebenen Gebäude sind u. a. ein Restaurant, ein einfaches Hotel und eine Jugendherberge eingezogen (▶ S. 224). Dass die einstigen »Mieter« – in den meisten Fällen Schwerverbrecher – hier weit weniger angenehm lebten, zeigt das **Fängelsemuseum**. Im einstigen Zollschreiberhaus erinnert das **Bellmanmuseet** an den populären Dichter und Komponisten.
Fängelsemuseum: tgl. 11 – 16 Uhr | Eintritt: 75 SEK
www.langholmen.com
Bellmanmuseet: Mitte Juni – Aug. tgl. 12 – 18 Uhr, sonst nach Voranmeldung, Tel. 08 6 69 69 69 | Eintritt: 100 SEK | www.bellmanhuset.se

Djurgården

Grüne Lunge der Stadt

Blå Porten

Einst schützte ein Zaun das 279 ha große **Jagdgebiet der Könige**, die hier Hirschen und Rehen nachstellten. Prächtige Sommerpaläste, Gärten und kleine Jagdschlösschen, zum Teil noch heute bewohnt, entstanden. 1809 wurde die Insel der Allgemeinheit zugänglich gemacht, vom Zaun blieb nur noch die Blå Porten, das blaue Portal.
Heute ist Djurgården ein Teil des Ekoparken (▶ S. 259). Die grüne Lunge der Stadt ist Ausflugsziel zum Wandern, Radeln, Paddeln, Joggen und Skaten; Leihboote und -räder gibt es beim **Djurgårdsbrons Sjöcafé** am Galärvarvsvägen 2.

Einblicke in die Kultur der Nordländer

Nordiska Museet

Doch Djurgarden ist nicht nur ein Ausflugsziel im Grünen, sondern zugleich für seine Museen berühmt. Auftakt zur hiesigen Museumsmeile bildet das Nordische Museum. Eine Ausstellung samischer Kultur zeigt Jagd- und Fischfanggeräte, Schnitzereien aus Rentiergeweih, Schamanentrommeln und andere kultische Gegenstände. Weitere Themen sind schwedische Volkstrachten, Arbeitskultur und Brauchtum, Puppenstuben, Spielzeug, volkstümliche Keramik, Tischkultur seit dem 17. Jh., das Dalapferdchen und Weihnachtsbräuche. Die oberste Galerie zieren Möbel von Renaissance bis Jugendstil sowie eine Uhren- und Tabakdosensammlung.

Juni – Sept. tgl. 9 – 18, Sept. – Mai 10 – 17, Mi. bis 20 Uhr
Eintritt: 120 SEK | www.nordiskamuseet.se

Zu Besuch bei Pippi und Michel

Junibacken

Der besonders bei Familien beliebte Junibacken, in einer ehemaligen Bootshalle untergebracht, erweckt die Romanwelt von Astrid Lindgren zum Leben. Auf einer Rundfahrt mit der Bimmelbahn trifft man Karlsson vom Dach, Michel aus Lönneberga, Ronja Räubertochter und Pippi Langstrumpf und all die anderen Helden aus Lindgrens Büchern. Aber auch Figuren vieler anderer nordischer Kinderbuchautoren sind hier zu Hause, beispielsweise Willi Wiberg von Gunilla Bergström, die Mumins von Tove Jansson und Pettersson und Findus von Sven Nordqvist.

Juli – Mitte Aug. tgl. 10 – 18, Juni, 2. Aug.-Hälfte bis 17, sonst Di. – So. 10 – 17 Uhr | Eintritt: 159 SEK | www.junibacken.se

Die schwedische Titanic

★★ Vasa Museet

Hochmut kommt nicht selten vor dem Fall. Hätte auch Gustav II. Adolf auf diese Binsenweisheit gehört, das spektakuläre Wasa-Museum hätte nie seine Pforten eröffnet. Doch bisweilen sind Könige beratungsresistent. Und so wurde ein prächtiges Kriegsschiff – ein Prestigeobjekt auf dem Wasser – geschaffen, dass zum Scheitern verurteilt war. Dabei sollte die Wasa zum **Flaggschiff der neuen Ostseemacht** Schweden werden, mit 64 Kanonen und 445 Mann Besatzung, die den Feinden das Fürchten lehren.

Allerdings missachtete man auf königliches Geheiß einfache Gesetze der Physik: Um die Vorgaben ihrer Majestät umzusetzen, war ein zweites Kanonendeck vonnöten, der Schwerpunkt des Schiffes dadurch zu hoch. Der größere Tiefgang hatte außerdem zur Folge, dass schon bei geringer Krängung die Kanonenluken unter dem Wasserspiegel lagen. Keiner der Ingenieure wollte oder konnte den König auf diese Konstruktionsmängel hinweisen und so nahm das Schicksal schon nach wenigen Metern auf der Jungfernfahrt 1628 seinen Lauf. Die erste stärkere Böe brachte das Schiff zum Kentern, mindestens 30 Frauen und Männer starben.

MUSEUM RUND UMS SCHIFF

Man muss nicht zu den Schiffsliebhabern gehören, um von diesem Museum begeistert zu sein. Das eindrucksvolle Gebäude umschließt auf mehreren Ebenen das über 50 m hohe Kriegsschiff Vasa, das 1628 bei seiner Jungfernfahrt sank, aber fast vollständig geborgen und konserviert werden konnte. Das meistbesuchte Museum Skandinaviens liefert auch Einblicke in Schiffbau und Leben der damaligen Menschen.

Juni – Aug. tgl. 8.30 – 18, sonst 10 – 17, Mi. bis 20 Uhr, Eintritt: 130 SEK, www.vasamuseet.se

1 Vasa
Kernstück des Museums ist das 1957 geborgene und restaurierte Wrack der Vasa, eines der größten Kriegschiffe seiner Zeit: 62 m lang, 11,7 m breit und bis zur Mastspitze 52,5 m hoch. Sie hätte 445 Menschen aufnehmen können: 145 Besatzungsmitglieder und 300 Soldaten. Unter den 30 geborgenen Toten waren auch Frauen.

2 Takelage
Rekonstruiert wurde die Takelage nach Vorbildern aus dem 17. Jahrhundert.

3 Rumpf
Im Rumpf des Schiffs hatte man 120 t Steine als Ballast deponiert. Dieses Gewicht reichte jedoch nicht aus, um den zweistöckigen Aufbau und das zu hohe Kanonengewicht stabil zu halten.

4 Werft
Zwei Jahre lang arbeiteten 400 Menschen an der von Gustav II. Adolf in Auftrag gegebenen Vasa.

5 Schiffe im Gefecht
Wie man sich den Seekrieg im 17. Jh. vorstellt, wird hier im Film gezeigt. Auf dieser Ebene gelangt man auch ins Freie zum Eisbrecher (1915) und zum Feuerschiff (1903).

6 Leben an Bord
Aufgeschnittene Modelle gewähren einen Blick ins Innere der Vasa, die selbst nicht betreten werden kann. Die Kapitänskajüte war recht luxuriös. Hart war der Alltag der Mannschaft, die an Deck schlafen musste und unter Skorbut und Hunger litt. Löffel, Teller, Münzen und sogar ein Backgammon-Spiel wurden auf der Vasa gefunden.

7 Auf hoher See
Auf dieser Ebene wird erklärt, wie man im 17. Jh. segelte und navigierte.

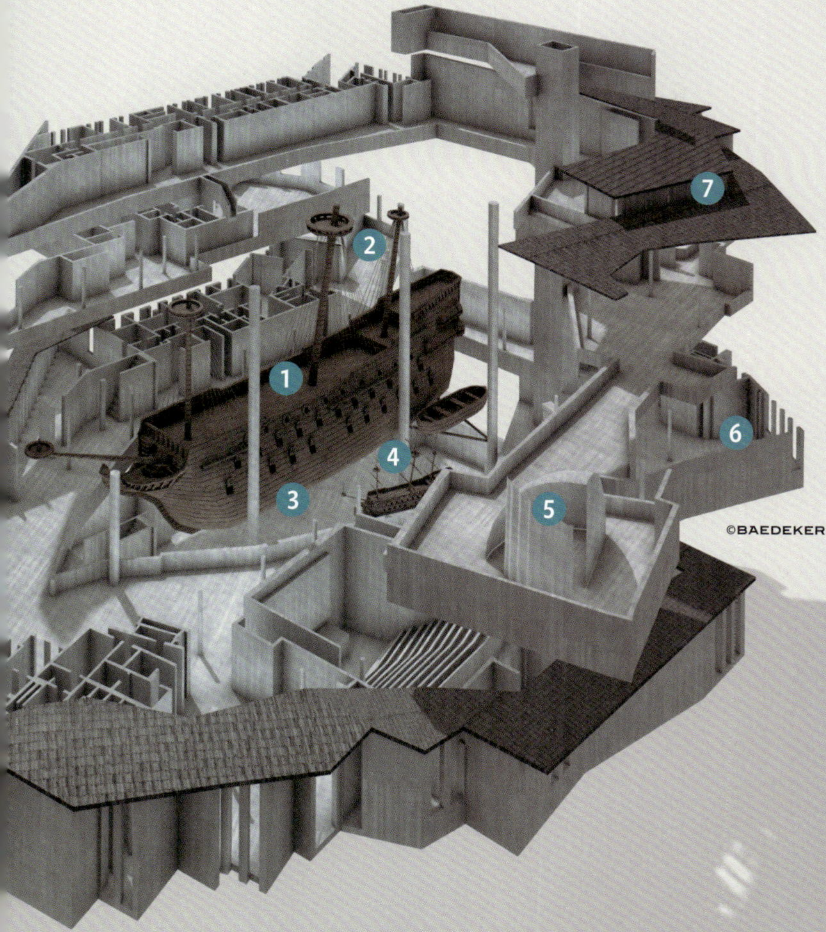
1
2
3
4
5
6
7
©BAEDEKER

Nicht minder abenteuerlich klingt das weitere Schicksal der »Wasa«. 333 Jahre lag sie auf dem Grund der Ostsee, bevor sie aufwendig geborgen wurde. Nochmals 29 Jahre dauerte es, bis das gigantische Puzzle aus über 14 000 Teilen zusammengesetzt und ein eigens dafür errichteter Museumsbau eingeweiht werden konnte. Seitdem ist das Wasamuseum schon von Weitem an den aufragenden Schiffsmasten zu erkennen. In dem abgedunkelten Museumsbau ragt das 52,5 m hohe Schiff empor, das auf mehreren Ebenen umrundet werden kann. Und zahlreiche Exponate erzählen in einer atemberaubenden Ausstellung die Geschichte der schwedischen Titanic, ihrer Rekonstruktion und der verunglückten Seeleute nach (▶ Baedeker Wissen S. 252).

Juni – Aug. tgl. 8.30 – 18, sonst 10 – 17, Mi. bis 20 Uhr
Eintritt: 130 SEK | www.vasamuseet.se

Stilles Mahnmal

Estonia-monumentet

Es war eines der schlimmsten Schiffsunglücke jüngerer Zeit: Am 24. September 1994 starben 852 Menschen, als die Fähre Estonia auf ihrem Weg von Tallinn nach Stockholm in den kalten Fluten der Ostsee sank. Seit September 1997 erinnert ein symbolischer Schiffsbug aus Granit des polnischen Künstlers Miroslaw Balka mit den eingemeißelten Namen der Opfer an die Katastrophe.

Ausgedient

Musei-fartygen

An den Kais des Museifartygen im Wasa-Hafen sind **Museumsschiffe** verankert: der Eisbrecher »St. Erik«, der ab 1915 Dienst tat, das Feuerschiff »Finngrundet« von 1903 und das in den späten 1960er-Jahren hochmoderne Torpedoschnellboot T121 Spica, das bis 1989 im Einsatz war und in den Sommermonaten zu mehreren Terminen wieder mit Gästen auf Fahrt geht. Im nahen Gästehafen **Wasahamnen**, einer von drei auf Djurgården, gibt es 146 Liegeplätze; willkommen sind Jachten bis 15 m Länge (www.wasahamnen.se).

T121 Spica: Juni, Aug. 12 – 17, Juli bis 19 Uhr | www.t121spica.se

Die Kunstgrößen von morgen

Liljevalchs Konsthall

Die Kunsthalle, Djurgårdsvägen 60, veranstaltet im dreimonatigen Wechsel hochkarätige Ausstellungen mit Werken schwedischer Nachwuchskünstler. Vor allem der alljährliche Frühjahrssalon (Vårsalongen) von Ende Januar bis Ende März hat seit der ersten Veranstaltung 1921 einen festen Platz im Kunstkalender der Stadt. Am Eingang zur Kunsthalle steht auf einer hohen Granitsäule **»Der Bogenschütze«**, eine Skulptur von Carl Milles.

Juni – Aug. Di., Do. 11 –19, Mi., Fr. – So. 11 – 17, sonst Di., Do. 11 – 20, Mi., Fr. – So. 11 – 17 Uhr | Eintritt: 80 SEK | www.liljevalchs.se

Irren ist königlich: 1628 kenterte die Wasa nach nur wenigen Metern der Jungfernfahrt, 333 Jahre lang lag sie danach auf dem Grund der Ostsee!

Unterwasserwelten

Aquaria Vattenmuseum

Das Wassermuseum vermittelt mit Lachs-, Korallen- und Haifischbecken sowie tropischem Regenwald Einblick in das Leben in Salz- und Süßwasserbiotopen.

Mitte Juni – Mitte Aug. tgl. 10 – 18, sonst Di. – So. 10 – 16.30 Uhr
Eintritt: 120 SEK | www.aquaria.se

In vino veritas

Spritmuseum

Wie Wein und Spirituosen hergestellt werden, was eine »Duftorgel« ist und womit der schwedische Glögg zu Weihnachten gewürzt wird, erfährt man im Spritmuseum im Djurgårdsvägen 38 mit angeschlossenem Restaurant.

Juni – Aug. tgl. 10 – 18, Mi. bis 20, sonst 10 –17, Mi. bis 20 Uhr
Eintritt: 120 SEK | www.spritmuseum.se

Thank you for the music!

★ ABBA-Museum

Es ist ein Ausflug in die glitzernde Popwelt der Siebziger. Zu sehen sind u. a. die Bühnenkleider, die goldenen Schallplatten, Musikinstrumente, unzählige Fotos und Videos der berühmtesten schwedischen Band. Und in dem interaktiven Teil des Museums kann man sich gar selbst als Popstar versuchen (▶ Das ist ... S. 20).
Das ABBA-Museum ist Teil der neuen Swedish Music Hall of Fame. Neben den beiden Dauerausstellungen »Die Geschichte der schwedischen Populärmusik« und »Hall of Fame« will diese auch Wechselausstellungen zeigen, die sich mit zeitgenössischer Musik auseinandersetzen.

Djurgårdsvägen 68 | Juni – Sept. tgl. 9 – 19, Mai, Okt. Mo., Di., Fr. bis So. 10 – 18, Mi., Do. bis 19 Uhr, Nov., Dez. Mo., Di. 12 – 18, Mi., Do. 10 – 19, Fr. – So. 10 – 18 Uhr | Eintritt: 250 SEK, Tickets auch online erhältlich | http://abbathemuseum.com

Spaß für Groß und Klein

Gröna Lund

Achterbahn fahren, ein Geisterhaus mit (fast) echten Gespenstern, ein Kettenkarussell so nah am Ufer, dass die Fahrgäste immer wieder über das freie Wasser fliegen und andere Adrenalinkitzel verspricht ein Besuch im Freizeitpark Gröna Lund Tivoli. Seit 1883 drehen sich hier die Karussells, mittlerweile sind Varietés, Musikbühnen, Los- und Würstchenbuden, Cafés und Restaurants dazugekommen.

Djurgårdsfähre ab Slussen oder Nybrokai, Haupteingang Almänna Gränd | Juni – Aug. tgl. 11/12 – 23 Uhr, Mai, Sept. nur Fr. – So.
Eintritt: 115 SEK | www.gronalund.com

Tour de Schweden

★ Skansen

Das bei den Stockholmern äußerst beliebte Skansen ist ein Museum zum Mitmachen, Erleben und Anfassen. Auf dem 30 ha großen Gelände stehen über **160 historische Gebäude** aus allen Landesteilen:

Bauernhöfe, Herrenhäuser, Fischerkaten, Windmühlen, Handwerksstuben und Dorfplätze, allesamt sorgfältig in die regionale Flora eingebettet. Hier kann man dabei zusehen, wie Knäckebrot, Zimtschnecken und Semla gebacken werden oder wie in der Glashütte mundgeblasene Kunstwerke entstehen – stets getreu dem Ziel des Volkskundlers Artur Hazelius, der mit der Gründung des damals einmaligen Museums 1891 die schwedische Kulturtradition bewahren wollte. Außerdem gibt es eine schöne Holzkirche – die Seglora-Kirche von 1729 siedelte bereits 1916 in den Skansen über –, Spielplätze und natürlich Buden mit allerlei Süßigkeiten und Souvenirs. Vom **Aussichtsturm** des Cafés Bredablick überschaut man die ganze große Anlage.
Ein besonderes Erlebnis bietet sich im Sommer den Besuchern der **Konzertmuschel** des Skansen. Einmal in der Woche verwandelt sich diese in eine riesige Mitsing-Arena. Bis zu 10 000 Hobbysänger trällern textsicher beim »Allsång« Volkslieder, seit fast 40 Jahren ist auch das schwedische Fernsehen mit von der Partie.
Auch die Fauna des Nordens ist vertreten: Im kleinen **Zoo** leben Elche, Rentiere, Luchse, Bären und andere Tiere, die für Schwedens Wild typisch sind, sowie alte Haustierrassen. Und da Skansen ein lebendiges Museum ist, werden die schwedischen Feste wie Walburgis-

Wenn in Skansen getnazt wird, dann natürlich in farbenfrohen Trachten.

nacht, Midsommar und Lucia stets groß gefeiert. Auf dem Museumsgelände befinden sich zudem das **Tabakmuseum**, das **Biologische Museum** mit Dioramen nordischer Tiere und ein **Zirkus**.

Freilichtmuseum Skansen: Juni – Aug. tgl. 10 – 20, Mai, Sept. bis 18 Uhr, Nov. – Feb. Mo. – Fr. 10 – 15, Sa., So. bis 16 Uhr | Eintritt: je nach Saison 120 – 180 SEK | www.skansen.se
Tabakmuseum: Mai – Sept. tgl. 11 – 17, sonst bis 15 Uhr | Eintritt frei
Biologisches Museum: April –Sept. tgl. 11 – 16, sonst Di. – Fr. 12 – 15, Sa., So. ab 10 Uhr | Eintritt frei | www.biologiskamuseet.com

Im Schloss des Malerprinzen

Waldemarsudde

Würdiger Schlusspunkt der Museumsmeile von Djurgården ist der Prins Eugen Väg. Hier endet auch die **Djurgårdslinje**, die mit historischen Straßenbahnzügen aus den 1920er- bis 1940er-Jahren vom Norrmalmstorg herfährt und hier die Parklandschaft von Waldemarsudde berührt. An der Spitze dieser Landzunge im Saltsjön ließ sich der schöngeistige Prinz Eugen (1865 – 1947), der Sohn Oskars II., nach Plänen von Ferdinand Boberg 1903 – 1905 ein Palais bauen. Heute ein Museum, sind darin berühmte Landschaftsgemälde des Malerprinzen wie »Die Wolke« und »Das alte Schloss«, aber auch Arbeiten von Künstlern ausgestellt, die der Prinz förderte. Zum Schloss gehört seit 1913 eine Galerie. Im mit Blumen und Skulpturen geschmückten Park stehen das Alte Haus und eine Leinölmühle, beide aus der Zeit um 1780.

Di. – So. 11 – 17, Do. bis 20 Uhr | Eintritt: 150 SEK
www.waldemarsudde.se

Sommerschlösschen mit Park

Rosendals Slott

Wandert man von der Endhaltestelle der Tram nach Norden, erreicht man das Café im **Rosendal Trädgård**, wo es unter anderem köstlichen Möhrenkuchen gibt. Das nahe Rosendal Slott war das Sommerschlösschen von Karl Johan XIV., dem ersten schwedischen Monarchen des heute noch amtierenden Hauses Bernadotte. Erbaut wurde es von Frederik Blom um 1820 im Empirestil: Ein Höhepunkt sind die Wandgemälde der Fabel »Eros und Psyche« im Laternenzimmer.

Führungen: Juni – Aug. stdl. 12 – 15 Uhr | Eintritt: 100 SEK
www.kungahuset.se

Von Larsson bis Munch

Thielska galleriet

Seine Sammelsucht stürzte Ernest Thiel in den Ruin. Nachdem seine stetig wachsende Kunstsammlung den Rahmen seiner Wohnung am Strandvägen sprengte, ließ der Bankier in einmaliger Lage am äußersten östlichen Zipfel von Djurgården (Blockhusudden) ab 1904 eine großzügige Villa errichten. Rund 15 Jahre später stand Thiel vor dem finanziellen Trümmerhaufen und seine hervorragende Samm-

lung nordeuropäischer Kunst konnte nur durch die Übernahme durch den schwedischen Staat gerettet werden.
Zu den Höhepunkten der Galerie gehören die hellen, freundlichen Bilder von Carl Larsson und die teils großformatigen Landschaften von Bruno Liljefors. Vom Norweger Edvard Munch sind elf Bilder zu sehen, darunter »Das kranke Kind«, »Verzweiflung« und »Die Mädchen auf der Brücke« sowie eine Reihe seiner Druckgrafiken.
Auf dem parkähnlichen Grundstück verteilen sich Skulpturen berühmter Bildhauer. Die Asche Thiels wurde unter der Skulptur »Schatten« von Auguste Rodin bestattet.
Di. – So. 12 – 17, Do bis 20 Uhr | Eintritt: 130 SEK
www.thielska-galleriet.se

★ Nationalpark Ekoparken

Grünes Unikum

Überblick

Theater und Museen, Schlösser und Herrensitze, aber auch Meeresbuchten, Moore, Badeklippen und traumhafte Plätze mit unberührter Natur und damit lauter Orte, die man nie mitten in einer Großstadt vermuten würde – der Kungliga nationalstadsparken (Königlicher Nationalstadtpark), wie sein offizieller Name lautet, hält einige Überraschungen bereit: So trägt er auch einen großen Anteil daran, dass in der Hauptstadt drei Viertel aller in Schweden beheimateten Tiere leben. Der erste innerstädtische Nationalpark der Welt entwickelte sich aus königlichem Landbesitz. Er erstreckt sich über 27 km² von den Inseln Skeppsholmen und Fjäderholmarna über die königlichen Parks Djurgården, Haga und Ulriksdal und den See Brunnsviken bis nach Sörentorp im Norden.
www.ekoparken.com

Lieblingsschloss

Ulriksdal Slott

Königin Kristina liebte das königliche Lustschloss am Ufer des Edviken-Sees so sehr, dass sie ihre Krönungsprozession in dem von Hans Jacob Kristler für den Feldherrn Jacob De La Gardie erbauten Palast beginnen ließ. Ihre sechsspännige **Krönungskutsche** und die Gewänder der Königin lassen sich in den Stallungen bewundern. Zuletzt wohnten Gustav VI. Adolf und Louise 1923 – 1973 auf Ulriksdal. Einige Räume mit hübschen Möbeln und Antiquitäten können bei Führungen besichtigt werden. Die **Orangerie** birgt eine Sammlung schwedischer Skulpturen mit Arbeiten u. a. von Johan Tobias Sergel und Carl Milles. Zwei Werke von Milles schmücken auch den herrlichen Schlossgarten. Ein romantischer Gourmettreff im schwedischen Herrenhofstil ist das 1868 erbaute **Ulriksdal Wärdshus** (www.ulriksdalswardshus.se).
Führungen: Mitte Juni – Mitte Aug. Di. – So. 12 und 14 Uhr
Eintritt: 120 SEK | www.kungahuset.se

Victorias Garten

Hagaparken

Gustav III. wollte im Haga-Park eigentlich ein zweites Versailles schaffen. Seine Ermordung im Jahr 1792 verhinderte diese ambitionierten Pläne und so blieb es bei einem schönen, weitläufigen Park mit einigen ungewöhnlichen Gebäuden. Der Pavillon Gustavs III. ist eines der schönsten Beispiele des gustavianischen Stils, vor allem das Interieur mit Wandmalereien und Spiegelsälen ist absolut sehenswert. Auffällig sind die drei **Kupferzelte** an einem Hügel, die den Militärzelten des römischen Heeres nachempfunden wurden. Einst dienten sie als Ställe, heute ist in einem Zelt ein Museum über die Geschichte des Parks untergebracht. In der Nähe flattern im **Fjärils- & Fågelhuset** exotische Vögel und tropische Schmetterlinge in Glashäusern frei herum. Ebenfalls sehenswert sind der Echotempel, die chinesische Pagode, der türkische Kiosk, die Finnhütten und der Stallmeisterhof, der heute als Hotel genutzt wird.
Das schlichte **Haga-Schloss** wurde 1802 – 1805 im Auftrag von Gustav IV. Adolf errichtet. Hier wuchs der gegenwärtige König Carl XVI. Gustaf zusammen mit seinen Geschwistern auf. Seit ihrer Hochzeit 2010 lebt Kronprinzessin Victoria mit ihrer Familie hier.

Pavillon: Besichtigung nur im Rahmen von Führungen Juni – Aug. Di. – So. 12, 13, 14, 15 Uhr | Eintritt: 100 SEK | www.kungahuset.se.

Naherholung für Großstädter: Im Haga-Park findet sich sicher ein passendes Fleckchen für ein Sonnenbad.

Fjärils- & Fågelhuset: April - Sept. tgl. 10 - 17, sonst bis 16 Uhr
Eintritt: 165 SEK | www.fjarilshuset.se
Parkmuseum: Mitte Mai bis Sept. tgl. 11 - 17, Okt. - Mitte Mai
Fr. - So. 10 - 15 Uhr | Eintritt frei

Pflanzen-Gigant

Bergianska Trädgården

Unweit vom Ostufer des Brunnsviken-Sees erstreckt sich der **Botanische Garten**, zu dem zwei Gewächshäuser gehören: das Edvard Andersons Växthus mit Pflanzen des Mittelmeerraums und Australiens und das Victoria Växthus mit einem Exemplar der weltgrößten Wasserpflanze, der Seerose Victoria mit bis zu 2,5 m großen Blättern.
Mo. - Fr. 11 - 16, Sa., So. 11 - 17 Uhr | Eintritt: 80 SEK
www.bergianska.se

Anschauliche Naturgeschichte

Naturhistoriska Riksmuseet

Auf dem erweiterten Campus der Universität illustriert das Naturhistorische Reichsmuseum mit 9 Mio. Exponaten die Naturgeschichte der letzten 4,5 Mio. Jahre. Schwerpunkt der Megasammlung sind die Polargebiete. Zum Museum gehören auch das IMAX-Kino **Cosmonova** und das größte Planetarium im Land. Im 3D-Programm: Reisen in ferne Galaxien, durch Unterwasserwelten und zu Dinosauriern.
Di. - So. 10 - 18 Uhr | Eintritt: 110 SEK | www.nrm.se

Unterwegs in den äußeren Stadtteilen

Skulpturenreich

★ Millesgården

Die **Insel Lidingö** im Nordosten des Stadtgebiets ist uraltes Kulturgebiet, wie Grabhügel der Wikinger bezeugen. Mitte des 18. Jh.s stieg die Insel zum bevorzugten Wohngebiet wohlhabender Bürger auf. Mit der Ära der Dampfschiffe kamen Sommerfrischler und Künstler. Direkt am Wasser liegt der Millesgården, einst Wohnung und Atelier des Bildhauers **Carl Milles** (1875 - 1955) und seiner Frau, der österreichischen Porträtmalerin Olga Granner. Neben Werken von Milles ist hier auch seine Sammlung griechischer und römischer Kunstwerke zu sehen. Sein Garten ist ein in Terrassen angelegter Skulpturenpark. Einige Repliken seiner Figuren ließ Milles erhöht aufstellen, so heben sie sich wirkungsvoll gegen den Himmel ab. Schön ist auch die Aussicht auf Stockholm und die Hafeneinfahrt.
Ebenfalls auf Lidingö lebte die Malerin Emma Lundberg (1869 - 1953). Als Beitrag zur Kulturhauptstadt Stockholm wurde 1998 auf dem einstigen Kartoffelacker der Familie Milles mit dem **Emma Lundbergs Trädgården** ihr Gartenideal umgesetzt. Zu Mittsommer blüht hier eine einzigartige Sammlung von Pfingstrosen.
Millesgården: 1. Mai - 30. Sept. tgl. 11 - 17 Uhr, sonst Di. - So.
11 - 17 Uhr | Eintritt: 150 SEK | www.millesgarden.se

Glaskugel in luftiger Höh'

Ericsson Globe

Die ganze Hauptstadt liegt Ihnen zu Füßen! Mit der futuristischen Glaskugel geht es an Schienen auf der Außenhaut der riesigen Arena hinauf zum Dach in 85 m Höhe – perfekte Aussicht ist bei der 20-minütigen Fahrt mit der Skyview-Gondel garantiert. Ein einmaliges Erlebnis.
Aber auch die Mehrzweckhalle selbst, der 16 000 Zuschauer fassende Ericsson Globe im südlichen Stadtteil Johanneshov, ist ein Hingucker. 1989 anlässlich der Eishockeyweltmeisterschaft erbaut, hat die weiße, weithin sichtbare Kuppel schnell den Spitznamen »hartgekochtes Ei« bekommen. Und selbst wenn sich an ihrer Architektur sich die Geister scheiden, ihre Superlative sind unbestritten: Mit einem Durchmesser von 110 m und einem Volumen von 600 000 m^3 ist sie einer der größten Kugelbauten der Welt. Jährlich finden mehr als 140 Großveranstaltungen statt, von der Eishockey-WM über Jazz- und Popkonzerte bis zur Papstmesse, selbst die Geburtstagsparty zu König Carl Gustafs Fünfzigstem wurde hier gefeiert.
Das **Globenshopping** ganz in der Nähe vereint 60 Geschäfte unter einem Dach.

Friedhof und Kulturlandschaft

★ Skogskyrkogården

Abseits des Großstadtstrubels ist der Waldfriedhof im südlichen Stadtteil Enskede nicht nur ein Oase der Ruhe und Besinnung, sondern auch eines der wichtigsten Werke moderner Landschaftsarchitektur. Als einer der schönsten Friedhöfe weltweit gehört er seit 1994 zum **UNESCO-Weltkulturerbe**. Er ist als Ergebnis eines Architektenwettbewerbs im Jahr 1914 entstanden, den die beiden jungen Architekten Gunnar Asplund und Sigurd Lewerentz gewannen. Sie schufen in mehr als 40 Jahren Schwedens größten Friedhof. Besonders sehenswert sind der Ulmenhügel und das von Asplund 1939 entworfene riesige Granitkreuz. Den Friedhof, auf dem u. a. Greta Garbo bestattet ist, kann man ganzjährig rund um die Uhr besuchen.

Besucherzentrum des Waldfriedhofs: 15. Mai – 30. Sept. tgl. 11 bis 16 Uhr, Okt. Sa./So. 11 – 16 Uhr | geführte Touren in Englisch jeden So. von Juni – Sept. um 10.30 Uhr, 100 SEK
www.skogskyrkogarden.se

Rund um Stockholm

Das schwedische Versailles

★★ Kungliga Slott Drottningholm

Bereits die Anreise ist ein Hochgenuss – sofern das Schiff das Verkehrsmittel ihrer Wahl ist. Im historischen Dampfer, der am Stockholmer Stadthaus ablegt, nähern sie sich ohne Hast dem prächtigen, von viel Grün eingerahmten Barockschloss auf der kleinen Mälareninsel Lovön. Während es Minute für Minute größer wird, mag man schnell nachvollziehen, weshalb die deutschstämmige Königin Hedwig Eleonora diesen Ort für ihr Lustschloss wählte. Im Alter von gerade 26 Jahren Witwe geworden, beauftragte sie 1662 den Barockarchitekten Nicodemus Tessin den Älteren mit dem Bau von Schloss Drottningholm nach französisch-holländischem Vorbild. Die Königswitwe nutzte den Palast bis zu ihrem Tod 1715 als Sommerresidenz. 1744 erhielt Prinzessin Luise Ulrike von Preußen, eine Schwester Friedrich des Großen, Drottningholm als Hochzeitsgeschenk. Ihr Mann, der schwedische Thronfolger Adolf Friedrich, ging als König, der sich zu Tode aß, in die schwedische Geschichte ein. Mit dem Einzug der kunstinteressierten Prinzessin in das Schloss begann ein goldenes Zeitalter für die schönen Künste. Sie ließ den Palast nach dem Vorbild des französischen Rokoko einrichten, hielt einen glänzenden Hof und versammelte Personen aus Literatur und Kunst um sich. Auch herausragende Wissenschaftler, unter ihnen Carl von Linné, der die königliche Naturaliensammlung bearbeitete, trafen hier zusammen. Glanzvolle Zeugnisse jener Epoche sieht man auf den Rundgängen: die **Bibliothek von Luise Ulrike**, ihr besonders prunkvolles **Grünes Gemach** und das Schlafzimmer von Hedwig Eleonora. Im **Ehrenstrahl-Raum**

Familenzuwachs im Schwanenteich von Schloss Drottningholm.

warten Gemälde von David Klöckner Ehrenstrahl, dem bedeutendsten schwedischen Barockmaler, im **Treppenhaus** Schlachtbilder, Skulpturen und Porträts.
Auf Drottningholm wurde der **Schlosspark** besonders prachtvoll angelegt, mit schattigen Lindenalleen und weiten Wasserflächen entstand er 1681 nach Entwürfen von Nicodemus Tessin dem Jüngeren. Zentrum ist die Herkulesfontäne mit Bronzefiguren von Adriaen de Vries. Sämtliche Bronzefiguren im Park stammen übrigens von ihm und kamen als Kriegsbeute 1648 aus Prag und 1659 aus dem dänischen Fredriksborg nach Schweden. König Adolf Friedrich überraschte seine Frau Luise Ulrike an ihrem 33. Geburtstag 1753 mit dem exotischen **chinesischen Lustschlösschen** im Park, das heute einige der schönsten Rokokoeinrichtungen mit Chinoiserien in Europa zeigt. Und 1777 ließ Gustav III., Luise Ulrikes ältester Sohn, im Norden einen romantischen englischen Landschaftspark anlegen.
Einzigartig ist auch das **barocke Schlosstheater** von 1766 mit 30 Bühnenbildern jener Zeit und einer 200 Jahre alten Windmaschine. Nach dem Tod Gustavs III. wurde das Theater geschlossen und erst 1921 wieder entdeckt. Im Rahmen einer Führung kann man den im Originalzustand erhaltenen Zuschauerraum besichtigen (▶ Abb. S. 393). Von Mai bis September werden alljährlich zum **Opernfestival** Opern des 17. und 18. Jh.s inszeniert; es stehen Haydn, Händel, Gluck, Mozart und Monteverdi auf dem Programm (Tickets unter www.dtm.se). Das **Theatermuseum** zeigt Kostüme aus der Zeit um 1770.
Der Blüte des Schlosses im 18. Jh. folgte ein jäher Sturz im 19. Jahrhundert. Karl XIV. Johann, der das Schloss als Symbol der untergegangenen Dynastie betrachtete, überließ Drottningholm weitgehend seinem Schicksal. Erst Oskar I. ließ ab 1846 Reparaturen am Schloss vornehmen, das seit 1982 auch eine Renaissance als königliche Residenz erlebt. Carl Gustaf und Silvia zogen der Kinder wegen aus dem Stadtschloss in der Gamla Stan ins ländlich gelegene Drottningholm. Wer nun aber in der Hoffnung nach Lovön fährt, einen Blick auf die königliche Familie zu erhaschen, wird enttäuscht. Carl Gustav und Silvia wohnen gut abgeschirmt vor neugierigen Blicken in einem Seitenflügel des Schlosses. Drottningholm ist jedoch auch ohne Königs einen Besuch wert.

Mai – Sept. tgl. 10 – 16.30, Okt. Fr. – So. 11 – 15.30, Nov. – 10. Dez. und 8. Jan. – März Sa.,So. 12 – 15.30, April tgl. 11 – 15.30 Uhr
Führungen Juni – Sept. tgl. 10, 12, 14, 16 Uhr, sonst siehe Website
Eintritt 130 SEK | www.kungahuset.se/besokkungligaslotten/drottningholmsslott/

Modebad der Oberschicht

Saltsjöbaden

Rund 20 km südöstlich der Stadtmitte ließ Knut Agathon Wallenberg ab 1891 auf Ackerland an einer Bucht des Baggensfjärd das Salzmeerbad anlegen, das ab 1893 von Stockholm aus auch mit der Eisenbahn erreichbar war. Zwei Luxushotels, ein Sanatorium, Golf- und Tennisplätze sowie ein Jachthafen machten Saltsjöbaden rasch zum Modebad der Oberschicht, die hier schicke Villen errichten ließ.

Wikinger-Metropole

★ Björkö

Die Siedlung **Birka** auf der »Birkeninsel« wurde gegen Ende des 8. Jh.s gegründet und stieg zu einem der wichtigsten Handelszentren Skandinaviens auf. Im 10. Jh. lebten hier etwa 1000 Menschen: Handwerker, Kaufleute, Bauern und Leibeigene. Außerhalb der Siedlung erstreckt sich mit rund 2500 Grabstätten das größte Gräberfeld Schwedens. Heute zählt Björko, im ► Mälaren 28 km westlich von Stockholm gelegen, zum **UNESCO-Weltkulturerbe** (► Baedeker Wissen S. 268).

Magische Meereslandschaft

★ Skärgården

Lebendige Häfen oder einsame Buchten, freie See oder bewaldete Ufer, ganz nach Wunsch: In den Sommermonaten ist der Stockholmer Schärengarten ein Paradies für Segler und auch alle anderen Wassersportler. Eine ganze Flotte von weißen Schärendampfern, von denen viele aus der Zeit um 1900 stammen, bricht jeden Tag von der Hauptstadt in diese zauberhafte Inselwelt auf – wer etwas Zeit hat, besorgt

Dieser schnittige Segler vor dem Seglerhotel in Sandhamn ist kein gewöhnliches Segelboot, sondern ein besonders schneller Schärenkreuzer.

sich am besten eine **Båtluffarkortet**, mit der man diese Schärendampfer beliebig oft benutzen kann (www.waxholmsbolaget.se). Geschaffen wurde die magische fächerförmige Meereslandschaft zwischen Singö im Norden und dem uralten Leuchtturm Landsort im Süden von den Kräften der letzten Eiszeit. Die Gletscher schliffen die einstige Berglandschaft zu flachen, runden Höckern ab, später überspülte die See das glatt polierte Steinmeer. Wer jede einzelne Insel in der Saltsjön-Bucht zählen will, braucht einen sehr langen Atem: fast 30 000 sind es – mal größer, mal kleiner, mal nur ein winziger Fels im Wasser. So bietet der Stockholmer Schärengarten einen ständigen Kontrast aus rotem Stein, blaugrauem Wasser und grünen Wäldern. Kein Wunder, dass auch Tierfreunde hier auf ihre Kosten kommen. Seeadler und Robben lassen sich beispielsweise wunderbar in der unberührten Natur von **Roslagen**, eine Stunde nördlich von Stockholm, beobachten, einem hübschen Ort mit kleinen Läden und Straßencafés. Hier kann man auch herrlich wandern, mit dem Seekajak paddeln oder die Natur vom Sattel aus erleben (www.svetur.se/sv/roslagen).
Wer länger als nur für einen Tagesausflug im Schärengarten verweilen will, kann aus einer breiten Auswahl an Unterkünften wählen: Um die Mitte des 19. Jh.s bauten sich die ersten betuchten Stockholmer ihre **Sommerhäuschen.** Heute ist deren Zahl auf rund 50 000 angewachsen. Vermittelt werden sie u. a. auf den Websites www.skargardsstugor.se und www.ferienhaus.se.

TRELLEBORG

Landschaft: Skåne (Schonen) | **Provinz:** Skåne Län
Einwohnerzahl: 40 000 | **Höhe:** Meereshöhe

Die südlichste Stadt Schwedens teilt das Schicksal vieler Fährhäfen: Die Schiffe aus Travemünde, Rostock und Saßnitz bringen zwar viele Besucher, aber fast alle fahren sofort weiter. Dabei versprechen die Wikingerburg Trelleborgen, ein Mittelaltermarkt und verlockende Hofläden einen gelungenen Aufenthalt, der gerne auch länger dauern darf.

Durchgangsstation mit Aufenthalt

Die erste Befestigung Trelleborgs ist eigentlich nur eine Randnotiz: Um 980 ließ Harald Blauzahn oder Sven Gabelbart die Wikingerburg Trelleborgen erbauen. Warum und wieso ist eine bis heute nicht geklärte Frage. Sicher hingegen ist, dass sie bereits nach rund 20 Jahren – mehrmals heimgesucht von feindseligen Wenden – verlassen wurde und schnell wieder in Vergessenheit geriet. Als dann im 12. Jh. das

TRELLEBORG ERLEBEN

TRELLEBORG TURISTBYRÅ
Kontinentgatan 2
Tel. 0410 73 33 20
www.trelleborg.se

SMYGE SPELMANS STÄMMAN
An Schwedens Südspitze wird ein großes Folklorefestival gefeiert: Beim Smyge Spelmans Stämman treten alljährlich Ende Juni zwei Tage lang Volkstanzgruppen aus ganz Schonen auf. Den Auftakt bildet stets ein Trachtengottesdienst in der Östra Torp Kyrka (www.smygespelmans stamma.se).

ANDERSLÖVS GÄSTGIVERI €€€
Eingemachter Hering, marinierter Lachs und Eierkuchen mit knusprigem Speck gehören zum Buffet des gastlichen Hofs, dessen Geschichte ins 16. Jh. zurückreicht. 10 km nordöstl. von Trelleborg.
Landsvägen 39, Anderslöv
Tel. 0410 2 12 00
www.gastgivaregarden.nu

TUSEN & 2 €
Lust auf einen ausgefallenen Burger? In diesem Restaurant gibt es zwar keine 1002 Varianten, wie der Name vermuten lässt, aber doch immerhin 33, auch eine vegetarische.
Corfitz-beck-friisgatan 8
www.tusen2.se

HOTEL DANNEGÅRDEN €€€ – €€€€
Die elegante Patriziervilla von 1910 versprüht nostalgisches Flair.
Strandgatan 32
Tel. 0410 4 81 80, 25 Z.
www.dannegarden.se

heutige Trelleborg gegründet wurde, entstand die neue Stadt, die bald dank reicher Heringsgründe in der Ostsee wuchs und gedieh, über den Resten der Burg. Erst 1988 wurde diese wieder bei Ausgrabungen entdeckt. Heute sind sie die wohl größte Attraktion Trelleborgs.

Wohin in Trelleborg und Umgebung?

Alte Wikingerburg

Trelleborgen

Vieles schlummert wohl für alle Zeiten im Untergrund: Der Großteil der alten 1000 Jahre alten Wikingerburg, die einst aus einem Erdwall und Palisaden aus gespaltenen Stämmen bestand, liegt unter den Straßen und Häusern der modernen Stadt. Ursprünglich hatte die Befestigungsanlage einen Durchmesser von 143 m. Seit 1995 ist jedoch ein Teil der Anlage zugänglich, bei deren Rekonstruktion versuchte man, moderne wissenschaftliche Erkenntnisse zu berücksichtigen und die Trelleborgen in ein historisches Landschaftsbild

RELIKTE DER WIKINGER

Während der Wikingerzeit (793 bis 1050) gingen von Schweden viele Raubzüge und Handelsexpeditionen bis zum Schwarzen und zum Kaspischen Meer aus, wo die Nordmänner Handelsverbindungen mit Byzanz und der arabischen Welt errichteten. Doch die meisten Wikinger waren keine brutalen Krieger, sondern lebten größtenteils als Bauern, Handwerker, Schiffsbauer oder Händler.

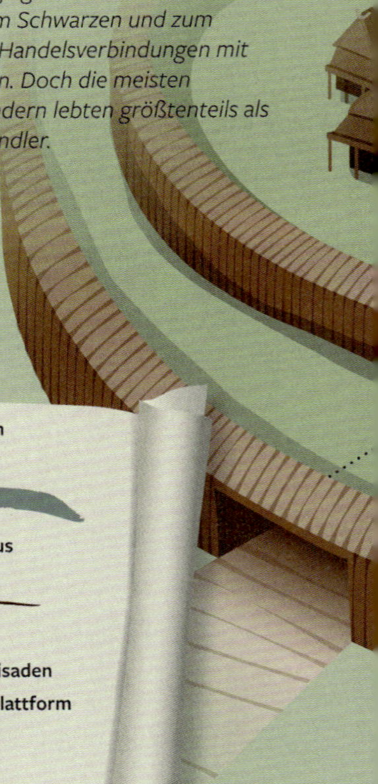

▶ **Die Wikingerburg in Trelleborg**
Die Trelleborg am Zusammenfluss von Vaarbyå und Tudeå war eine von einer Eichenstammpalisade umgebene Ringburg mit 140–143 m Durchmesser und hatte ursprünglich in alle vier Himmelsrichtungen ein Tor.

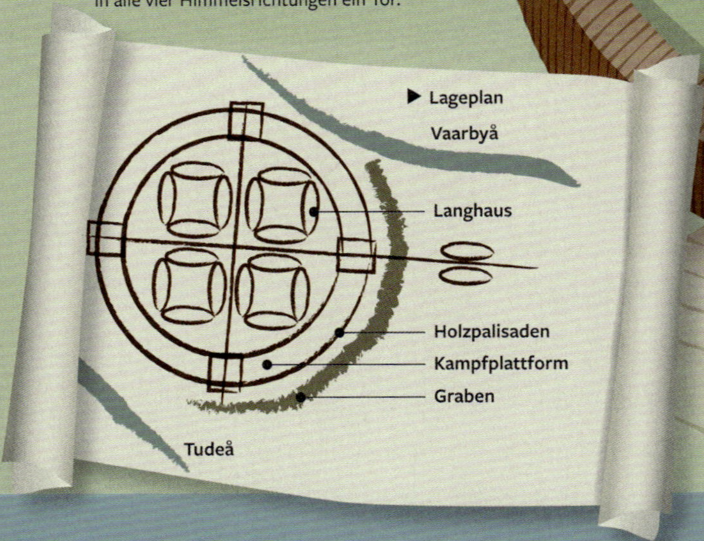

▶ **Schiffssetzungen**
Schiffssetzungen sind bootförmige Steinsetzungen an Grabstätten, die vor allem im Ostseeraum zu finden sind (allein 350 auf Gotland). Die größte erhaltene Schiffssetzung (67 m lang und mittig 19 m breit) ist Ales Stenar bei Kåseberga an der Südküste der Provinz Schonen. Gleich fünf Schiffe fand man am Anundshög in Västmanland, wobei die beiden längsten (54 und 51 m) aneinander gebaut sind.

Wikinger live erleben
Zum Beispiel im Historiska museet in Stockholm (www.historiska.se), oder im UNESCO-Weltkulturerbe Birka (Handelsplatz auf Björkö) und Hovgården (Königshof auf Adelsön). Ein ganzes Dorf gibt es im Freiluftmuseum Foteviken zu sehen.

www.fotevikens museum.se (In Englisch)

▶ **Wikinger**
Die Bezeichnung »Wikinger« ist bis heute nicht eindeutig geklärt. Am wahrscheinlichsten ist die Abstammung vom nordischen »vikingr« = »Krieger auf See«.

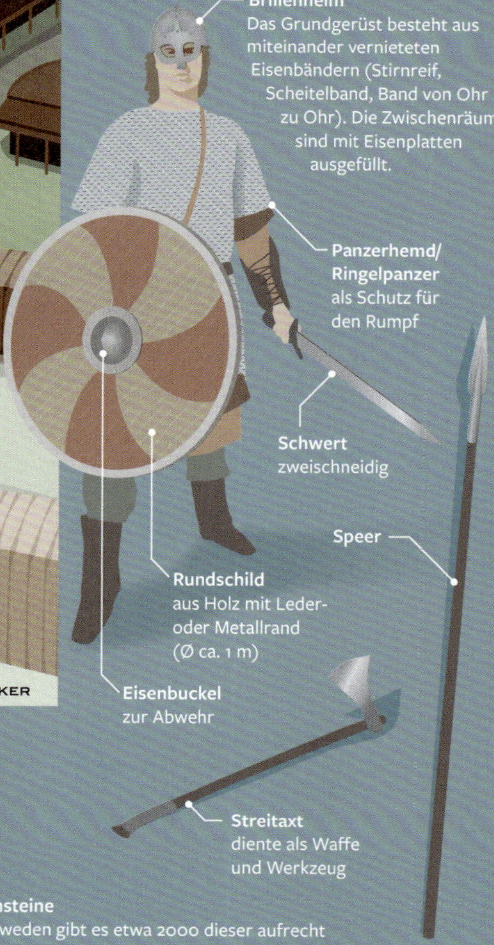

Brillenhelm
Das Grundgerüst besteht aus miteinander vernieteten Eisenbändern (Stirnreif, Scheitelband, Band von Ohr zu Ohr). Die Zwischenräume sind mit Eisenplatten ausgefüllt.

Panzerhemd/ Ringelpanzer
als Schutz für den Rumpf

Schwert
zweischneidig

Speer

Rundschild
aus Holz mit Leder- oder Metallrand (Ø ca. 1 m)

Eisenbuckel
zur Abwehr

Streitaxt
diente als Waffe und Werkzeug

▶ **Runensteine**
In Schweden gibt es etwa 2000 dieser aufrecht stehenden, mit Runen versehenen Steine, die als Denkmal oder zum Gedenken an einen Verstorbenen aufgestellt wurden. Mit rund 750 Zeichen trägt der mehr als 3,80 m hohe Runenstein von Rök die längste bekannte Runenschrift.

einzubinden. Im Sommer können auch nachgebaute Holzhäuser besichtigt werden. Einblick in das damalige Leben gibt ein kleines **Museum** in der Västra Vallgatan 6.

Häuser und Museum: nach Mittsommer bis Aug. tgl. 10 – 17, Sept. Do. – Mo. 12 – 16, Okt. Sa., So. 12 – 16 Uhr, sonst ist nur die Anlage zugänglich | Eintritt: 40 SEK

Trelleborger Jugendstil

Axel Ebbes Konsthall

Neben dem Stadtpark in der Hesekillegatan 1 wurde 1935 der nüchterne Klinkerbau der Kunsthalle eingeweiht, ein Geschenk des Bildhauers **Axel Emil Ebbe** (1868 – 1941) an seine Heimatstadt. Hier sind einige seiner vom Jugendstil geprägten Skulpturen ausgestellt. Auch der Seeschlangenbrunnen »Sjöormsföntän« auf dem Stortorget ist sein Werk.

Do. – So. 12 – 16 Uhr | Eintritt 40 SEK

Von Wikingern und anderen Seeleuten

Weitere Museen

Östlich vom Hafen wurde im einstigen Krankenhaus an der Östergatan 58 das **Stadtmuseum** eingerichtet. Besonders interessant sind die Ausgrabungsfunde der rund 7000 Jahre alten Siedlung Skateholmen und die Sammlung »Wikingerleben«. Das kleine **Seefahrtsmuseum** beim Smygehuk Vandrerhem dokumentiert die Geschichte der Seefahrt in der Großgemeinde Trelleborg.

Stadtmuseum: Di. – So. 11 – 17 Uhr | Eintritt: 40 SEK
www.trelleborg.se/museum
Seefahrtsmuseum: 1. März – 30. Nov. Sa./So. 13 – 16. Uhr
Eintritt: 20 SEK | www.trelleborgssjofartsmuseum.se

Schmuggler-Hochburg

Smygehuk

Das Dörfchen Smygehuk an der Südspitze Schwedens, ca. 1 km westlich von Smygehamn, ist im Sommer ein Touristenmagnet. Dann sind im weißen Speicher **Köpmansmagasin** das Touristenbüro und ein Café geöffnet. Zudem werden Wechselausstellungen gezeigt und Kunsthandwerk verkauft. In dem rund 200 Jahre alten Speicher deponierten Kaufleute früher Schmuggelware. Diese wurde von englischen Seeräubern angelandet und von den Einheimischen aufgekauft. Da man nicht sicher war, wann und wie man die Ware risikolos wieder verhökern konnte, war ein großer Speicher von Nutzen.
Von der 17 m hohen Plattform des alten **Leuchtturms** westlich des Orts hat man eine herrliche Aussicht. Die einstige Leuchtturmwärterwohnung ist heute Jugendherberge.

Zeitreise ins Mittelalter

★ Fotevikens Museum

Nördlich von Höllviken haben die rauen Nordmänner überlebt: Wo einst Dänenkönig Harald Blauzahn seine Kriegsflotte überwintern ließ, wird die Wikingerzeit historisch korrekt und doch unterhaltsam

wieder lebendig. Man kann nicht nur durch ein nachgebautes Wikingerdorf schlendern, sondern auch Waffenschmieden und Bootsbauern über die Schulter schauen, wenn sie nach alten Methoden ihrem Handwerk nachgehen. Und Ende Juni feiert das archäologische Open-Air-Museum eine **Wikingerwoche**, die mit dem größten Mittelaltermarkt Schwedens endet.
Anf. Mai – Okt. Mo. – Fr. 10 – 16 Uhr, Ende Juni – Aug. tgl.
Eintritt: 110 SEK | www.foteviken.se

Badespaß und Bernstein

Falsterbonäset

Im Mittelalter war der ambossförmig ins Meer ragende Südwestzipfel Schwedens ein Hauptzentrum der Heringsfischerei. Zwischen dem 14. und 15. Jh. boomte der Fischfang, doch dann gingen die Bestände zurück und die Halbinsel verlor an Bedeutung. Erst mit dem Einsetzen des Tourismus erlebte der Doppelort **Skanör/Falsterbo** wieder einen Aufschwung. Dabei profitiert das Seebad auch von der Nähe zur Großstadt ▶ Malmö, deren Bewohner die kilometerlangen, feinsandigen Strände vor der Haustür gern und häufig in Beschlag nehmen. Wer noch Strandutensilien braucht, findet in den alten, bunt gestrichenen Häusern von Skanör alles Nötige. Anfang Juli veranstaltet Falsterbo das größte schwedische Springturnier, die **Falsterbo Horse Show** (http://falsterbohorseshow.se).
Schon Carl von Linné wusste, dass man nirgendwo in Schweden so viel Bernstein findet wie auf Falsterbonäset. Insekten, die vor Jahrmillionen an klebrigem Harz hängen blieben, und Bernsteinschmuck zeigt das **Bärnstensmuseet** beim **Fischerort Kämpinge**.
Bärnstensmuseet: Mitte Mai – Ende Sept. tgl. 11 – 16, Juli bis 17 Uhr, sonst Sa./So. 11 –15 Uhr | Eintritt: 25 SEK | www.brost.se

★★ UPPSALA

Landschaft: Uppland | **Provinz:** Uppsala Län
Einwohnerzahl: 200 000 | **Höhe:** 7 m ü. d. M.

Uppsala ist eine Stadt der Superlative. Sie ist Standort der ältesten Universität und des größten Doms Nordeuropas, des ältesten Botanischen Gartens und der größten Bibliothek Schwedens, in der sich mit der Silberfibel das älteste und umfassendste Dokument der gotischen Sprache befindet. Und hier wirkten auch zwei der wohl bedeutendsten Wissenschaftler des Landes: der Botaniker Carl von Linné und Anders Celsius, Begründer der nach ihm benannten Temperaturskala.

Quirlige Stadt der Wissenschaft

Uppsala mag also zu Recht als das geistige und geistliche Zentrum des Landes bezeichnet werden, auf Schritt und Tritt anmerken lässt es sich dies jedoch nicht. Die Stadt der Wissenschaften besitzt vielmehr das Flair einer quirligen Unistadt, mit allem, was dazugehört: einer blühenden Kneipenszene, einer ausgeprägten Partykultur und einem Schuss Unbekümmertheit. Schwedens viertgrößte Stadt lässt sich wunderbar zu Fuß erkunden, die Hauptsehenswürdigkeiten wie Dom, Gustavianum, Universitätsbibliothek und Schloss liegen nah beieinander. Das kulturhistorische Viertel ist gespickt mit hübschen kleinen Läden, Galerien und trendigen Cafés, die Musik spielt live im Katalin in der Roslagsgatan, und zahlreiche gute Einkaufsmöglichkeiten und Restaurants gibt es in den beiden Fußgängerzonen Kungsängsgatan und Svartbäcksgatan.

Die Studentenmetropole des Nordens

Geschichte

Auf dem heutigen Stadtgebiet stand einst die Siedlung Östra Aros, die Handelsplatz und Hafen der schwedischen Könige war, die in Gamla Uppsala residierten. 1273 wurde der Sitz des Erzbischofs von Gamla Uppsala ins 4 km entfernte Östra Aros verlegt, der Ort erhielt den Namen Uppsala, und die Könige wählten Stockholm als Residenz. Erzbischof Jakob Ulvsson gründete 1477 die Universität, die sich dank der Zuwendungen Gustav Adolfs zu einer Hochburg des Geisteslebens entwickelte.

Heute sind rund 40 000 Studenten an Uppsalas Universität eingeschrieben, die in weltweiten Rankings stets unter den Top 100 rangiert. Der Direktor der »kungliga Uppsala Universitet« ist der schwedische König, der vom Vizedirektor vertreten wird. Die meisten Studenten wohnen in Studentenheimen, da Wohnraum knapp und teuer ist. Um das Studentenleben, Partys und Bälle kümmern sich die Nationen, ähnlich den deutschen Studentenverbindungen. Alle 13 Nationen haben einen eigenen Pub, in dem man sich abends trifft und für wenig Geld essen und trinken kann. Am 30. April wird in Uppsala beim Valborg (Walpurgis) traditionell der Beginn des ersehnten Frühlings angezeigt: Das Fernsehen zeigt landesweit, wie der Rektor der Universität vom Balkon der Bibliothek verkündet, dass nun wieder Frühling sei. Nach feierlichem Gesang werfen daraufhin die Studenten jubelnd ihre weißen Schirmmützen in die Luft und feiern ausgiebig die Rückkehr der warmen Jahreszeit.

Wohin in Uppsala?

Sammelsurium der Stilepochen

★★ Domkyrka

Krönungs- und Grabstätte vieler schwedischer Könige und Sitz eines evangelisch-lutherischen Erzbischofs ist der 1435 geweihte dreischiffige Dom, mit 118,7 m die höchste Kirche Skandinaviens. Der Ent-

UPPSALA ERLEBEN

Uppsalas Innenstadt ist zweigeteilt: Westlich der Fyrisån erstreckt sich der schachbrettartig angelegte kirchlich-akademische Bereich, östlich das eigentliche Zentrum mit Rathaus und Verwaltungseinrichtungen. Die meisten Sehenswürdigkeiten befinden sich im Westteil der Stadt.

DESTINATION UPPSALA
Kungsgatan 59
Tel. 018 7 27 48 00
www.destinationuppsala.se

1 VILLA ANNA €€ – €€€
In dem preisgekrönten Restaurant in wunderschönem, typisch skandinavischem Ambiente werden Klassiker der schwedischen Küche kreativ zubereitet serviert. Tipp: Mittags wird ein günstiges Tagesmenü inkl. Dessert für 175 SEK angeboten.
Odinslund 3, Tel. 018 5 80 20 00
www.villaanna.se

2 SALUHALLEN € – €€€
Die Markthalle birgt zahlreiche Restaurants, z. B. das preiswerte Hyllan, in dem sich eine junge Klientel trifft (Tel. 018 15 01 50). In der Caviar Skaldjur och Bar (Tel. 018 10 44 45) gehört zum Kaviar ein prickelnder Champagner.
St. Eriks Torg

3 HAMBERGS FISK €€
Hummer, Garnelen, Heilbutt, Dorsch oder Dorade: Was darf es heute sein? Seit Jahrzehnten servieren die Hambergs gute maritime Küche.
Fyristorg 8, Tel. 018 71 21 50
www.hambergs.se

1 GIMO HERRGÅRD €€€
In Schwedens erstem gustavianischen Herrenhaus aus dem 17. Jh., umgeben von Wäldern und Seen, fühlt man sich fast wie im Paradies; in den hübsch eingerichteten Zimmern geht es so richtig nobel zu. Das Haus verfügt über ein Restaurant mit ausgezeichneter Speisekarte. Die Weine stammen aus dem hauseigenen Weinkeller. Freitags und samstags wird von 14 bis 16 Uhr Afternoon Tea zelebriert. Und damit die Fitness bei all dem Schlemmen nicht zu kurz kommt, verleiht das Hotel Fahrräder.
Bruksgatan 14, Gimo
Tel. 017 38 89 00
www.gimoherregard.se

2 HUSET BROR AUGUST €€
Das hübsche Gästehaus befindet sich – zusammen mit Kühen und Schafen – auf dem Kroksta-Hof, 10 km nordwestl. von Uppsala. Sauna und Massagen sorgen fürs Verwöhnprogramm.
Krokstagård, 74022 Bälinge
Tel. 018 35 71 48, 4 Z.
www.husetbroraugust.se

wurf orientierte sich zunächst an englischen Vorbildern, wurde jedoch ab 1287 durch Etienne de Bonneuil aus Paris gotisch geprägt. Nach dem verheerenden Stadtbrand von 1702 erhielten die beiden Westtürme 1745 Barockkuppeln, die Helgo Zettervall im 19. Jh. durch zwei Spitzen ersetzte. Die Restaurierung in der Zeit des Historismus um 1880 war umstritten, daher wurde seit den 1990er-Jahren

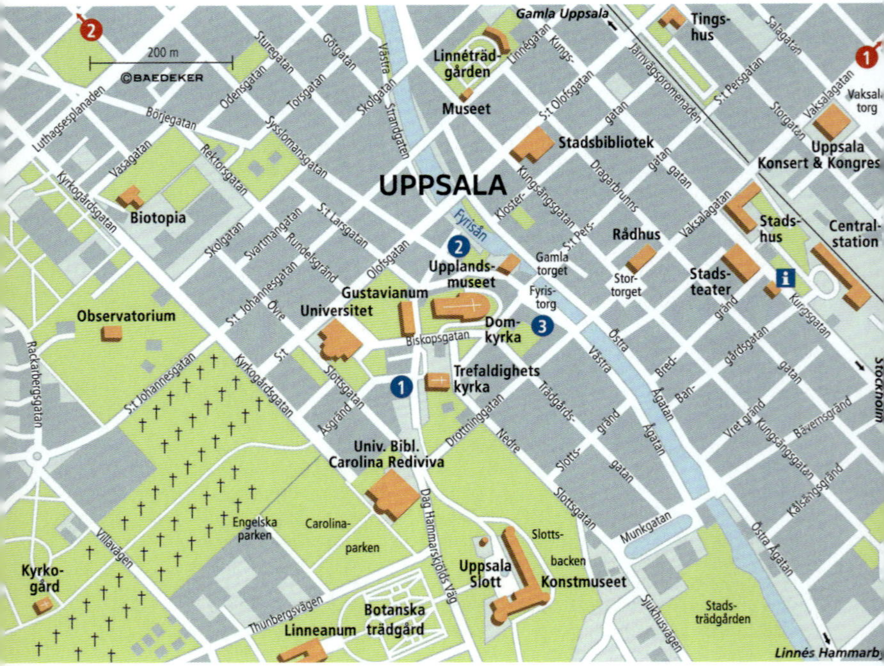

🍴🍷
1 Villa Anna
2 Saluhallen
3 Hambergs Fisk

🏠
1 Gimo Herrgård
2 Huset Bror August

versucht, das mittelalterliche Erscheinungsbild der Kirche so weit wie möglich wiederherzustellen. Dennoch ist der Bau ein Sammelsurium unterschiedlicher Stilepochen. Bis ins 18. Jh. wurden hier Schwedens Könige gekrönt.

Viele prominente Schweden sind im Dom bestattet: In der Hauptchorkapelle befindet sich das um 1576 in den Niederlanden gefertigte **Grabmal König Gustav Wasas**. Nahe beim Chorhaupt steht der vergoldete Metallsarkophag (1577) mit den Gebeinen des schwedischen Nationalheiligen **König Erik**, der 1160 von den Dänen erschlagen wurde. Beim Kircheneingang ist links in den Fußboden das Epitaph des einst an der Universität wirkenden Botanikers **Carl von Linné** eingelassen. Außerdem sind im Dom der Bischof Nathan Söderblom und der Philosoph Emanuel Svedenborg bestattet. Der Gedenkstein für den ehemaligen UNO-Generalsekretär und Frie-

densnobelpreisträger **Dag Hammarskjöld** in der sogenannten Friedenskapelle im rechten Seitenschiff trägt die Inschrift (übersetzt) »Nicht ich, sondern Gott in mir«.
Die einstige Schatzkammer im nördlichen Turm birgt heute das **Dommuseum**. Ausgestellt sind prunkvolles weltliches und religiöses Kunsthandwerk aus acht Jahrhunderten: das Schwert Gustav Adolfs, der Goldkelch Königin Kristinas, ein goldenes Kleid von Königin Margareta, Kronen, Reichsschwerter, Reichsäpfel und Zepter sowie die Gewänder der drei rebellischen Edelmänner Swante, Nils und Erik Sture, die 1567 auf Befehl von König Erik XIV. im Dom ermordet wurden.
Unmittelbar am Dom, am St. Eriks Torg 10, dokumentiert das **Upplandsmuseet** in einer ehemaligen Wassermühle die Kulturgeschichte der Provinz. Beachtenswert sind die Modelle von Dom und Schloss!

Domkyrka: Mai – Sept. tgl. 8 – 18, Okt. – April So. – Fr. 8 – 17, Sa. 10 – 18 Uhr, kostenlose Führungen So. 12.30 Uhr
www.uppsaladomkyrka.se
Upplandsmuseet: Di. – So. 12 – 17 Uhr | Eintritt frei
www.upplandsmuseet.se

Prunkbau der Universität

Gustavianum

Wenige Schritte vom Dom krönt eine riesige Kuppel das Gustavianum, das Gustav II. Adolf um 1620 der Universität stiftete. Hier befinden sich das **Museum für nordische Altertümer** und das **Victoria-Museum** mit ägyptischen und griechischen Altertümern. Weiter beherbergt es die kulturhistorischen Sammlungen der Universität. Höhepunkt ist das **Anatomische Theater**, ein Hörsaal mit Blick auf den Seziertisch, 1663 von Olof Rudbeck geschaffen.
In dem kleinen Park westlich vom Gustavianum stehen etliche Runensteine. Südwestlich grenzt an den höher gelegenen Teil des Parks das neue **Universitätsgebäude** an, das 1879 – 1886 erbaut und prunkvoll ausgestattet wurde.

Gustavianum: Juni – Aug. Di. – So. 10 – 16, sonst ab 11 Uhr, englischsprachige Führungen | Eintritt: 50 SEK | www.gustavianum.uu.se

Geballtes Wissen

Universitetsbibliotek Carolina Rediviva

Bibliophile Herzen werden schneller schlagen: Auf halbem Weg zwischen Universität und Schloss prangt das stattliche Gebäude der 1620 gegründeten Universitätsbibliothek, mit mehr als 5 Mio. Bänden die größte Bibliothek des Landes. Ihr kostbarster Besitz ist der **Codex Argenteus**, ein Evangelienbuch in gotischer Sprache aus dem 6. Jh., das seinen Namen dem silberbeschlagenen Einband aus dem 17. Jh. verdankt. Die Abschrift der Bibelübersetzung des Gotenbischofs Wulfila († 383) umfasst noch 187 von einst 330 purpurfarbenen Pergamentblättern mit silberner und goldener Schrift! Zum Bestand gehören auch der **Codex Upsaliensis**, die älteste erhaltene

Handschrift der von Snorre Sturlasson verfassten »Jüngeren Edda« (um 1300), und die **Carta Marina** von Olaus Magnus, eine 1539 in Venedig gedruckte Karte Nordeuropas.
Mo. - Fr. 9 - 20, Sa. 10 - 17 Uhr | www.ub.uu.se

Schloss der Künste

Von der Bibliothek führt der Weg hinauf zum Schloss. Der Bau wurde 1548 unter Gustav Wasa begonnen. Von den Bastionen bietet sich ein schöner Blick auf Stadt und Umland. Im Schloss residieren das städtische Kunstmuseum und die Universitätskunstsammlung.

Uppsala Slott & Konstmuseet

Di. - So. 12 - 16, Do. bis 20 Uhr | Eintritt frei
www.uppsalakonstmuseum.se

Botanische Schätze

Vom Schloss kommt man über eine Freitreppe zum Botanischen Garten, der 1655 von der Universität angelegt wurde. Im **Linnéanum**, einem klassizistischen Bau mit Säulenportikus, sind das Institut für systematische Botanik sowie eine bemerkenswerte Kakteensammlung untergebracht. Im **Gewächshaus** für mehr als 9000 Pflanzen aus aller Welt sieht man ein großes Victoria-Regia-Becken und herrliche Orchideen, im Innenhof einen stilechten Japangarten.

Botaniska trädgård

Park: tgl. 7 - 19, Mai - Sept. bis 21 Uhr | Eintritt frei
Gewächshaus: Di. - Fr. 9 - 15, Sa., So. 12 - 15, Juni - Aug. Sa., So. 11 - 16 Uhr | Eintritt: 50 SEK | www.botan.uu.se

»Gott hat die Welt geschaffen, Linné hat sie geordnet!«

Darin war sich die wissenschaftliche Welt des 18. Jh.s einig. **Carl von Linné** (▶ Interessante Menschen S. 378) brachte eine Ordnung in die Pflanzen- und später auch Tierwelt. Das von ihm begründete, bahnbrechende System wird bis heute bei jeder neu entdeckten Art angewandt. Seine Wirkungsstätte war der heute nach ihm benannte botanische Garten an der Svartbäcksgatan. Im **Linnémuseet** ist sein Arbeitszimmer mit allerlei Kuriositäten zu besichtigen.

★ Linné-trädgården

Mai - Mitte Sept. Di. - So. 11 - 17 Uhr, Juni - Aug. auch Mo.
Eintritt: 80 SEK | www.linnaeus.uu.se

Keimzelle der heutigen Stadt ...

... und ehemaliger Hauptort des Svea-Reichs war Gamla Uppsala, 5 km nördlich vom Zentrum. Der archäologische Bereich mit **Thing- und Grabhügeln** reicht bis ins 4. Jh. zurück und gehört zu den größten frühgeschichtlichen Denkmälern Skandinaviens. Gleich nebenan steht der Dom von Alt-Uppsala, vermutlich im 11. Jh. errichtet und später zum Bischofssitz auserkoren. Man nimmt an, dass entweder an dieser

Gamla Uppsala

Gustav Wasa und Schwedens Nationalheiliger Erik sind nur zwei der in der Domkyrka von Uppsala begrabenen Größen.

Stelle oder in der Nähe ein Tempel für Odin stand. Sicher ist, dass Alt-Uppsala einst religiöses Zentrum des wikingerzeitlichen Schwedens war. Wie Adam von Bremen im 11. Jh. berichtete, trafen sich hier die Stämme des ganzen Landes alle neun Jahre und feierten wilde Feste, bei denen es angeblich auch Menschenopfer gegeben haben soll.
Südlich der Kirche liegen in einer Reihe drei große Grabhügel, die sogenannten Königshügel, und einige kleinere Grabhügel. Das **Museum Gamla Uppsala** erläutert die alten Mythen der Anlage und auch die Arbeit der Archäologen. Das Landleben von einst wird im **Freiluftmuseum Disagården** wieder lebendig. Im Restaurant Odinsborg gibt es das Wikingerbier »Mjöd« .

Museum Gamla Uppsala: Mai – Aug. tgl. 10 – 17, Sept. bis 16, Okt., Nov. Mo., Mi., Sa., So. 12 – 16 Uhr | Eintritt: 80 SEK | www.raa.se
Freiluftmuseum Disagården: Mai – Ende Aug. tgl. 10 – 17 Uhr Eintritt frei | www.upplandsmuseet.se/besok-oss/disagarden

Umgebung von Uppsala

Eisenbahnromantik

Länna

Im Sommer von Mitte Juni bis Mitte September kann man mit dem Dampfzug, Triebwagen oder Oldtimerbus gemütlich von Uppsala ins 20 km östlich gelegene Länna fahren. Die Fahrt beginnt am Ostbahnhof Uppsala Östra Station (www.lennakatten.se).

Das Zuhause eines Exzentrikers

★ Linnés Hammarby

In Hammarby kann man wie nirgendwo sonst dem »Kanzleibeamten Gottes« nachspüren. Knapp 10 km südöstlich von Uppsala befand sich der sommerliche Zufluchtsort der Familie Linné. **Carl von Linné** (▶ Interessante Menschen S. 378) hatte das schwedenrote Haus 1758 gekauft. Nach seinem Tod 1778 lebte hier seine Frau Sara Lisa für viele Jahre mit zweien seiner Töchter. Der Exzentriker ließ sein Arbeits- und Schlafzimmer mit Seiten aus Botanik-Büchern von Kollegen tapezieren. Noch heute bedecken diese Pflanzenzeichnungen lückenlos die Wände. Das Museum zeigt Porträts von Linné und eine Weltkarte mit seinen Reiserouten. Im Nebengebäude ist ein kleines Café eingerichtet.
In der Nähe von Linnés Hammarby kann man in einem Haus von 1779 die **Morasteine** bewundern. Nach der Wahl durch die Versammlung der Landrichter mit ihren Beiständen (Morathing) leisteten hier einst die Könige Schwedens den Eid, worauf ihr Name auf einen Stein geschrieben wurde. Unweit davon lohnt auch ein Blick in die Kirche von **Lagga**, die Wandmalereien aus dem 15. Jh. besitzt.

Linnés Hammarby: Museum Mai – Sept. Fr. – So., Juni – Aug. Di. – So. 11 – 17 Uhr, Park jeweils bis 20 Uhr, Linnés' Haus nur mit Führung, englischsprachig 12.30 Uhr | Eintritt: 80 SEK | www.hammarby.uu.se

★★ VÄNERN · VÄNERSEE

Landschaft: Värmland, Dalsland und Västergötland

Einsame Schäreninsel, weiße Sandstrände, winzige Badefelsen und weite Wasser bis zum endlosen Horizont – Schwedens größter See hat viele Gesichter. Rings um den See liegen idyllische Städtchen und zahlreiche Wanderwege laden zum Entspannen in traumhafter Natur ein, die einer artenreichen Vogelwelt ein Zuhause bietet. Kurzum: Wer die Seele baumeln lassen möchte, macht es am besten hier!

Kind des Meers

Der Legende nach ist das Gewässer, das einem Binnenmeer gleicht, dem Wutanfall eines Riesen zu verdanken. Als dieser in grauer Vorzeit mit einem Pflug sein Feld beackern wollte, er aber keine einzige Furche hinbekam, riss er vor Zorn zwei riesige Erdstücke aus dem Boden und schleuderte sie in die Ostsee. Aus den Erdbrocken entstanden Öland und Gotland. Die Löcher, die sich im Laufe der Jahrhunderte mit Wasser füllten, wurden zu den beiden Seen Vänern und Vättern.
Der bis zu 106 m tiefe Vänern ist mit 5585 km² nicht nur der größte See Skandinaviens, sondern auch der drittgrößte Europas. Dank der Vielzahl der Inseln – es sind rund 22 000 – hat der See eine Küstenlänge von fast 5000 km! Am Ende der letzten Eiszeit war der Vänern noch mit dem offenen Meer verbunden. Erst vor rund 9000 Jahren wurde die Bucht durch die Landhebung abgetrennt. Damals war der See noch fast doppelt so groß wie heute und weite Teile Värmlands waren von Wasser bedeckt. Inzwischen liegt sein Wasserspiegel 45 m über Meeresniveau, über den Trollhätte-Kanal ist er mit dem Kattegat und über den Göäta-Kanal mit der Ostsee verbunden.

Von Trollhättan nach Karlstad

Für Tüftler

Innovatum Science Center

Auf dem einstigen Nohab-Industriegelände in der sonst mäßig interessanten Industriestadt **Trollhättan** an der Südwestspitze des Sees kann man im Innovatum Science Center experimentieren und spannende Dinge erleben. Im Sommer bringt die **Seilbahn** daneben Gäste in nur vier Minuten auf die andere Seite des Trollhätte-Kanals.
Åkerssjövägen 16, byggnad (Gebäude) 60 | Di. – So. 11 – 16 Uhr, nach Mittsommer bis 20. Aug. tgl. 10 – 17 Uhr | Eintritt: 90 SEK
sc.innovatum.se

Schwedische Ingenieurskunst

Göta Älv

Wo der Göta Älv einen mächtigen Gneisriegel durchbricht und auf einer Strecke von 1500 m mehr als 30 m tief hinabstürzt, gab es einst großartige Wasserfälle und Stromschnellen. Doch schon im 17. Jh. überlegte man, wie die Stromschnellen zu umgehen seien, und so wurde zwischen 1793 und 1916 in mehreren Abschnitten der 28 km lange **Trollhätte-Kanal** gebaut. Heute ist das Flussbett so gut wie trockengelegt; die gewaltigen Wassermassen strömen durch Druckstollen zur Turbinenanlage und treten erst weit unterhalb wie-

(UN-)GEZÄHMTE NATURGEWALT

44 m beträgt der Höhenunterschied zwischen Vänern und Kattegat, den größten Teil davon lässt der Göta älv direkt bei Trollhättan hinter sich. Nur: Schwedens wasserreichster Fluss wird gestaut, die meiste Zeit bieten die Wasserfälle einen tristen Anblick. Umso imposanter das Schauspiel, wenn sich die Schleusen öffnen, das Wasser bis in die Nacht hinein durch sein altes Bett rauscht und sich ungezähmte Naturgewalt mit donnernder Wucht entfaltet. Im Mai, Juni und September werden an einem Tag pro Woche um 15 Uhr die Schleusentore für kurze Zeit geöffnet, im Juli und August täglich, am »Tag des Wasserfalls« Mitte Juli ein ganzes Wochenende lang.

der zutage. Den besten Blick auf das Flussbett gewährt die Kung-Oskars-Brücke über stählerne Treppen mit Aussichtskanzeln. Dann darf der Göta Älv wieder unter lautem Getöse durchs alte Flussbett donnern. Die **Schleusentreppe von Trollhättan** besteht aus drei parallelen Schleusenbecken, von denen nur das größte von 1916 noch in Betrieb ist. In einem roten Holzbau von 1893 nahe der oberen Schleuse erzählt das **Kanalmuseum** mit einer kleinen Ausstellung und einem Film die Geschichte von Schleuse und Kanal.

Kanalmuseum: Juni – Aug. tgl. 9 – 17 Uhr

Erbe eines Forschungsreisenden

Vänersborg

Knapp 14 km nordwestlich von Trollhättan liegt Vänersborg am Vänersee. Einige Häuser der Innenstadt stammen noch aus dem 18. Jh., wie die Länsresidens von 1754. Am Seeufer erstreckt sich die Grünanlage Skräcklan mit der Skulptur »Frida« von Axel Wallberg. Die präparierten Vögel aus Südafrika und Namibia im nahen **Vänersborg Museum** stiftete der Forschungsreisende Axel Ericson.

Vänersborg Museum: Juni – Aug. Di. – Do., Sa., So. 12 – 16, sonst Di., Do., Sa., So. 12 – 16 Uhr | Eintritt frei | www.vanersborgsmuseum.se

Ein Paradies für Elche

Ekopark Halle- och Hunneberg

Wie zwei Inseln ragen die beiden Tafelberge aus der Landschaft östlich von Trollhättan. Lange Zeit war das Gebiet königlicher Bannwald, in dem nur der König das Recht zur Jagd hatte. Heute befindet sich hier ein Ökopark, der nicht nur ein zauberhaftes Wandergebiet ist, sondern auch beste Chancen auf Elch-Sichtungen bietet, u. a. im Rahmen von zweimal wöchentlich stattfindenden Elchsafaris (▶ Das ist ... S. 10). Außerdem kann das **Königliche Jagdmuseum am Älgensberg** besucht werden, das über die spektakuläre Geologie der Berge, die hiesige Kulturgeschichte und natürlich die königliche Jagd informiert. Es kann auch individuell besichtigt werden.

Königliches Jagdmuseum: Juni – Aug. tgl. 10 – 18, Feb. – Mai und Sept. – Nov. Di. – So. 11 – 16, Dez. – Jan. Di. – Fr. 11 – 16 Uhr
Eintritt: 80 SEK | www.algensberg.com/de/

Weißes Gold

Lidköping

Wahrzeichen von Lidköping, rund 60 km östlich an der Bucht Kinneviken, ist das hölzerne **Jagdschlösschen** am Stortorget, das früher als Rathaus diente. An den weiten Platz schließt sich die Fußgängerzone an. Lohnend ist der Besuch der **Porzellanmanufaktur Rörstrand** im Industriegebiet. Das große Werksmuseum zeigt Porzellan und Keramik ab dem 18. Jh. und eine Tonbildschau zur Werksproduktion. In der Verkaufsausstellung gibt es auch gute, preisgünstige Ware zweiter Wahl.

Porzellanmanufaktur Rörstrand: Mo. – Fr. 10 – 17, Sa. bis 16, So. 11 – 15 Uhr | Eintritt frei | www.rorstrand-museum.se

VÄNERN ERLEBEN

KARLSKOGA TURISTBYRÅ
Kungsvägen 34, Karlskoga
Tel. 0586 216100
www.karlskoganaringsliv.se

KARLSTAD TURISTBYRÅ
Tage Erlandergatan 8A, Karlstad
Tel. 054 15 71 50
www.visitkarlstad.se

LIDKÖPING TURISTBYRÅ
Gamla Rådhuset, Nya Stadens Torg, Lidköping, Tel. 0510 2 00 20
www.vastsverige.com/de/lacko-kinnekulle

MARIESTAD TURISTBYRÅ
Esplanaden 5, Mariestad
Tel. 0501 75 58 50

TROLLHÄTTAN TURISTBYRÅ
Åkerssjövägen 10, Trollhättan
Tel. 0521 1 35 09

VÄNERSBORG TURISTBYRÅ
Järnvägsbacken 1C, Vänersborg
Tel. 0521 1 35 09

RESTAURANG TIFFANY €€€
Verwöhnen Sie sich mit einem Candle-Light-Dinner, serviert in einem wunderschönen Kellergewölbe. Spezialitäten des eleganten Restaurants mit großem Weinkeller sind schwedische Klassiker wie Fisch und Wild.
Västra Torggatan 19
Tel. 054 15 33 83, www.tiffanys.se

ALBERT KÖK HOTELL €€ – €€€
Lachs aus dem Vänern, Meeresfrüchte von der Westküste oder Mowitzhühner aus dem Göta-Tal: im Albert Kök wird mit regionalen Zutaten vorzüglich gekocht.
Strömsberg, Trollhättan
Tel. 0520 1 29 90
www.alberthotell.com

GATE GÄSTGIVERI €€ – €€€
Mittags kommen im ältesten Haus Arvikas värmländische Spezialitäten auf den Tisch. Tipp: gegrillter Lachs oder Hirschfilet mit karamellisierten Kartoffeln. Etwas außerhalb am Kreisverkehr des RV 61 Richtung Karlstad.
Gate, Arvika, Tel. 0570 1 31 20
www.gategastgiveri.se

M/S SANDSKÄR €€
Bootstouren auf dem Glafsfjorden-See mit Bordbüfett und Unterhaltung.
Storgatan 32, Arvika
Tel. 070 2 01 90 00

CAFÉ AUGUST € – €€
Nettes Café und Restaurant am See, wo nicht nur feine süße Sachen, sondern auch warme Gerichte serviert werden.
Kanikenäsholmen, Karlstad
Tel. 054 21 77 47
www.cafeaugust.se, Mai – Sept. Di. – So., sonst nur Fr. – So.

SKOGSHYDDAN CAFÉ € – €€
Das Sommerrestaurant in einem Landhaus von 1898 bietet Sandwiches, Salate und köstliche Waffeln an.
Dalbobron, etwas außerhalb von Vänerborg, Tel. 0521 1 27 74

CLARION COLLECTION HOTEL BILAN €€€
Die Zellen in dem gut 200 Jahre alten ehemaligen Bezirksgefängnis wurden in geschmackvolle Hotelzimmer umgebaut. In einem kleinen Museum

kann die Geschichte des Gefängnisses studiert werden.
Karlsbergsgatan 3, Karlstad
Tel. 054 10 03 00, 68 Z.
www.choicehotels.se

ELITE STADSHOTELLET KARLSTAD €€ – €€€

Das Hotel mit Schwerpunkt auf Nachhaltigkeit und Umweltfreundlichkeit liegt im Herzen von Karlstad direkt am Fluss Klarälven. Das wunderschöne alte Haus zählt zu den schönsten Hotelgebäuden Südschwedens. Die geräumigen Zimmer sind im skandinavischen Stil. Den Gästen stehen Fitnesseinrichtungen und Sauna zur Verfügung.
Kungsgatan 22, Karlstad
Tel. 054 29 30 00, www.elite.se

HOTELL LÄCKÖ €€ – €€€

Hotel mit viel Atmosphäre im Zentrum von Lidköping. Trotz zahlreicher Renovierungen im Laufe der Jahre kann man immer noch das Flair der Gründungszeit um 1900 genießen.
Gamla Stadens Torg 5, Lidköping
Tel. 0510 2 30 00, 26 Z.
www.hotellacko.se

ÖSTERBERGA GÅRD BED & BREAKFAST € – €€

Vier Doppelzimmer gehören zu dem schwedenroten Hof aus dem 18. Jh., 5 km nördl. von Mariestad. Besonders schön ist das Frühstück im Garten.
Österberga Gård, Mariestad
Tel. 0501 2 05 00
www.osterbergagard.se

Barocke Perle am See

Läcko slott

Nördlich von Lidköping ragt die Halbinsel Kallandsö in den Vänern. Nahe der Spitze thront etwas erhöht über dem See Schloss Läckö. Es wurde 1298 von Bischof Brynolt Algotsson als befestigter Bischofssitz errichtet. Nach der Reformation kam es in den Besitz der Krone, wenig später in den von Svarte Sture und ging 1571 schließlich an die Familie Hogenskild Bielke über, die es von Grund auf erneuern ließ. Im 17. Jh. erreichten die Umbauarbeiten ihren Höhepunkt, als Magnus Gabriel de la Gardie für die **barocke Neugestaltung** den Augsburger Stadtbaumeister Elias Holl und Franz Stierner aus Polen holte. Sie bauten die vierte Etage, die Küchenräume und die Vorburg. Eindrucksvoll ist nicht nur die wunderschöne Lage des stattlichen Schlosses, auch die Ausstellungen und Konzerte im Königssaal und auf dem Burgwall lohnen einen Besuch.
Die **Prunkgemächer** sind nur mit Führung zugänglich. Für Gartenliebhaber ist der Schlossgarten ein Muss. Im Stallcafé gibt es Tagesgerichte und Kuchen, das Restaurant Fataburen serviert regionale Spezialitäten. In der Nähe des Schlosses kann man an einem Sandstrand baden oder ein Boot mieten. Vom Wasser aus bietet Schloss Läckö einen besonders schönen Anblick.
Führungen stündl. Mai – Sept. tgl. 11 – 17, Sept. Mo. – Fr. 11 – 15, Sa., So. bis 16 Uhr | Eintritt: 80 – 100 SEK | www.lackoslott.se

Altes kulturelles Zentrum im Västergötland

Skara

Die Hauptstadt von Västergötland ist aus einer alten Thing- und Kultstätte hervorgegangen. Im Mittelalter entwickelte sie sich zum Zentrum der christlichen Mission und wurde Bischofssitz. Die dreischiffige **Domkyrka** ist ein gotischer Bau (1312–1350). Die Türme stammen aus dem frühen 19. Jh., Altar und Kanzel aus der Renaissance. In der Krypta sind die ersten Bischöfe von Skara bestattet. Aus schwarzem und weißem Marmor besteht das Grabmonument für den Reiterobristen Erik Soop († 1632) im rechten Nebenchor.

Nordöstlich im Stadsträdgård zeigt das **Västergötland Museum** 3000 Jahre alte Bronzeschilde, die 1985 auf Kålland ausgegraben wurden. Daneben zeigt das **Friluftsmuseet Fornbyn** rund 30 Häuser aus der Gegend. Bei den Eisenbahnanlagen (Vallgatan 41) wurde in einem alten Lokschuppen das **Eisenbahnmuseum** eingerichtet. Im Juli und August verkehrt sonntags, im Juli auch dienstags und donnerstags, ein nostalgischer Dampfzug zum nördlichen Weiler Lundsbrunn (einfache Fahrt: 30 Min., Fahrplan unter Tel. 0511 1 36 36).

Västergötland Museum: Di. – Fr. 10 – 16, Sa., So. ab 11 Uhr, Juli tgl. bis 18 Uhr | Eintritt frei | www.vastergotlandsmuseum.se
Friluftsmuseet Fornbyn: Mai – Sept. tgl. 8 – 20 Uhr | Eintritt frei www.vastergotlandsmuseum.se/fornbyn
Eisenbahnmuseum: Juli So. 11 – 17 Uhr

Traber-Hochburg

Axevalla

Nicht Fußball, sondern Trabrennen ist Schwedens beliebtester Zuschauersport. Als Hochburg der Traber gilt das 10 km östlich gelegene Axevalla, wo an 42 Renntagen die Rösser an den Start gehen. Größtes Event ist das drei Tage dauernde **Axevalla Stochampionatet** im Juli (www.axevalla.se). Der Nachwuchs kann sich derweil im benachbarten Freizeitpark **Skara Sommarland** austoben.

Skara Sommarland: Ab Mitte Juni tgl. 10 – 17, Juli 10 – 19, Aug. 10 – 17 Uhr | Tagesticket 349 SEK | www.sommarland.se

Stattliche Gräber

Falköping

Rund 27 km trennen Skara vom südlich gelegenen Städtchen Falköping, in dessen Umgebung fast zwei Drittel der 300 bekannten **Ganggräber** Schwedens gefunden wurden. Die aus großen Steinblöcken bestehenden Gräber wurden um 3300 v. Chr. für bedeutende Persönlichkeiten errichtet. Das bekannteste Ganggrab befindet sich einige Hundert Meter östlich der Kirche von Luttra. Das größte Ganggrab Skandinaviens liegt bei Karleby. Auch Ekornavallen, 15 km nördlich von Falköping, besitzt ein sehenswertes Grabfeld.

Die Rückkehr des Kranichs

★★ Hornborgasjön

Dass die majestätischen wie scheuen Kraniche heute wieder am Hornborga-See rasten, ist der Erfolg einer in Nordeuropa einmaligen Renaturierung. Sie war 1977 einstimmig vom schwedischen Reichstag als Antwort auf eine 100-jährige ökologische Katastrophe be-

TANZ DER KRANICHE

Was für ein Lärm! Vor lauter Federvieh ist kaum noch der Boden zu sehen. Die Männchen bezirzen die Damen ihrer Wahl mit weit ausgebreiteten Flügel, drehen Pirouetten und trompeten ihre Werbung in den Himmel. Wenn in der letzten März- bis zur zweiten Aprilwoche rund 15 000 Kraniche am Hornborgasee zum Tanz bitten, bieten sie ein unvergleichliches Naturspektakel.

schlossen worden. Fünf Mal war im 19. und frühen 20. Jh. der Wasserspiegel des Hornborga-Sees gesenkt worden, um Kulturflächen zu gewinnen. Schilf und Weidengestrüpp breiteten sich immer weiter aus. Der See trocknete aus, die Vögel blieben weg. Die Erkenntnis, dass Kraniche mit ihrer An- oder Abwesenheit einen Hinweis auf den Zustand der Natur geben, bewirkte ein Umdenken. Am 27. März 1952 stellte der Regierungsbezirk Skaraborgs Län das Rastgebiet der Kraniche unter Schutz. Auf einer Fläche von 3600 ha wurde jeglicher Zutritt verboten. 25 Jahre später bewilligte der Reichstag 53 Millionen Kronen für die Rekultivierung des **einmaligen Feuchtbiotops**. Mit Spezialmaschinen wurden 10 km² Schilf gemäht, anschließend der Wasserspiegel um zunächst 80 cm, später um weitere 60 cm angehoben. Mit dem Frühjahrshochwasser 1987 erreichte der Hornborga-See wieder seine ursprüngliche Größe. Deiche, erbaut aus dem Torf des Seeufers, schützen das umliegende Ackerland.
Der Lohn der Mühen ist ein sich jährlich wiederholendes Naturschauspiel: Von Ende August bis Anfang Oktober stehen heute die

DER ZUG DER KRANICHE

Jedes Jahr im März und April ziehen Zehntausende von Kranichen von ihren Winterquartieren in Spanien und Nordafrika zurück nach Nordeuropa. Der Hornborga-See ist einer ihrer größten Rastplätze.

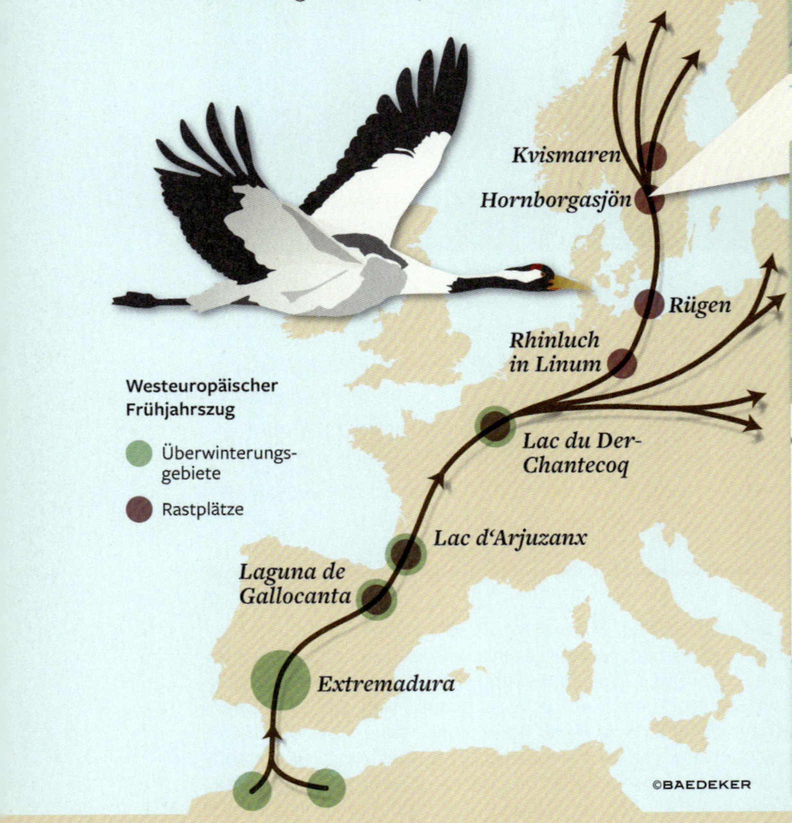

▶ **In Zahlen**

10 000 KRANICHE
150 000 BESUCHER
6 WOCHEN
30 QKM SEE

▶ **Tanz der Kraniche**

Kraniche »tanzen« bei der Balz auf Partnersuche oder, wenn sie bereits verpaart sind, um die Bindung zu festigen. Auch außerhalb der Paarungszeit wird getanzt. Die Vögel springen mit ausgebreiteten Flügeln, stoßen laute Rufe aus und werfen Gras und anderes mit dem Schnabel in die Luft.

gformationen

e ältesten und flugerfahrensten Vögel
egen an der Spitze in Keil- oder
Form, die jüngeren am Ende. Im
ndschatten fällt das Fliegen
hter. Die Vögel an der
tze wechseln sich
elmäßig ab.

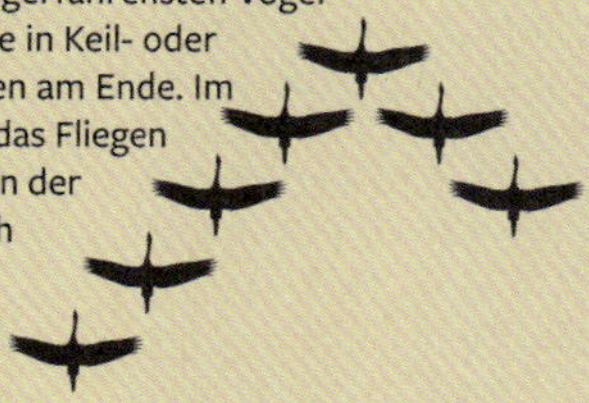

▶ **Wer sonst noch in Schweden wohnt**

Braunbär
Auf Schwedisch »Brunbjörn«. Er ist ein Allesfresser. Beeren, Ameisen, Gras und Kräuter stehen auf seinem Speiseplan. Die etwa 3000 Bären in Schweden leben alle nördlich einer gedachten Linie zwischen Värmland und Uppland.

Elch
Bis auf die Insel Gotland ist der Elch überall in Schweden zu finden. Die Population beträgt 300 000 – 400 000 Tiere. Rund 100 000 davon werden jedes Jahr geschossen. Männliche Elche erreichen eine Schulterhöhe von bis zu 2,30 m und werden bis zu 3 m lang.

Luchs
Es gibt heute noch 1500 Luchse in ganz Schweden mit Ausnahme der Inseln Öland und Gotland. Der Großteil der Tiere lebt in Mittelschweden und steht heute unter Naturschutz. Luchse ernähren sich hier vor allem von Rentieren, Rehen, Hasen und Vögeln.

bräunlich-grauen Jungvögel, noch ohne roten Kopffleck und die schwarz-weiße Halszeichnung, etwas unbeholfen neben ihren Kranicheltern zum ersten Mal im Hornborga-See: Das Naturschutzgebiet bildet die letzte Rast auf dem Weg ins Winterquartier. Im April beeindruckt der Hornborga-See mit einem besonderen Spektakel. Auf ihrem Weg zu den Brutplätzen im Norden rasten hier dann an einem einzigen Tag bis zu 10 000 Kraniche. Das Paarungsritual, der **»Tanz der Kraniche«**, ist unvergesslich (▶ Baedeker Wissen S. 286).
Beste Beobachtungsplätze sind das **Naturum Trandansen** am Südufer des Sees bei Bjurum und am Ostufer nördlich von Broddetorp das **Naturum Hornborga** mit Museum und Vogelwarte (www.hornborga.com). Neben den Kranichen sind noch über 250 am See heimische Vogelarten zu erspähen, darunter die seltenen Seeadler, Schwarzhalstaucher, Blässhühner, Watvögel und Lachmöwen.

Schaufenster in die Erdgeschichte

Kinnekulle

Auf der Rückfahrt zum Vänersee sieht man schon von Weitem den Kinnekulle, der die Bucht Kinneviken im Osten begrenzt. Tannen bedecken den 14 km langen und 6 km breiten Tafelberg, der am Högkullen 306 m hoch ist und einen Panoramablick auf den Vänersee gewährt. Die Tafelberge in diesem Gebiet entstanden vor etwa 500 Mio. Jahren. Damals lagerten sich Sedimente auf dem Meeresboden ab, die zum Teil von untermeerischer Magma bedeckt wurden. Dieses harte Vulkangestein bildete einen perfekten Panzer: Während bei der später einsetzenden Landhebung die ungeschützten Sedimentgesteine durch Erosion abgetragen wurden, blieben die von einer Magmahülle geschützten Bereiche stehen. Diese Entwicklung lässt sich am Kinnekulle besonders gut ablesen – seine Treppen zeigen alle Ablagerungsschichten bis zum Urgestein.
Der nächste größere Ort am Vänern ist die an der Mündung der Tidan gelegene Industriestadt **Mariestad**. Nach einem Brand 1895 musste sie fast vollständig neu aufgebaut werden. Im Nordteil der Innenstadt steht der Dom, auf einer Insel im Fluss das **Schloss Marieholm**.

Schwedische Arche Noah

Nationalpark Djurö

Seine Abgelegenheit ist sein großer Trumpf: Inmitten des Vänern liegt Schwedens isoliertester Nationalpark, der einer vielfältigen Fauna und Flora ein geschütztes Refugium bietet. Der von Wald, Heidekraut und Beerensträuchern bedeckte Schärenarchipel wurde 1991 zum Nationalpark ernannt und beherbergt zahlreiche Vogelarten, Hasen und Damhirsche. Djurö wurde erst im 16. Jh. besiedelt und hieß zu jener Zeit noch Branäs. Ein gewisser Börje Oluffson kaufte die Insel 1711. Seine Nachkommen bewohnten und bewirtschafteten das Eiland, bis sie es im frühen 20. Jh. an den värmländischen Industriellen Frans Kempe verkauften, der Djurö in einen Jagd- und Tierpark verwandelte. Er errichtete eine Jagdvilla, die noch heute dort steht. Rehe, Rot-

Platz nehmen am Kinnekulle und das Panorama des größten Sees in Schweden auf sich wirken lassen

hirsche, Hasen, Fasanen und Schneehühner wurden auf die Insel gebracht und zur Jagd ausgesetzt. Einzig die Hasen und Damhirsche sind übrig geblieben und stehen, wie auch die Insekten und Pflanzen der Insel, unter Schutz. Von der ursprünglichen Bebauung Djurös gibt es keine Spuren mehr, und nur ein paar offene Grasflächen zeugen davon, dass hier einst Landwirtschaft betrieben wurde.
Fahrplanmäßige Bootsverbindungen gibt es keine, man kann sich jedoch mit dem **Taxiboot** (www.ydergrensbatcharter.se) hinüberfahren lassen. Je nach Wind- und Wetterlage dauert die Überfahrt ab dem Festland zwei bis drei Stunden. In der Brutzeit zwischen dem 1. April und 31. Juli sind die Ost- und Südseite **gesperrtes Vogelschutzgebiet**. Bei der Hafenbucht Malbergshamn auf der Nordseite der Hauptinsel befindet sich ein kleiner Zeltplatz, auf dem man allerdings nicht länger als zwei Tage nächtigen darf. Außerdem besteht die Möglichkeit, an Bord eines Motorsegelschiffes ab Mariestad drei bis sechs Tage lang auf dem Wasser zu verbringen. In Tagesausflügen wird mit Kajaks zu Inseln gepaddelt. Und auch auf Durjö legt das Schiff an, wo eine geführte Wanderung stattfindet (www.vastsverige.com/de, Sucheingabe »Vänern«).

Picasso am Vänern

Die Durchgangsstraße Nr. 26 führt weiter gen Norden. Nächster Halt ist kurz vor Nybble der stattliche, noch original eingerichtete Herren- Nybble, Kristinehamn

hof **Värmlands Säby Gård** aus dem 18. Jh. mit wunderschönen Kachelöfen, gemalten Tapeten und einem verwunschenen Heckenlabyrinth aus 1480 Büschen.
Kristinehamn weiter nördlich erhielt 1642 Stadtrecht unter der Vormundschaft der noch nicht volljährigen Königin Christine, der es seinen Namen verdankt. Mitte des 19. Jh.s wurde Kristinehamn an das Eisenbahnnetz angeschlossen und stieg zum Umschlagplatz für das Holz der Region und Eisenerz aus Bergslagen auf. Die einem Seezeichen ähnelnde, 15 m hohe Betonskulptur im Sporthafen ist ein Geschenk von Pablo Picasso aus dem Jahr 1964.

Alles Nobel

Karlskoga

Wer am Vänern Urlaub macht, kommt um einen Besuch von Karlskoga nicht herum. Die schwedische Kleinstadt am Möckel-See wirbt mit Alfred Nobel. Der weitläufige Herrenhof **Björkborn** am Seeufer, heute **Nobelmuseum**, diente dem Sprengstofffabrikanten am Ende seines Lebens als Wohnsitz und Arbeitsstätte. Sein elegantes weißes Haus ist zum größten Teil noch so eingerichtet wie zu Nobels Lebzeiten. Ausgestellt sind persönliche Dinge, Fotos und Patente, es gab sogar schon elektrisches Licht und fließendes Wasser. Besichtigt werden kann auch das Labor, in dem er u. a. Versuche mit künstlich hergestellter Seide und synthetischem Gummi durchführte. In der Diele des Hauses liegt eine Kopie seines Testaments aus, eine einzige handgeschriebene Seite, die die Aufteilung seines gewaltigen Vermögens regelte und ihn unsterblich machen sollte. In diesem rief er die nach ihm benannte Stiftung und den berühmten Preis ins Leben. Nobelpreise in Physik, Chemie, Medizin, Literatur und seit 1969 (gestiftet von der Schwedischen Reichsbank) Wirtschaftswissenschaften werden jedes Jahr an seinem Todestag in ►Stockholm verliehen, der Friedensnobelpreis in Oslo (► Baedeker Wissen, S. 408). Das **Bofors Industriemuseum** in den ehemaligen Werkstätten dokumentiert die mehr als 350-jährige Geschichte des Rüstungskonzerns, den Alfred Nobel einst besaß und der noch heute Hauptarbeitgeber der Stadt ist.

Juni – Aug. Di. – So. 11 – 16 Uhr | Eintritt: 100 SEK
http://nobelkarlskoga.se

Schauplatz einer Scheidung

Karlstad

An der Mündung des 500 km langen Klarälven in den Vänersee liegt Karlstad, das Kultur- und Handelszentrum von Värmland. Die Provinzhauptstadt ist nach Karl IX. benannt, der dem seit dem Frühmittelalter bestehenden Thingplatz 1584 das Stadtrecht verlieh. 1905 fanden hier die Verhandlungen über die Auflösung der Union von Schweden und Norwegen statt.
Die **Altstadt** vermittelt mit historischen Bürgerhäusern ein Bild des alten Karlstad vor dem großen Brand von 1865. Die 1730 geweihte

Domkirche und das Bischofspalais von 1780 stammen noch aus jener Zeit. Auf dem Stortorget erinnert ein Friedensmonument von Ivar Johnsson an die Auflösung der schwedisch-norwegischen Union. Mitten in der Stadt auf der Landzunge Sandgrundsudden führt das **Värmlands Museet** durch 10 000 Jahre Geschichte der Provinz. Im schlichten ersten Museumsbau Cyrillus Johansson wird värmländische Kunst vom 18. Jh. bis zur Gegenwart gezeigt. Das neuere Museumsgebäude (1998) nach Plänen von Carl Nyrén beherbergt Dauer- und Wechselausstellungen sowie ein großes Café.
Im Wissenschaftszentrum kann man selbst experimentieren, von der Papierherstellung bis zu Laserstrahlen. Für Renovierungsarbeiten ist ein Teil der Ausstellungshallen bis Sommer 2019 geschlossen.

Värmland Museet: Mo. – Fr. 10 – 18, Mi. bis 20, Sa./So. 11 – 16 Uhr
Eintritt: 80 SEK | www.varmlandsmuseum.se |

Abstecher zu den Fryken-Seen

Wie Phönix aus dem Fryken

★ Fryken-Seen

»Doch er will noch weiter hinaus in die Welt, der See, obgleich die Berge immer steiler, der Raum immer enger wird, je weiter er nach Süden kommt, sodass er noch einmal als ein schmaler Sund zwischen hohen Ufern hindurchschlüpfen muss. Dann breitet er sich zum drittenmal aus, aber nicht mehr mit derselben Schönheit und dem früheren Umfang.« Selma Lagerlöfs Roman »Gösta Berling« hat die Seenkette aus drei aneinandergereihten, lang gestreckten und schmalen Seen nördlich von Karlstadt berühmt gemacht. Am besten erkundet man die Naturschönheit des Fryken vom historischen Dampfer aus, der über die Seen schippert: Die **»Freja af Fryken«** war 1896 gesunken und wurde erst 96 Jahre später geborgen. An Bord des restaurierten Schiffes heißt die Besatzung in historischer Kleidung die Gäste willkommen. Wer sich für die Geschichte des Schiffs interessiert, kann an der Fryksta Station in Kil eine Ausstellung über die Freja besichtigen und sich im Hotel Länsmansgården Funde von dem gesunkenen Schiff ansehen.

Blumenparadies mit moderner Kunst

★ Rottneros Park

Der 40 ha große Park von Rottneros gehört zu den Hauptsehenswürdigkeiten Värmlands. Nördlich vom Bahnhof beginnt der königliche Garten, der in das Carl-Eldh-Parterre mit dem Skulpturengarten übergeht. Das klassizistische Herrenhaus wurde nach einem Brand 1929 komplett neu gestaltet. Vorbild war »Ekeby« in Selma Lagerlöfs »Gösta Berling«. Die gepflegte Gartenanlage beinhaltet nicht nur farbenfrohe Blumenbeete, die in Zusammenarbeit mit der deutschen Blumeninsel Mainau gestaltet werden, sondern auch eine Vielzahl von Skulpturen internationaler Künstler wie Carl Milles, Gustav Vige-

land und Jean Goujon. Auf Kinder warten der Nils-Holgersson-Abenteuerpark, ein Minizoo und das Tropenhaus. Selma Lagerlöf sitz als lebensgroße Skulptur am Ufer des Sees.
Tgl. 10 – 16, Anfang Juli – Mitte Aug. bis 18 Uhr | Eintritt: im Sommer 120, sonst 100 SEK | www.rottnerospark.se

Mit Schwedens Natur innig verbunden

★★ Lagerlöf Museum Mårbacka

Auf Gut Mårbacka östlich des Mellan Fryken wurde die Schriftstellerin und Nobelpreisträgerin Selma Lagerlöf 1858 geboren, ab 1907 wohnte sie wieder dort (▶ Interessante Menschen S. 378). Im Sommer gibt es Führungen durch ihre Wohnung. Beeindruckend ist die Bibliothek des Hauses, in der Selma Lagerlöf viele ihrer Romane schrieb. Das gesamte Anwesen sieht noch aus wie zu ihren Lebzeiten, so wie sie es testamentarisch verfügt hat. Den Garten mit seinen Obstbäumen, Gemüsebeeten, Sträuchern und Blumen ließ Lagerlöf von der Gärtnerin Ruth Brandberg anlegen. Auch er belegt die Liebe der Dichterin zur Natur. Auf dem Friedhof von **Östra Ämtervik** südlich von Mårbacka liegt Selma Lagerlöf begraben.
Lagerlöf Museum Mårbacka: nach Mittsommer – 6. Aug. tgl. 10 – 17, 7. – 27. Aug. tgl. 11 – 16, 28. Aug. – 1. Okt. Sa., So. 11 – 15, 2. Okt. – Dez. Sa. 13 Uhr (nur Führung) | Eintritt: 130 SEK
www.marbacka.com

Zuhause bei den Waldfinnen

Torsby

Von Sunne führen zwei Routen nach Torsby: eine Landstraße am Ostufer des Övre (Oberen) Fryken und die schönere Westuferstrecke Nr. 45 vorbei am Herrenhaus Stöpfors und dem Tosserbergsklätten. Das **Finnkulturzentrum** dokumentiert die Geschichte der Waldfinnen, die einst hier lebten. Sie wurden im 16. und 17. Jh. angesiedelt, um das Land urbar zu machen. Rund um Torsby sind die besterhaltenen **Finnhöfe** Schwedens zu finden. Von den einst 35 Rauchstuben stehen noch zehn an ihrem ursprünglichen Standort. Viele verwöhnen im Sommer mit Kaffee, Waffeln oder »Motti och Fläsk«, einem Gericht aus Mehl und Speck. Am besten erhalten sind Ritamäki Finngård und Kvarntorp Finngård in Lekvattnet und der Tomta Hembygdsgård in Skråckarberget. Das **Torsby Fordonsmuseum** zeigt alte Autos und Motorräder, darunter das »Frykenbilen«, ein Lastwagen, der 50 Jahre lang auf dem Grund des Fryken lag, bevor er geborgen und restauriert wurde. Zu den historischen Stätten in und um Torsby führt der 5 km lange **Kulturvandring**, der am Gamla Torg beginnt und mit einem Schlenker nach Oleby und zum Ostufer des Sees auf 10 km ausgedehnt werden kann (Karte/Infos bei der Touristeninformation).
Finnkulturzentrum: Juni – Aug. tgl. 11 – 17, sonst Mi. – Fr. 12 – 16 Uhr
Eintritt: 30 SEK | www.varmlandsmuseum.se
Torsby Fordonsmuseum: Mai – Sept. Sa., So. 12 – 17, Juni – Aug. auch Mo. – Fr. 10 – 17.30 Uhr | www.varmland.nu/fordonsmuseum

Hier entstand Weltliteratur: das Arbeitszimmer von Selma Lagerlöf auf Mårbacka.

Noch mehr Seen

Stora Gla

Westlich der Fryken-Seen liegen weitere wunderschöne Seen, wie der Stora Gla. Im Dörfchen **Glava glasbruk** am Nordufer des Stora Gla gibt es eine nette Jugendherberge und einen Kanuverleih.

Am Westufer entlang

Beliebter Seglertreff

Åmål

Dem Ufer westwärts folgend, geht es über Säffle nach Åmål. Nachdem Großbrände immer wieder die Holzhäuser vernichtet hatten, wurden beim Wiederaufbau zunehmend Steinhäuser errichtet. Heute sind nur noch im Viertel Plantaget am Stadtpark einige alte Holzbauten erhalten. Schön ist der Örnäspark mit dem **Hembygdsgård**, wo außer einem kleinen Tierpark auch historisches Werkzeug und Mobiliar aus der Gegend zu sehen sind.

Historische Wasserstraße nach Norwegen

Dalsland-Kanal

Bei Köpmannebro, gut 40 km südlich von Åmål, beginnt der 1864 bis 1868 von Nils Ericsson erbaute Dalsland-Kanal. Auf 254 km verbindet er mit **29 Schleusen** ein ganzes System von Seen, das sich bis auf norwegisches Gebiet erstreckt. Nur 10 km der gesamten Strecke wurden künstlich angelegt, den Rest bilden natürliche Binnengewässer. Der Kanal sollte den Transport für die Erzeugnisse der Eisenwer-

BAEDEKER MAGISCHE MOMENTE

NUR 72 STUNDEN ...

... aber die unter freiem Himmel: Wie hält man das aus? Recht komfortabel, wenn man eine der 72-Stunden-Glashütten am Dalsland-See mietet. »Es fühlt sich an, als würde sich die Erde langsamer drehen«, beschreibt es einer der Gäste. (https://visitsweden.com/72hcabin/

ke und Sägemühlen in Värmland und Dalsland ermöglichen und durch Norwegen eine Verbindung zur Nordsee herstellen. Heute durchfahren auf dem Kanal Hausboot- und Freizeitkapitäne eine abwechslungsreiche Landschaft mit Äckern, dunklen Wäldern, felsigen Höhenzügen und kargen Wildgebieten.
Hinter **Mellerud** entfernt sich die Straße vom See und erreicht nach 30 km die Stadt Vänersborg. Von dort aus geht es zurück nach Trollhättan, dem Ausgangspunkt der Vänern-Fahrt.

VARBERG

Landschaft: Halland | **Provinz:** Halland Län
Einwohnerzahl: 58 600 | **Höhe:** Meereshöhe

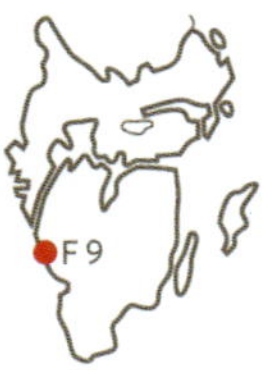

Hafenstadt mit Mehrwert

Keine andere Stadt des Landes kann mit so viel Wellness und Spas aufwarten wie Varberg; seit 1823 ist es Schwedens führender Kurort. Angesichts des nostalgischen Badehauses lässt sich erahnen, wie es hier früher zugegangen ist.

Auf Stelzen und orientalisch anmutend thront es im Wasser, wenige Meter vor dem kleinen Sandstrand Varbergs ist es über einen langen Bohlensteg mit dem Festland verbunden. Das ganze Jahr über verheißt es Saunafreuden, in den kühleren Jahreszeiten ist es jedoch vor allem ein Treff für hartgesottene Zeitgenossen, die über eine Treppe in die frischen Fluten steigen – nicht umsonst heißt es schließlich **»Kalt«-Badehaus**! Für passionierte Strandläufer ist es zugleich Auftakt zu einem ausgedehnten Spaziergang entlang der Strandpromenade, vorbei m wuchtigen Schloss Varberg. Immer der Küste folgend, geht es schließlich bis zum Apelviken-Strand im Süden. Weiter im

Süden warten Sandstrände, die zu den schönsten der hiesigen Region gehören. Kurzum: Für ein paar unbeschwerte Tag am Meer inklusive Verwöhnprogramm ist Varberg die richtige Wahl!

Wohin in Varberg?

Vornehmes Kurviertel

Stora Torget

Herzstück der schachbrettförmig angelegten Innenstadt ist der große Stora Torget. Mit Ausnahme der wuchtigen Gründerzeitbauten von der Sparbank und des 2008 renovierten **Stadshotells** ist der Hauptplatz von niedrigen Häusern eingerahmt. An seiner Nordseite steht die klassizistische Kirche. Im nahen **Societetspark** beeindruckt das stattliche Societetshaus von 1880, heute sind darin Café, Pub und Diskothek untergebracht. Es erinnert wie der Kurpark Brunnsparken an die Zeit des vornehmen Kur- und Badetourismus.

Der »schwedische Ötzi«

★ Varberg Slott

Wahrzeichen der Hafenstadt ist die große Festung, die auf einem ins Meer vorspringenden Felsen thront. Sie wurde im 13. Jh. von den Dänen erbaut und später mehrmals verändert. Zwischen 1830 und 1931 diente sie als Gefängnis. Von den Geschützbastionen bietet sich ein Rundblick auf Varberg und das Kattegat. Inmitten des Mauerkarrees erhebt sich das im 14. Jh. erbaute Schloss, in dessen Nord- und Westflügel das **Kulturhistorische Museum Halland** eingerichtet ist. Besuchermagnet ist der **Bockstensmann**, eine Moorleiche aus dem 14. Jh.: Kleidung und Haare sind durch Huminsäuren einzigartig gut konserviert worden. 2006 wurde mithilfe von Scans und Modellen eine naturgetreue Puppe des Bockstensmanns erstellt. Warum der »schwedische Ötzi« mit einem Eichenpfahl durchbohrt wurde, bleibt ein Geheimnis.

In der ersten Juliwoche verwandelt sich die Burg in einen mittelalterlichen Markt mit Taumachern, Bogenschützen und Weberinnen. Dazu kommen Gastmähler mit Gauklern und Troubadouren. Ende September/Anfang Oktober wird das Erntefest »Mickelmäss« gefeiert.

Mo. – Fr. 10 – 16, Sa., So. 12 – 16 Uhr | Eintritt: 100 SEK
www.museumhalland.se

Badetempel mit Charme

Kallbadhuset

Vom Nordtor der Festung geht man hinunter Richtung Hafen, zum nostalgischen Kaltbadehaus und weiter zum alten Hafenmagazin, in dem Kunstgewerbeateliers ihre Erzeugnisse ausstellen. Der 1903 erbaute, ganzjährig geöffnete Badetempel steht auf Stelzen ein Stück vor dem Strand im flachen Wasser und ist mit orientalisch verspielter Fassade und den Türmchen ein Blickfang. Nach aufwendiger Restaurierung strahlt es wieder in neuem Glanz. Wer sich vor dem Bad im

VARBERG ERLEBEN

VARBERGS TURISTBYRÅ
Brunnsparken, Varberg
Tel. 0340 8 68 00
www.visitvarberg.se

Von März bis Sept. ist am Ätran Angelsaison. Im Unterlauf bei den Stromschnellen Garvareforsen ist nur das Fliegenfischen erlaubt. Im März und April werden Meerforellen geangelt, von Ende April bis Sept. steigen die Lachse. Angelscheine gibt es beim Turistbyrå in Falkenberg (Holgersgatan 11, Tel. 0346 88 61 00).

OUTLETSTORE GEKÅS
Das Örtchen Ullared gut 30 km östl. von Varberg ist bekannt für diesen riesigen Outletstore. Auf 20 000 m² gibt es hier alles von Mode über Sportartikel bis zur Unterhaltungselektronik.
www.gekas.se

MAJAS VID HAVET €€ – €€€
Das Restaurant hat zwar nur im Sommer geöffnet, dafür liegt es aber direkt in den Dünen am Meer. Zu essen gibt es Fisch- und Fleischgerichte, ab und zu mit Live-Musik untermalt.
Tångkörvägen 15
Tel. 0340 141 51, www.majas.nu
So., Mo. geschl.

HERTIGEN €€
Elegantes Herrenhaus aus dem 19. Jh. auf der Insel Hertigen im Ätran. Auch Weinkeller, Bar und Nachtklub.
Elvägen 4, Hertigen Island
Tel. 0346 1 00 18
www.hertigen.se

HARRYS €€
Die Kneipe ist ein beliebter Treffpunkt der Varberger. Serviert werden kleinere Gerichte wie Hamburger, Sandwiches und Salate sowie Fisch- und Fleischgerichte, mittags gibt es günstige Tagesgerichte. Beliebt sind Harrys Cocktails und Kaffeekreationen.
Kungsgatan 18, Varberg
Tel. 0340 872 85, www.harrys.se

GRAND HOTEL €€€
Schwarzes Leder, helle Birke, schönes Spa und Hightech-Multimedia: Die Verjüngungskur hat dem Grand Hotel gut getan! Doch wie einst spielen noch immer am Wochenende lokale Gruppen zum Tanz auf.
Hotellgatan 1, Falkenberg
Tel. 0346 1 44 50, 70 Z.
www.grandhotelfalkenberg.se

VÄRDSHUSET HWITAN €€
1703 wurde das elegante Haus am Lachsfluss Ätran gebaut. Im Sommer speist man auf der großen Gartenterrasse. Livemusik, Jazz- und Bluesfestival.
Storgatan 24, Falkenberg
Tel. 0346 8 20 90, 32 Z.
www.hwitan.se

Meer etwas aufheizen möchte, findet im Innern eine Damen- und Herrensauna.

Sa., So. 9 – 17, Mi. 13 – 20 Uhr, Mitte Juni – Mitte Aug. tgl. mit wechselnden Zeiten geöffnet | Eintritt: 70 SEK | www.kallbadhuset.se

Getterön

Ein Straßendamm verbindet Varberg mit der Insel Getterön, die auch Ausflugsboote von Varberg aus ansteuern. Die Siedlungsgeschichte der Halbinsel reicht bis in die Bronzezeit zurück. Archäologen haben im Naturschutzgebiet Gubbanäsan **Steinhügelgräber** aus jener Zeit freigelegt. Ende des 17. Jh.s wurde der Eichenwald der Insel abgeholzt, um bei der Festung Pfahlwerke bauen zu können. Diesen Kahlschlag überlebten auf der Insel nur fünf Eichen. Windschutz gibt es daher beim Baden in den fünf Buchten nicht mehr.
Getterön gehört auch zu den wichtigsten Vogelreservaten Skandinaviens: Eisvögel, Zwergtaucher, Enten, Austernfischer, Säbelschnäbler und Seeadler brüten oder rasten hier jedes Jahr beim Vogelzug. Im reetgedeckten **Naturum** informiert eine kleine Ausstellung über Flora und Fauna der Insel; vom Café bietet sich ein fantastischer Blick über das Naturschutzgebiet.
Auf dem Inselflugplatz wird alljährlich die größte Auto- und Flugzeugausstellung der Westküste veranstaltet: **Wheels and Wings**. Dann füllen mehr als 3000 Autos, Motorräder, Flugzeuge und Wohnwagen, die älter als 35 Jahre sind, das Flugfeld; abends starten sie zum traditionellen Cruising durch Varberg (www.wheelsnwings.se).
Naturum: tgl. 10 – 16 Uhr, Juli, Aug. bis 17 Uhr
www.naturumgetteron.se

Rund um Varberg

Konserviertes Dorf

Äskhult

Zwischen Gällinge und Förlanda, ca. 50 km nördlich von Varberg, führt ein steiler, enger Fahrweg aufwärts nach Äskhult, einem als **Freilichtmuseum** hergerichteten Dörfchen. Die ältesten Gebäude stammen aus dem 17. Jh., Ende des 19. Jh.s wohnten hier noch etwa 35 Menschen, der letzte Dorfbewohner starb 1964.
Mitte April – Mitte Juni Sa., So. 11 – 16, Mitte Juni – Sept. tgl. 11 – 17, 9. Sept. – 1. Okt. Sa., So. 11 – 16 Uhr | Eintritt: 50 SEK
www.askhultsby.se

Kurz, kurz, kurz – kurz, lang – lang, lang, kurz, lang

Grimeton

In Zeiten von E-Mails und Nachrichtenfluten scheint das Morsen ein Relikt längst vergangener Zeiten zu sein. Techniknostalgiker zieht es umso mehr zum **Langwellensender** Grimeton, ca. 10 km östlich von Varberg: Die 1924 für den Funkverkehr mit den USA eingerichtete Anlage besitzt den einzigen noch funktionsfähigen Maschinensender der Welt. Am jeweils letzten Juniwochenende wird der von Ernst F. Werner Alexanderson erfundene Sender wieder in Betrieb genommen und die Morsebotschaft ••• •– ––•– (SAQ) – das Rufzeichen von Grimeton – auf der Frequenz 17,2 kHz ausgestrahlt. Die Funkstation gehört seit 2004 zum UNESCO-Weltkulturerbe und ist dank der

127 m hohen Sendemasten kaum zu übersehen. Das Besucherzentrum zeigt einen Film über Grimeton und wechselnde Ausstellungen. Im Sommer können Kinder im Alex Laboratory bei eigenen Experimenten die physikalischen Grundlagen des Funkverkehrs entdecken.
Die Ausstellung wird ehrenamtlich geleitet, daher ändern sich die Öffnungszeiten häufig | Eintritt: 120 SEK | www.grimeton.org

Sonne, Sand, Surfer

Strände

Südlich von Varberg liegen bei **Träslövsläge** schönste Sandstrände, übrigens auch ein Hotspot für Surfer. Um Falkenberg erstrecken sich 13 km Sandstrand. Die nächsten sind der 2 km lange **Skrea Strand** mit hohen Sanddünen südlich der Flussmündung und der **Stafsinge Strand** nördlich des Flusses mit einigen steinigen Abschnitten.

Alte Hafenstadt

Falkenberg

Falkenberg entstand an der Mündung des lachsreichen Ätran in das Kattegat. Zwar gibt es viel Industrie und Gewerbe, doch im Zentrum stehen noch charmante alte Holzhäuser. An der Kreuzung Torggatan/Nygatan unweit des Stortorget steht das moderne Gebäude der **Sparbank**, deren Wand seit 1977 ein haushohes Bronzerelief von Walter Bengtsson ziert. Aus der Zeit der mittelalterlichen Burg stammt die **St. Laurentii Kyrka** inmitten der Altstadt. An den teils noch romanischen, einschiffigen Bau wurde im 18. Jh. der massige Turm angefügt. Die Innenwände sind bedeckt mit Resten spätromanischer und frühgotischer Fresken, die Bemalung der Holzdecke stammt aus dem 17. Jahrhundert. Symbol der Stadt ist die südöstlich vom Stortorget den Fluss überspannende **Tullbron** (Zollbrücke, 1756 – 1761), eine der besterhaltenen Steinbrücken Schwedens. In einem alten Kornspeicher ist das **Falkenberg-Museum** untergebracht, das die Heimatgeschichte der letzten 100 Jahre präsentiert. Vor dem Museum grüßt eine Skulptur von Per Kirkeby.
In Falkenberg wird seit 1866 auch Bier gebraut. Das berühmte Falcon-Bier der 1996 verkauften **Bryggeri AB Falken** ist heute eine Marke der Carlsberg-Brauerei. Deren hochmoderne Brauanlagen am Årstadvägen können besichtigt werden (Termine nach Voranmeldung bei der Touristeninformation Falkenberg, Tel. 0346 88 61 00).
Falkenbergmuseum: Di. - So. 12 - 16 Uhr | Eintritt: 50 SEK
www.falkenberg.se/museum

Kultur und Natur im Einklang

★ Ekomuseum Nedre Ätradalen

Im unteren Ätratal vermittelt ein einzigartiges Museumskonzept die Kultur und Natur im Gebiet rund um den Ätran und seine Nebenflüsse wie den Suseå. Das 1996 realisierte Ekomuseum umfasst die gesamte Region. Besichtigt werden können 71 Ziele, u. a. die Böttcherei bei Knobesholm, das Atelierhäuschen des Fotokünstlers Severin Nilssons, die Wassermühle **Berte Qvarn**, Malzdarren, Kunstschmieden

und ein nostalgischer Landhandel, aber auch Steingräber, Dreizacke und vorzeitliche Kultstätten wie Hagbards galge.
Auf dem **Gudmundsgården**, einem alten Hofgut mit Schweinezucht, eigener Fleischerei mit Räucherei, werden Wurst und Schinken nach alten Rezepten hergestellt und im Hofladen verkauft. Nostalgisch ist auch das **Wirtshaus von Klef** (www.ekomuseum.com).

VÄSTERÅS

Landschaft: Västmanland | **Provinz:** Västmanlands Län
Einwohnerzahl: 139 000

Die sechstgrößte Stadt und zugleich eine der ältesten Städte Schwedens punktet mit einer spannenden Geschichte, einem reichen Kulturangebot, dank der Lage am Wasser mit vielen Möglichkeiten der Freizeitgestaltung sowie mit zwei der wohl ungewöhnlichsten Hotels des Landes. Vor allem aber hat ein Label mit zwei Initialen aus Västerås rund um den Globus Bekanntheit erlangt.

Es gibt ausländische Besucherinnen, die nur wegen einer Sache nach Västerås kommen: H & M! Hier wurde das Modeunternehmen 1947 gegründet. »Besonders deutsche Kundinnen kommen zu uns und wollen alles über die Geschichte des Unternehmens wissen«, erzählt ein Verkäufer. Gleich drei Läden des Modegiganten gibt es im autofreien Zentrum der fahrradfreundlichen Stadt, die als Handelsplatz Västra Aros von den Wikingern im Jahr 990 gegründet wurde. Elf Reichstage wurden in Västerås abgehalten, wovon der im Jahr 1527 die größte Bedeutung hatte – unter Gustav Wasa wurde die Einführung der Reformation beschlossen. Die Stadt am Mälaren ist seit dem 12. Jh. Bischofssitz der Schwedischen Kirche.

Geschichtsträchtige Modestadt

Wohin in Västerås?

Unterwegs in Schwedens Fahrradhauptstadt

Dom & Umgebung

Verkehrspolitisch ist Västerås ein Pionier. Nicht nur die gesamte Altstadt ist autofrei, auch in den äußeren Vierteln setzen die Einheimischen aufs »cykel« (Fahrrad): Über 300 km kreuzungsfreie, beleuchtete und im Winter sogar beheizte Radwege laden zum stressfreien Radeln: In Västerås sind Radfahrer die Stars. Das geht so weit, dass sie an der Südseite des Marktplatzes **Stora Torget** ein Bronzedenkmal von B. G. Broström ehrt: Es zeigt eine Radlergruppe,

1 Varda Restaurang
2 Sky Bar
1 Hotel Hackspett
2 Utter Hotel

die von ASEA (heute ABB) nach Hause radelt. Einer davon ist der Vater des Künstlers. Wer die Stadt am Mälaren per Zweirad erkundet, ist also stilecht unterwegs.

Eines der Ziele in der Altstadt ist zweifelsohne die **Domkyrka**. Der gotische Backsteinbau wurde auf den Fundamenten einer romanischen Kirche errichtet, 1271 geweiht, im ausgehenden 15. Jh. um fünf Schiffe erweitert und mehrmals umgebaut. 1694 fügte der bedeutende schwedische Barockbaumeister Nicodemus Tessin d. J. den 103 m hohen Turm an. Vor der Hauptfassade steht ein mächtiges Bronzedenkmal von Carl Milles aus dem Jahr 1923 für Johannes Rudbeckius, 1619 – 1646 Bischof von Västerås. Sehenswert sind der 1516 teils vergoldete gotische Schnitzaltar und der Sarkophag von König Erik XIV., in dem der Monarch amputiert ruht. Als in den 1970er-Jahren sein Sarg geöffnet wurde, lagen die Beine säuberlich abgesägt neben dem Torso, denn der edle Steinsarg war zu kurz geraten.

Neben der Bibliothek im **Botanischen Garten** aus dem 16. Jh. stehen uralte Baumriesen und die 1908 gefertigte Bronzefontäne »Mor-

VÄSTERÅS ERLEBEN

VÄSTERÅS TURISTBYRÅ
Kopparbergsvägen 1
72187 Västerås, Tel. 021 39 01 00
www.visitvasteras.se

ANREISE
Der Airport Stockholm-Västerås wird von den Billigfluggesellschaften Ryanair und Wizz Air angeflogen. Nach Stockholm sind es ca. 120 km.

❶ VARDA RESTAURANG €€€
Ob Lunch oder Dinner, Kaffee oder Cocktail, Restaurantchef Mikael Atterklint und Küchenchef Mattias Forsberg sorgen dafür, dass man sich gleich wohlfühlt in dem gemütlich-stilvollen Lokal, das laut Schwedens Gourmetbibel »White Guide« zu den besten des Landes gehört.
Vasagatan 14, Tel. 021 14 81 50,
www.restaurangvarda.se

❷ SKY BAR €€
Hier gibt es zwar nur Kleinigkeiten wie Guacamole mit hausgemachtem Maisbrot, Tacos und Nachos zu essen, dafür ist der Blick aus dem 24. Stock über Västerås spektakulär, ganz besonders am Abend im Lichterglanz.
Hotel Plaza, Kopparbergsvägen 16
Tel. 021 10 10 99
http://plazavasteras.se/skybar

❶ HOTEL HACKSPETT €€€€
In einer Eiche im Vasaparken versteckt sind in 13 m Höhe das »Hotel Buntspecht« mit Balkon, Toilette, Küche, Schlafraum für zwei, Bibliothek und Hängematten. Das Baumhaus gibt es in zwei Kategorien: »Bohème« heißt, Bettbezüge und Essen selbst mitbringen! Bei »Deluxe« sind die Betten gemacht und das Hotel serviert Dinner und Frühstück. Hinauf geht es per Strickleiter (Abb ▶ S. 302).
Buchung: www.visitvasteras.se

❷ UTTER HOTEL €€€€
Schlafen unter Wasser – so lautet das Motto des zweiten ungewöhnlichen Hotels in Västerås. Im »Hotel des Otters« nächtigt man in einem winzigen schwedenroten Häuschen mitten im See. Luxus erwartet man vergeblich: Oben im »Erdgeschoss« steht ein Gaskocher, 3 m unter der Wasseroberfläche liegt das Schlafzimmer – inklusive Fenster zum Fischegucken! Und auf der kleinen Veranda lässt sich im Liegestuhl schnell der Alltag vergessen.
Buchung: www.visitvasteras.se

genbad« von Anders Zorn (▶ Interessante Menschen S. 382). Im Süden der Kathedrale ließ Bischof Rudbeckius eine »Proba« errichten, lateinisch Strafraum für Schüler. In den Karzer kamen nicht nur Schüler, sondern auch Priester und andere Mitarbeiter der Kirche, die Fehler bei der Arbeit gemacht hatten. Er wurde bis 1801 genutzt und ist der letzte erhaltene im Land.
Das **Kyrkbacken**-Viertel nördlich des Doms hat das Flair des alten Västerås bewahrt. In roten Holzhäuschen und niedrigen Katen, die seit 1700 die Kopfsteinpflastergassen säumen, arbeiten wie einst die Kunsthandwerker.

Kunst aus drei Jahrhunderten

Konstmuseet

Schwedische Kunst vom 18. Jh. bis heute zeigt seit 1972 das Kunstmuseum, das im selben Haus wie das Provinzmuseum residiert. Zu den Höhepunkten der Sammlung gehören die Gemälde des schwedischen Sufi Ivan Aguéli, dessen Bilder auch schwedische Briefmarken zierten, die zwischen naiver Kunst und Expressionismus anzusiedelnden Gemälde von Bror Hjorth, die Werke des Surrealisten Endre Nemes sowie die Fotoarbeiten von Lotta Antonsson und Annika von Hausswolff.

Karlsgatan 2 | Di. – Fr. 10 – 17, Do. bis 20, Sa., So. 12 – 16 Uhr
Eintritt frei | www.vasteraskonstmuseum.se

Turm-Duo

Stadshuset

Das heutige Rathaus entstand 1953 nach Plänen von Sven Alhbom am Standort eines Klosters aus dem 13. Jh., das damals am **Vasaparken** entdeckt wurde. Im 65 m hohen Rathausturm hängt mit 47 Glocken Schwedens größtes Glockenspiel. Mehr als 11 t wiegt das gesamte Gehänge, 2356 kg die größte, 11 kg die kleinste Glocke. Bei Konzerten und Vorführungen schlägt der städtische Carillonneur die Glocken noch von Hand an, sonst stündlich der Computer.
Noch höher als der Rathausturm ist der 1989 errichtete **Skrapan**, Västerås' erster Wolkenkratzer. In dem 24 Stockwerke hohen Glasturm gibt es Geschäfte, Büros, ein Hotel und das aussichtsreiche Lokal **Karlsson På Taket & Sky Bar**. Überdachte Gänge verbinden den

Raum ist in der kleinsten Hütte, natürlich auch im Baumhaus des Hotels Hackspett.

»Kratzer«, so die deutsche Bedeutung seines Namens, mit der Einkaufspassage »Gallerian« und dem Kongresszentrum Aros.

Sprechende Steine

Djäknebergen

In dem Park westlich vom Dom trafen sich einst die Djäknes, die Schüler des 1623 von Bischof Rudbeckius gegründeten Gymnasiums. Zum Wahrzeichen des Parks wurden die über 500 großen Steine, die Sam Lidman im 19. Jh. mit Inschriften versah: Namen von Freunden, aber auch Sinnsprüche wie »Var heller frij än annars träl – ämedan du kant tik röra«, zu Deutsch: »Sei lieber frei als sonst ein Sklave – solange Du Dich noch rühren kannst.« Auf dem Hügel gibt es einen Minigolfplatz, ein Restaurant und eine große Liegewiese mit Domblick.

Schweden um 1900

Vallby Friluftsmuseum

Das 40 Bauten umfassende Freilichtmuseum Vallby im Svartå-Tal widmet sich dem Alltag früherer Zeiten. Bauernhöfe und Bergbaukaten, Stadthäuser und Werkstätten traditioneller Handwerke wie Silberschmied und Schuster gewähren lebendige Einblicke, wie es vor 100 Jahren wohl überall in Südschweden ausgesehen hat.

tgl. 10 – 17 Uhr | Eintritt frei | www.vallbyfriluftsmuseum.se

Veteranen der Lüfte

Västerås Flygmuseum

In einem hölzernen Hangar an der Hässlögatan 16, der kurz vor dem Zweiten Weltkrieg für die schwedische Luftwaffe gebaut worden war, zeigt heute das Luftfahrtmuseum Flugzeug-Oldtimer, darunter eine zweisitzigen Hawker Hunter, eine Tiger Moth, einen Brantley-Hubschrauber und eine De Havilland Heron. Wer sich selbst in die Lüfte schwingen möchte, kann am Simulator eine J 35 Draken und eine Convair Metropolitan probefliegen.

So. 11 – 16 Uhr | Eintritt: 100 SEK | www.flygmuseum.com

Bestattungsplatz der Wikinger

Anundshögen

Ca. 6 km nordöstlich befinden sich Grabhügel und schiffsförmige Wikinger-Steinsetzungen. Entstanden sind diese zwischen 500 und 1050. Sie gehören zu den umfassendsten derartigen Anlagen Schwedens.

Rund um Västerås

Blick in die Sterne

Åkesta Observatoriet

Das 1939 von Astronom Åke Odelberg erbaute »Sternenhaus« in der Skultunavägen, 2,5 km nördlich von Västerås, gehört zu den ältesten privaten Observatorien Schwedens. Bei klarem Himmel wird am späteren Abend der Sternenhimmel beobachtet, gibt es zu viele Wolken, zeigen die Ehrenamtlichen der Västerås Astronomi- och Rymdforskningsförening (VARF) Filme und Fotos aus Beständen der NASA und der JPL. 2009 wurde die **Sternwarte** deutlich erweitert und birgt seitdem in ihrem Neubau ein eindrucksvolles, 61 cm langes Newton-Teleskop mit 24 Zoll Durchmesser.

Nov. – März Do. 19 – 21 Uhr (bei klarem Wetter) | Eintritt: 60 SEK
www.varf.se

Messing-Kunst

Skultuna Messingbruk

Seit mehr als 400 Jahren wird ca. 6 km nördlich von Västerås in der Bruksgatan Nr. 8 erlesenes Kunsthandwerk aus Messing gefertigt. Wie, zeigt ein Besuch der **königlichen Messinghütte**, die 1607 von Karl IX. gegründet wurde und im 17. Jh. ihre erste Blütezeit erlebte. Stets verpflichtete das Werk namhafte Designer für die Entwürfe von Armreifen, Manschettenknöpfen, Kerzenleuchtern oder Weihnachtsschmuck. Im 19. Jh. arbeitete Carl Hjalmar Norrström (1853 – 1923) als Designer bei Skultuna, 1955 – 1984 prägte Pierre Forssell mit funktionellem Design die gestalterische Linie, 1984 schuf Sigvard Bernadotte für Europas älteste Messinghütte eine eigene Serie.

Mo. – Fr. 10 – 18, Sa., So. 11 – 16 Uhr, Laden Mo. – Fr. 11 – 18, Sa., So. bis 17 Uhr | Eintritt frei | www.skultuna.com, www.skultunafabriksbutiker.se

Spukschloss

Engsö Slott

Auf Schloss Engsö, sagt der Volksmund, gibt es viele Geister. Nachts würden sie ihre Verstecke verlassen und die Macht im Schloss übernehmen. Tagsüber kann das Anwesen 25 km östlich von Västerås, dessen Wurzeln ins Jahr 1185 zurückreichen, gefahrlos besichtigt werden.

Mai, Juni Sa., So. 12 – 17, Juli – Mitte Aug. Di. – So. 12 – 17 Uhr
Eintritt: 65 SEK | http://engso.se

Romantikschloss

Tidö Slott

Schloss Tidö, 20 km südwestlich von Västerås, ist schwedischen Fernsehzuschauern bestens bekannt: Das an einer kleinen Bucht des ▶ Mälarsees gelegene stattliche Schloss aus der Übergangszeit zwischen Renaissance und Barock diente vor rund zehn Jahren in der TV-Serie »Riket« als Kulisse für eine romantische Liebesgeschichte. Die Schlosskapelle, einige Repräsentationsräume – beachtenswert: die Intarsien der Türen! –, ein Wagenmuseum und ein riesiges **Spielzeugmuseum** mit 30 000 Exponaten können im Sommer besichtigt werden. Am dritten und vierten Advent wird ein großer Weihnachtsmarkt veranstaltet und im Värdshuset ein traditionelles Julbord serviert.

April, Mai Sa., So. 11 – 17, Juni – Aug. Di. – So. 11 – 17 Uhr
Eintritt 120 SEK | www.tidoslott.se

It's Jazz!

Jazzens Museum

Wie im French Quarter von New Orleans schmückt eine schmiedeeiserne Veranda die Fassade – bereits von außen sorgt das Jazzmuse-

um 24 km südwestlich von Västerås an der Sofielundsvägen 35 in **Strömsholm** für Swing im Blut. Drinnen begeistert dann die Privatsammlung von Jazzfan Rolf Carvenius mit mehr als 7500 Exponaten von den Anfängen des Jazz bis zu den Stars von heute: Hunderte signierter Fotos von Benny Goodman, Duke Ellington und Louis Armstrong, Plattenverträge und Poster, Preise, Auszeichnungen und immer wieder Presseberichte. Charlie Normans erstes Piano ist ebenso zu sehen wie Nils-Bertil Dahlanders Schlagzeug.
Jeden Sommer werden im **Auditorium Konzerte** veranstaltet, mehr als 500 Events waren es bereits seit der Gründung. Und für daheim hat das Museum schon zwei CDs herausgebracht.
Juni – Aug. tgl. 13 – 17 Uhr, sonst nach Vereinbarung unter Tel. 0220 4 33 30 | Eintritt: 60 SEK | www.jazzmuseum.se

Pferdeschloss

Strömsholm Slott

Pferdefreunden ist Schloss Strömsholm ein Begriff: Das prächtige Anwesen ist nicht nur Schauplatz renommierter schwedischer Pferderennen, sondern auch Sitz eines bereits im 17. Jh. von Gustav Wasa gegründeten Gestüts. Der heutige Bau thront auf einer Insel an der Mündung der Kohlbäcksä in den Mälarn und geht auf Pläne von Nicodemus Tessin d. Ä. zurück. Im Schloss findet man eine Sammlung mit Pferdebildern des Hofmalers David Klöcker Ehrenstrahl, schwedischen Gemälden des 17. Jh.s und Möbeln aus gustavianischer Zeit.
Juli tgl. 12 – 17, Juni, Aug. bis 16, 2. Maihälfte Sa., So. 12 – 16 Uhr
Eintritt: 100 SEK | www.stromsholmsslott.se

Historische Apotheke

Köping

In der kleinen Handelsstadt Köping arbeitete im 18. Jh. der in Stralsund geborene **Carl Wilhelm Scheele** als Apotheker. Dem bedeutenden Chemiker ist die Apothekenabteilung »Scheeles Minne« des Köpinger Museums im der Östra Långgatan 37 gewidmet.
Di. – So. 13 – 16 Uhr | http://www.koping.se

Inselhopping vor Västerås

Västerås skärgård

Mit **Elba** verbinden viele Einheimische romantische Erinnerungen: Für sie gehört es an einem lauen Sommerabend einfach dazu, mit dem Partner Arm in Arm den dortigen Love Walk entlangzubummeln und im Inselrestaurant mit Blick auf das Meer zu schlemmen. Elba? Ja, richtig gelesen! Denn auch im Archipel von Västerås gibt es ein kleines Inselchen mit diesem Namen. Insgesamt sind es rund 100 Inseln, zu dem aus dem Stadthafen von Västerås Ausflugs- und Fährfahrten starten. Die mehr als 100 Jahre alte Fähre »M/F Elba« läuft u. a. auch das beliebte Badeparadies **Östra Holmen** an und tuckert nach **Ridö**. Dort laden Rad- und Wanderwege dazu ein, die Natur der Insel zu entdecken, auf der allein 160 verschiedene Vogelarten leben.
Buchung über Västerås Turistbyrå (▶ S. 418)

Unter Tage

★ Sala

Der alte Bergbauort Sala erlebte seine Blütezeit im 16. Jh., als die Silbergruben dieser Region einen erheblichen Anteil des gesamten Landesvermögens erwirtschafteten. Das hier geförderte Silbererz galt nämlich als eines der reichhaltigsten der Erde. Einen guten Einblick in die bergmännische Technik vermittelt das im alten Grubenhaus eingerichtete **Grubenmuseum**. Die tiefste Stollenanlage ist mit 318 m der Schacht Carl XI., der Schacht Drottning Christina reicht bis in 257 m Tiefe. Besucher können im Rahmen verschiedener Führungen bis in eine Tiefe von 60 m absteigen. Auf dem Gelände der Silbergrube kann man sich in den Läden mehrerer Kunsthandwerker mit Schmuck und Geschenken aus Silber und Gold eindecken.
Für Abenteuerlustige wartet noch ein besonderes Angebot: In der Silbergrube gibt es eines der ungewöhnlichsten Domizile Schwedens. 155 m unter der Erde wartet die Suite in der **Ulrica-Eleonora-Grube** auf Gäste. Frieren müssen Sie hier nicht – die Temperatur liegt konstant bei rund 18 °C. Morgens serviert ein Bergmann ein herzhaftes Frühstück, bevor es im Aufzug wieder nach oben geht.
Mai – Sept. tgl. 10 – 17, sonst Di. – Fr. 13 – 16, Sa., So. ab 11 Uhr, Führungen auch in Englisch | Eintritt: 160 SEK | www.salasilvergruva.se

VÄSTERVIK

Landschaft: Småland | **Provinz:** Kalmar Län | **Einwohnerzahl:** 36 100
Höhe: Meereshöhe

Unberührte Schäreninseln, Sonnentage am Strand, Kleinstadtidylle und kulinarische Köstlichkeiten – im Hafenstädtchen Västervik zeigt sich Schweden von seiner besten Seite.

Schwedisches Sommeridyll

Im Sommer verwandelt sich das kleine Städtchen in ein Urlaubsparadies. Das Leben spielt sich vor allem rund um den Fischer- und Bootshafen ab. Folgen Sie Ihrer Nase, um die Spezialität des Ortes aufzustöbern: Räucheraal. Diesen und andere Meeresleckereien werden von den Fischhändlerhütten des Marktes feilgeboten. Aber auch wer gerne Gemüse oder Krimskrams einkauft oder einfach nur buntes Markttreiben liebt, ist hier goldrichtig. Zwischen dem Platz und der auf einer Anhöhe stehenden Gertrudskirche breiten sich dann Västerviks nostalgische alte Holzhäuser aus. Segler hingegen schätzen die gute Infrastruktur rund um den Ort, Dutzende von weißen Segelschiffen, Jachten und Motorbooten schwanken sanft in den Marinas von Västervik hin und her. Bei einer feinen Brise geht es hinaus in den Schärengarten, den Tourismusprospekte vollmundig – aber nicht ganz zu unrecht

VÄSTERVIK ERLEBEN

VÄSTERVIK TURISTBYRÅ
Storatorget, Tel. 0490 25 40 40
www.vastervik.se

Seit 1879 rattert eine denkmalgeschützte Schmalspurbahn (Smalspåret) in ca. 2 Stunden über 71 km von Västervik nach Hultsfred (Ende Juni bis Mitte Aug. tgl., eine Broschüre informiert über Abfahrtzeiten und Sonderfahrten, www.smalsparet.se).

In der zweiten Juliwoche feiert Västervik in der Schlossruine Stegeborg sein Liederfest VisFestival (http://visfestivalen.se). Sehr rockig gibt sich Hultsfred beim Rockfestival Mitte Juni (www.hultsfredsfestivalen.se).

GRÄNSÖ SLOTTS RESTAURANG €€€ – €€€€
So könnte das Menü im Schlossrestaurant aussehen: Räucherschinken mit Ziegenkäse aus Krogersbro, gebackener Ostsee-Kabeljau im würzigen Zwiebel-Kümmel-Bett, gefolgt von einem herbzarten Schokoladenküchlein mit in Chili marinierten Pfirsichen. Smaklig måltid!
Tel. 0490 8 24 30
www.granso.se

NILSSONS KONDITORI €€
Die 1920 gegründete Konditorei wurde 2009 als beste des Landes ausgezeichnet – dank des köstlichen Backwerks von Anders Oskarsson und Martin Andersson.
Storgatan 28, Tel. 0490 1 49 43
So. geschl.

HOTEL FÄNGELSET €€ – €€€
Hier schlafen Sie in einem umgebauten Gefängnis aus dem 19. Jahrhundert. Von den 43 Zimmern, darunter auch Familienzimmer mit fünf Betten, sind einige Einzelzimmer renovierte Gefängniszellen mit unverputzten Backsteinwänden. Im Erdgeschoss gibt es eine Ausstellung zur schwedischen Gefängnisgeschichte. Hoteleigenes Restaurant mit Live-Musik.
Fängelsetorget 1, Västervik
Tel. 076 1 36 89 66
http://hotellfangelset.se

– als den schönsten des Landes anpreisen. Und spielt das Wetter mal nicht mit, wartet mit der Astrid Lindgren Welt im gut 50 km entfernten Vimmerby ein spaßiger Zeitvertreib für Groß und Klein.

Wohin in Västervik?

Orgel-Juwel

Die Gertrudskirche stammt ursprünglich aus dem 15. Jh., wurde aber im Laufe der Zeit vollständig umgestaltet. Den linken Querhausarm schmückt eine Holzdecke mit ornamentalen Grisaillemalereien. St. Gertruds Kyrka

Die kunstvoll geschnitzte Kanzel ist barock, die Ölgemälde datieren ins 17./18. Jahrhundert. Die **Wistenius-Orgel** von 1743 gehört zu den wertvollsten derartigen Instrumenten Schwedens.
Wenige Schritte östlich der Gertrudskirche steht das 1749 – 1751 erbaute Armenhaus, das **Cederflychtska Fattighus**, das so ansehnlich ist, dass sich ein zeitgenössischer Geschichtsschreiber zu der Bemerkung hinreißen ließ: »In Västervik wohnten die Armen besser als die Reichen.« Der beschauliche **Aspagård** (1677) westlich gegenüber der Gertrudskirche ist das älteste Haus von Västervik; hier haben zwei Kunsthandwerker ihre Ateliers.

Typisch Schweden

Båtsmans-stugorna

Die acht roten kleinen Holzhäuser des **Båtsmansgränd** in der Strömsgatan 40 wurden um 1740 für die Fischer und Bootsleute der Stadt gebaut. In einigen davon können heute Gäste übernachten (Ackrells), es gibt auch ein Café und einen Laden voller kurioser Dinge. Im Sommer erfüllt der Duft des Gewürz- und Kräutergartens die kleine Gasse. Interessant ist **Wimmerströmska Gården** mit der Wimmerström-Galerie; im Innenhof finden im Sommer öfter Konzerte statt. Beachtung verdienen auch die Ausstellungen der Tjustgalleriet, Galleri 55, und die Galleri Storgatan 31.

Stadtgeschichte(n)

Västerviks Museum

Vorbei an der Ruine von Schloss Stegeholm, 1360 als Verteidigungsanlage erbaut, geht es zum Hügel Kulbacken. Hier informiert das Västerviks Museum über die Geschichte der Stadt.
Mo. – Fr. 10 – 16, So. 13 – 16 Uhr, Juni/Aug. auch Sa. | Eintritt: 50 SEK
www.vasterviksmuseum.se

Aussichtsturm

Unos torn

Ein Zahnarzt aus dem Nachbarort Gamleby ermöglichte 1997 mit einer Spende den Bau des 18 m hohen Aussichtsturms, der einen weiten Blick auf Västervik und die vorgelagerten Schären eröffnet.

Rund um Västervik

Facettenreiches Ausflugsziel

Västerviks Skärgård

M/S Tjust und M/S Loftahammar starten am Skärgårdsterminalen von Västervik und in Loftahammar mehrmals täglich zu Rundfahrten durch die Inselwelt (www.tjustskargardsbatar.se). Die Boote steuern u. a. **Lysingsbadet** an, ein Freizeitzentrum mit Campingplatz, Ferienhütten, Strände, Wasserrutsche und Golfplatz.
Ein weiteres beliebtes Ziel ist **Schloss Gränsö.** Rund um das hiesige elegante Schlosshotel und -restaurant erstreckt sich hier ein Naturreservat mit einem ca. 12 km langen Wanderweg und geschützten

m Jugendstil-Badehaus am Hafen wird nicht mehr gebadet, sondern informiert vom Tourismusamt von Västervik.

Badeplätzen wie **Bondbacken** und **Sandviken**. Ausflügler zieht es außerdem zu den vier Kunsthandwerker-Ateliers des Gränsö **Design-Center**. Neben einer Schmiede, Keramik- und Töpferwerkstatt gehört dazu die Kerzenzieherei Gränsö Slott, in der die typisch skandinavischen Zweigkerzen noch per Hand gefertigt werden.

Lysingbadet: Mitte Juni – Mitte Aug. tgl. 9 – 20 Uhr
http://lysingsbadet.se
Gränsö Slott: www.swedishcandles.com

Alte Schiffe, sagenhafte Figuren

Gamleby

Richtig nostalgisch ist Gamleby mit seinem malerischen Marktplatz **Gamla Torget**. Historische Schiffe wie die mächtigen Segler »Linnea« und »Vega« werden auf dem Trånskeppsvarvet instand gesetzt. Die mächtigen roten Granitklippen des Garpedansberget haben seit Jahrtausenden die Menschen fasziniert und sind Ursprung vieler Sagen, besonders über den Riesen Garpe. Auf dem **Garpedansberget** hat der örtliche Künstler Jan Pol Skulpturen der Trolle, Elfen und Nymphen aufgestellt, die der Riese zum Tanz eingeladen hat.
Zwischen Västervik und Gamleby liegt direkt an der E 22 die Ziegelei **Almviks Tegelbruk**. Vom 17. Jh. an bis 1971 stellte diese Ziegel her – wie, das verrät heute ein Museum im einstigen Trockenschuppen.

Juli Mo. – Fr., So., Aug. nur So. 13 – 17 Uhr | Eintritt: 40 SEK
www.almvikstegel.se

Bilderbuchdörfer

Lunds By, Stensjö & Oskarshamn

Der im 17. Jh. entstandene Weiler Lunds By, rund 10 km südwestlich gelegen, lohnt sich wegen seiner Architektur: Acht alte Herrenhäuser gruppieren sich hier um einen rechteckigen Marktplatz. Kindern und anderen Astrid-Lindgren-Fans kommt die Szenerie vielleicht vertraut vor: Teile von »Wir Kinder aus Bullerbü« wurden hier verfilmt.
Auch in Stensjö, etwa 10 km nördlich von Oskarshamn, sind die Uhren scheinbar stehen geblieben. Der Weiler inmitten dichter Wälder präsentiert sich als ein typisches småländisches Dorf aus der Zeit um 1900. Da viele kleine Felder rings um Stensjö mit dicken Felsbrocken übersät sind, war es damals kaum möglich, sie mit großen Maschinen zu bewirtschaften. So wurde die Landwirtschaft allmählich unrentabel und das Dorf verfiel, bis die Wissenschaftsakademie es zu einem ökologischen Musterbetrieb umwandelte, in dem heute nach alter Väter und Mütter Sitte gewirtschaftet wird. Besucher können auf verschiedenen Wanderwegen die Umgebung erkunden.

Arzt und Schriftsteller

Oskarshamn

In der Hafen- und Industriestadt Oskarshamn wurde der spätere Leibarzt von Königin Viktoria und Schriftsteller **Axel Munthe** (1857 bis 1949) geboren, dessen »Buch von San Michele« (1929), in dem sich Autobiografisches und Fiktion verbinden, ein Welterfolg wurde. Im **Kulturhus** an der Hantverksgatan 18 – 20 sind das Seefahrtsmuseum sowie eine Sammlung mit Skulpturen des im nahen Döderhult geborenen Bildhauers Axel Petersson (1868 – 1925) untergebracht.

★★ Astrid Lindgrens Vimmerby

Zwei mal drei macht vier, widewidewitt und drei macht neune

Astrid Lindgrens Värld

Unvergesslich und ein absolutes Muss – große wie kleine Kinder, aber auch jung gebliebene Erwachsene werden in Vimmerby, gut 50 km landeinwärts, leuchtende Augen bekommen. Im Freizeitpark Astrid Lindgrens Welt hat man viele Details aus den Romanen der berühmten schwedischen Kindbuchautorin nachgebaut, wie die Villa Kunterbunt, die Krachmacherstraße, Bullerbü und das Katthult von Michel, der in Schweden übrigens nicht Michel, sondern Emil heißt. Mit großem Aufwand wurde der Bereich, der sich mit Ronja Räubertochter beschäftigt, zum 30. »Geburtstag« des Welterfolgs 2011 um das Zehnfache erweitert: Viel Hightech macht die Mattisburg, den Höllenschlund oder die Wolfsschlucht zu einem Multimedia-Spektakel. Souvenirläden, Spielplatz und ein buntes Veranstaltungsprogramm für den Nachwuchs gehören natürlich auch dazu.

Juni – Aug. tgl. 10 – 18, ab Mitte Mai bis 17 Uhr
Karte für 1/2/3 Tage: Nebensaison 270/380/445 SEK,
Hauptsaison 410/580/660 SEK | www.alv.se

Ort einer glücklichen Kindheit

Astrid Lindgrens Näs

Schon seit Generationen träumen Kinder von Pippi Langstrumpfs Limonadenbaum, an dem sogar Schokolade wächst – aber nur donnerstags. Hier die gute Nachricht: Es gibt ihn wirklich. Er steht auf dem Gelände des Pfarrhofs von Näs, auf dem Astrid Lindgren ihre Kindheit erlebte (▶ Baedeker Wissen S. 312). Limonade spendet die uralte hohle Ulme, auf der schon die kleine Astrid geklettert ist, freilich nur in der Fantasie. Doch dieser hilft sicher das zum 100. Geburtstag der Autorin 2007 eröffnete Museum in unmittelbarer Nachbarschaft des Pfarrhofs auf die Sprünge. Groß und Klein tauchen hier in die Welt Lindgrens ein, unterstützt von Audioguides, die es in Versionen für Erwachsene und Kinder gibt. Das schwedenrote Geburtshaus Lindgrends kann nur im Rahmen von Führungen besichtigt werden. Im Sommer gibt es auf dem Hof auch einen Kunst- und Handwerksladen.

Mitte Juni – Mitte Sept. tgl. 10 – 18, Mai – Mitte Juni tgl. 11 – 16, April und Mitte Sept – Mitte Dez. Mi. – So. 11 – 16 Uhr | Eintritt: 100 SEK, Führung 95 SEK | http://www.astridlindgrensnas.se

Zu Besuch in Bullerbü und Lönneberga

Sevedstorp & Gibberyd

Wer sich noch weiter auf die Spuren der Bücher von Astrid Lindgren begeben will, wird ringsum rasch fündig: Auf den drei kleinen Höfen Sevedstorp in Pelarne, 8 km südwestlich von Vimmerby, wuchs Astrids Vater Samuel August auf. Hier fand sie die Ideen für ihre

»Ich hab' ein Haus, ein Äffchen und ein Pferd« – Pippis Villa Kunterbunt steht in Astrid Lindgrens Värld.

GROSSE WERKE FÜR KLEINE LEUTE

Im Lauf ihres langen Lebens hat Astrid Lindgren (1907 – 2002) mehr als 50 wundervolle Kinderbücher geschrieben. Die »Mutter« von Pippi Langstrumpf, Michel aus Lönneberga und Kalle Blomquist setzte sich auch immer wieder für eine gerechtere Welt vor allem für Kinder ein.

Ohne ein kleines, krankes Mädchen gäbe es nicht die berühmten Kinderklassiker aus Schweden. **»Erzähl mir von Pippi Langstrumpf«**, hatte Karin ihre Mutter Astrid Lindgren 1941 gebeten, als sie mit einer Lungenentzündung im Bett lag. »Pippi wer?« Der Name war der Kleinen just eingefallen und so ließ die Mutter ihrer Fantasie freien Lauf, erzählte von einem neunjährigen Mädchen mit roten Zöpfen, Sommersprossen und unglaublichen Kräften, das allein mit dem Affen Herrn Nilsson und dem Pferd Kleiner Onkel in der Villa Kunterbunt lebte.

Liegen und schreiben

Die Geschichten wären wohl heute vergessen – ein schrecklicher Gedanke! –, hätte sich Astrid Lindgren im Winter 1944 nicht ihren Knöchel verstaucht. »Ich musste liegen und hatte nichts zu tun. Was tut man da? Schreibt vielleicht ein Buch ...« Nachdem ihr Roman von der vorwitzigen Seemannstochter zunächst vom Verlagshaus Albert Bonniers Förlag abgelehnt wurde, gewann Sie damit einen Wettbewerb für das beste Mädchenbuch, den »Rabén & Sjögren« 1945 ausgeschrieben hatte. Noch im gleichen Jahr erschienen die ersten Abenteuer von Pippi – zwei weitere Bücher folgten. 1949 kam ihr Erstlingswerk auch in Deutschland auf den Markt, wo ihre Bücher bis heute vom Oetinger-Verlag verlegt werden.
Die kleine Heldin mit dem höchst unkonventionellen Leben ist bis heute der Star unter Lindgrens vielen liebenswerten Figuren: Weltweit wurde Pippi Langstrumpf bislang in rund 60 Sprachen übersetzt, über **145 Mio. Mal** verkauft und mit Inger Nilsson höchst erfolgreich verfilmt. Die Streifen sind auch heute noch sehenswert.

Sehnsuchtsorte

Pippis erbsengrüne Pillen gegen das Erwachsenwerden hätte Astrid Lindgren wohl gerne selber geschluckt, um ihre glückliche Kindheit zu verlängern, nach der sie sich zeitlebens zurücksehnte. Mit drei Geschwistern wuchs Astrid Anna Emilia Ericsson auf einem Bauernhof in Näs bei Vimmerby auf. »Zweierlei hatten wir, das unsere Kindheit zu dem gemacht hat, was sie gewesen ist: **Geborgenheit und Freiheit**«, erinnerte sich die Autorin später. Beim Schreiben versuchte sie wieder in diese Welt einzutauchen. Nach der Schulzeit folgten schwierige Jahre. Während ihres Volontariats bei der Lokalzeitung von Vimmerby wurde sie mit 18 Jahren schwanger, weigerte sich aber, den Vater und Herausgeber der Zeitung zu heiraten. Ihren Sohn Lars brachte sie 1926 in Kopenhagen zur Welt, denn nur dort wurden Meldungen über Geburten nicht offiziell weitergegeben. Lars kam in eine Pflegefamilie. Lindgren ging

Schuf Klassiker der Kinderbuchliteratur: Astrid Lindgren.

nach Stockholm, macht eine Sekretärinnenausbildung und lernte Sture Lindgren kennen. Sie heirateten 1931, holten Lars zu sich und bezogen eine Wohnung im Stockholmer Vasaviertel. 1934 wurde Tochter Karin geboren, die später die Bücher der Mutter übersetzte. 1941 zog die Familie in die Dalagatan 46, wo Astrid Lindgren bis zu ihrem Tod blieb.

Geliebt und zensiert

Von 1944 bis 1993, bevor Lindgren wegen Augenproblemen mit dem Schreiben aufhören musste, entstanden mehr als 50 Geschichten über starke, eigensinnige Kinder, die die Erwachsenenwelt auf den Kopf stellen. Der Nachwuchs war begeistert, die Pädagogen entsetzt. Die freche Pippi ist **ein schlechtes Vorbild**, meinte man in Frankreich, und zensierte 1951 den Band. Erst 1955 genehmigte die Grande Nation die ursprüngliche Fassung. »Wenn ich schrieb«, erzählte Lindgren, »war ich für alle Sorgen unerreichbar.« Und davon gab es einige: Ihr Mann, ihr Bruder, ihr Sohn starben. Der Tod ist auch Thema in ihrem Buch »Die Brüder Löwenherz«. 1993 vollendete Lindgren mit »Wie gut, dass es Weihnachtsferien gibt, sagte Madita« ihr letztes Kinderbuch.

Vorkämpferin für Gerechtigkeit

Auch politisch war Lindgren aktiv. Sie hielt Reden gegen Ausländerhass und setzte sich für den Tierschutz ein. Als 1976 die schwedische Steuergesetzgebung von ihr als Autorin 102 % an Abgaben forderte, schrieb sie das Steuermärchen »Pomperipossa in Monismanien« und sorgte maßgeblich dafür, dass die schwedischen Sozialdemokraten nach 40-jähriger Amtszeit abgewählt wurden. Für »ihren Sinn für Gerechtigkeit, Gewaltfreiheit, Verständnis für Minderheiten und auch für ihre Liebe zur Natur«, erhielt Astrid Lindgren 1994 in Stockholm den Alternativen Nobelpreis. Der Literaturnobelpreis blieb ihr jedoch versagt. 1996 benannte die Russische Akademie den neu entdeckten Asteroiden Nr. 3204 nach ihr, 1997 wurde sie als Schwedin des Jahres ausgezeichnet. Mit einem Augenzwinkern bedankte sie sich beim Publikum: »Ihr verleiht den Preis an eine Person, die uralt, halb blind, halb taub und total verrückt ist. Wir müssen aufpassen, dass sich das nicht rumspricht.«
Infos unter **www.astrid-lindgren.de**

»Kinder aus Bullerbü«, die hier auch verfilmt wurden. Das Katthult von **»Michel aus Lönneberga«** heißt in Wirklichkeit Gibberyd und liegt rund 25 km nordwestlich von Vimmerby. Sogar der Tischlerschuppen ist zu sehen, in den Michel allzu oft eingesperrt wurde, wenn er Unfug gemacht hatte, und in dem er seine zahlreichen Männchen schnitzte. Im »Katthultsboden« kann man Michels Requisiten, Keramik und Kunsthandwerk kaufen (www.katthult.se). Am besten besorgt man sich in Vimmerby einen detaillierten Plan von den Schauplätzen der Verfilmungen.

Schweden aus der Gänseperspektive

Nils Holgerssons Värld

Wie Schweden im 19. Jh. aussah, und zwar in etwa so, wie Nils Holgersson es vom Gänserücken aus der Luft gesehen haben mag, zeigt das »Lille Landet«, knapp 20 km nördlich von Vimmerby in Gullringen. Auf 60 000 m² stehen hier typische Gebäude aus jeder Provinz im Maßstab 1 : 3.

Ende Juni – Ende Aug. tgl. 10 – 18 Uhr | Eintritt: 150 SEK (inkl. aller Aktivitäten wie Hochseilgarten, Minigolf etc.) | www.nilspark.se

Uriger Urwald

Norra Kvill

Einige Wanderwege durchziehen den nahen, schon 1927 eingerichteten Nationalpark Norra Kvill, ein 27 ha großer, fast unberührter Urwald. Manche seiner Bäume sind mehr als 350 Jahre alt. Südlich des Nationalparks steht bei Södra Kvill die tausendjährige Eiche **»Rumskulla Eken«**; mit einem Stammumfang von mehr als 14 m ist sie die größte Eiche des Landes.

★★ VÄTTERN · VÄTTERSEE

Landschaft: Västergötland, Östergötland, Närke und Småland

So weit wie ein Meer dehnt sich der Vättersee unter dem schwedischen Himmel aus. Ob man über den See schippert, durch das mittelalterliche Vadstena bummelt oder das Reich von Zündholzkönig Ivar Kreuger in Jönköping bestaunt, die Gegend um den Vättern verspricht jede Menge Eindrücke.

Rund um den zweitgrößten See des Landes und auf seinen Inseln stehen herrliche Schlösser und Burgen. An seinem Süd- und Ostufer liegen quirlige Städtchen, am Westufer dominieren waldreiche

Landschaften. Doch wo auch immer Sie den Vättern mit dem Auto, dem Kanu, dem Fahrrad oder auf Schusters Rappen erkunden – überall zieht sein kristallklares Wasser bewundernde Blick auf sich. Das wundert nicht, wird der See doch durch Quellen unter der Wasseroberfläche sowie klaren Bergbächen gespeist, was ihn zu einem riesigen Trinkwasser-Reservoir macht. Rund 500 000 Menschen in Västergötland beziehen ihr Wasser aus dem See. Dessen Namen stammt übrigens vom altschwedischen »vætur«, was schlicht Gewässer bedeutet.

Kristallklarer See

Wohin in und rund um Jönköping?

Heimat der Schwedenhölzer

★ Tändsticksmuseet

Die größte Stadt am See hat ein zwiespältiges Verhältnis zum Feuer. Mehrfach wurde das 1284 von Magnus Ladulås mit Stadtrechten ausgestattete Jönköping (130 000 Einw.) von verheerenden Stadtbränden heimgesucht. Später dann machten Zündhölzer die Stadt an der Südspitze des Vättern in aller Welt bekannt: Von 1844 bis 1970 wurden hier die sogenannten **Schwedenhölzer** produziert, Sicherheitsstreichhölzer, die sich nicht mehr selbst entzünden können. Neben dem Bahnhof auf dem einstigen Werksgelände der Streichholzfabrik wird im Zündholzmuseum alles Wissenswerte über deren Geschichte

VÄTTERN ERLEBEN

GRÄNNA TURISTBYRÅ
Brahegatan 38 – 40,
Tel. 0390 4 10 10
http://jkpg.com/sv/granna/

JÖNKÖPING TURISTBYRÅ
Järnvägsstationen
Tel. 036 10 50 50
www.jonkoping.se

MOTALA TURISTBYRÅ
Hamnen, Tel. 0141 22 52 54
www.motala.se

VADSTENA TURISTBYRÅ
Rödtörnet, Storgatan,
Tel. 0143 3 15 70
www.vadstena.se
www.ostergotland.info

Von Hjo fährt ein über 100 Jahre altes Dampfboot zur Insel Visingsö.

Tausende von Blasmusikern treffen sich zu Pfingsten in Jönköping zum dreitägigen Blasmusikfestival: Bigbands, Brass-Ensembles, Saxofonquartette, Militärorchester und Solisten (www.smot.se/blasmusik). Im Februar wird in Gränna mit dem Andrée Memorial Meet Skandinaviens größtes Ballonfahrtevent ausgetragen und am 11. Juli gedenkt man der Andrée-Expedition (► S. 320) mit Ballonaufstiegen (http://jkpg.com/sv/granna/).

VATTENRUNDAN
Mitte Juni kommen bis zu 15 000 Radfahrer nach Motala, um am Jedermannrennen rund um den Vättersee teilzunehmen. Die Runde geht über 300 km und muss am Stück absolviert werden. Allerdings gibt es auch die halbe Runde (Halvvattern) und eine 100-km-Strecke nur für Frauen. Frühzeitige Anmeldung ist erforderlich.
www.vatternrundan.se

❶ MÄSTER GUDMUNDS KÄLLARE €€ – €€€
Zartes Rentierfilet und weiße Mousse au Chocolat zählen zu den Spezialitäten des urigen Kellerrestaurants.
Kapellgatan 2, Jönköping
Tel. 036 10 06 40, www.master gudmund.se, So. abends geschl.

❷ PESCADORES € – €€€
Für viele das beste Fischrestaurant in der Umgebung. Da die Fischerei in der Familie Haglund eine lange Tradition besitzt, haben sie ihrem Restaurant mit den Backsteinwänden und dunkelbraunen Holztischen den spanischen Namen für Fischer verpasst. Auf der Karte stehen Fischgerichte in allen Preislagen. Günstig ist das Mittagsmenü von 11.30 – 14 Uhr.
Tändsticksgard 21, Jönköping
Tel. 036 12 20 01
www.pescadores.se
So., Mo. geschl.

IDAS BRYGGA €€
Gegrillter Saibling mit Pfifferlingen oder in Portwein geschmortes Elchfilet gibt es im ehemaligen Lagerhaus am Göta-Kanal bei Matthias Lagerqvist. Übernachten kann man gleich nebenan in Idas Skepparehus mit sieben bezaubernden Zimmern in maritimem Ambiente.
Skepparegatan 9, Karlsborg
Tel. 0505 1 31 22
www.idasbrygga.se

1 ELITE STORA HOTELLET €€€€

Prachtvoller Bau von 1860 mitten in der Stadt mit Blick auf den Vättern. Französisch inspirierte Gerichte werden in der Brasserie Le Trottoir serviert, Fassbier und edle Whiskys gibt's im Bishop's Arms Pub. Entspannung verspricht das Hudoteket Day Spa.
Hotellplan, Jönköping
Tel. 036 10 00 00, 135 Z.
www.elite.se

GÖTA HOTELL €€ - €€€

Östlich von Motala am Boren-See lädt direkt am Göta-Kanal das charmante Göta Hotell mit zwölf romantischen Zimmern und einer bodenständigen Küche zum Aufenthalt ein. Das rotweiße Holzhaus von 1908 liefert ein Fotomotiv, wie es für Schweden typischer nicht sein könnte. Von der Terrasse blickt man auf die Schiffe, die behäbig über den Kanal schippern (Abb. ▶ S. 309).
Borensberg, Tel. 0143 3 15 30
www.gotahotell.se

geboten. Eine Arbeiterwohnung zeigt den harten Alltag der Fabrikarbeiter, die in ihren beengten Wohnungen Streichholzkästchen in Heimarbeit herstellten. Im Zimmer des Schmelzmeisters wird erklärt, wie die Zutaten für den Streichholzkopf gemischt wurden. Der Museumsshop hält eine interessante Auswahl an Streichholzkästchen bereit. Auf dem Gelände befinden sich außerdem ein **Radiomuseum** mit Exponaten vom Tonträger Edisons bis zur modernen CD und ein **Kulturhaus** mit nettem Café.

Tändsticksmuseet: Juni - Aug. Mo. - Fr. 10 - 17, Sa., So. bis 15, sonst Di. - So. 11 - 15 Uhr | Eintritt: März - Okt. 50 SEK, Nov. - Feb. frei | www.matchmuseum.se

Historischer Stadtkern

Hovrättstorget

Rund um den Hovrättstorget zwischen Vättersee, Munksjön und Rocksjön sind noch einige Gebäude aus früheren Zeiten erhalten, darunter das denkmalgeschützte Landgericht **Göta Hovrätt**, erbaut 1639 bis 1655, das stattliche **Grand Hotel** aus dem 19. Jh. und der aus dem späten 17. Jh. stammende Renaissancebau des **alten Rathauses**.

Kunst und mehr

Länsmuseet

Südlich am Dag Hammarskjölds Plats zeigt das Landesmuseum Werke der klassischen Moderne von Bror Hjorth, Vera Nilsson und Ivan Ivansson. Ins Land der Fantasie entführen die Trollbilder von John Bauer, der 1882 in Jönköping geboren wurde. 2010 eröffnete im Arkivhuset die große Ausstellung über die Geschichte Jönköpings vom 13. Jh. bis heute.

Juni - Aug. Mo. - Fr. 10 - 17, Sa., So. 11 - 15 Uhr,
sonst Di. - Fr. 10 - 19, Mi. bis 21, Sa., So. 11 - 15 Uhr | Eintritt frei
www.jkpglm.se

MOTALA EXPRESS
MOTALA EXPRESS

Das Schweigen der Vögel

Stadspark

Noch weiter westlich erstreckt sich der Stadtpark mit Blick auf den Vättersee. Hier gibt es ein **Vogelmuseum** mit rund 1500 präparierten Falken, Spechten, Löffelenten, Ringdrosseln, Papageitauchern, Störchen und anderen Vögeln, die im 18. Jh. ausgestopft wurden. Das **Freilichtmuseum** im Stadtpark umfasst zehn Gebäude.

Vogelmuseum: Mai - Aug. tgl. 11 - 17 Uhr | Eintritt frei
www.fagelmuseet.se
Freilichtmuseum: Juni - Aug. tgl. 11 - 17 Uhr

Wandlungsfähiges Unternehmen

Huskvarna

Der Markenname Husqvarna – bis 1906 schrieb sich auch der gleichnamige Ort mit einem Q – stand einst für Jagdwaffen, Motorsägen und Nähmaschinen, heute vor allem für Geräte zur Garten- und Waldpflege. Das **Husqvarna Fabriksmuseum**, Hakarpsvägen 1, veranschaulicht immerhin 380 Jahre Industriegeschichte: Das Unternehmen wurde 1689 gegründet. Erstes Produkt war eine Muskete.

Mai - Sept. Mo. - Fr. 10 - 17, Sa., So. 12 - 16, sonst Mo. - Fr. 10 - 15, Sa., So. 12 - 16 Uhr | Eintritt: 70 SEK | www.husqvarnamuseum.se

Größtes Moorgebiet Südschwedens

Nationalpark Store Mosse

Folgt man der E 4 nordwärts am Ufer des Vättern, passiert man rechts die große Holzplastik des »Jätten Vist« genannten Trolls. Südlich von Jönköping über die E 4 geht es zur weiten, ungezähmten Wildnis der Moorlandschaft im Nationalpark Store Mosse. Im Naturzentrum können Besucher die am Kävsjön-See brütenden Kraniche, Kanadagänse und Singschwäne beobachten.

Bibel in Bildern

Habo

Rund 15 km nordwestlich von Jönköping lohnt sich ein Abstecher ins Dörfchen Habo. Die dreischiffige Holzkirche wurde 1680 umgebaut; von dem mittelalterlichen Gotteshaus ist noch der Taufstein erhalten. Wände und Decken der großen, mit roten Schindeln verkleideten Holzkirche sind 1741 – 1743 lückenlos mit farbenprächtigen Bibelmotiven bemalt worden.

Sommer tgl. 9 - 18, sonst So. - Fr. 10 - 16 Uhr

Von Jönköping nach Vadstena

Vom Vättern zum Nordpol

Gränna

Das reizende Städtchen liegt am Südostufer des Vättern am Fuß des steilen Grännabergs. Seine Gründung geht auf Graf Per Brahe zurück. Er ließ 1652 die nach ihm benannte Hauptstraße so anlegen, dass er

In Jönköping starten die Dampfer für Ausflugsfahrten auf dem Vättern.

sie vom heute nur als Ruine erhaltenen **Schloss Brahehus** gut überblicken konnte. Die später barockisierte Kirche aus dem 12. Jh. am Fuß des Bergs wurde nach einem Brand 1895 wieder errichtet. Eine Hauptmannsunterkunft, eine Soldatenkate und die Hütte eines Papiermachers gehören zum Grännaberget-Freilichtmuseum auf dem Berg.
Berühmtester Sohn Grännas ist der tollkühne **Polarforschers Salomon August Andrée**, der 1897 zusammen mit zwei Begleitern in einem Heißluftballon den Nordpol überqueren wollte. Das Unternehmen scheiterte – erst im August 1930 fand die Besatzung des norwegischen Schiffs »Braatvaag« auf Vitö das letzte Lager der Polarexpedition, die sterblichen Überreste der Besatzung und einen Teil der Ausrüstung. Das 2002 erweiterte Andrée Expeditionen Museum im **Grenna Museum** an der Brahegatan zeigt, was von dem wagemutigen Unternehmen übrig blieb. Das Polarcenter beschäftigt sich mit historischen und modernen Expeditionen in die Arktis und Antarktis. Jenseits der Straße steht übrigens Andrées Geburtshaus.
Die **Knäckebrödsbageri** Fiket in der Brahegatan 43 stellt noch Knäckebrot nach altem Rezept her, probieren ist erlaubt – und sehr zu empfehlen (www.fiket.se).

Grenna Museum: tgl. 10 – 16, Mitte Mai – Aug. bis 18 Uhr
Eintritt 70 SEK | www.grennamuseum.se

Was für ein Picknickplatz! Vom 175 m hohen Omber schweift der Blick weit über den Vättern.

Größte Insel im Vättern

Visingsö

Mit dem Schiff kommt man in 20 Minuten von Gränna nach Visingsö. Prähistorische Gräberfelder belegen eine frühe Besiedlung. Die Familie Brahe errichtete im 17. Jh. **Visingborgs Slott**, einst eines der prachtvollsten Schlösser des Landes, aber seit dem Brand von 1718 nur noch Ruine.

Das erste Gedicht Schwedens

★ Rökstenen

Von Gränna folgt man der E 4 nach Norden bis hinter Ödeshög und biegt dann links nach **Rök** ab. Allein schon um die wundervolle Aussicht zu genießen, lohnt sich der Abstecher zum Rökstenen, dem gewaltigen Runenstein unter einem Pyramidendach vor der Kirche. Der Block ist mit 700 Runenzeichen bedeckt, in denen so mancher Philologe das erste Gedicht Schwedens zu erkennen glaubt. Sicher ist jedenfalls, dass der Wikingerhäuptling Varin im 9. Jh. den Stein zum Gedenken an seinen verstorbenen Sohn Värmod aufstellen ließ.

Raststätte für Zugvögel

Tåkern sjö

Nördlich von Rök breitet sich der teils versumpfte Tåkern-See aus, an dem die Zugvögel auf ihrem Weg nach Norden Halt machen. Viele Vögel brüten im Röhricht am See, auch Akka und die Schar ihrer Wildgänse aus Selma Lagerlöfs Roman »Nils Holgersson« legten hier eine Rast ein. Ornithologen finden in diesem Naturreservat gute Beobachtungsmöglichkeiten.

Wohin in Vadstena?

Patronin Europas

Kloster der heiligen Birgitta

Seine Entstehung verdankt Vadstena der **heiligen Birgitta** (1302 bis 1373, 1391 heilig gesprochen). Sie war zunächst Haushofmeisterin bei König Magnus II., mit dem sie verwandt war, und dessen Gemahlin Blanche von Namur. 1344 wurde sie Witwe und zog sich in ein Kloster zurück, wo ihr eine Offenbarung zuteil wurde und sie 1346 den Kungsgård als Klosterstiftung erhielt. Die Erlaubnis zur Gründung des Klosters erhielt sie 1370. Das Kloster selber wurde allerdings erst sechs Jahre nach ihrem Tod fertiggestellt, erste Äbtissin war Birgittas Tochter Katharina. Aus Vadstena entwickelte sich rasch ein wichtiger Wallfahrtsort, 1400 erhielt es Stadtrechte. Im Jahr 1999 wurde Birgitta von Schweden zusammen mit Katharina von Siena und Edith Stein zur Patronin Europas ernannt.

Auf der Strandpromenade erreicht man nordwestlich das Birgittakloster und die 1430 geweihte gotische Klosterkirche. Die dreischiffige Hallenkirche wird nach der Farbe des blaugrauen Steins **Blåkyrkan** genannt. Bemerkenswert ist auch die farbige Fassung der Gewölberippen. Der Birgitta-Flügelaltar, eine Lübecker Arbeit aus dem 15. Jh. ist der größte Schatz; links davon befindet sich das 1331 gefertigte Reliquiar der Heiligen, die im Mittelteil dargestellt ist.

Wehrhaftes Wasserschloss

Vadstena Slott

Verwinkelte Gassen und alte Häuser machen Vadstena zu einem Schmuckstück am Vättersee. Unmittelbar am Hafen steht das 1545 von Gustav Wasa begonnene Wasserschloss mit gedrungenen Ecktürmen, das später zu einem eleganten Renaissanceschloss umgebaut wurde. Im Sommer hat das Touristenbüro hier seinen Sitz und der Burghof wird für Opern und Theateraufführungen genutzt.

Führungen auf Deutsch oder Englisch im Sommer um 13 und 14 Uhr
www.sfv.se

Wohin in Motala?

Stadt zwischen den Seen

Göta-Kanal

Das schon im 14. Jh. als Thingplatz erwähnte Motala liegt am Göta-Kanal, der hier den Vättern mit dem Boren-See verbindet. Die Geschichte der Stadt ist eng mit der Person von Baltzar Graf von Platen verbunden, dem Erbauer des Göta-Kanals, der auch einen Teil des Stadtbebauungsplans erstellt hat. Sein Grab liegt beim Kanal am Rand des Sportparks. Zwischen den Schleusen von Borenshult und Motalas Gasthafen im Vättern sind in zwei Pavillons an der Varvsgatan **Bildtafeln zum Bau und der Technik des Göta-Kanals** zu sehen (▶Baedeker Wissen S. 40). Sie zeigen u. a., wie die Arbeiter den Kanal aushoben und wie es damals in einem Schleusenwärterhäuschen aussah.

Juni – Aug. tgl. 11 – 17 Uhr | Eintritt: 20 SEK (Bezahlung im nebenan gelegenen Café Mallboden)

Oldtimer – mit und ohne Rädern

Motormuseum

An die motorsportliche Tradition der Stadt erinnert das Motormuseum in einem großen roten Lagerhaus am Hafen. Gezeigt werden exzellent restaurierte Oldtimerautos und -motorräder sowie historische Radios, Kameras und Spielzeug.

Mo. – Sa. 8 – 21, So. 10 – 16 Uhr | www.motormuseum.se

Schloss am See

Charlottenborg Slott

Beim Sportpark überquert eine Brücke den Göta-Kanal und den parallel dazu verlaufenden Motala Ström. Am jenseitigen Ufer erhebt sich das Schloss Charlottenborg aus dem 17. Jh. mit dem **Motala-Museum**. Hauptattraktion sind hier die Holzschnitzereien der Künstlerin Sophia Isberg.

Di. – Fr., So. 13 – 16 Uhr, Juni/Aug. ab 11 Uhr | Eintritt frei | www.motalamuseum.com

Rundfahrt am Nordwestufer

Askersund

Schwedisches Idyll
Ein kleiner Hafen, Holzhäuser und Kopfsteinpflastergassen: Askersund an der Nordspitze des Vättern wird oft links liegen gelassen und ist doch ein Idyll, gerade richtig zum Entspannen. Ein spätbarockes Rathaus schmückt den Marktplatz.

Nationalpark Tiveden

Wild zerklüftete Felsenlandschaft
Der kleine Tiveden-Nationalpark zwischen Vättersee und Unden besteht aus einer wild zerklüfteten Felsenlandschaft, die von Kiefernurwald bedeckt ist. Von der Straße Nr. 49 zweigt bei Granvik die Zufahrt zum Park ab und endet an einem Parkplatz mit Infohäuschen. Von hier kann man auf einem 5 km langen, markierten Wanderweg den urwüchsigen Tiveden-Wald erkunden.

Karlsborg

Das schwedische Fort Knox
Auf landschaftlich wunderschöner Strecke folgt die Straße Nr. 49 dem Westufer des Vättern bis Karlsborg, wo der Göta-Kanal in den See eintritt. Die weitläufige **Festung**, zwischen 1819 und 1909 auf einer in den Vättersee ragenden Landspitze angelegt, war bereits bei ihrer Fertigstellung völlig veraltet. Seit 1928 diente sie als Lager, Kaserne, Fuhrpark und im Zweiten Weltkrieg sogar als schwedisches Fort Knox, als Depot für die Goldreserven. Heute findet sich hier ein wehrtechnisches Museum. In die Südwestmauer ist die **Garnisonskirche** mit einem gewaltigen Kandelaber aus 276 Bajonetten integriert.
Im Schutz der Festungsmauer liegt der kleine Ort mit schönen Villen und Wohnhäusern aus dem späten 19. Jh., Kramladen und einer nostalgischen Telefonzelle.

VÄXJÖ

Landschaft: Småland | **Provinz:** Kronoberg Län
Einwohnerzahl: 83 700 | **Höhe:** 160 m ü. d. M.

Die kleine Universitätsstadt inmitten der Seen- und Waldlandschaft Smålands ist das Tor zum Glasreich. In 15 Hütten zwischen Växjö und Nybro entstehen einzigartige und in bunten Farben schillernde Objekte aus Glas, die weltweit gefragt sind. Wer ein Faible für Glas hat, kann die Glasbläserinnen und Glasbläser besuchen und ihnen bei der Arbeit zuschauen.

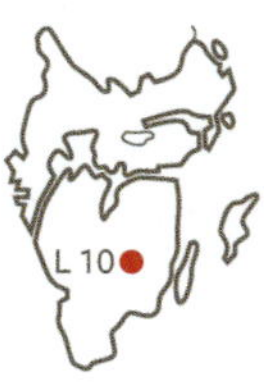

Vorsicht, zerbrechlich!

Am Hof König Gustav Wasas war es gute Sitte, Gelage mit Scherben zu beenden. Nur war es leider immer sündhaft teures venezianisches Glas, das dabei zu Bruch ging. Aus Geldmangel soll der König schließlich auf die Idee gekommen sein, statt ständig kostbare Gläser zu importieren, kurzerhand Glasbläser nach Schweden zu holen. Vielleicht wollte er aber auch dem Rest von Europa beweisen, dass die »unzivilisierten« Nordmänner mehr als nur die Kriegskunst beherrschten. Schließlich war Glas damals Ausdruck von größtem Luxus. Wie dem auch sei, während der Herrschaft Gustav Wasas entstand das Glasriket, **das Glasreich**, wie das schwedische Zentrum der Glasherstellung in der historischen Provinz Småland genannt wird. Mit den riesigen Wäldern, die Brennholz in Hülle und Fülle lieferten, und dem Quarzsand auf dem Grund des Seen bot und bietet die hiesige Landschaft beste Voraussetzungen für die Glasbläserei. Und so liegen bis heute mehrere internationale renommierte Glasmanufakturen in den Wäldern Smålands versteckt.

Wohin in Växjö und Umgebung?

Alles Glas?

Domkyrka

In Växjö (gesprochen »Wäckschö«) steht alles im Zeichen des Glases. Es gibt sogar eine Glasstraße, die **Glasgatan**, in der die berühmtesten Designer aus dem Glasreich Kunstwerke hinterlassen haben. Dominiert wird das Stadtzentrum vom Dom aus dem 12. Jh., der innen – wie sollte es anders sein – mit reichlich Glas ausgestattet ist. Der außergewöhnliche, 6 m hohe Glasaltar aus dem Jahr 1959 stammt von Glaskünstler Jan Brazda, den Altarschrein hat der Kosta-Boda-Designer Bertil Vallien 2002 geschaffen. Das Chorfenster, der originelle Kerzenhalter in Form eines Baumes, dessen Blätter aus buntem Glas bestehen sowie weitere Glasskulpturen stammen ebenfalls von Künstlern aus einer der Hütten des Glasreiches.

tgl. 9 – 17 Uhr

Kräuter und Kakteen

Linnéparken

Im zum Dom angrenzenden Linné-Park steht das alte Karolinische Gymnasium, zu dessen Schülern **Carl von Linné** gehörte, der 1707 in Stenbrohult außerhalb von Växjö geboren wurde (▶ Interessante Menschen S. 378). Der Kräutergarten geht auf eine Anregung des berühmten Botanikers zurück, zudem gibt es eine Kakteenzucht.

Reise in eine bessere Zukunft?

Utvandrarnas Hus

Vom Linnéparken aus unterquert man die Eisenbahnlinie und kommt rechter Hand zum **Auswandererhaus**. Es widmet sich den zahlreichen Emigranten, die zwischen 1850 und 1930 nach Amerika ausgewandert sind. Die Ausstellung »Drömmen öm Amerika« (Der Traum

von Amerika) setzt sich mit den sozialen Verhältnissen jener Zeit auseinander und analysiert, warum fast 200 000 Menschen die schwedische Heimat verließen.
Di. – Fr. 10 – 17, Sa./So. bis 16 Uhr, Juni – Aug. tgl. 10 – 17 Uhr | Eintritt: 90 SEK, bis 19 Jahre frei | www.kulturparkensmaland.se

★ Sveriges glasmuseum

Die ideale Einstimmung für eine Fahrt durch das Glasreich. Es funkelt und glitzert im schwedischen Glasmuseum. Dieses zeigt eine repräsentative Sammlung schwedischen Glases aus fünf Jahrhunderten, aber auch die Werke von Glaskünstlern aus über 30 Ländern. Anhand von mehreren Hundert Werkzeugen lässt sich die Entwicklung der Glasherstellung nachvollziehen. Im ebenfalls hier beheimateten **Smålands Museum** wird außerdem die småländische Kulturgeschichte, Archäologie, Waldwirtschaft und landwirtschaftliche Entwicklung dokumentiert.
Juni – Aug. tgl. 10 – 17, sonst Di. – Fr. 10 – 17, Sa., So. 11 – 16 Uhr
Eintritt: 90 SEK, bis 19 Jahre frei | www.kulturparkensmaland.se

VÄXJÖ ERLEBEN

VÄXJÖ TOURISTBYRÅ
Residenset, Stortorget
Kronobergsgatan 7
Tel. 0470 73 32 80
www.vaxjo.se/turism

PM & VÄNNER €€€€
Weltklasse-Sommelier und edles Ambiente. 2010 vom White Guide als eines der zehn besten Restaurants Schwedens eingestuft, mit exklusiven, von der Natur Smålands inspirierten Menüs.
Storgatan 22, Tel. 0470 70 04 44
www.pmrestauranger.se
So. – Di. geschl.

BÅTSMANNEN RESTAURANG & BAR €€
Mittags stillt ein Buffet mit Hausmannskost schnell den Hunger, abends wird ausgiebig à la carte gespeist. Tipp: das Fisch-Gratin mit Shrimps und Hummer.
Båtsmanstorget 1
Tel. 0470 2 84 84
www.batsmannen.com
So. geschl.

KOSTA BODA ART HOTEL €€€€
Mehr als 100 t Glas wurden beim Umbau der Nobelherberge verbaut: Das Frühstücksbuffet wird auf glitzerndem Kristall serviert, der gläserne Boden des Swimmingpools präsentiert Glaskunst und in der Glasbar sorgen lichtdurchflutete, wellenförmige Wände für farbig funkelnde Prismen auf der kobaltblauen Theke. An bekannte schwedische Glasdesigner erinnern die Namen der ebenfalls mit gläsernen Kunstwerken ausgestatteten Zimmer (Abb ▶ S. 26).
Stora vägen 75, Kosta
Tel. 0478 3 48 30
www.kostabodaarthotel.com

DAS SCHWEDISCHE GLASREICH

13 international bekannte Glasmanufakturen, jede mit eigenem Profil und besonderer Atmosphäre – versteckt in den Wäldern Smålands liegt das einzigartige Glasreich. Hier kann man nicht nur zusehen, wie aus einer glühenden Glasmasse wundervolle Objekte entstehen, sondern auch selbst an einem Workshop teilnehmen, einmalige Sammlungen von Glaskunst und historischem Glas bewundern und günstig Glaswaren einkaufen.

▶ Arbeitsschritte
- Schmelzen (ca. 1800 – 1600 °C)
- Formen (ca. 1600 – 800 °C)
- Kühlen (ca. 600 – 100 °C)

Durch Drehen der Glasmacherpfeife im Hafen wird das flüssige Glas an die Pfeife gebracht.

Nur Sekundenbruchteile hat der Glasbläser, wenn der richtige Schmelzgrad erreicht ist. Er bläst Luft in den rotglühenden Klumpen, durch Drehbewegungen nimmt das Glas Gestalt an. Immer wieder muss es erhitzt werden.

▼

1628
Die erste Glashütte entstand in Småland, als Karl Karlsson Gyllenhielm den aus Deutschland stammenden Glasbläser Paul Gaukunkel anwarb.

▼

1742
wird die bekannteste und heute älteste Glashütte Kosta-Boda gegründet.

▼

1898
Gründung der Glashütte Orrefors, die durch innovative Glastechniken schnell bekannt wurde.

Glasreich (Glasriket)
Rohstoffe wie Quarzsand und Brennholz aus den vielen Wäldern machen Småland zum idealen Standort für die Glasproduktion.

www.glasriket.se

▶ Grundstoffe:
Glas, Quarzsand, Natriumcarbonat, Pottasche, Feldspat Kalk, Dolomit, Altglas

Je nach Form werden verschiedene Glaslagen übereinander geschichtet oder verziert.

©BAEDEKER

Bergdala Studioglas
(u.a. Serie mit dem blauen Rand)
www.studioglas.se

Boda (Kunst- und Gebrauchsglas)
www.kostaboda.se

Johansforshyttan (Astrakan-Apfel)
www.johansforshyttan.se

Kosta (Kunst- und Gebrauchsglas)
www.kostaboda.se

MickeJohan Konstglas
(moderne Glasobjekte, seit 2011)
www.mickejohankonstglas.se

Mats Jonasson Målerås
(Kunst- und Zierglas, z.B. Tierreliefs)
www.matsjonasson.com

Nybro (bemaltes Glas)
www.nybro-glasbruk.se

Orrefors (klassisches Design)
www.orrefors.se

Pukeberg (Designausbildung, Gebrauchs- und Zierglas)
www.bruksshopenipukeberg.se

SEA (zeitlose Klassiker)
www.seaglasbruk.se

Skruf (stilreines Glas, klassisches und modernes Design)
www.skrufsglasbruk.se

Transjö Hytta (kleinste Hütte im Glasreich, idyllische Lage, Workshops) www.transjohytta.com

Åfors (Drei Designer, künstlerisches Glas) www.kostaboda.se

▼

1900
Neue Ideen, Farben und Techniken sorgten für guten Absatz. Die Zahl der Glashütten wuchs auf über 100 Betriebe.

▼

1930
Orrefors entwarf als erste Glashütte eine Serie Haushaltsgläser in geometrischer und schnörkelloser Form und stellte sie in Stockholm aus.

▼

seit 2000
Vermarktung der noch bestehenden 13 Glashütten durch eine eigene Tourismusgesellschaft (www.glasriket.se).

Fotogen ruiniert

Kronoberg Slott

Nachdem Ende des 17. Jh.s auch die Küstenprovinzen Halland und Schonen schwedisch geworden waren, büßte das Schloss Kronoberg seine strategische Bedeutung ein und verfiel allmählich zu der fotogenen Ruine, die es heute ist. Knapp 5 km nördlich vom Zentrum thront sie auf einer kleinen Insel im Helgasjön. Im 14. Jh. errichtet, war die Festung zunächst Bischofsresidenz und ab Mitte des 16. Jh.s Königsgut.

Der Erde abgerungen

Kleva Gruva

Der weite Weg lohnt sich: Gut 70 km nordöstlich von Växjö zeigt das ursprüngliche Bergwerk Kleva Gruva bei Holsbybrunn, östlich von Vetlanda, wie mühselig der Abbau der Bodenschätze einst war.

Mitte Juni – Anf. Aug. tgl. 11 – 16/18 Uhr | Eintritt: 100 SEK, mit Führung zzgl. 40 SEK, Führungen auf Deutsch: 11.30 und 13.30 Uhr | www.klevagruva.com

Handgeschöpft

Lessebo

Auf halbem Weg zwischen Växjö und Nybro kann man sich in der **Handpappersbruk** von Lessebo die jahrhundertealte Tradition der Papierherstellung erklären lassen und handgeschöpftes Papier kaufen. 2009 erhielt die Lessbo Mill für ihr ausgezeichnetes Papier den VIDA Paper Design Award.

Führungen nach Voranmeldung: Tel. 0478 4 76 91

Seltene Fauna und Flora

Åsnen

Die typische südschwedische Seenlandschaft des weit verzweigten Åsnen soll den Nationalpark-Status bekommen. Das fischreiche Gewässer mit seinen unzähligen Inseln und Buchten ist ein beliebtes Erholungsgebiet für Aktivurlauber und ein wichtiger Rast- und Brutort für Enten, Gänse, Schwäne und viele andere Vögel. Außerordentlich selten ist der rund 250 Jahre alte Buchenbestand auf der **Halbinsel Bjurkärr**, die weit in den Åsnen hineinreicht: In diesen Urwald hat der Mensch kaum eingegriffen. Auch die Inseln des Sees sind unbewohnt und nahezu unberührt. Am Åsnen haben ca. 40 Fischadlerpaare ihre Horste und ziehen dort in den Sommermonaten ihren Nachwuchs auf. Im Winter kommen auch Seeadler an das Gewässer.

Paddel-Paradies

Getnö Gård

Aktivurlaubern hat auch das rund 15 ha große, privat betriebene Schutzgebiet Getnö Gård einiges zu bieten. So können Sie u. a. eine einwöchige Kanusafari durch die Inselwelt unternehmen. Eine vollständige Kanuausrüstung sowie Übernachtungsgutscheine für die Kanu-Campingplätze entlang der Wasserwanderroute sind im Preis inbegriffen (www.getnogard.se).

★ YSTAD

Landschaft: Skåne (Schonen) | **Provinz:** Skåne Län
Einwohnerzahl: 28 500 | **Höhe:** Meereshöhe

Mit über 300 alten Fachwerkhäusern besitzt Ystad einen der schönsten Stadtkerne Südschwedens. Die Atmosphäre mit verwinkelten Hinterhöfen und windschiefen Häuschen inspirierte Henning Mankell zu seinen Wallander-Krimis. Nach der Spurensuche locken 40 km feinster Sandstrand.

Fach-werkdyll an der Ostseeküste

Kaum eine andere Stadt Nordeuropas besitzt ein so vollständig erhaltenes Stadtbild wie Ystad. In den mehr als 300 Fachwerkhäusern haben sich heute kleine Boutiquen, Cafés und Restaurants eingenistet. Pastellfarbene mittelalterliche Häuser säumen sonnige Marktplätze und Gassen, in denen es beschaulich zugeht. Doch die Idylle trügt! Zumindest wenn man den Krimiromanen von Henning Mankell Glauben schenkt, der hier seinen **Kommissar Wallander** auf Verbrecherjagd gehen lässt. Aber zum Glück sind die Geschichten reine Fiktion, Führungen (► S. 14) auf seinen Spuren längst eine Topattraktion in dem Städtchen. Und so können Sie ganz beruhigt und sorgenlos das schwedische Dolce Vita am südlichsten Zipfel des Landes genießen.

Napoleons Profiteure

Geschichte

Im Mittelalter war Ystad ein Zentrum des Heringsfangs. Lange Zeit dänisch, kam es erst 1658 an Schweden. Eine Blütezeit setzte mit der napoleonischen Kontinentalsperre 1806 – 1814 ein, denn der Handel mit Schmuggelware brachte den Bürgern in kürzester Zeit hohe Gewinne.

Wohin in Ystad?

Achtung, Klappe!

★ Ystad Studios, Cineteket

Schauen Sie am Elis Nilssons Väg 8 doch einmal in **Wallanders Polizeirevier** vorbei! Die Ausstellung des Museums der Ystad-Filmstudios gewährt unterhaltsame Einblicke in die Filmproduktion vom Drehbuch bis zu fliegenden Menschen oder solchen, die unsichtbar werden. Nicht nur die Wallander-Filme wurden in den Studios gedreht, auch Teile der dänisch-schwedischen Erfolgsproduktion »Die Brücke«.

Mitte Mai – Mitte Sept. tgl. 10 – 17 Uhr | Eintritt: 60 SEK
www.ystadstudios.se

Wandelbares Kloster

Klostret i Ystad

Vom Kloster zum Spital, zur Schnapsbrennerei, zu Müllkippe, zum Abrissobjekt und schließlich zum Stadtmuseum: Der 1267 nördlich

YSTAD ERLEBEN

YSTADS TURISTBYRÅ

Das Touristenbüro erteilt auch Auskünfte zu den Henning-Mankell-Touren im Juli und August. In einem roten Feuerwehrwagen wandeln Sie auf Kurt Wallanders Spuren und müssen den Mörder entlarven.
St. Knuts Torg, 27142 Ystad
Tel. 0411 57 76 81
www.visitystadosterlen.se

Zwischen dem Stortorget mit Wochenmarkt (Mo. – Sa. 8 – 16.30 Uhr) und dem Österporttorg (Kirmes und Flohmärkte) verläuft die autofreie Flaniermeile Stora Östergatan.

YSTAD INTERNATIONAL MILITARY TATTOO

Mitte Aug. treffen sich drei Tage lang die besten Militär-Musikkorps der Welt zu gemeinsamen Paraden und Konzerten auf dem Stortorget.
www.ystadtattoo.se

Die ringförmigen Spettkaka (»Spießkuchen«), die man in fast jeder Konditorei Schonens sieht, ähneln Baumkuchen. Das sehr kalorienhaltige und knusprige Gebäck wird auf rotierenden, kegelförmigen Metallspießen Lage für Lage über offenem Feuer eher getrocknet als gebacken und erhält zum Abschluss eine feine Zuckerglasur.

BRYGGERIET RESTAURANG & PUB €€

Minibrauerei und Steakhaus. Das »Ysta Färsköl« wird in Kupferkesseln mitten im Lokal gebraut. Und wo immer es passt, kommt in die Speisen ein kräftiger Schluck Bier.
Långgatan 20, Ystad
Tel. 0411 6 99 99
www.ystadbryggeriet.se

OLOF VIKTORS €€

Für die Stiftung »Sveriges bästa bord« ist die Traditionsbäckerei einfach die beste in Schweden. Sie fabriziert neben Hochzeitstorten selbst gemachte Marmeladen, Knäckebrot, Essig und aromatisierte Salze.
Österlänvägen 86, Glemminge
Tel. 0411 52 20 20
www.olofviktors.se

BÄCKAHÄSTENS KAFFEESTUGA € – €€

Am alten Apothekergarten gibt es eine gute, bodenständige Küche. Der selbst gemachte Apfelkuchen wird im Sommer auch im Freien serviert.
Lilla Östergatan 6, Ystad, Tel. 0411 1 40 00, http://backahasten.webs.com

ANNO 1793 SEKELGÅRDEN €€€

Das familiengeführte Hotel liegt mitten in Ystad. Gespeist wird im Fachwerkbau (17. Jh.) mit eigener Brauerei.
Långgatan 18, 27123 Ystad
Tel. 0411 7 39 00, 24 Z.
www.sekelgarden.se

OUR HOUSE €€

Annika und Bradley bieten helle Zimmer, Garten und ein tolles Frühstück. Ihr Haus liegt zehn Gehminuten von Stadtzentrum und Strand entfernt.
Eliassons Väg 8, 27145 Ystad
Tel. 0411 6 54 45
http://ourhouseystad.com

vom Marktplatz begonnene Franziskanerkonvent Gråbrödraklostret hat eine ausgesprochen bewegte Geschichte hinter sich. Mitte des 15. Jh.s wurde der vierflügelige Bau fertiggestellt, Nord- und Westflügel nach der Reformation abgerissen. 1909 wurde das Kloster grundsaniert, 1967 erneut restauriert. Heute zeigt hier ein **Museum** Stoffe, Silberwaren und Sonderausstellungen. In der säkularisierten St.-Petri-Kirche aus dem 13. Jh. sind mehr als 80 Taufsteine aus dem 14. bis 18. Jh. zu sehen.
Die **Klostergärten** sind ein herrlicher Platz für ein ausgedehntes Picknick. Hier reihen sich Kräuter- an Kohlbeete, wachsen uralte Obstbäume, leuchtend rote Geranien und herrlich duftende Rosensorten. Ein Erlebnis ist die Pfingstrosenblüte im späten Frühjahr.
Juni – Aug. Mo. – Fr. 12 – 17, Sa., So. bis 16 Uhr, Sept. – Mai Mo. geschl. | Eintritt: 50 SEK | www.klostret.ystad.se

Beruhigendes Signal

Stortorget

Das **Alte Rathaus** am Stortorget wurde über einem Keller mit Kreuzgewölben aus dem 14. Jh. errichtet, wo man heute im Restaurang Store Thor tafeln kann. Am großen Markt steht auch die **Marienkirche**. Ihre geschweifte kupferne Haube aus dem 16. Jh. ist ein Wahrzeichen Ystads. Vom Turm erschallt seit 1250 jede Nacht das Kupferhorn des Turmwächters. Zwischen 21.15 und 1 Uhr nachts tönt sein dumpfer Ton alle 15 Minuten über die Stadt und verkündet, dass alles in Ordnung ist. Im 14. Jh. wurde ein Turm angefügt, der später bei einem Sturm einstürzte und Teile des Kirchenschiffs zerstörte. Der dänische König Frederik III. förderte den Wiederaufbau. Besondere Beachtung verdient die Barockkanzel von 1620.
Die **Latinskolan** neben der Marienkirche gilt als die älteste erhaltene Schule in Skandinavien. Seit dem späten 15. Jh. wird dort unterrichtet.

Altes Gemäuer

Fachwerkhäuser

An der Ecke von Stora Östergatan und Pilgränd steht das auf 1480 datierte **Pilgrändshus**, angeblich Skandinaviens ältester erhaltener Fachwerkbau. Der gegenüberliegende **Aspelinska Gården** von 1778 war einst im Besitz einer betuchten Goldschmiedfamilie. Etwas abseits umfasst der **Per Hälsas Gård** mehrere Gebäude aus dem 17. bis 19. Jahrhundert.

Glanzvolles aus zwei Jahrhunderten

Museen

Südöstlich vom Stortorget lebte einst die Richterstochter Charlotte Berlins. Vor ihrem Tod 1916 vermachte sie ihr herrschaftlich eingerichtetes Bürgerhaus der Stadt, die es als **Charlotte-Berlins-Museum** ganz authentisch erhalten hat. In dem großbürgerlichen Ambiente mit viel Plüsch und rotem Samt wurden Anfang 2007 auch Szenen aus Jan Troells Kommissar-Wallander-Filmen gedreht.

Die Verbindung der Wikinger zu ihren Schiffen reichte bis ins Jenseits. Ales Stenar ist Schwedens bedeutendste Schiffsetzung.

Wenige Schritte weiter südlich zeigt das regionale **Konstmuseet** eine gute Sammlung von Kunst des 19. und 20. Jh.s aus Schonen und Dänemark und Werke junger Künstler des 21. Jh.s wie Ola Billgren, C. O. Hulten, Ludvig Karsten und John Wipp. Hinzu kommen Gastausstellungen, Fotogalerie, Museumsladen und Café.

Charlotte-Berlins-Museum: Nach Mittsommer bis 10. Sept. tgl. 11 – 16 Uhr | Eintritt: 50 SEK

Konstmuseet: Di. – Fr. 12 – 17, Sa./So. bis 16 Uhr | Eintritt: 50 SEK (im Winter frei) | www.konstmuseet.ystad.se

Grüne Lunge von Ystad

Sandskog

Im Osten von Ystad wurden zu Beginn des 19. Jh.s zum Schutz gegen Flugsand Bäume angepflanzt. Heute ist der Sandwald ein Naherholungsgebiet mit beliebten Badestränden, die sich bis Nybrostrand hinziehen und meist von kleinen Dünen begrenzt sind.

Rund um Ystad

Sand, so weit das Auge reicht

Strände

Das Strandvergnügen beginnt bereits mitten in der Stadt – zwischen der Marina und dem Wohngebiet Gjuteriet. Östlich von Ystad beginnt beim Sandskogen Strand ein 40 km langes, feinkörnig weißes Band, zu dessen schönsten Badeplätzen **Sandhammaren** gehört. FKK-Fans sind im Hagestad-Naturreservat und westlich von Nybrostrand will-

kommen. **Öja Mosse** ist eine nahezu verlandete Lagune, in der zahlreiche Orchideenarten wachsen. Enten, Wat- und Raubvögel haben hier ihren Rastplatz. Ein Schaugarten mit 138-jähriger Tradition ist **Åbergs Trädgård** am Karlhemsvägen mit 2000 Pflanzenarten und nettem Café. Im Sommer stehen Vorträge auf dem Programm (www.abergsgarden.nu). Im Öja Slottspark werden jeden Sommer Rock- und Popkonzerte mit internationalen Stars veranstaltet.
Westlich von Ystad wirbt das kleine Örtchen **Svarte** mit dem landesweit kürzesten Abstand zwischen Bahnhof und Badestrand.

Meisterwerk eines Unbekannten

Valleberga

Im Künstlerdorf Valleberga, 17 km östlich von Ystad, ist die letzte **Rundkirche** (12. Jh.) von Schonen erhalten. Sie besitzt den gleichen Grundriss wie die Rundkirchen auf der dänischen Insel Bornholm, da sie früher zum selben Stift gehörten. Chor und Langhaus wurden in späterer Zeit angebaut. Besondere Beachtung verdient der romanische Taufstein der Valleberga-Kirche, gefertigt vermutlich um 1260 von einem unbekannten gotländischen Steinmetzmeister, dem man den Notnamen »Magister Maiestatis« gab.

59 Felsen, ein Rätsel

★ Ales Stenar

Schwedens berühmteste Schiffsetzung wetteifert mit der wunderbaren Aussicht an der Steilküste. Aus 59 bis zu 2 t schweren Steinblöcken haben – wahrscheinlich – Wikinger einen etwa 67 m langen und 19 m breiten Schiffsgrundriss gebildet. Einige der Monolithen wurden aus bis zu 30 km Entfernung herangewuchtet – eine Arbeit, die die Schöpfer der Schiffssetzung wohl im Winter erledigten, um die Kolosse übers Eis ziehen zu können. Bis heute wirft die meistbesuchte Attraktion im äußersten Süden Schwedens Rätsel auf. Vermutlich aber sind die Ales Stenar viel mehr als nur ein Wikingergrab, da man mit den Steinen auch die Tage des Sonnenjahrs und die Stunden des Tages bestimmen kann. Die Ales Stenar befinden sich südöstlich von Ystad, nahe dem kleinen Fischerdorf **Kåseberga**.

Wächter des Friedens

Backåkra

»PAX« – »Friede«, so steht es auf dem Altarstein des Meditationsplatzes. Frieden zu schaffen war das große Ziel des früheren UN-Generalsekretärs **Dag Hammarskjöld** (▶ Interessante Menschen S. 403), der 1961 bei einem Flugzeugunglück unter nach wie vor nicht ganz geklärten Umständen ums Leben kam. Heute unterhält der Svenska Turistföreningen sein Anwesen: Sein Wohnhaus wurde als Museum eingerichtet, im Gästehaus gibt es preiswerte Unterkünfte. Zum Hof gehören 30 ha Land, die Hammarskjöld einst bewirtschaftete. Der hier angelegte Meditationsplatz wird gerne für Taufen und Trauungen genutzt. Tausende Menschen feiern auf dem Gelände alljährlich das traditionelle Mittsommerfest.

BAEDEKER ÜBERRASCHENDES

6X DURCHATMEN

Entspannen, wohlfühlen, runterkommen

1. MITTEN IM NIRGENDWO

Schnappen Sie sich Ihren Freitag und spielen Sie Robinson Crusoe? Auf **Djurö**, fernab der Zivilisation, sind sie im Handumdrehen der Welt entrückt. So hört sich also Stille an! (► **S. 288**)

2. VERWUNSCHEN

Mit uralten Kiefern und gigantischen, mit Moos überwucherten Steinblöcken ist **Norra Kvill** wahrlich ein Urwald. So einsam wandert man kaum anderswo. (► **S. 314**)

3. DAS PFEIFEN IM ALVAR

Vogelgezwitscher und das Rauschen des Windes – viel mehr werden Sie in der Steppe des **Stora Alvaret** auf **Öland** nicht hören. Im Frühjahr verwandelt diese sich in ein Blütenmeer. (► **S. 189**)

4. NUR MUT!

Paddeln Sie in einem Kajak hinaus auf den **Vänern** und erleben Sie die Weite und Einsamkeit des Sees. Wer sich alleine nicht traut, kann sich auch geführten Touren anschließen. Und wundern Sie sich nicht, wenn Sie unterwegs von einem Elch überholt werden! (► **S. 279**)

5. HOCHGEFÜHL

Wenn Sie auf dem Gipfel des **Stenshuvud** stehen, hören Sie nichts als die Brandung der darunter liegenden Ostsee. Belohnt werden Sie für den Aufstieg zudem mit einem herrlichen Blick über den gleichnamigen Nationalpark. (► **S. 206**)

6. BILDERBUCHSTRAND

Lang und breit und von Dünen eingerahmt – an dem auch aus Wallander-Filmen bekannten **Sandhammaren-Strand** findet sich auch im Sommer immer ein ruhiges Plätzchen. (► **S. 332**)

Schlösserland Schonen

Snogeholm Slot

Verlässt man Ystad in nördlicher Richtung auf der Straße Nr. 13, erreicht man noch vor Sjöbo das Snogeholm Slott. Reizvoll auf einer Landzunge im Snogeholmssjön gelegen, war es ursprünglich eine Burg aus dem 15. Jh., die um 1860 im französischen Barockstil umgebaut wurde. 1899 war Kaiser Wilhelm II. auf Besuch hier.
www.snogeholmsslott.se

Bjersjöholm

Um 1570 entstand die Renaissanceburg Bjersjöholm, 3 km nordwestlich von Ystad. Im Juli wird hier die Medeltida Ystad gefeiert. Zum Programm des Mittelalterfests gehören Turniere, Auftritte von Gauklern, mittelalterliche Musik und traditionelle Gelage. Außerdem zeigen Bogenschützen, wie gut sie treffen können.

Marvinsholm Slott

Kunst und Natur verbinden sich jeden Sommer im Park von Marvinsholm Slott, 11 km nordwestlich von Ystad. Als Carl von Linné am 26. Juni 1749 das Anwesen besuchte, lobte er den Garten, wo»prächtige Hainbuchenhecken, Linden, Pfirsiche, Aprikosen, Quitten und Iris bulbosa in Überfluss wuchsen.« Marsvinsholm wurde von 1644 bis 1648 erbaut, sein jetziges Aussehen erhielt das Backsteinschloss 1856 bis 1857. Der Garten ist heute ein Park und jeden Sommer vom 27. Juni bis 23. August Bühne für eine Skulpturenausstellung mit internationaler Beteiligung. Auf der Freilichtbühne spielt die Ystads Stående Teatersällskap klassische Komödien und moderne Volksstücke.
Freilichttheater: Tickets Tel. 0411 6 00 15

Krageholm Slott

Auf Krageholm Slott, 12 km nordwestlich von Ystad, residierte in den 1670er-Jahren der einflussreiche Jörgen Krabbe. Als er zu mächtig wurde, ließ Karl XI. ihn wegen »ungebührlichen Umgangs mit den Dänen« anklagen und hinrichten. Seine heutige Gestalt erhielt Schloss Krageholm um 1720; die Schlosskirche entstand im Barockstil.
Besichtigung nach Voranmeldung unter Tel. 0411 57 76 81,
Park ganzjährig geöffnet.

Högestad Slott

Zum Besitz von Krabbe gehörte auch das Högestad Slott (Schloss Högestad), 20 km nordöstlich von Ystad. Nach dem Tod ihres Mannes ließ seine Witwe Jytte Thott dort ein ganzes Zimmer in Schwarz einrichten. Es soll dort spuken, behauptet der Volksmund, und man könne die verzweifelte Witwe in schwarzen Kleidern über den Schlosshof eilen und in den Schlossgemächern herumirren sehen. 1801 wurde auf Gut Högestad der schwedische Zoologe Carl Jakob Sundevall geboren. In seinem bekanntesten Werk »Svenska foglarne« beschrieb er mehr als 200 schwedische Vogelarten. Heute ist das Schloss Privatbesitz.

H
HINTER-
GRUND

Direkt, erstaunlich, fundiert

Unsere Hintergrundinformationen beantworten (fast) alle Ihre Fragen zu Südschweden.

Die letzte Eiszeit hinterließ die Seen im Süden Schwedens. ►

DAS LAND UND SEINE MENSCHEN

Unberührte Wälder, kristallklare Seen, einzigartige Küsten- und Schärenlandschaften, feinsandige Ostseestrände und sonnengelbe Rapsfelder, soweit das Auge reicht. Die sechs Regionen des Südens samt Hauptstadt Stockholm sind die abwechslungsreichsten Landschaften, die das nordische Königreich zu bieten hat. Ein Merkmal zieht sich jedoch wie ein roter – besser »blau-grüner« – Faden durch die Region: Wasser und Wald sind selten weit.

Eis formte das Land

Blick in die jüngere Erdgeschichte

Ganz Nordeuropa war mehrere Zehntausend Jahre hindurch von einem mächtigen Eispanzer bedeckt und nur die höchsten Spitzen des skandinavischen Hochgebirges ragten aus der Eisdecke heraus. Während aber Norddeutschland schon vor 13 000 Jahren eisfrei wurde, war Skandinavien vor 9000 Jahren noch weitgehend mit Eis bedeckt. Vor allem diese **letzte Eiszeit**, die »Weichseleiszeit«, formte die Landschaft Skandinaviens: Das Eis verschliff stark alle älteren Formen der vorhergehenden Kaltzeiten, nur der lange Gebirgszug der **Skanden** blieb erhalten. Das präglaziale Relief wurde in weiten Teilen durch Moränenschutt der Gletscher verdeckt. Als die Eismassen schmolzen, hat die **Ostsee**, die anfangs nur ein riesiger Stausee am Rand des Eises war, ihre Uferlinie immer wieder verändert und bekam schließlich eine offene Verbindung zur Nordsee.
Hatten die 2000 m mächtigen Eismassen das darunterliegende Land noch stark in die Tiefe gedrückt, so schwand die Belastung mit dem Abschmelzen des Eises und das Land hob sich. Am stärksten war die **Landhebung** im Zentrum der einstigen Eisbedeckung. Sie ist auch noch nicht abgeschlossen, sondern beträgt in der Gegend des Bottnischen Meerbusens noch immer etwa 1 m pro Jahrhundert, sodass Städte wie das nordschwedische Luleå ihre Hafenanlagen immer wieder verlegen mussten, um dem zurückweichenden Meer zu folgen.

Große Seen und flacher Schild

Von der alten Meeresbedeckung sind die großen Seen der recht flachen **Mittelschwedische Senke** zurückgeblieben: **Vänern** (5585 km^2), **Vättern** (1912 km^2) und **Mälaren** (1140 km^2), der einst eine Ostseebucht war. Die reichliche Zufuhr von Fluss- und Quellwasser hat sie längst in Süßwasserseen verwandelt. Noch weiter südlich wirkt die nur bis zu 400 m hohe Landschaft wie ein flacher Schild. Im Südwesten leiten die Mittelschwedische Senke und Småland über nach Bohuslän und Halland mit ihren typischen Schärenküsten.

Reif für die Insel?

Die vorwiegend felsige Küste Südschwedens wird von unzähligen Inseln gesäumt, mal grün und üppig, dann wieder rau und karg. Die Schweden nennen ihre Schären **»skär«** – Klippe. Sie entstanden, als die Gletscher abschmolzen, sich das Land hob und bislang unter Wasser gelegene Gesteinsmassen aus dem Meer auftauchten. Insgesamt gibt es **fünf Schärengärten** an der Ost- und Westküste. Östlich von Stockholm erstrecken sich über eine Länge von rund 80 km mehr als 30 000 Inseln, Inselchen und Klippen. Etliche von ihnen sind bewohnt und werden daher regelmäßig von Fähren angelaufen. Auch von Göteborg an der Westküste ist es nur ein Katzensprung zu dem riesigen Schärengarten nördlich der Stadt mit Granitklippen, die von Grau bis Pink in allen Schattierungen schimmern. Wahrzeichen der beiden großen Inseln Öland und Gotland an der Ostküste Südschwedens sind die **Raukar**, jahrtausendealte, von Wind und Regen bizarr geformte Kalksteinsäulen.

Oser

Die Kraft des Eises schuf u. a. lang gestreckte Kiesdämme von bis zu sage und schreibe mehreren 100 km Länge, die selbst größere Seen durchziehen, die sogenannten **Oser**, schwedisch Åser. Es handelt sich um die ehemaligen Sedimentfüllungen von Tunnelbahnen in einer Grundmoräne, die sich unter den Eismassen der hinziehenden Flüsse entwickelt hatten. Als das Eis abschmolz, blieben die Sedimentmassen als natürliche Dämme liegen. Die Menschen schätzten

Die Raukar an der Küstenlinie Gotlands regen seit jeher die Fantasie an. Sind sie Stein gewordene Menschen, die über die Insel wachen?

sie als stets trockene Verkehrswege. Stockholm verdankt seine Existenz nicht zuletzt einem solchen Os, das zur Abschnürung des Mälarsees beigetragen und eine günstige Möglichkeit zur Überquerung des Wassers geboten hat.

Vertraute Landschaften im Nahen Norden

Südschweden

Die Landschaft in Südschweden unterscheidet sich kaum von der in Norddeutschland. Sie ist flach bis sanft gewellt, so weit das Auge reicht. **Skåne (Schonen)**, die südlichste Provinz Südschwedens, gehört zu den fruchtbarsten Gegenden des Landes. Hier prägen wogende Felder und weite Ebenen das Bild. Und doch ist die Region landschaftlich abwechslungsreicher, als der erste Eindruck erwarten lässt. Im Nordwesten stürzen sich die Granitklippen des Kullabergs in die Ostseefluten, auf lichten Laubwald folgen im Norden ausgedehnte Tannenwälder, im Nordosten enden die kilometerlangen Sandstrände des Südens an imposanten Steilküsten. Mitten durch Schonen verläuft zudem die **»Bruchzone«**, die geologische Trennscheide zwischen dem nördlichen Ur-Europa und dem erdgeschichtlich jüngeren Mitteleuropa. Sie bescherte Mittel- und Nordschonen auch seine wenigen Hügel – am bekanntesten ist hier der Hallansåsen.

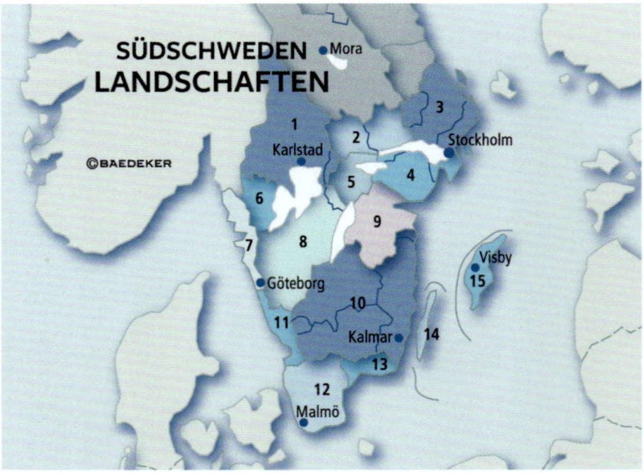

1 Värmland	**6** Dalsland	**11** Halland
2 Västmanland	**7** Bohuslän	**12** Skåne
3 Uppland	**8** Västergötland	**13** Blekinge
4 Södermanland	**9** Östergötland	**14** Öland
5 Närke	**10** Småland	**15** Gotland

Landschaftsgrenzen
Provinzgrenzen

Ganz und gar typisch schwedisch ist dagegen **Småland**, das auf der gleichen Breite wie Jütland liegt. Sein von eiszeitlichen Gletschern abgeschliffener, bis 343 m hoher Gneis- und Granitrumpf ist trotz der geringen Höhe ein noch weithin unerschlossenes Wald- und Moorgebiet. Der Holzreichtum und der ebenfalls reichlich vorhandene Quarzsand haben in früherer Zeit an vielen Orten eine lebhafte Glasindustrie entstehen lassen.
Auch **Dalsland** und **Värmland** sind so, wie man sich Schweden vorstellt: mit vielen Seen, dichten Wäldern und roten Holzhäusern. **Halland** im Westen zeichnet sich durch bekannte Badeorte und schöne Strände aus. **Blekinge** im Osten gehört zu den kleinsten Provinzen, hat aber seinen Besuchern trotzdem einiges zu bieten. Das Land ist hügeliger als Skåne, verfügt über weite Laubwälder und herrliche Strände an der von Fjorden stark gegliederten Küste.

Die großen Inseln

Strände sind das Markenzeichen der Kalksteininseln Öland und Gotland. Doch ansonsten haben die beiden nicht sehr viel gemeinsam. Das kleinere **Öland** wird fast ständig vom Wind gezaust und besitzt eine recht karge Vegetation, **Gotland** hingegen zeichnet sich durch mildes und sonniges Klima aus und wird nicht umsonst »Insel der Rosen« oder auch »Insel der Götter« genannt.

Mittelschweden

Mittelschweden hat kein eigentliches Zentrum. Immer wieder wechseln flache Ackerbaulandschaften mit dicht bewaldeten Gebirgszügen oder vermoorten Hochflächen ab. Im Osten liegt die Landeshauptstadt **Stockholm** hinter einem dichten Schärengürtel. Weiter im Landesinneren hatte die bäuerliche Bevölkerung des alten Svealands große offene Flächen vorgefunden und bis heute werden die Ebenen von Väster- und Östergötland intensiv landwirtschaftlich genutzt. Vänersee und vor allem Mälarsee werden durch viele kleine Inselchen geprägt; Visingsö bei Gränna ist die größte von wenigen Inseln im Vättersee.
Nördlich von Stockholm beginnt für viele Liebhaber des Landes erst das richtige Schweden: Mit Wäldern, Seen und weiten Feldern sind das **Uppland** mit der Hauptstadt Uppsala und **Gästrikland** die ersten Vorboten des Nordens.

Von Pflanzen und Tieren

Abschied von den Laubwäldern

Der größte Teil Schwedens ist mit Nadelwald bedeckt. Nur in Südschweden gibt es Mischwälder mit Buchen, Ulmen, Erlen und Eichen. **Buchenwald** gibt es in Schweden nur bis Omberg beim Vättersee. Auch die Küsten des Südens säumten einst reine Laubwälder, viele von ihnen mussten jedoch dem Ackerbau weichen oder wurden in den letzten Jahren durch schneller wachsende Fichtenforste ersetzt.

Auf dem kalkreichen Untergrund von Öland wächst eine in Europa einzigartige **Steppenheide** mit Wacholder. Im Frühjahr ist sie überzogen mit einem Teppich aus gelben Sonnenröschen, duftendem Klee und blauen Kugelblumen, im Sommer blühen hier über 30 teils endemische Orchideenarten. Auf den Schäreninseln sind windzerzauste Kiefern als Solitäre oder in kleinen Gehölzen typisch.

Fruchtbare Flure

Skåne ist die Kornkammer Südschwedens und auch in Mittelschweden prägt **intensive Landwirtschaft** das Bild. Angebaut werden vor allem Getreide wie Gerste, Weizen und Hafer sowie Kartoffeln, Raps und Zuckerrüben. Österlen ist Zentrum des Obstanbaus. Rund um Kivik erstrecken sich riesige Plantagen mit Apfel-, Kirsch- und Birnbäumen und seit wenigen Jahren wird dort aus weißen Reben sogar Wein gekeltert. Im Frühling entfaltet der Flieder an den Straßenrändern eine überwältigende Blütenpracht; im Unterholz leuchten Buschwindröschen, Leberblümchen und Schlüsselblumen. Nicht zuletzt als Wirtschaftsfaktor wichtig sind die vielen Pilz- und Beerenarten, darunter Heidel-, Preisel- und die feinen, leicht bitter-säuerlich schmeckende Moltebeeren.

Petri Heil!

Die schwedischen Flüsse und Seen sind **ideale Angelreviere** (▶ Baedeker Wissen S. 390). In den Gewässern leben große Bestände von Lachsen, Forellen, Karpfen, Hechten und Saiblingen; in den Küstengewässern kommt auch der Strömling vor, ein kleiner Weißfisch der Ostsee. Als einer der lachsreichsten Flüsse des Landes gilt der Mörrumsån bei Karlshamn; Åhuis an der Ostküste ist ein Paradies für alle, die auf Aal angeln möchten.

Tiere

Die südschwedischen Wälder gehören zur gemäßigten mitteleuropäischen Zone, daher leben hier dieselben Arten wie in Mitteleuropa, u. a. Rotwild, Fuchs, Hase, Dachs und Biber. Aufgrund der dünneren Besiedlung ist das Wild weit verbreitet. Wieder erholt hat sich dank strenger Schutzmaßnahmen die Population der **Elche** (▶ Baedeker Wissen S. 344).
Besonders artenreich ist die Vogelwelt. In der Dämmerung jagen viele verschiedene Eulenarten und in jedem Frühjahr und Herbst rasten Tausende von **Kranichen** (▶ Baedeker Wissen S. 286) am Hornborga-See und am Helge-Fluss. Der letzte wilde **Weißstorch** ist 1954 aus Schweden verschwunden. Seitdem läuft ein Auswilderungsprojekt. Inzwischen brüten wieder 40 Storchenpaare in Schonen und auch einzelne Wildstörche sind inzwischen wieder nach Südschweden zurückgekehrt. Allgegenwärtig ist hingegen die **Graugans**, auf der Nils Holgersson über Schweden flog. Die größte und prächtigste Gänseart Schwedens gibt es nur in Schonen: die **Skåne Gås**. Sie wird dort seit dem Mittelalter gezüchtet und alljährlich am Vorabend des Martinstags als Festschmaus verspeist.

Strahlend blauer Himmel ist an der regenärmeren Ostküste keine Seltenheit.

Warmer Süden

Gemäßigtes Klima mit warmen Sommern

In Südschweden sind die **Winter mäßig kalt, die Sommer mäßig warm**. In Skåne ganz im Süden ist es am wärmsten. An der Westküste regnet es der westlichen Winde wegen mehr als im Osten. An der Ostküste sind die Wassertemperaturen mit bis zu 16 °C auch am höchsten. Im Winter allerdings sinken die Wassertemperaturen bis auf 2 °C ab, sobald der Wärmevorrat der Ostsee aufgebraucht ist. Treibeis aus dem Norden kann bis auf die Breite von Gotland vorkommen. Einfluss auf das regionale Klima haben die großen Binnenseen: Sie geben im Herbst die gespeicherte Wärme an die Umgebung ab und verzögern die Abkühlung der Region. Im Frühjahr sind sie noch gefroren und die Umgebung wird weniger schnell warm.
Mittelschweden ist Übergangsgebiet vom stärker ozeanisch geprägten Klima Südschwedens zum **mehr kontinental und boreal** (nördlich) geprägten Klima Nordschwedens. Die Sommer sind nur mäßig warm und die Winter sehr kalt.

Zusammenleben in Südschweden

Nicht nur blond und blauäugig

Von den **9,9 Mio. Schweden** leben 86 % in der südlichen Landeshälfte und davon wiederum ein Viertel in den urbanen Zentren Stockholm, Göteborg und Malmö. Während die Bevölkerung dort weiter

DER KÖNIG DER WÄLDER

Das größte Tier der schwedischen Wälder ist der Elch. Die Jagd hätte im 18. Jh. fast zur seiner Ausrottung geführt, doch dank entsprechender Regelungen ist er mit Ausnahme von Gotland in Südschweden wieder überall verbreitet. Heute bedrohen eher Autounfälle den Bestand.

Denn der Elch ist nicht nur der König der nordischen Wälder, er ist auch Schwedens Straßenschreck. Mehr als 20 % aller Autounfälle werden durch das Riesentier verursacht. Allein 2016 wurden 5846 Zusammenstöße von Elchen und Autos gemeldet, Tendenz steigend. Polizei und Wildschützer sind irritiert: Obgleich die Zahl der imposanten Waldtiere seit Jahren rückläufig ist, **steigt die Quote der Wildunfälle**.

Nach Schätzungen leben bis zu 400 000 Elche in Schweden, das Gros in den wald- und seenreichen Regionen von Mittel- und Südschweden. Zwar sind viele Straßen durch Wildzäune geschützt, aber an ihrem Ende, also dort,

800 kg Schüchternheit und Sanftmut? Man sollte es nicht drauf ankommen lassen.

wo meist auch die vor Elchen warnenden Schilder stehen, geraten die Tiere bei ihrer Suche nach Nahrung häufig auf Abwege, vorzugsweise in der Dämmerung. Auch früher Schneefall treibt die Tiere vermehrt aus dem Wald.

800 kg Lebendgewicht

Immerhin bringt die **größte Hirschart der Welt** bis zu 800 kg auf die Waage. Elchbullen erreichen eine Schulterhöhe bis 2,4 m, der Körper ist über 3 m lang und sie können bis zu 60 km/h schnell laufen. Charakteristisch ist das mächtige, schaufelförmige Geweih der Männchen. Aber nur den nordschwedischen Elchen wachsen die beiden großen Schaufeln auf dem Kopf, rund die Hälfte der südschwedischen Elche trägt ein Stangengeweih, ähnlich den Hirschen. Eine Waffe ist der gewaltige Kopfschmuck allerdings nicht. Wenn ein Elch sich gegen Wolf, Bär oder andere Angreifer verteidigen muss, verteilt er gefährliche **Fußtritte und Schläge** mit den Vorderläufen. Das Geweih dient allein dazu, dem Imponiergehabe während der Brunftzeit den nötigen Nachdruck zu verleihen. Kaum ist die herbstliche Brunft vorbei, werfen die Bullen den Kopfschmuck ab und wandern barhäuptig durch den Wald, bis im Frühjahr neue Schaufeln nachwachsen.

Schüchterner Riese

Elche sind sehr scheu und ziehen meist als Einzelgänger durch die Wälder und Sümpfe. Ihre Fähigkeit, sich »unsichtbar« zu machen, ist bei schwedischen Jägern legendär. Am liebsten fressen die Wiederkäuer **Zweige, Beeren und Knospen**. Auf dem Boden kniend, zupfen sie Gräser und knabbern junge Bäumchen an und sorgen damit für so manchen Forstschaden. Um lästigen Mücken zu entkommen, äsen sie gerne im Wasser, weiden Schlingpflanzen und Seerosen ab und können bis zu einer Minute tauchen. Elche schwimmen gut und können mühelos über 2 m hohe Zäune springen. Zwar sind sie recht standorttreu, aber bei Futtermangel wandern sie auch Hunderte von Kilometern, um neue Weidegründe zu finden. Die Winterzeit überstehen sie dank ihrer Fettreserven unbeschadet.

Das große Halali

Alljährlich im Herbst blasen Jäger zum großen Halali auf den König der nordischen Wälder. In nur zwei bis drei Wochen erfüllen die rund 250 000 Jäger mit einer Treiberkette und speziell ausgebildeten Elchhunden die Abschusszahlen von 80 000 Exemplaren. Danach freut sich der Feinschmecker: Zahlreiche Restaurants servieren raffiniert zubereitetes **Elchsteak oder Elchgulasch**. Elchfleisch schmeckt allerdings nicht nach Wild, es ähnelt eher magerem, zartem Rindfleisch.

Elchparks

Wer die riesigen Tiere unfallfrei hautnah erleben möchte, der findet allein in Småland drei **Elchparks** entlang der E 4. So fährt man im Smålandet (www.smalandet.se) bei Markaryd mit dem eigenen Wagen auf 3 km Schotterpiste zwischen den frei laufenden Tieren umher. Im Laganland (www.laganland.se) und im Elinge Elchpark (www.algpark.com) lassen sich die Elche in klassischen Gehegen bewundern. Im Grönåsens Elchpark (www.moosepark.net) bei Kosta führt ein 1,5 km langer Rundweg die Besucher an Wald- und Wiesengehegen und Beobachtungstürmen vorbei.

ansteigt, nimmt sie in Norrbotten an der Grenze zu Norwegen kontinuierlich ab. Nicht schwedische Volksgruppen sind die 215 000 Finnen und die rund 20 000 Samen. Der größte Teil der **Migranten**, die ca. 14 % der Bevölkerung stellen, kommt aus dem Irak, Serbien und Montenegro. Flüchtlinge erhalten nach vier, andere Migranten nach fünf Jahren die schwedische Staatsbürgerschaft.

Sprachen

Die schwedische Sprache gehört wie Dänisch, Färöisch, Isländisch und Norwegisch zu den **nordgermanischen Sprachen**. In Schweden gibt es, anders als in Norwegen und Finnland, nur eine einzige Amtssprache, nämlich **Schwedisch**. Viele Schweden besitzen gute bis ausgezeichnete Englischkenntnisse, nicht zuletzt deshalb, weil ausländische Filme im Fernsehen meist nicht synchronisiert werden, sondern mit Untertiteln laufen. Durch die seit Jahrhunderten anhaltende Einwanderung aus Finnland wird **Finnisch** von rund 300 000 schwedischen Bürgern gesprochen.

Führend bei der Gleichberechtigung

Schweden gehört bei der Gleichberechtigung der Geschlechter zu den fortschrittlichsten Ländern der Welt. Zahlreiche Maßnahmen wurden umgesetzt, um Frauen in der Arbeitswelt zu fördern und Diskriminierungen aufgrund des Geschlechts zu verhindern und zu bekämpfen. Seit den 1970er-Jahren wird Berufstätigkeit für die Schwe-

Junge Frauen haben in Schweden die gleichen Karrierechancen wie ihre männlichen Altersgenossen. Diese Damen feiern ihr Abitur.

dinnen immer selbstverständlicher. Hinter dem Wandel von der Hausfrau zur Berufstätigen, der im übrigen Europa mit deutlicher Verzögerung erfolgte, stehen politische wie soziale Entwicklungen. In jenen Jahren wurden die Frauen im stark expandierenden öffentlich-sozialen Sektor gebraucht; neue Steuergesetze, Kindertagesheime und andere notwendige Infrastrukturen wurden geschaffen. Inzwischen sind 85 Prozent der Mütter, deren Kinder noch nicht älter als sieben Jahre sind, berufstätig. Damit stellen **Frauen fast die Hälfte der 4,3 Mio. Erwerbstätigen**.
Verglichen mit anderen Ländern haben die Frauen in Schweden eine recht starke Position in demokratischen Organen wie dem Reichstag: Von den 349 Reichstagsabgeordneten sind rund 45 % Frauen. In Spitzenpositionen von Unternehmen und Gewerkschaften sind etwa 25 % der Führungskräfte weiblich. Im mittleren Management dagegen sind Frauen besser vertreten. Der Grundsatz der **gleichen Bezahlung für gleiche Arbeit** ist in Schweden in den Tarifverträgen über die Gleichstellung von Mann und Frau verankert. Dennoch verdienen auch hier Frauen noch bis zu 6 % weniger als ihre männlichen Kollegen. Um das künftig zu verhindern, wurde ein Gesetz verabschiedet, das Unternehmen verpflichtet, alle drei Jahre anonym die Löhne und Gehälter zu analysieren und gegebenenfalls **geschlechtsspezifische Einkommensunterschiede** auszugleichen.

Staat und Gesellschaft

Frieden fördert Stabilität

Seit den Napoleonischen Kriegen, die für Schweden 1814 mit dem Frieden von Kiel endeten, lebt das schwedische Volk im Frieden. Dies ist einer der Gründe für die jahrzehntelange politische Stabilität im Land. Dazu kommt, dass es in Schweden nur sehr wenige ernsthafte religiöse, ethnische oder soziale Konflikte gab.

Der König repräsentiert

Schweden ist eine **konstitutionelle Monarchie**, der König, seit 1973 **Carl XVI. Gustaf**, ist das formelle Staatsoberhaupt (▶ Baedeker Wissen S. 360). Über politische Macht verfügt er aber nicht. Seine Aufgaben sind hauptsächlich zeremonieller und repräsentativer Art und in der Verfassung festgehalten. U. a. eröffnet der König alljährlich den Reichstag, nimmt an den Feierlichkeiten zum Nationalfeiertag am 6. Juni teil, empfängt ausländische Staatsoberhäupter und Botschafter und überreicht den Nobelpreis.
Die **Thronfolge** in Schweden ist seit 1980 vollkommen kognatisch. Das bedeutet: Das erstgeborene Kind des Königspaars wird Thronfolger, ohne Rücksicht auf das Geschlecht. Wenn **Kronprinzessin Victoria** eines Tages den Thron besteigt, wird sie die dritte Regentin der 70 Monarchen in der 1000-jährigen Geschichte des Königreichs Schweden sein.

Lage:
Nordeuropa am östlichen Rand der skandinavischen Halbinsel

Fläche:
449 964 km²

Einwohner: **9,9 Mio.** (2016)
davon:
90,5 % Schweden
2,5 % einheimische Finnen
ca. 20 000 Samen
Ausländeranteil: ca. 14 %

Bevölkerungsdichte:
21 Einwohner/km²
Im Vergleich Deutschland: 231 Einwohner/km²

Bevölkerung

19,9 % der Bevölkerung über 65 Jahre, damit ist Schweden eines der »ältesten« Länder weltweit.
Geburtenrate: 1,89 Kinder/Frau.

Staat

Staatsform: parlamentarisch-demokratische Monarchie
König: Carl XVI. Gustaf (seit 1973)
Ministerpräsident: Stefan Löfven (seit 2014)
Amtssprache: Schwedisch
Hauptstadt: Stockholm

Energiegewinnung

Bis 2040 sollen erneuerbare Energien 100% des Strombedarfs liefern. Schon jetzt erreicht Schweden eine Quote von über 50%.

Religion

71 % der Bevölkerung evangelisch-lutherisch (Schwedische Kirche),
ca. 250 000 Moslems,
ca. 150 000 römisch-katholisch

IKEA

Verkaufsschlager
Ivar, Klippan, Billy

Jahresumsätze 2015 im Vergleich (in €)

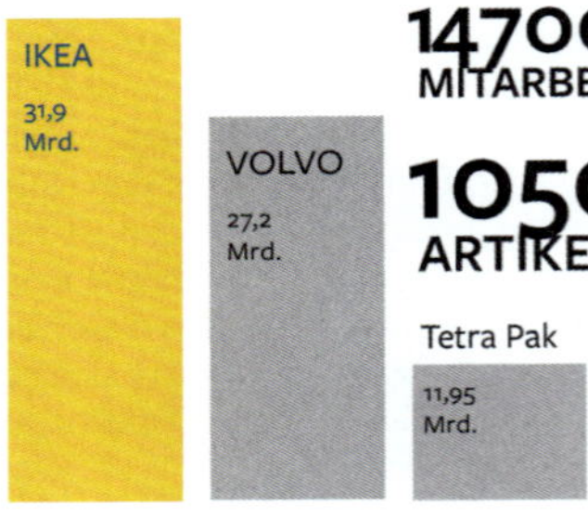

147000 MITARBEITER

10500 ARTIKEL

Wirtschaft

BIP 2015:
439,6 Mrd. €

Hauptausfuhr:
Holzerzeugnisse, Pkw, Lkw, Maschinen, Elektro- und Telekommunikationsausrüstung, Design

Einfuhr: Öl, Pkw, Halbfabrikate, Maschinen, Bekleidung, Obst

Dienstleistungen: **70 %**,
Industrie: **28 %**,
Landwirtschaft: **2 %**
Arbeitslosenquote:
6,8 % (Sept. 2017)

Währung:
Schwedische Krone SKR

Internet-TLD: .se

Großunternehmen:
ABB, Electrolux, Ericsson, Ikea, Saab, Scania, Tetra-Pak, Volvo

▶ Klimastation Stockholm

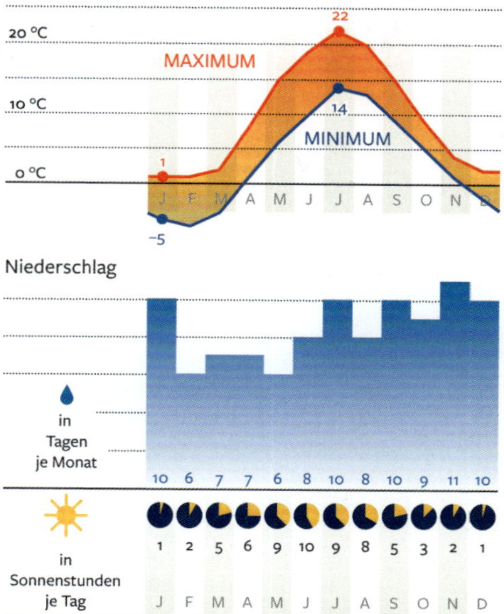

Filialen weltweit
392 Einrichtungshäuser

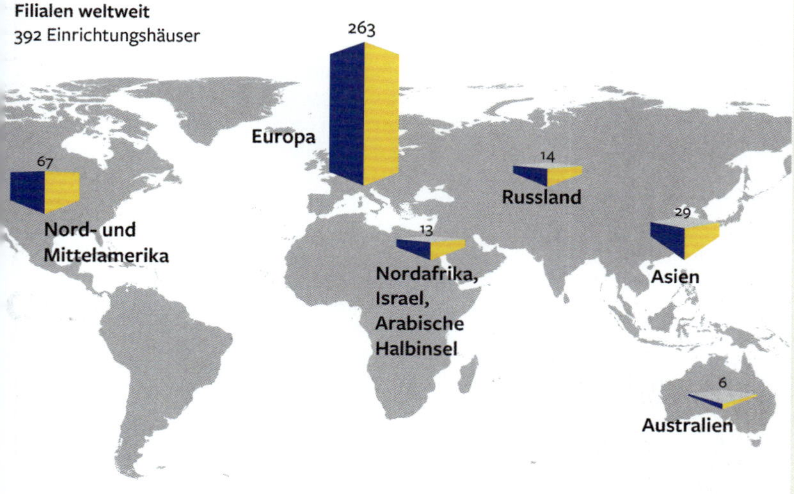

Politisches System

Der **Reichstag** besteht seit 1971 aus einer einzigen Kammer, der 349 Abgeordnete angehören. Gewählt wird alle vier Jahre (das nächste Mal im Herbst 2018). Die größte schwedische Partei ist die **Sozialdemokratische Arbeiterpartei**. Mit Ausnahme von 100 Tagen im Jahr 1936 regierten die Sozialdemokraten von 1932 bis 1976 ohne Unterbrechung. In den letzten vier Jahrzehnten gab es immer wieder Machtwechsel zwischen dem bürgerlichen Block und den Sozialdemokraten, die von 1994 bis 2002 ihre letzte große Regierungszeit hatten. Seit Oktober 2014 steht der Sozialdemokrat **Stefan Löfven** einer rotgrünen Minderheitsregierung vor, die von einem bürgerlichen Block geduldet wird. Allerdings ist eine Minderheitsregierung in Schweden recht häufig, weshalb man es dort gewöhnt ist, dass sich Regierungs- und Oppositionsparteien auf Kompromisse verständigen.

In der Nachkriegszeit schafften es bislang nur die seit 1998 im Reichstag vertretenen **Grünen**, sich neben den traditionellen Parteien zu etablieren. Für Schweden typisch sind auch die relativ geringen Unterschiede zwischen den Parteien. In Detailfragen wird zwar heftig gestritten, aber über den generellen Weg der Politik sind sich meist alle einig. Mit dem erstmaligen Einzug der rechtspopulistischen **Schwedendemokraten** im Jahr 2010 hat sich dies allerdings grundlegend geändert.

Schwedische Staatssymbole

Die schwedische **Flagge** (▶ Abb. S. 348) zeigt ein gelbes Kreuz auf blauem Grund. Das **große Staatswappen** ist das Wappen des Monarchen und wird nur bei feierlichen Anlässen von Reichstag und Regierung genutzt. Wesentlich häufiger zum Einsatz kommt das **kleine Staatswappen**. Es zeigt drei goldene Kronen auf blauem Feld und darüber eine reich verzierte Königskrone.

Mitglied der Europäischen Union

Seit 1995 ist Schweden Mitglied der Europäischen Union, der Währungsunion trat das Land allerdings nicht bei. Mit 56,1 % stimmten 2003 überraschend viele Bürger gegen die Einführung des Euro. Schweden gehört zwar zu den wenigen Ländern, die die Kriterien der Eurozone erfüllen, trotzdem ist die Einführung des Euro auch weiterhin nicht geplant. Die von der schwedischen Zentralbank gesteuerte Krone (SEK) hat seit 2010, bedingt durch die europäische Finanzkrise, beständig an Wert gewonnen.

Die Provinzen

Schweden gliedert sich in **21 Provinzen** (län), die mit den historischen Provinzen (landskap) nur selten deckungsgleich sind, obgleich die Namen das vermuten lassen. An der Spitze einer jeden Provinzialverwaltung steht ein von der Regierung ernannter **Regierungspräsident**; daneben besteht eine kommunale Selbstverwaltung.

Alkoholpolitik

In Schweden gibt es nur Leichtbier bis 3,5 % Alkoholgehalt im Supermarkt. Hochprozentigeres wird seit 1955 nur in den rund 400 staatli-

Die hohe Besteuerung von Alkohol macht ein Gläschen Wein in schwedischen Bars und Restaurants zu einem kostspieligen Vergnügen.

chen Getränkeläden **Systembolaget** verkauft. Was dort erhältlich ist, wird sehr hoch besteuert. Beim Kauf einer 0,7-l-Schnapsflasche mit 40 Vol.-% werden umgerechnet 15,41 € Branntweinsteuer fällig (Deutschland: 3,65 €). Was ursprünglich allein als erzieherische Maßnahme diente, spült inzwischen jährlich rund 10 Mrd. SEK in die Staatskasse.

Wegen der hohen Preise ist die illegale Schwarzbrennerei auf dem Land weit verbreitet. **»Hembränd«**, der Selbstgebrannte, ist bekannt für seinen hohen Alkoholgehalt und berüchtigt wegen seiner schlechten Qualität. Viele Schweden decken sich auf zollfreien Fähren mit Alkohol ein und umgehen so die Steuer. Seitdem der Europäische Gerichtshof 2007 entschieden hat, dass die Schweden über den Versandhandel direkt in anderen EU-Staaten Alkohol einkaufen können, ist das Monopol von Systembolaget quasi ausgehebelt. Die hohen schwedischen Alkoholsteuern müssen jedoch weiterhin gezahlt werden. In die Kritik ist die schwedische Alkoholpolitik viele Jahre lang auch wegen ihrer doppelten Moral geraten: Bis zur millionenschweren Privatisierung von **Vin & Sprit** und dessen Topmarke **Absolut Vodka** im Frühjahr 2008 war der schwedische Staat der größte Alkoholproduzent im Land.

Wirtschaft

Wohlfahrtsstaat

Innerhalb von nur 100 Jahren wurde aus dem bitterarmen Schweden eines der reichsten Länder Europas, aus einem Agrarstaat eine aufstrebende Industrienation. Weil das Land als eines der wenigen in Europa von den Zerstörungen des Zweiten Weltkriegs verschont blieb, konnte die Industrie nach 1945 sofort ausländische Märkte erobern, während man anderswo mit dem Wiederaufbau zerstörter Fabriken beschäftigt war. Mit traumhaften Steigerungsraten wuchs die Industrie die gesamten 1950er- und 1960er-Jahre. Den finanziellen Überschuss verwendete man zum Aufbau eines **Sozialstaats**, der seinen Bürgern umfassende soziale Sicherheit garantierte.

Es kriselt

Ende der 1980er-Jahre wurde aber immer deutlicher, dass die schwedische Industrie im Vergleich zum Ausland zu teuer produzierte – in einer Zeit, in der die gesamte Weltwirtschaft in der Krise war, waren auch die Kosten des Sozialstaats zu hoch geworden. Als eines der ersten Länder Europas schlitterte Schweden in eine schwere Wirtschaftskrise. Um die Industrie zu stärken, nahm die Regierung einschneidende **Eingriffe in das soziale Netz** vor. So wurde z. B. ein unbezahlter Karenztag im Krankheitsfall eingeführt. Auch für das Alter müssen die Bürger jetzt verstärkt privat vorsorgen. Die Reformen brachten zwar den gewünschten Erfolg, doch die steigende **Arbeitslosigkeit** macht auch den Schweden Sorgen. Im September 2017 lag die Arbeitslosenquote bei 6,8 % und damit rund 2 % unter dem EU-Durchschnitt. Mit arbeitsmarktpolitischen Maßnahmen will die rot-grüne Regierung das ehrgeizige Ziel erreichen, die Arbeitslosenrate Schwedens bis zum Jahr 2020 auf den niedrigsten Wert in der EU zu bringen.

Kein Steuerparadies

In Schweden sind die **Steuern sehr hoch**: Die Steuer- und Abgabenquote liegt bei 50 %, also um ein Viertel höher als in Deutschland. Rechnet man noch Verbrauchssteuern hinzu, gibt ein Beschäftigter fast zwei Drittel seines Einkommens an den Staat ab.

Schwedische Wirtschaft

Die schwedische Volkswirtschaft ist **stark exportorientiert** und geprägt durch einige große, global ausgerichtete Unternehmen wie Ericsson, ABB, Electrolux oder IKEA (▶ Schweden auf einen Blick, S. 349). Deswegen ist das Land von internationalen Wirtschaftskrisen auch besonders schwer betroffen. Mehr als 60 % der Exporte gehen in die Europäische Union, größter Abnehmer schwedischer Produkte ist Deutschland. Im Global Competitiveness Report 2017/1018, dem Ranking der wettbewerbsfähigsten Länder der Welt, steht Schweden auf Platz sieben. Zu Beginn der 2010er-Jahren erlebte das Land zwar einen Rückgang des Wirtschaftswachstums, doch bereits 2015 hat das Bruttoinlandsprodukt wieder deutlich zugelegt und 2017 + 3,1 % erreicht.

»Schwedenstahl«

Die skandinavische Halbinsel birgt Eisen- und Kupfererze. Schon zu Beginn des 14. Jh.s wurden Eisenerze abgebaut. Weltwirtschaftliche Bedeutung erlangten dann im 19. Jh. die Erze von **Kiruna** und Gällivare in Lappland. Noch heute kommen bis zu 80 % der schwedischen Erze aus diesem Gebiet. Dennoch erhält das mit 60 % Eisengehalt sehr hochwertige Erz zunehmend Konkurrenz aus Brasilien, Labrador und Australien. Daher ist der Export des einst legendären »Schwedenstahls«, dem nicht zuletzt die Karosserien der Volvo- und Saab-Automobile ihren Ruf verdanken, stark zurückgegangen.

Fischerei, Land- und Forstwirtschaft

Den Fischern gehen hauptsächlich Hering, Kabeljau, Flunder und Lachs ins Netz, wichtigster Fischereihafen ist Göteborg. Die fruchtbaren Sedimentböden in Skåne und der Mittelschwedischen Senke sorgen für hohe Erträge in der Landwirtschaft. Was **Getreide, Molkereiprodukte und Fleisch** betrifft, ist das Land noch heute autark, wenngleich seit dem Anschluss an die EU Importe aus anderen Ländern auf den Markt drängen.
Gut die Hälfte Schwedens ist von Wald bedeckt. Rund die Hälfte der Waldflächen ist Privateigentum, ein Viertel gehört großen Industriekonzernen und ein weiteres Viertel dem Staat. Mit rund 60 Mio. Festmetern ist der jährliche **Holzeinschlag** hier sogar noch höher als in Finnland, das als Holzproduzent schlechthin gilt. Der weitaus größte Teil des Holzes gelangt in die Zellulose-Fabriken, die u. a. den Grundstoff für die europäische Papierindustrie liefern. Nur rund 17 % der Holzproduktion gehen direkt als Nutzholz oder Fertigprodukte in den Export.

Kernreaktoren und Wasserkraft

Schweden besitzt mit mehr als drei Vierteln den höchsten Anteil der bekannten **Uranvorräte** Europas. Zwar hatte sich Schweden nach der partiellen Kernschmelze auf Three Mile Island bei Harrisburg in den USA (1979) per Volksabstimmung für den Atomausstieg entschieden und dafür, vorhandene Kraftwerke bis 2010 abzuschalten. Doch davon ist längst nicht mehr die Rede. 2009 verabschiedete der schwedische Reichstag zwar ein Energieprogramm, das u. a. den Ausbau der Windenergie und eine generelle Erhöhung der alternativen Energieproduktion vorsah. Gleichzeitig aber erhielten die Kernkraftbetreiber freie Hand zum Neubau von Kernkraftwerken unter der Voraussetzung, dass für jeden neuen Meiler der ans Netz geht, ein alter abgeschaltet wird. Eine Verteuerung von Atomstrom durch Abgabenerhöhungen und neue Sicherheitsauflagen führte zuletzt jedoch zu einer Kehrtwende bei den großen Stromerzeugern, die künftig verstärkt auf erneuerbare Energienquellen setzen wollen. Hierbei spielte **Wasserkraft** bisher die größte Rolle. Deren intensive Nutzung hat allerdings auch zur Folge, dass viele einstmals wegen ihrer Schönheit gepriesene Wasserfälle und Stromschnellen in Druckstollen und Staubecken gebändigt wurden und heute nur noch an wenigen Tagen im Hochsommer kurzfristig ihr ursprüngliches Aussehen zeigen (► S. 280). Bis 2040 will Schweden vollständig von nicht erneuerbaren Energiequellen unabhängig sein.

Zukunftstechnologien

Schweden hat die höchste Anzahl von **Life-Science-Unternehmen** pro Kopf in der Welt. Besonders viele Biotech- und Pharmaunternehmen haben sich im »Medicon Valley« in Südschwedens und Ostdänemarks Öresund-Region niedergelassen. Mit der »Öresund-IT-Region« sind hier auch die **Informations- und Kommunikationstechnologien** stark vertreten. Zu den Schlüsselindustrien Südschwedens gehört außerdem nach wie vor die **Lebensmittelindustrie** mit Großbetrieben wie Tetra-Pak, Danisco, Arla und Nestlé.

Urlaubsland Schweden

In Schweden trägt der Tourismus mit knapp 3 % des Bruttosozialprodukts deutlich weniger zur Wirtschaftsleistung bei als in anderen Urlaubsländern. Das liegt vor allem am **fehlenden Massentourismus**. Als Reiseland ist Schweden besonders bei Individualisten beliebt. Im Jahr 2016 wurden rund 56,1 Mio. Übernachtungen gezählt, davon 13,9 Mio. von ausländischen Gästen, zu denen noch eine ganz beachtliche Zahl von Aufenthalten in Ferienhäusern (stugor) und auf Campingplätzen kommt. Bei Urlaubern besonders beliebte Regionen sind Stockholm und sein Umland, die Schären und Skåne.

Ruhiges Ferienidyll in der Natur – Schweden ist vor allem bei Individualreisenden ein sehr beliebtes Urlaubsziel.

GESCHICHTE

Großartige Felszeichnungen künden vom Leben in Südschweden vor 3000 Jahren. Auch die Wikinger sorgten dafür, dass man sie nicht vergisst. Ein bleibendes Vermächtnis schuf Gustav II. Adolf, unter dem Schweden im Dreißigjährigen Krieg zur Großmacht im Ostseeraum aufstieg. Nachdem es diese Rolle nach dem Großen Nordischen Krieg 1721 wieder abgeben musste, hat es seit 1814 keinen Krieg mehr geführt. Auf eine so lange Friedenszeit kann kaum eine andere Nation zurückblicken.

Steinzeitjäger und Wikinger

Vom Jäger zum Bauern

Die ältesten Spuren menschlicher Besiedlung sind in Schweden rund 12 000 Jahre alt. Im Lauf der **Steinzeit** drangen Jäger und Fischer in Schweden bis zum Dalälv (Dal-Fluss) vor. Die Küstenbewohner lebten vom Fischfang und Muschelsammeln. Erst um 5000 v. Chr., also in der Jungsteinzeit, wurden die Menschen hier sesshaft, legten Äcker an und züchteten die ersten Haustiere. Aus dieser Zeit stammen die Megalithbauten, Bauwerke aus großen Steinen, an der Küste von Västergötland. Diese als **»Gånggrifter«** (Ganggräber) bezeichneten Anlagen wurden über mehrere Generationen für Bestattungen genutzt. Heute liegen die Steine frei, einst überdeckte sie ein Erdhügel.

Bronzezeit

Die nordische Bronzezeit hatte ihren Schwerpunkt in Dänemark und Südschweden. Aus jener Zeit stammen die verschiedenen **Felszeichnungen**, die man besonders in Tanum im Bohuslän (▶ Baedeker Wissen S. 64) nördlich von Göteborg und nahe der norwegischen Grenze, an der schwedischen Ostküste, nördlich vom Mälarsee oder im Steingrab von Kivik (▶ S. 206) findet.

Eisenzeit

Während der nordischen Eisenzeit wurde die Waffentechnik verbessert. Im 2. Jh. n. Chr. schmückten die ersten Runeninschriften Geräte und Schmuck. Etwa am Ende des 4. Jh.s begann man auch **Runen** in Stein zu schlagen. Der Name »Scandinavia« tauchte indes erstmals schon deutlich früher bei dem römischen Geschichtsschreiber Plinius d. Ä. um 75 n. Chr. auf. Und Tacitus erwähnte die mächtigen Schwedenkönige (Suiones) um 100 n. Chr. in seiner »Germania«.

Svear und Götar

Die **Vendelzeit** hat ihren Namen von den prächtigen **Bootsgräbern** in Vendel in Uppland. Im Lauf der Jahrhunderte entwickelten sich zwei Zentren der Besiedlung: Die in straffen Stammesordnungen organisierten Svear herrschten im Gebiet um das heutige Stockholm, die Götar saßen etwas weiter südlich im Bereich des heutigen Öster-

Burg Eketorp im Süden von Öland war zwischen 300 und 1200 n. Chr. bewohnt.

götland. Die Svear unterwarfen die Götar schließlich in einer letzten entscheidenden Schlacht um das Jahr 750. Ihr Stammesname ging auf das ganze Land über (Svea rike = **Sverige** = Schweden).

Wikinger

Um 800 setzt eine starke Expansion ein. Die Skandinavier machten sich im Ausland als Händler, vor allem aber als plündernde Wikinger bemerkbar: Während sich ihre Verwandten aus Norwegen und Dänemark bei ihren Raubzügen zumeist nach Westen wendeten, spezialisierten sich die schwedischen Wikinger auf den Osten. Über die russischen Flüsse gelangten sie mit ihren leichten Booten **bis zum Kaspischen Meer**. Sie gründeten dort verschiedene Staaten, beispielsweise am Ilmensee mit dem Hauptort Holmgard, dem späteren Nowgorod. In Konstantinopel bildeten schwedische Wikinger als Waräger die Kaisergarde – so gelangten Runenzeichen gar an eine Galeriewand in der Hagia Sophia!

Mittelalter

Aus Heiden werden Christen

Um das Jahr 830 predigte der **heilige Ansgar** das Christentum in Birka am Mälarsee, das seinerzeit Schwedens größte Handelsniederlassung bildete. Allerdings legte die Bevölkerung nur zögerlich den Glauben an die germanischen Götter wie Thor und Odin ab und lange existierte ein Nebeneinander von Heiden und Christen. Im **Jahr 1000** ließ sich König Olof Eriksson taufen. Einen eigenen Erzbischof erhielt Schweden indes erst deutlich später, nämlich 1164. Zu diesem Zeit-

CHRONOLOGIE

STEINZEITJÄGER UND WIKINGER

vor 12 000 Jahren	Erste menschliche Besiedlung
um 1800 v. Chr.	Beginn der Bronzezeit; Felszeichnungen entstehen
um 500 v. Chr.	Beginn der Eisenzeit
550 – 800 n. Chr	Vendelzeit
800 – 1050 n. Chr	Wikinger

MITTELALTER

um 830	Christliche Missionare erreichen Schweden.
um 1250	Birger Jarl lässt Stockholms erste Siedlung befestigen.
14. – 16. Jh.	Hansezeit
1397 – 1523	Kalmarer Union: Dänemark, Schweden und Norwegen sind unter einem König vereint.
1521	Stockholmer Blutbad

AUFSTIEG ZUR GROSSMACHT

1523	Gustav I. Wasa wird zum König gewählt.
1527	Einführung des reformierten Glaubens
1632	Gustav II. Adolf fällt in der Schlacht von Lützen.
1648	Im Westfälischen Frieden bekommt Schweden u. a. Vorpommern zugesprochen.
1658	Größte Ausdehnung des Staatsgebiets Schwedens
ab 1697	Niedergang Schwedens

FREIHEITSZEIT UND INDUSTRIALISIERUNG

1719 – 1772	Freiheitszeit: Die Macht des Königs wird eingeschränkt.
1809	Schweden verliert Finnland.
1814 – 1905	Union mit Norwegen
1818	Jean Baptiste Bernadotte besteigt den Thron.
ab 1850	Große Auswanderungswellen
1900 – 1930	Aufstieg zur Industrienation
Weltkriege	Schweden bleibt zumindest auf dem Papier neutral.

DER WEG INS 21. JAHRHUNDERT

1946	Beitritt zu den Vereinten Nationen
1986	Ermordung des Ministerpräsidenten Olof Palme
1995	Beitritt zur Europäischen Union (EU)
2010	Hochzeit von Kronprinzessin Victoria und Daniel Westling
2017	Ein Terroranschlag in Stockholm fordert fünf Todesopfer.

punkt war die Christianisierung abgeschlossen, die heiligen Haine und Quellen der germanischen Götter waren mit Kirchen überbaut und viele Runensteine weggeschafft.

Um 1250 ließ Birger Jarl die Siedlung Riddarholmen befestigen, Lübeck gewährte er im späteren **Stockholm** Zollfreiheit. Unter der Hanse

Führung Lübecks schlossen sich im 14. Jh. dann niederdeutsche Städte in der Hanse zusammen. Diese Handelsgemeinschaft sicherte sich im gesamten Ostseeraum die Vorherrschaft, so auch in Schweden, und gründete zahlreiche Städte. Einer der Hauptstützpunkte der Hanse war Visby auf ▶ Gotland.

Kalmarer Union

Eine bedeutende Zäsur in der schwedischen Geschichte ereignete sich im Jahr 1397: Unter Führung der dänischen **Königin Margarete** wurden Dänemark, Norwegen und Schweden zu einem Reich vereinigt. Nach dem Tod Margaretes 1412 wurde die **Kalmarer Union** – benannt nach dem Ort, in dem der Zusammenschluss begründet wurde – immer mehr zu einem Machtinstrument Dänemarks und entwickelte sich zum Nachteil Schwedens. Das Land wurde mit hohen Steuern belegt; der Dauerstreit mit der **Hanse**, die den Ostseeraum dominierte, führt zu einem Boykott von schwedischem Eisen und Kupfer. 1434 kam es deshalb unter der Führung des Bergwerksbesitzers **Engelbrekt Engelbrektsson** zum Aufstand. Seinem Bauernheer gelang der Sieg und Engelbrektsson bekleidete für kurze Zeit gar das Amt des Reichsverwesers. Auch wenn er 1436 ermordet wurde und der Adel sich die Macht zurückeroberte, so blieben doch den Bauern viele Freiheiten erhalten, die für die damalige Zeit europaweit einmalig waren. Es wurde ein **Vier-Stände-Reichstag** gebildet, dem Adel, Geistlichkeit, Bürger und Bauern angehörten.

Schlacht von Brunkeberg

Ab 1436 stand **Karl Knutsson** an der Spitze des Kampfs gegen den Unionskönig Erik von Pommern. Im Jahr 1448 wurde er zum König gewählt, verlor aber in den bis zu seinem Tod 1470 andauernden erbitterten Kämpfen gegen König Christian I. von Dänemark und gegen schwedische Adlige zweimal die Herrschaft. Der Kampf gegen die Dänen und für die Auflösung der Kalmarer Union ging indes unbeirrt weiter. **Sten Sture** der Ältere besiegte das dänische Heer 1471 in der Schlacht von Brunkeberg.

Stockholmer Blutbad

Immer wieder eroberten die Dänen ihre Macht zurück. Tragischer Höhepunkt der Kämpfe ist das »Stockholmer Blutbad«: 1521 ließ Dänenkönig Christian II. 82 schwedische Adlige, die angeblich einen Aufstand gegen ihn geplant hatten, brutal ermorden. Letztlich bewirkte er damit aber das Gegenteil dessen, was er erreichen wollte. Es brach ein Aufstand aus, der in der Absetzung **Christians II.** mündete.

Aufstieg zur Großmacht

Gustav I. Wasa

Gustav Wasa, ein schwedischer Adliger, der maßgeblich am Widerstand gegen die Dänen beteiligt war, wurde 1523 zum **König von Schweden** gewählt. Im Jahr 1527 ließ er die Reformation einführen, er brach die Macht der Hanse und machte Schweden 1544 zur Erbmonarchie.

Gustav II. Adolf

Zu Beginn des 17. Jh.s betrieb Gustav II. Adolf (▶ Interessante Menschen S. 375) eine aggressive Expansionspolitik Richtung Osten und beendete die von seinem Vater **Karl IX.** begonnenen Kriege gegen Russland und Polen mit einem Sieg. Er reformierte die Verwaltung und förderte die Wirtschaft. Auf Bitten der protestantischen Fürsten griff er schließlich in Deutschland in den **Dreißigjährigen Krieg** (1618 – 1648) ein; 1632 fiel er in der Schlacht von Lützen bei einem Reiterangriff, den er persönlich anführte. Da seine Tochter und spätere Thronfolgerin Christine noch ein Kind war, führte Kanzler Axel Oxenstierna den Krieg weiter.

Aufstieg und Niedergang

Unter **Königin Christine** setzte sich der Aufstieg Schwedens zur Großmacht fort. Im Westfälischen Frieden von 1648, der den Dreißigjährigen Krieg beendete, sicherte sich Schweden u. a. Vorpommern mit Rügen und Wismar sowie Bremen und das Bistum Verden. Weitere Eroberungen folgten im Krieg gegen Dänemark-Norwegen. 1658 stand das schwedische Reich auf dem Gipfel seiner Macht mit der größten territorialen Ausdehnung. Doch dem rein agrarisch ge-

Unter ihm wurde Schweden zur Großmacht: Gustav Adolf II. Dieses Denkmal steht am Gustav Adolfs Torg in Stockholm.

SCHWEDENS KÖNIGSHÄUSER

Die schwedische Monarchie gehört zu den ältesten Europas. Unter den elf Königsgeschlechtern finden sich vier mit deutschen Wurzeln. Der amtierende König, Carl XVI. Gustaf, gehört dem Haus Bernadotte an, das auf Jean-Baptiste Bernadotte, Marschall von Frankreich, zurückgeht. Ihn hatte Karl XIII., der letzte König aus dem Haus Holstein-Gottorp, adoptiert.

▶ **Wikingerzeit (800 – 1050)**
Das Ende der Wikingerzeit geht einher mit der Christianisierung Schwedens und dem Entstehen des Königtums.

▶ **Olof Skötkonung (Ynglinger)**
(Regentschaft um 995 – 1022)
Der erste christliche König Schwedens ließ auch die ersten schwedischen Münzen schlagen.

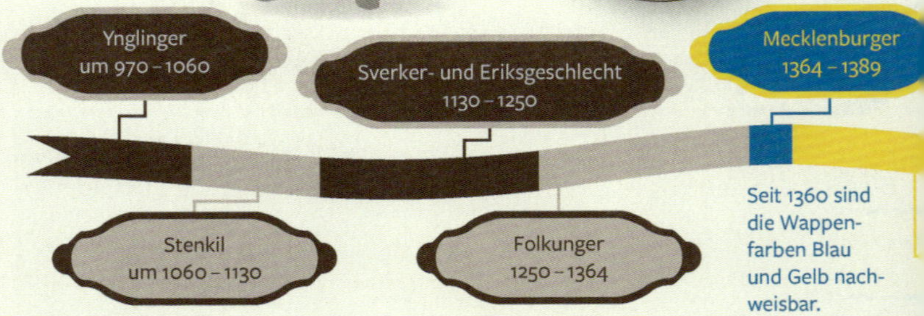

▶ **Erik X. (Haus Erik)**
(Regentschaft 1208 – 1216)
Die Krönung Eriks durch den Erzbischof ist die erste bekannte Krönung eines schwedischen Königs.

▶ **Magnus II. (Folkunger)**
(Regentschaft 1319 – 1364)
Noch als Kind wurde Magnus II. zum König von Schweden und Norwegen gekrönt.

Europäische Großmacht

- Schweden unter Gustav Wasa bis 1560
- Erwerbungen unter Gustav Wasas Söhnen bis 1611
- Erwerbungen unter Gustav II. Adolf und Christina bis 1654

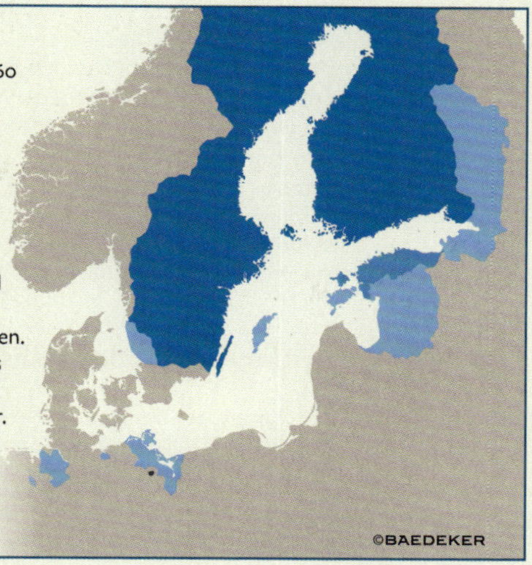

Gustav II. Adolf (Wasa)
(Regentschaft 1611 – 1632)
In Kriegen gegen Dänemark, Polen und Russland konnte Gustav II. Adolf das schwedische Reich bedeutend ausweiten. Im Dreißigjährigen Krieg sah er sich als Haupt der Protestanten und drang mit seinem Heer tief nach Deutschland vor.

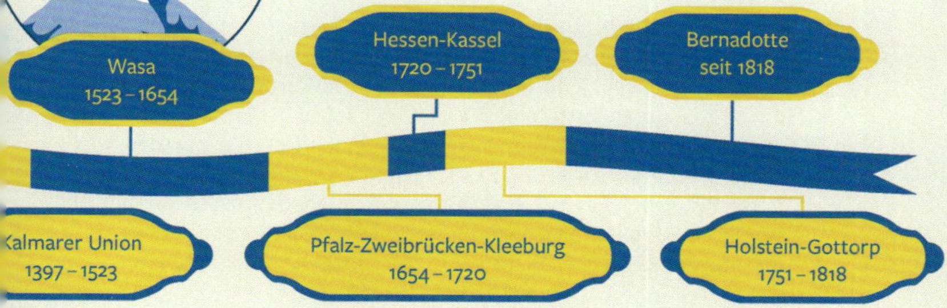

rl XII. (Pfalz-Zweibrücken-Kleeburg)
egentschaft 1697 – 1718)
rl XII. besiegte im Nordischen Krieg Däne-
ark und Polen, wurde dann aber von Zar
ter I. geschlagen. Unter seiner Regentschaft
rlor Schweden seine Großmachtstellung.

Das Königshaus heute
Carl XVI. Gustaf ist seit 1973 im Amt. Heute sind die Pflichten des Königs von Schweden jedoch rein repräsentativ und zeremoniell.

prägten Land fehlten die Ressourcen, um seine Großmachtstellung dauerhaft zu halten. Als 1697 der 15-jährige **Karl XII.** den Thron bestieg, begann der Abstieg Schwedens. Zunächst konnte der kriegerische König zwar noch militärische Erfolge feiern, doch der Niederlage im **Großen Nordischen Krieg** (1700 – 1721) gegen Dänemark, Polen und Russland folgte der Verlust der Ostseeprovinzen, Bremens, Verdens und des südlichen Vorpommern und damit auch der Vormachtstellung in Europa. Karl XII. selbst war bereits 1718 vor der norwegischen Festung Fredrikssten durch eine verirrte Kugel gefallen.

Freiheitszeit und Industrialisierung

Reichsrat erhält mehr Macht

Nach dem Zusammenbruch erholte sich das Land wirtschaftlich überraschend schnell. In der sogenannten Freiheitszeit gelang es dem Adel, die Macht des Königs zugunsten des **Reichsrats** deutlich einzuschränken. Die Macht lag nun beim Reichsrat bzw. Parlament; Vergleichbares konnte zu dieser Zeit in Europa nur England aufweisen.

Gustav III.

Dem aufflackernden Parlamentarismus wurde allerdings rasch der Boden entzogen. Gustav III., 1772 auf den Thron gelangt, schränkte den Einfluss der Parteien wieder stark ein. Andererseits regierte er im Sinne des sogenannten **aufgeklärten Absolutismus**, er schaffte die Folter ab und führte die Pressefreiheit ein. Außerdem ging Gustav als ein bedeutender Förderer von Kunst und Kultur in die Geschichte seines Landes ein. Durch sein entschlossenes Auftreten gegen den Adel schuf er sich dort allerdings viele Gegner. 1792 wurde er von einem Vertreter des Adels bei einem Maskenball angeschossen und starb wenige Tage später an seinen Verletzungen. Sein tragisches Ende verarbeitete Guiseppe Verdi im 19. Jh. zur Oper »Der Maskenball«.

Union mit Norwegen

1805 tobte in Europa abermals ein Krieg. Schweden verbündete sich mit England gegen Russland und Frankreich – und unterlag. Die Provinz Finnland ging verloren. In der Verfassung von 1809 wurde die Macht des Königs stark eingeschränkt und ein Gleichgewicht zwischen Monarchie und Reichstag geschaffen. Da man Gustav IV. Adolf für die Niederlage im Krieg gegen Russland und Frankreich verantwortlich machte, wurde er durch **Karl XIII.** ersetzt. Die eigentliche Macht übte aber **Jean Baptiste Bernadotte** aus, ein ehemaliger Marschall aus der napoleonischen Armee, der 1810 als Kronprinz ins Land geholt wurde und 1813 gegen Frankreich und Dänemark in die Schlacht zog. Als Kriegsfolge musste Dänemark **Norwegen** abtreten und Norwegen gegen seinen Willen eine Union mit Schweden eingehen, die bis 1905 währte. 1818 bestieg Jean Baptiste Bernadotte als **Karl XIV. Johann** den Thron. Seine Nachkommen stehen noch heute an der Spitze des schwedischen Staats.

1856 zuckelte die erste Eisenbahn durch Schweden. In Mariafred sind Museumslokomotiven der »Södermanlands Järnvag« immer noch im Einsatz.

Bittere Armut

Im Lauf des 19. Jh.s nahm die Bevölkerung u. a. aufgrund der Fortschritte in der Medizin stark zu. Das Land konnte die Menschen immer weniger ernähren, die Landbevölkerung verarmte. Auch große Projekte wie der Bau des Göta-Kanals (► Baedeker Wissen S. 40) konnten die Misere nicht lindern. Daher wanderten rund 1,5 Mio. Menschen der damals 3,5 Mio. Schweden zwischen 1860 und 1914 vor allem nach Nordamerika aus. Wer nicht emigrierte, versuchte sein Glück in den neuen Fabriken der Städte. 1889 wurden die ersten **Arbeiterschutzgesetze** erlassen, als Vertreter der Arbeiterschaft entstanden die Sozialdemokratische Partei und die Zentralgewerkschaft.

Die Zeit der Weltkriege

Zwischen 1890 und 1930 wuchs die Wirtschaftskraft dank der Industrialisierung rasch an. Im **Ersten Weltkrieg** verfolgte die schwedische Regierung offiziell eine Politik der Neutralität. Da man aber in Wirklichkeit eine sehr deutschfreundliche Linie fuhr, verhängte England schließlich eine Blockade gegen das Land. Nach Kriegsende begründeten politische und soziale Reformen den schwedischen Wohlfahrtsstaats. 1921 folgte die Einführung des allgemeinen Wahlrechts.
Im **Zweiten Weltkrieg** erklärte Schweden erneut seine Neutralität, trieb aber regen Handel mit Deutschland und lieferte Eisenerz für Hitlers Waffenschmieden. Außerdem wurde den deutschen Truppen ein Transitrecht ins besetzte Norwegen gewährt.

Der Weg ins 21. Jahrhundert

Wohlfahrtsstaat

Nach 1945 wurden die sozialen Reformen fortgeführt und eine sozialdemokratische Regierung folgte der anderen. 1946 trat Schweden den **Vereinten Nationen** bei, 1949 dem Europarat, und 1951 gründete das Land zusammen mit seinen Nachbarn den **Nordischen Rat**, der sich die Zusammenarbeit der skandinavischen Länder in den Bereichen Wirtschaft, Recht, Kultur, Soziales und Umwelt auf die Fahnen schreibt. All dies geschah unter der Führung des Sozialdemokraten Tage Erlander, der von 1946 bis 1969 als Ministerpräsident amtierte. Ihm folgte **Olof Palme** im Amt, der 1976 die Regierungsgeschäfte an Thorbjörn Fälldin abgeben musste – für schwedische Verhältnisse war dies eine Sensation, denn erstmals stand damit kein Sozialdemokrat an der Spitze einer Regierung. Doch 1982 übernahmen die Sozialdemokraten und mit ihnen Olof Palme erneut die Macht. Der beliebte Ministerpräsident trat außenpolitisch als Friedensstifter auf, gleichzeitig rüstete er aber die schwedische Armee hoch. 1986 wurde er erschossen – der Mörder wurde nie gefunden. 2003 fiel auch die populäre schwedische Außenministerin **Anna Lindh** bei einem Kaufhausbesuch in der Stockholmer City einem Attentat zum Opfer, auch dieser Mord wurde bis heute nicht aufgeklärt.

Königshaus

König Carl XVI. Gustaf heiratete 1976 die Deutsche **Silvia Sommerlath**, die er 1972 während der Olympischen Spiele in München kennengelernt hatte. Am 14. Juli 1977 kam **Kronprinzessin Victoria** zur Welt. Für sie wurde die Thronfolgeregelung geändert: Seit 1980 gilt in Schweden bei der Königsnachfolge das Erstgeburtsrecht: Victoria ist die schwedische Thronfolgerin. Weitere Kinder Carls und Silvias sind Prinz Carl Philip (* 1979) und Prinzessin Madeleine (* 1982).

Victoria unterstützt den König bei seinen repräsentativen Aufgaben, seit 2001 vertritt sie den Monarchen auch bei offiziellen Auslandsbesuchen. Nach acht Jahren Beziehung gaben sich die schwedische Thronfolgerin und ihr Ex-Fitnesstrainer Daniel Westling am 19. Juni 2010 im Stockholmer Dom das Ja-Wort. Ort und Datum haben Tradition: Victorias Eltern, König Carl Gustaf und Königin Silvia, haben hier 34 Jahre zuvor den Bund fürs Leben geschlossen.

Victoria brachte im Februar 2012 Prinzessin Estelle und 2016 Prinz Oscar zur Welt, die auf Platz zwei und drei der schwedischen Thronfolge stehen. Während Victorias Popularität ungebrochen hoch ist, kämpft König Carl Gustaf mit Imageproblemen, seit ihm 2010 in einer Buchveröffentlichung eine außereheliche Affäre nachgesagt wurden.

Schweden und Europa

Als eines der ersten Länder Europas schlitterte Schweden im Lauf der 1990er-Jahre in eine schwere **Wirtschaftskrise**. In dieser Situation beschloss die Regierung die Aufgabe ihrer Neutralitätspolitik und beantragte den damals in der Bevölkerung äußerst umstrittenen **Beitritt zur Europäischen Union**, deren Mitglied Schweden seit 1995 ist. Der Beitritt zur Europäischen Währungsunion wird aber 2003 in einer Volksabstimmung von einer breiten Mehrheit der Bevölkerung abgelehnt. Viele Schweden fürchteten, den eigenen Wirtschaftsaufschwung durch die Übernahme des Euro zu gefährden.

Stockholm im 21. Jahrhundert

Schweden ist Vorbild beim Klimaschutz. Die EU-Kommission verlieh daher Stockholm 2010 als erster Stadt den Titel **»European Green Capital«** (Europäische Umwelthauptstadt). Schwerpunkte der Projekte, die in Stockholm umgesetzt wurden, waren der Bau von Kläranlagen, der Lärmschutz, eine integrierte Abfallwirtschaft, die Innenstadtmaut und eine Ausweitung der Erholungsgebiete.

Doch Stockholm hat auch mit den gleichen Problemen wie viele andere Metropolen Europas zu kämpfen: Eine mangelnde Integration führte 2013 zu Unruhen in den Vorstädten Stockhoms und einer Zunahme der Fremdenfeindlichkeit. Traurige Höhepunkte dieser Entwicklungen waren die Übergriffe auf Asylanten 2016 und das Attentat mit einem Lkw in der Innenstadt 2017, das fünf Menschenleben forderte; der mutmaßliche Täter, ein abgelehnter Asylbewerber aus Usbekistan, soll Beziehungen zur Terrororganisation Islamischer Staat besessen haben

Kronprinzessin Victoria und ihr Fitnesscoach – was im Juni 2010 in eine Traumhochzeit mündete, begann beim gemeinsamen Training im Sportclub.

KUNSTGESCHICHTE

Bronzezeitliche Felsritzungen, Wikingerschiffssetzungen und rätselhafte Runensteine, mittelalterliche Dome, junges Design und die prachtvollen Königsstädte Kalmar, Uppsala und Stockholm – Südschweden verspricht vielfältige Begegnungen mit Kunst und Kultur von einst und jetzt.

Vor- und Frühgeschichte

Felszeichnungen

Felszeichnungen gehören zu den eindrücklichsten Kunstwerken der Vorgeschichte in Schweden. Ihre Datierung ist schwierig, doch Forscher gehen davon aus, dass die ersten über 8000 Jahre alt sind. Einen Höhepunkt erreichte die Zahl der Felszeichnungen in der Bronzezeit. Allein in der Gegend von Nord-Bohuslän wurden rund 40 000 solcher **»Hällristningar«** gezählt, die überwiegend aus der Zeit zwischen 1800 und 400 v. Chr. stammen (▶ Baedeker Wissen S. 64).

Tierstil

In germanischer Zeit entwickelte sich die Kunst, **Schmuckstücke** aus Metall herzustellen, deutlich weiter. Bis um 350 wurden **Fibeln**, eine Art Brosche, mit gekörnten Gold- oder Silberdrähten verziert. Dann ließ man sich vom Orient inspirieren, übernahm ornamentale Techniken aus Persien und versah Goldschmuck mit roten Einlagen aus dem Mineral Almandin. Charakteristisch ist auch der »Tierstil«: Diese Schmuckstücke tragen verschlungene Tiergestalten, die teils so abstrakt sind, dass man das Tier kaum erkennt. Tipp: Zuerst das Auge suchen, dann erschließt sich der Rest der Figur leichter.

Kunst der Wikinger

Die Wikinger entwickelten den Tierstil weiter und ließen sich von den Nachbarländern inspirieren. So ist z. B. der abstrakte dänische Jellingstil (900 – 1100) von irisch-keltischer **Tierornamentik** beeinflusst. Aus der Zeit um 1000 datieren die **Runensteine** von Stenkyrka auf Gotland, Lundagård in Lund und Tulsdorp in Skåne. Kennzeichnende Tiergestalt ist das »Große Tier«, ein raubtierartiges Wesen mit Spiralgelenken und mächtigem Schopf.

Kunst im Mittelalter

Romanik

Ihr Ende fand die germanisch-wikingische Kunst mit der Christianisierung um 1000. Die ältesten Kirchen waren hölzerne Stabkirchen,

»David Klöcker porträtiert König Karl XI.«
Fresko von Carl Larsson am Treppenaufgang des Stockholmer Nationalmuseums

die allerdings rasch durch Kirchen aus Stein ersetzt wurden. Nur in Hedared bei Borås hat eine einzige **Stabkirche** (▶ S. 83) die Stürme der Zeiten überlebt. Steinerne Kirchenbauten sind die am besten erhaltenen Baudenkmäler aus romanischer Zeit. Das kunsthistorisch bedeutendste Gotteshaus ist der **Dom von Lund** (▶ S. 143 & 146), eine architektonisch von den Domen des Rheinlands und der Lombardei beeinflusste dreischiffige Basilika. Die Steinkirchen des 12. und 13. Jh.s sind meist einfacher gehalten, vor allem auf Gotland stehen auch noch einige Rundkirchen.

Gotik

Die gotischen Kirchen des 13. bis 15. Jh.s orientieren sich in Schweden vielfach an französischen oder spanischen Vorbildern, etliche von ihnen auch an der niederdeutschen Backsteingotik. Hier sind die Formen der Gotik eher gedrungen als filigran aufstrebend. Für größere Bauprojekte wurden fremde Baumeister und Handwerker ins Land geholt. Den gotischen Hallenchor des Doms zu Linköping (▶ S. 136) schuf beispielsweise der Kölner Meister Gerlach. Das zweite Hauptwerk der Gotik ist der **Dom zu Uppsala** (▶ S. 272), der um 1280 begonnen, im 19. Jh. durch die Restaurierung aber erheblich verfälscht wurde.

Malerei

Die Malerei des schwedischen Mittelalters zeigt kaum eine eigenständige Note, allerdings sind viele **Wandmalereien** in den schwedischen Kirchen erhalten geblieben, besonders prachtvoll in der Domkirche zu Strängnäs (▶ S. 159) und der Dorfkirche in Härkeberga (▶ S. 163).

Kunst in der Neuzeit

Renaissance und Barock

Nach der Reformation wurden deutlich weniger Kirchen, dafür aber mehr Schlösser gebaut. Hier ließ man sich ebenfalls vom Ausland inspirieren: Deutsche Baumeister brachten im 16. Jh. lombardische Renaissanceformen nach Schweden. Die beiden bedeutendsten Schlossbauten des 17. und beginnenden 18. Jh.s sind die königliche, an niederländischen Vorbildern orientierte Sommerresidenz **Drottningholm** (▶ S. 262) und das prachtvolle **Stadtschloss von Stockholm** (▶ S. 230), das nach einem Brand von Grund auf neu errichtet wurde. Beide Schlösser tragen die Handschrift von Nicodemus Tessin dem Ältern und dem Jüngeren, den wohl berühmtesten Architekten des schwedischen Barocks. Besondere Beachtung verdienen auch der mächtige Dom von Kalmar (▶ S. 111) und das Bilderbuchschloss Skokloster (▶ S. 166) bei Uppsala.

Klassizismus

Mit dem Bildhauer und Zeichner **Johann Tobias Sergel** (1740 bis 1814) setzte sich der Klassizismus durch. Sergels beste Werke befinden sich heute im Nationalmuseum von Stockholm. In der Malerei sind vor allem die Innendekorationen der Schlösser von Kalmar (▶ S. 111) und Stockholm (▶ S. 230) zu erwähnen. Wichtige klassizistische Werke auf dem Gebiet der Architektur sind die **Alte Oper** und die **Börse in Stockholm**.

Malerei

Als »Vater der schwedischen Malerei« gilt der deutschstämmige **David Klöcker Ehrenstrahl** (1629 – 1698). Um 1652 kam er im Gefolge des schwedischen Marschalls Carl Gustav Wrangel nach Schweden, wo er, von der Königsgemahlin Hedvig Eleonora gefördert, zum Hofportätisten aufstieg und den neu errungenen Großmachtstatus Schwedens ins rechte barocke Licht rückte. 1674 wurde er geadelt und nannte sich fortan »(von) Ehrenstrahl«.

Im 19. Jh. gingen viele schwedische Maler zur Ausbildung nach Düsseldorf, später nach Paris. Bekanntester Vertreter der schwedischen Romantik ist der **Landschaftsmaler Carl Johan Fahlcrantz** (1774 bis

Auch dank dieses wunderbaren Barocktheaters wurde Schloss Drottningholm Weltkulturerbe der UNESCO.

1861). **Alfred Wahlberg** (1834 – 1906), der sich 1866 in Paris niederließ, führte den Impressionismus in Schweden ein. **Gustav Frederik Rydberg** (1835 – 1933) hielt seine Heimat Schonen in holländischer Manier auf der Leinwand fest; vier seiner Gemälde lassen sich im Stockholmer Nationalmuseum bewundern. Ebenfalls dort hängt das berühmteste Gemälde von **Carl Wahlbom** (1810 – 1858): Es zeigt den Tod von König Gustav II. Adolf in der Schlacht bei Lützen am 16. November 1632.

Zu internationalem Ruf brachten es zwei Künstler, die sich der Nationalromantik zugehörig fühlten und in ihren Werken dementsprechend die Natur und das einfache Leben auf dem Land verarbeiteten: **Anders Zorn** (1860 – 1920, ▶ Interessante Menschen S. 382), der auch als Radierer hervortrat, und **Carl Larsson** (1853 – 1919), dessen Aquarellfolgen für »Das Haus in der Sonne« und »Ein Heim« bis heute als Kalender- und Postkartenmotiv beliebt sind. Auf dem Höhepunkt seiner Karriere wurde er 1896 mit der Ausschmückung des Treppenaufgangs im Stockholmer Nationalmuseum beauftragt (▶ Abb. S. 240).

Kunst im 20. Jahrhundert

Malerei

Als Geburtsdatum der modernen Malerei in Schweden gilt der 3. März 1909 – damals eröffnete die **Künstlergruppe »Die Jungen«** (De unga) ihre erste Ausstellung in Stockholm. Da die Gruppe sich ein Jahr später bereits wieder auflöste, gründeten Birger Simonsson (1882 – 1938) und Isaac Grünewald (1889 – 1946), der im Stockholmer Konserthus einen Saal ausschmückte, 1912 die Künstlergruppe »Die acht« (De åtta). Mit Sigrid Hjertén (1885 – 1948) zählte erstmals auch eine Frau zu ihren führenden Gestalten. **Gösta Adrian-Nilsson** (1884 – 1965) ließ sich als einziger Schwede seiner Generation von sämtlichen zeitgenössischen Stilrichtungen beeindrucken und kreierte daraus den farbenprächtigen Kubo-Futurismus; seine Werke sind stets mit GAN signiert.

Sehr am Kubismus interessiert war auch **Otte Sköld** (1898 bis 1958), der als Kind von Missionaren in China geboren wurde. Er feierte auch Erfolge als Spitzenturner, betrieb eine eigene Malschule betrieb und wurde 1950 zum Generaldirektor des Stockholmer Nationalmuseums ernannt. Dank seines Engagements konnte gegen erhebliche Widerstände 1958 in Stockholm das Moderna Museet eingeweiht werden.

Zum Inbegriff der schwedischen Kunst des 20. Jh.s. wurde jedoch die 1929 gegründete **Halmstad-Gruppe**, deren Mitglieder Erik und Axel Olson, Waldemar Lorentzon, Sven Jonson, Esaias Thorén und Stellan Mörner mehr als 50 Jahre lang Werke zwischen Traum und Wirklichkeit schufen.

Skulptur

Als bedeutendster schwedischer Bildhauer des 20. Jh.s. gilt **Carl Milles** (1875 – 1955). Er schuf u. a. den Orpheus-Brunnen vor dem Konzerthaus in Stockholm, den Poseidonbrunnen am Göteborger Götaplats (► S. 76) und den Europa-Brunnen in ► Halmstad. Spektakulär ist seine 23 m hohe Brunnenskulptur »Gott der Vater auf dem Himmelsbogen« am Schiffsanleger von Nacka.

Architektur und Design

In den 1920er- und 1930er-Jahren wurde eine erdverbundene Bauweise sehr geschätzt. An Einfluss gewann darüber hinaus der internationale **Funktionalismus** von **Gunnar Asplund** (1885 – 1940), der die Stockholmer Hallen für die Werkbundausstellung von 1930 in luftigen, von Beton und Glas bestimmten Formen schuf. **Sven Markehus** baute 1936 das Konzerthaus in Helsingborg.
Die Ideen des schwedischen Werkbunds lösten eine eigenständige skandinavische Schule des **Designs** aus, die – lange stark beeinflusst durch den schwedischen Funktionalismus – heute auch durchaus unkonventionelle Wege geht. Längst sind die Grenzen zwischen Design, Kunst, Mode und Kunsthandwerk nahezu aufgehoben, werden Stile und Stoffe, Techniken und Traditionen bunt gemischt und neu komponiert. Und das einst selbstverständliche Credo »schlicht + strikt + funktional = schön« ist seit Beginn des 21. Jh.s heiß diskutiertes Thema der schwedischen Formgebung. Für neue Überlegungen stehen etwa Gustaf Nordenskiöld – nicht »form follows function«, sondern »Form braucht Fantasie« – oder Zandra Ahl, die sich gegen »schlicht« und »hell« wendet.

Zeitgenössische Kunst

Malerei und Skulptur

Gösta Calmeyer wurde 1927 als Kind norwegischer Eltern mit deutscher Abstammung in New York geboren, heute lebt er mit seiner tschechischen Frau in Österlen und widmet sich dort seinem liebsten Motiv: den Steinen. Wie er sie immer wieder neu auf die Leinwand bannt, lässt sich in zahlreichen Museen Südschwedens bewundern. **Åsa Melin** reduziert die südschwedische Landschaft auf surreale Weise und trägt das Erbe Dalís in die Gegenwart fort. Ebenfalls sehr erfolgreich ist der südschwedische Maler **Ralf Borselius**, der seit Jahren an dem Thema »litet djur« (Kleines Tier) arbeitet und mit seinen Werken inzwischen auch im Stockholmer Nationalmuseum vertreten ist. Sehr originell sind die Werke des »Objektmachers« **Ulf Rollof** (* 1961). Mit »Bellows IX«, einem gigantischen Fliegenfänger, nahm Rollof als erster Schwede nach mehr als einem Jahrzehnt 1992 an der Documenta in Kassel teil, 2009 entstand seine Aquarellserie »Mexikanische Industriearchitektur«. Die Malerin **Cecilia Edefalk** (* 1954) stellte u. a. 1994 auf der Biennale in São Paolo und 2010 im Nationalmuseum in Stockholm aus.

INTERESSANTE MENSCHEN

»Dem Pol entgegen«: Salomon August Andrée

1854–1897
Entdecker

Mit einem **Gasballon** wollte Salomon August Andrée aus Gränna am Vättern als erster Mensch den Nordpol erreichen. Nach seiner Teilnahme an einer Spitzbergen-Expedition 1882–1883 wurde er Cheftechniker des schwedischen Patentamts. Am 11. Juli 1897 stieg er in Begleitung seiner Kameraden Strindberg und Fraenkel mit dem Freiballon »Adler« von Spitzbergen auf, um als Erster den Nordpol zu überfliegen. Das Unternehmen endete tragisch: In der Nähe des 83. Breitengrad musste das Team am 14. Juli im Packeis notlanden und galt als verschollen. Erst 1930 fand man auf einer Insel nordöstlich von Spitzbergen die **Überreste der Expedition**. Die wagemutigen Forscher waren an Entkräftung und – so vermutet man – an einer durch Eisbärfleisch verursachten Trichinose gestorben. Die aufgefundenen Tagebücher und Fotos wurden noch im selben Jahr unter dem Titel »Med Örnen mot Polen« (»Dem Pol entgegen«) veröffentlicht.

Poet mit der Kamera: Ingmar Bergman

1918–2007
Regisseur

Wie kaum ein anderer prägte Ingmar Bergman jahrzehntelang die Entwicklung des erzählenden Kinos. Der Pastorensohn aus Uppsala studierte ab 1937 Literaturgeschichte, brach sein Studium aber bald ab. Danach arbeitete er an einem Theater mit Laienaufführungen und wandte sich schließlich dem Film zu. Sein Credo: »Ich versuche, die Wahrheit über die menschlichen Verhältnisse zu erzählen – die Wahrheit, so wie ich sie sehe.« Anfangs zeichnete er eindrucksvolle Porträts der skeptischen Nachkriegsjugend, später behandelte er die Probleme der reiferen Generation im Bereich von Familie und Beruf. In den 1950er-Jahren wandte er sich mehr den Fragen nach dem **Selbstverständnis des Menschen** zu. Nachdem Bergman in Schweden zu Unrecht der Steuerhinterziehung angeklagt worden war, verließ er das Land und arbeitete von 1976 bis 1985 in München am Residenztheater als Regisseur. Durch den Film »Wilde Erdbeeren« (1957), den melancholischen Lebensrückblick eines alternden Mannes, erregte er die Aufmerksamkeit des deutschen Publikums.
In seiner langen Karriere drehte er fast 40 Filme, darunter »Szenen einer Ehe« (1973) mit seiner langjährigen Lebensgefährtin **Liv Ullmann** und das mit vier Oscars gekrönte, stark autobiografisch ge-

»Ich seh' dir in die Augen, Kleines.« Ingrid Bergman und Humphrey Bogart im 1942 gedrehten Kultfilm »Casablanca«.

prägte Werk »Fanny und Alexander« (1982). Außerdem inszenierte er über 100 Theaterstücke. Die letzten Lebensjahre verbrachte Bergman auf der Ostseeinsel Fåro. Hier drehte er 2003 mit Liv Ullmann seinen letzten Spielfilm »Sarabande«. Bergman war sechs Mal verheiratet und Vater von acht Kindern.

»And the Oscar goes to«: Ingrid Bergman

1915 – 1982
Schauspielerin

»As time goes by« heißt das melancholische Lied, das im Kultfilm **»Casablanca«** die bittersüße Liebesgeschichte zwischen Rick und Ilsa untermalt, die mit der berühmtesten aller Abschiedsszenen auf dem Flughafen endet. Jung und strahlend schön wie in »Casablanca« bleibt Ingrid Bergman in Erinnerung. Die in Stockholm geborene Filmschauspielerin war in Schweden bereits ein Star, als Produzent David O. Selznick sie 1939 in die USA holte. Hier drehte sie 1942 zusammen mit Humphrey Bogart unter der Regie von Michael Curtiz den oscarprämierten Film »Casablanca«. Ingrid Bergman selbst erhielt dreimal den begehrten Oscar für ihre Hauptrolle in »Das Haus der Lady Alquist« (1944), ihre Verkörperung der »Anastasia«

(1956) und für die beste weibliche Nebenrolle in »Mord im Orient-Express« (1974). Als sie sich 1950 von Mann und Tochter trennte, um den italienischen Regisseur Roberto Rossellini zu heiraten, löste dies in Hollywood einen Skandal aus. Mit Rossellini hatte sie drei Kinder, darunter **Isabella Rossellini**, die ebenfalls Schauspielerin wurde. Als sie 1982 »Eine Frau namens Golda« drehte, war Ingrid Bergman bereits schwer an Krebs erkrankt. Sie starb an ihrem 67. Geburtstag in London.

Nationalheilige: Birgitta von Schweden

1303 – 1373
Ordensgründerin

Birgitta entstammte einer der mächtigsten Familien Schwedens. Der Mutter der schwedischen Nationalheiligen war, so die Legende, bei ihrer Errettung aus Seenot die Madonna erschienen und hatte ihr geweissagt, sie werde ein seliges Kind gebären. Bald darauf kam Birgitta in der Nähe von Uppsala zur Welt. Noch nicht 14-jährig, vermählte sie sich mit Ulf Gudmarson, stieg bald zur Hofmeisterin der Königin auf und pilgerte ins spanische Santiago de Compostela. Als ihr Mann starb, zog sie sich in das Zisterzienserinnenkloster von Alvastra zurück und erhielt dort der Überlieferung nach den göttlichen Auftrag, ein **Kloster für den Erlöserorden** zu gründen. Sie begab sich auf eine Wallfahrt nach Rom, um vom Papst die Erlaubnis dafür zu erbitten, und gründete 1370 in Vadstena am Vättersee ein Mönchs- und Nonnenkloster. Kurz nach ihrer Rückkehr von einer Fahrt ins Heilige Land starb sie 1373; schon 1391 wurde sie heiliggesprochen.

Die Göttliche: Greta Garbo

1905 – 1990
Hollywoodstar

Sie konnte mit einem angedeuteten Lächeln, einem Blick oder einer Geste ganze Geschichten erzählen und gilt nach wie vor als eine der schönsten und geheimnisvollsten Darstellerinnen der Filmgeschichte. Die Schauspielerin Greta Garbo, von Kritikern mit Beinamen wie »die Göttliche«, »schwedische Sphinx« oder »Traumprinzessin der Ewigkeit« belegt, kam als Greta Lovisa Gustafsson in einem Stockholmer Arbeiterviertel zur Welt. Schon ihr erster Film, der 1924 nach dem Roman von Selma Lagerlöf gedrehte Streifen »Gösta Berling«, wurde ein überwältigender Erfolg. Nach dem 1925 in Deutschland entstandenen Film »Die freudlose Gasse« arbeitete die Diva für das neu gegründete Hollywoodstudio der Filmgesellschaft Metro-Goldwyn-Mayer. Sie verkörperte meist elegante, aristokratische und tragische Frauenrollen, etwa in »Anna Karenina«, »Mata Hari« und »Königin Christine«. Im Jahr 1941 zog sie sich völlig aus der Welt des Films zurück. Danach lebte sie sehr abgeschirmt von der Öffentlichkeit abwechselnd in New York und Klosters in der Schweiz.

Begründer einer Großmacht: Gustav II. Adolf

1594 – 1632
Monarch

Gustav II. Adolf gilt als der bedeutendste schwedische König. Gegen die Garantie umfassender Rechte, insbesondere der Mitwirkung des Adels an der Regierung, erklärte der Reichstag den 17-jährigen Gustav Adolf 1611 nach dem Tod seines Vaters für mündig. Mit einer Reihe innerer Reformen wie der Heeresreform und dem zielstrebigen Ausbau der Wirtschaft schuf Gustav Adolf die Voraussetzungen für die schwedische Großmachtpolitik im Ostseeraum. 1613 bzw. 1617 beendete er siegreich die von seinem Vater begonnenen Kriege gegen Dänemark und Russland. 1630 sah er dann die Chance gekommen, Schwedens Rolle als Hegemon Nordeuropas zu festigen: Durch das Vordringen der habsburgisch-kaiserlichen Macht in den Ostseeraum beunruhigt, griff der schwedische König in den Dreißigjährigen Krieg ein. In Mitteldeutschland besiegte er den kaiserlichen Feldherrn Tilly und zog durch Thüringen und Franken bis Mainz. Nach einem zweiten Sieg über Tilly kam es am 16. November 1632 bei Lützen, südwestlich von Leipzig, zum Kampf zwischen den Schweden und den von Wallenstein befehligten kaiserlichen Truppen. Zwar siegten die Schweden, doch König Gustav II. Adolf fiel in der Schlacht.

Friedensstifter: Dag Hammarskjöld

1905 – 1961
Politiker

Der jüngste von vier Söhnen des schwedischen Premierministers Hjalmar Hammarskjöld kam in Jönköping zur Welt. Als studierter Nationalökonom war er 1936 – 1946 Staatssekretär im Finanzministerium, 1941 – 1942 auch Reichsbankpräsident. 1953 wählte ihn die Generalversammlung der Weltorganisation zum **UN-Generalsekretär**. In vielen internationalen Krisen war er bemüht, der UNO zur Geltung als Friedensstifter zu verhelfen.
Dag Hammarskjöld kam unter nicht restlos geklärten Umständen bei einem Flugzeugabsturz in Afrika ums Leben; 1961 wurde ihm posthum der **Friedensnobelpreis** verliehen. Seine letzte Ruhestätte fand Hammarskjöld auf dem alten Friedhof von Uppsala, wo im Dom eine Seitenkapelle an ihn erinnert. Sein Sommersitz im schonischen Backåkra (▶ S. 333) ist heute ein Museum, der dortige Meditationsplatz ein beliebter Ort für Taufen und Trauungen.

»Ibrakadabra«: Zlatan Ibrahimović

*1981
Fußballer

Er ist kein Mann der kleinen Worte, dafür aber ein Mann der großen Tore – und der beste schwedische Fußballer aller Zeiten, der in der für ihn typischen »Bescheidenheit« sich gerne auch mal mit Gott vergleicht. Sein schwindelerregender Aufstieg mag aber seine gleichermaßen bewunderte wie kritisierte Hybris erklären: Der in Schweden geborene Fußballspieler bosnischer Abstammung wuchs in **Malmös Problemviertel Rosengård** auf, wo er bereits als Junge in der Jugendmannschaft des FC Rosengård kickte. 1999 unterschrieb er beim Malmö FF seinen ersten Profivertrag. 2001 dann der Durchbruch: Erstmals zog er sich das Trikot der schwedischen Nationalmannschaft über und wechselte zum Topclub Ajax Amsterdam. Es folgten Wechsel zu Juventus Turin, Inter Mailand, FC Barcelona, AC Mailand, Paris Saint-Germain und zuletzt Manchester United. Elfmal kürten ihn der Schwedische Fußballverband und die Tageszeitung »Aftonbladet« zu Schwedens Fußballer des Jahres (2005, 2007 bis 2016), mit seinen Vereinen sammelte er unzählige nationale Titel und errang zuletzt den Sieg in der UEFA Europa League (2017 mit Manchester United). Als Zlatan Ibrahimović nach der EM 2016 seinen Rücktritt aus der schwedischen Nationalmannschaft verkündete, schrieb er auf Facebook:

»

Ich komme aus diesem Ort, den die Leute Ghetto Rosengård nennen, eroberte Schweden und machte es zu meinem Land. Auf meine Weise. Ich bin Schweden. Ein großes Dankeschön an die Schweden – ohne euch hätte ich meine Träume niemals verwirklichen können. Ihr werdet immer in meinem Blau-Gelben Herzen sein. Ich liebe euch.

«

Vier Buchstaben erobern die Welt: Ingvar Kamprad

1926 – 2018
Unternehmer

Mit dem Verkauf von Streichholzschachteln verdiente der Förstersohn Ingvar Kamprad seine ersten Öre, mit seinem Möbelimperium wurde er zum Multimilliardär. Mit 17 Jahren gründete Kamprad eine winzige Firma, der er den Namen »IKEA« gab, zusammengesetzt aus den Initialen von Ingvar, Kamprad, Elmtyard, Agunnaryd: Auf dem Hof Elmtyard beim Städtchen Agunnaryd war Kamprad 1926 geboren worden. Anfangs handelte Kamprad erfolgreich mit Uhren und Strümpfen, erst 1948 kamen Möbel hinzu. 1953 eröffnete im südschwedischen Älmhult **das erste IKEA-Möbelhaus** in einer Zeit, als in Schweden der Wohlstand wuchs und damit die Mittel vorhanden waren, Wohnungen neu einzurichten. IKEA produzierte erschwingliche, ästhetisch ansprechende Möbel, das Do-it-yourself der Kunden ist bis heute ein wichtiger Faktor beim Kostensparen.
Als die Firma 1955 in ernste Lieferschwierigkeiten geriet, weil zahlreiche schwedische Tischlereien den Konzern boykottierten, fackelte Kamprad nicht lange: Er knüpfte Kontakte zu polnischen Schreinerei-

OBEN: Er machte IKEA zum Weltkonzern: Gründer Ingvar Kamprad.

UNTEN: »Super Zlatan« im Einsatz für seinen (letzten?) Verein Manchester United

en, die billig und zuverlässig Möbel herstellten. Diese entwarf IKEA nun selbst und legte damit die Basis für den Welterfolg. Noch heute werden in Osteuropa und China die meisten IKEA-Möbel hergestellt. Stark ins Gerede kam der Konzern, als klar wurde, dass DDR-Häftlinge in Zwangsarbeit Möbel für IKEA herstellen mussten. Nachdem Ingvar Kamprad fast 40 in der Schweiz gelebt hatte, zog er 2013 nach Älmhult in Småland, wo er am 27. Januar 2018 verstarb.

Sie verlieh der Fantasie Flügel: Selma Lagerlöf

1858 – 1940
Schriftstellerin

Selbst wer ihren Namen nicht kennt, wird ihr auf einer Schwedenreise immer wieder begegnen: Seit 1997 ist Selma Lagerlöf, neben Astrid Lindgren die wohl bekannteste schwedische Schriftstellerin der Literaturgeschichte, auf der 20-Kronen-Banknote abgebildet. Geboren wurde sie 1858 auf Gut Mårbacka im Värmland, wo sie einen großen Teil ihres Lebens verbrachte; heute ist dort ein sehenswertes Museum über sie eingerichtet. Einige Jahre arbeitete sie als Lehrerin, bevor sie sich ab 1895 ausschließlich der Literatur widmete. Im Anschluss an eine Reise durch Ägypten und Palästina 1899 und 1900 schrieb sie den religiösen Schicksalsroman »Jerusalem«. Populär machten sie aber vor allem Werke, die in Schweden spielen, wie der Roman »Gösta Berling« über das abenteuerliche Leben des gleichnamigen Pfarrers und die Geschichte. Ihre wohl berühmteste Erzählung, »Die wunderbare Reise des kleinen **Nils Holgersson** mit den Wildgänsen«, erschien 1906 als Auftragsarbeit. Das Lesebuch mit spannenden Abenteuern sollte Schülerinnen und Schülern die schwedische Landeskunde vermitteln. Herausgekommen sind unterhaltsame Informationen über die Natur und die Geschichte des Landes einerseits und kindgerechte Diskussionen über Fragen zu Gut und Böse andererseits.
1909 erhielt Selma Lagerlöf den Nobelpreis für Literatur. Gewürdigt wurde der »edle Idealismus, der Phantasiereichtum und die seelenvollen Darstellung, die ihre Dichtung prägen«.

Mutter kleiner Helden: Astrid Lindgren

▶ Baedeker Wissen S. 312

Gottes Schöpfungsordner: Carl von Linné

1707 – 1778
Naturforscher

«Gott schuf, Linné ordnete«: Seinen größten Verdienst erwarb sich der Naturforscher Carl von Linné (Carl Linnaeus) zweifelsohne durch die Schaffung eines Systems, in das er die schon zu seiner Zeit

bekannte Fülle von biologischen Organismen einordnete. Der Sohn eines Hilfspfarrers aus dem småländischen Råshult studierte an der Universität Lund Medizin und Naturwissenschaften und wurde schon im dritten Studienjahr Dozent für Botanik. Danach unternahm er ausgedehnte Forschungsreisen nach Lappland, England, Frankreich und Holland und ließ sich nach seiner Verlobung mit Sara Elisabeth Moraeas als Arzt in Stockholm nieder. Im Mai 1739 gründete er dort die **Königlich Schwedische Akademie der Wissenschaft** und wurde ihr erster Präsident, gegen Ende des Jahres zudem Arzt der schwedischen Admiralität. Nunmehr finanziell abgesichert, konnte er heiraten. Aus der Ehe gingen sieben Kinder hervor. Carl von Linné wurde 1757 in den Adelsstand erhoben. Er gestaltete den botanischen Garten von Uppsala um und richtete das Naturhistorische Museum ein. 1774 erlitt Linné einen Schlaganfall, zwei Jahre später lähmte ein zweiter Schlaganfall seine rechte Körperhälfte. Seine letzten Lebensjahre verbrachte er auf dem Gut Hammarby, wo er 1778 starb. Er wurde im Dom von Uppsala beigesetzt.
In seiner bahnbrechenden Schrift **»Systema naturae«** vergab er an alle Pflanzenarten lateinische Doppelnamen, später ebenso an alle Tiere. Von Linné stammt auch die Bezeichnung »Homo sapiens«. Bis heute benennen alle Biologen jede neu entdeckte Art nach der von Linné entwickelten binären Nomenklatur.

Erfinder mit Sprengkraft: Alfred Nobel

1833 – 1896
Chemiker

Der schwedische Chemiker Alfred Bernard Nobel wurde am 21. Oktober 1833 in Stockholm als Sohn eines wohlhabenden Maschinenfabrikanten geboren. Ab 1859 beschäftigte er sich mit der Sprengstoffchemie. Er erfand u. a. Zündhütchen, rauchfreies Pulver und schließlich 1867 das Dynamit. 1882 kam die hoch explosive Mischung aus Nitroglyzerin und Kieselgur beim Bau des Schweizer Gotthardtunnels erstmals im größeren Umfang zum Einsatz und machte Nobel weltberühmt. Bis 1873 eröffnete der recht umfassend gebildete Nobel, der fünf Sprachen beherrschte und auch Dramen verfasste, 15 Fabriken in Europa und den USA und verdiente ein gewaltiges Vermögen. Insgesamt **355 Patente** wurden ihm zugesprochen.
Beeindruckt vom Engagement der österreichischen Pazifistin Bertha von Suttner, mit der ihn ein Briefwechsel verband und die einen kurze Zeitlang auch für ihn arbeitete, stiftete Nobel einen Friedenspreis. In seinem Testament legte der kinderlos gebliebene Erfinder den Grundstein für die höchstdotierte Auszeichnung der modernen Welt: Sein beträchtliches Vermögen von rund 31 Mio. Schwedischen Kronen wurde der Nobel-Stiftung zugeführt (▶ Baedeker Wissen S. 380). Alfred Nobel starb im Alter von 63 Jahren und wurde auf dem Nordfriedhof von Stockholm beigesetzt.

NOBELPREIS

Die 1901 erstmals vergebenen Nobelpreise bedeuten für die damit Ausgezeichneten die Krönung ihrer Arbeit. Außer Personen können auch Organisationen den Preis erhalten.

Die Urkunde
Wird von einem Künstler und einem Kalligrafen speziell für den Laureaten angefertigt.

Die Goldmedaille
Trägt das Porträt Alfred Nobels und eine Widmung.

▶ **Irrtum**
Entgegen einer vielfach kolportierten Geschichte hat Alfred Nobel den Friedenspreis nicht wegen seiner vermeintlichen Bestürzung über die militärische Verwendung von Dynamit gestiftet.

Nobelpreis für Physik
Vergeben von der Königlich-Schwedischen Akademie der Wissenschaften an »denjenigen, der auf dem Gebiet der Physik die bedeutendste Entdeckung oder Erfindung gemacht hat.«

207

Nobelpreis für Chemie
Vergeben von der Königlich-Schwedischen Akademie der Wissenschaften an »denjenigen, der die wichtigste chemische Entdeckung oder Verbesserung gemacht hat.«

178

Nobelpreis für Medizin
Vergeben von der Nobelversammlung des Karolinska-Instituts in Stockholm an »denjeniger der die wichtigste Entdeckung in der Domäne d Physiologie oder Medizin gemacht hat.«

214

Männer **769**

Preisträger insgesamt 844
(ohne den von der schwedischen Reichsbank gestifteten Preis für Wirtschaftswissenschaften)

)as Preisgeld
:a. 1,1 Millionen Euro
e Kategorie bis 2011,
eit 2012 herabgesetzt
ıuf ca. 900 000 Euro

Mehrfachpreisträger
seit 1901 ist der Preis nur vier Menschen zweimal verliehen worden:

Marie Skłodowska Curie
(1867–1934)
polnischer Herkunft
1903 Nobelpreis für Physik für »die Erforschung der Strahlungsphänomene«
1911 Nobelpreis für Chemie für »die Entdeckung der chemischen Elemente Polonium und Radium« mit Ehemann Pierre Curie

lobels Testament
ılfred Nobel verfügte, lass mit seinem Vernögen eine Stiftung egründet werden ollte, deren Zinsen:

»als Preis denen zugeteilt werden, die im verflossenen Jahr der Menschheit den größten Nutzen geleistet haben.«

)as Geld sollte zu fünf gleichen Teilen auf olgende Gebiete verteilt werden:

lobelpreis für Literatur
'ergeben von der chwedischen Akademie an ›denjenigen, der in der iteratur das Herausraendste in idealistischer ichtung produziert hat.«

Friedensnobelpreis
Vergeben vom fünfköpfigen norwegischen Nobelkomitee an »denjenigen, der am meisten oder am besten auf die Verbrüderung der Völker und die Abschaffung oder Verminderung stehender Heere … hingewirkt hat.«

Linus Carl Pauling
(1901–1994)
US-Amerikaner
1954 Nobelpreis für Chemie »für seine Forschungen über die Natur der chemischen Bindung …«
1963 Friedensnobelpreis »für seinen Einsatz gegen Atomwaffentests«

John Bardeen
(1908–1991)
US-Amerikaner
1956 Nobelpreis für Physik »für die Entwicklung des Transistors«
1972 Nobelpreis für Physik »für den fundamentalen Beitrag zur Theorie der Supraleitfähigkeit«

©BAEDEKER

Frederick Sanger
(geb. 1918) Brite
1958 Nobelpreis für Chemie »für die Aufklärung der Struktur des Insulins …«
1980 Nobelpreis für Chemie »für Untersuchungen zur Ermittlung der Basensequenz in Nukleinsäuren«

Mann der Extreme: August Strindberg

1849 – 1912
Schriftsteller und Dramatiker

Während er in seiner schwedischen Heimat als Lyriker, Romancier und polemischer Essayist stilbildend wirkte, hat Johan August Strindberg international in erster Linie als Dramatiker Aufsehen erregt. Der Sohn einer alteingesessenen Stockholmer Familie begann ein Medizinstudium in Uppsala, versuchte sich als Schauspieler und arbeitete als Journalist und Bibliothekssekretär. 1879 gelang ihm der Durchbruch mit dem **satirischen Gesellschaftsroman** »Das rote Zimmer«. 1883 ging er nach Paris, in die Schweiz, nach Berlin, Dänemark und England, um sich der Kritik der konservativen schwedischen Öffentlichkeit zu entziehen, kehrte aber 1896 nach Stockholm zurück. Nach der ab 1910 in zwei Zeitungen ausgetragenen »Strindberg-Fehde«, seiner letzten polemischen Auseinandersetzung mit der etablierten Oberschicht, starb Strindberg in Einsamkeit; seine drei Ehen waren gescheitert.

»Das menschliche Leben ist ein Kampf von Anfang bis Ende«, heißt es in seinem autobiografischen Roman »Der Sohn der Magd« (1886). Immer wieder geht es in seinem Werk um **Machtkämpfe** zwischen Mann und Frau, Individuum und Gesellschaft, persönlichem Willen und höheren Mächten. Fast idyllisch wirken dagegen seine Schilderungen des einfachen Lebens in den Stockholmer Schären. Strindberg schrieb mehr als 60 Dramen, zehn Romane und zehn Novellensammlungen, die zu den Klassikern der schwedischen Literatur zählen.

Meister des dunklen Lichts: Anders Zorn

1860 – 1920
Maler und Bildhauer

Seine Kindheit verlebte Anders Leonard Zorn auf dem Hof seiner Großeltern in Yvraden bei Mora am Siljan-See. Seinen Vater, einen unterfränkischen Bierbrauer, hatte er nie kennengelernt, nahm aber trotzdem später dessen Nachnamen an. Seine Studienzeit verbrachte Zorn hauptsächlich in Stockholm. Ursprünglich wollte er Bildhauer werden, fand aber sein eigentliches Ausdrucksmittel dann im Aquarellieren. Schon als Student galt er als guter **Porträtmaler** und bekam zahlreiche Aufträge wohlhabender schwedischer Familien. Zorn gilt als der **wichtigste Impressionist** Schwedens. 1890 gehörte er zu den Begründern der Pariser Société Nationale des Beaux-Arts und war 1893 Kommissar der schwedischen Delegation für die Weltausstellung in Chicago. Einige Porträts von amerikanischen Prominenten stammen von ihm, darunter das des 22. und 24. US-Präsidenten Grover Cleveland. 1907 gründete Zorn die Bauernhochschule in Mora, wo er seinen ständigen Wohnsitz hatte. Zorn hinterließ dem schwedischen Staat 6 Mio. US-Dollar, um ein Zorn-Museum einzurichten, das 1939 in seiner Heimatstadt eröffnet wurde.

Der Erfinder des Reiseführers: Karl Baedeker

1801 – 1859
Verleger

Als Buchhändler kam Karl Baedeker viel herum, und überall ärgerte er sich über die »Lohnbedienten«, die die Neuankömmlinge gegen Trinkgeld in den erstbesten Gasthof schleppten. Nur: Wie sollte man sonst wissen, wo man übernachten könnte und was es anzuschauen gäbe? In seiner Buchhandlung hatte er zwar Fahrpläne, Reiseberichte und gelehrte Abhandlungen über Kunstsammlungen. Aber wollte man das mit sich herumschleppen? Wie wäre es denn, wenn man all das zusammenfasste?

Gedacht, getan: Zwar hatte er sein erstes Reisebuch, die 1832 erschienene »Rheinreise«, noch nicht einmal selbst geschrieben. Aber er entwickelte es von Auflage zu Auflage weiter. Mit der Einteilung in »Allgemein Wissenswertes«, »Praktisches« und »Beschreibung der Merk-(Sehens-)würdigkeiten« fand er die klassische Gliederung des Reiseführers, die bis heute ihre Gültigkeit hat. Bald waren immer mehr Menschen unterwegs mit seinen **»Handbüchlein für Reisende, die sich selbst leicht und schnell zurechtfinden wollen«**. Die Reisenden hatten sich befreit, und sie verdanken es bis heute Karl Baedeker. Schwedens Süden beschreibt er erstmals in der 1879 erschienenen 1. Auflage von »Baedeker's Schweden und Norwegen«.

»
Stockholm bleibt eine Stadt von höchster Eigenthümlichkeit, deren besonderer Reiz in dem unmittelbaren Hineinragen des rauhen culturfeindlichen Urgesteins mitten in einen blühenden Sitz moderner Cultur besteht.
«

Baedeker's Schweden und Norwegen, 1. Auflage 1879

E

ERLEBEN & GENIESSEN

Überraschend, stimulierend, bereichernd

Mit unseren Ideen erleben und genießen Sie Südschweden.

Südschweden ist ein Dorado für Kanuten. Auch die Insel Tjörn gehört dazu. ▶

BEWEGEN UND ENTSPANNEN

Schweden lässt sich am besten aktiv und draußen erleben. Im Sommerhalbjahr kann man durch die Wälder streifen, in Flüssen, Seen und Bächen angeln, Touren mit Kajak, Kanu oder Rad unternehmen und natürlich die Sonne an den Stränden genießen.

Auch der Süden Schwedens ist bis auf die Ballungsgebiete relativ dünn besiedelt und hat viel Natur zu bieten. Wer die Einsamkeit sucht, reist gen Norden, doch auch wer im Süden bleibt, findet jede Menge Möglichkeiten für individuelle Freiluftaktivitäten. Auch die Schweden schwärmen, wann immer sie Zeit dazu haben, in die Wälder, Gebirge und Nationalparks aus, an die lange Küstenlinie mit ihren Schären und Strände – und das beileibe nicht nur, wenn es richtig warm ist.

Wandern Wandern steht seit jeher ganz oben auf der Beliebtheitsskala. Da es in Südschweden keine hohen Gebirge gibt, sind sämtliche Strecken einfach zu laufen und vorwiegend flach. Es gibt Hunderte gekennzeichnete Wanderwege, die sich häufig durch eine ganze Provinz zie-

Wer die Einsamkeit mag, wird das Wandern in Schweden lieben. Der Skåneleden führt u. a. auch über die Kullen-Halbinsel.

hen, so z. B. der Blekinge-, Skåne- oder der Hallandleden. Hinzu kommen Themenpfade. In Dalsland gibt es den Pilgrimsleden (Pilgerweg), in Småland den John-Bauer-Weg und in Småland den Utvandrarleden (Auswandererweg).
Die vier Routen des Skåneleden führen durch die südlichste Provinz Schwedens und haben eine Gesamtlänge von mehr als 900 km. Mit rund einem Drittel der Gesamtlänge ist der Kust till Kustleden der längste Teil des Skåneleden, er führt in 20 einfachen Etappen von Sölvesborg an der Ostküste bis zur Bjärehalbinsel an der Westküste und bietet abwechslungsreiches Genusswandern durch die liebliche Landschaft Schonens.
Dank des **Jedermannsrechts** (allemansrätt) darf man so gut wie überall wandern, also auch dort, wo keine Wanderwege sind. Einen schönen Platz zum Aufstellen seines Zeltes findet man immer. Und wer lieber ein festes Dach über dem Kopf hat, kann am Rand vieler Wanderpfade auf Hütten und Gebirgsstationen ausweichen. So unterhält der Svenska Turistföreningen rund 400 **Wanderheime**, die über Zwei- und Mehrbettzimmer verfügen. Hütten liegen in der Regel in Tagesabständen, Proviant muss man allerdings selber mitbringen. Zwischen den einzelnen Hütten sind die Wege meist gut markiert, ebenso die großen Wanderwege. Eine gute Karte sollten Wanderer dennoch stets mit sich führen.

Radfahren

Auch fürs Radfahren bringt Südschweden beste Voraussetzungen mit, nicht zuletzt die viele Seen sind schönste Radlerterrains mit flachen, steigungsarmen Touren. Gut ausgebaut ist das Netz der Radwege und wie den Wanderern stehen auch Radfahrern unterwegs zahlreiche Campingplätze, Herbergen und sonstige Unterkünfte offen. Wo auf regulären Straßen ausgewichen werden muss, wird man auf rücksichtsvolle Autofahrer stoßen – sofern in den vielen verkehrsarmen Regionen überhaupt Autos unterwegs sind.
Zu den längsten Radfernrouten Europas gehört der **Sverigeleden**, eigentlich ein Netz aus 39 Abschnitten mit 2620 km Haupt- und 3980 km Nebenrouten. Er beginnt im Süden an den Fährhäfen von Helsingborg bzw. Ystad und endet hoch im Norden bei Karesuando. Der Westküste Schwedens folgt der **Nordseeküsten-Radweg** (www. northsea-cycle.com) von Varberg bis zur norwegischen Grenze. Hinzu kommen ein Dutzend regionale Radwege in Südschweden. Besonders Skåne ist ein Radfahrerland; zum 800 km langen Skånespåret gibt es eine Radwanderkarte auf Deutsch mit Tipps und Hinweisen zu Sehenswürdigkeiten. Sehr gut geeignet für Radtouren ist auch die Insel **Gotland**, die man auf dem 350 km langen Gotlandsleden umrunden kann. In **Småland** sind besonders der Astrid-Lindgrensleden, der 216 km lang von Västervik nach Jönköping führt, und der Höglandstrampen durch das småländische Hochland zu empfehlen.

Die Radwege in Halland-Ginstleden, Cykelspåret und Hylteslingan stellt eine kostenlose Broschüre von Hallands Turist vor. Der **Cykelspåret** führt von Göteborg nach Båstad, von wo man entweder auf dem Ginstleden über Halmstad bis nach Varberg radelt oder in Halmstad eine Rundtour durch die Region auf dem Hylteslingan beginnt. Die Vielfalt von Sörmland lässt sich auf dem 700 km langen **Näckrosleden** entdecken, der durch zwei Querverbindungen auch einige kürzere Touren erlaubt. Gute Radwegenetze besitzen ebenso Dalsland und Bohuslän. In Västergötland sind die einstigen **Treidelpfade am Göta-Kanal** beliebte Radstrecken. In Värmland erschließt der **Värmlandsleden** in 18 Tagesetappen die schönsten Ecken der Provinz.
Ein deutschsprachiges Kartenheft mit nützlichen Tourentipps gibt es beim Värmlands Turistråd. Wolfgang Kettlers Band »Südschweden per Rad« beschreibt **80 Streckenvorschläge** zwischen Malmö, Göteborg und Stockholm (Cyclos-Verlag 2015). Ideale Begleiter sind die topografischen Vägkartan (früher Blå Kartan bzw. Blaue Karten), die das schwedische Vermessungsamt im Maßstab 1 : 100 000 herausgibt. Sie sind erhältlich in allen gut sortierten Buchhandlungen. Sehr unterschiedlich ist die Fahrradmitnahme in Bahn und Bus geregelt. Hier empfiehlt es sich, beim jeweiligen Betreiber nachzufragen.

Baden

Ein Paradies für Badeurlauber und Strandwanderer sind die **Küsten von Skåne** mit insgesamt 300 km langen, meist flach abfallenden Sandstränden. Im Juli und August erwärmt sich das Wasser an der Küste und in den Binnenseen bis auf durchaus angenehme 20 °C.
Malmö an der Südwestküste hat einen ungewöhnlich weitläufigen Sandstrand mit Dünen, zwischen denen man vor dem mitunter recht frischen Wind Schutz suchen kann. Halland, die »schwedische Riviera« an der Südwestküste, verfügt ebenfalls über viele flach abfallende, kinderfreundliche Sandstrände. Als »St. Tropez des Nordens« gilt **Tylösand**. Wer etwas auf sich hält, hat hier seine Sommervilla und schlägt im exklusivsten Golfklub des Landes ab. Am kilometerlangen Sandstrand ist Platz für jeden, ebenso wie in Skrea bei Falkenberg und Apelviken bei Varberg weiter nördlich.
Ein beliebter Badeort ist Strömstad in Bohuslän. Da südlich davon Felsenküste vorherrscht, fahren viele Gäste ab Strömstad mit Fährschiffen zu den Inseln Styrsö, Alska und Koster hinaus, wo sich Sandstrände ausdehnen.
Baden mitten in der City ist nicht nur in Malmö, sondern auch in Stockholm möglich. Allein im Zentrum der Hauptstadt gibt es 15 Strände und zahlreiche Freibäder, in denen sich an warmen Sommertagen die Sonnenanbeter tummeln. Auch die Ausflugsinseln Utö und Sandhamn im äußeren Schärengarten besitzen herrliche Badeplätze. Die Insel Torö südlich von Stockholm gilt als eines der besten Surfreviere der ganzen Ostsee. Felsenstrände gehören zum Schärengarten von Karlshamn. Schöne Badeplätze findet man auch auf der

Ob zu Wasser oder an Land, an Möglichkeiten zur körperlichen Betätigung mangelt es in Schweden nicht.

Insel Hanä bei Bönsäcken und an den flachen Felsen bei Norra und Södra Vindhalla.
Gotland ist eingerahmt von kleinen und großen Sand- und Steinstränden, z. B. bei Tofta, 20 km südlich von Visby oder Ljugarn und Åminne auf der Ostseite der Insel. Auch die Badestrände der 35 Autominuten nordwestlich von Göteborg gelegenen Insel Marstrand sind sehr beliebt.
Außerdem laden unzählige **Binnenseen** mit sehr guter Wasserqualität zum Baden und Wassersport ein. Varamon bei Motala am Vättersee ist das größte nordische Binnenseebad und verfügt über einen kilometerlangen, kinderfreundlichen Sandstrand.

Angeln (▶ Baedeker Wissen S. 390)

Schweden ist eines der besten und beliebtesten **Angelreviere** Europas. In einigen Fällen, wie zur Lachspremiere in der Mörrum, muss man sich seinen Standplatz schon ein Jahr im Voraus sichern. Angler haben in Schweden selbst im Winter Saison. Dick eingepackt, Miniangel, Stuhl und Eisbohrer im Gepäck zieht es sie, in der Hoffnung auf einen guten Fang, auf die zugefrorenen Seen.

Auf dem Wasser

Mit seinen Schärengärten, zahlreichen Seen wie Vänern, Vättern und Mälaren und dem Göta-Kanal besitzt Südschweden nahezu unbegrenzte Möglichkeiten für alle **Freizeitkapitäne**. Schippern Sie gemächlich von Mem über den Göta-Kanal (▶ Baedeker Wissen S. 40) nach Göteborg oder chartern Sie ein Segelboot für die Schären mit

BAEDEKER WISSEN

PETRI HEIL!

In Südschweden liegen mit Väner-, Vätter-, Mälar- und Hjälmarsee die vier größten Seen des Landes. Allein dort können Angler schon glücklich werden. Zählt man noch die kleineren Seen, die Wasserläufe und auch das Meer dazu, kann man getrost vom Anglerparadies Südschweden sprechen.

▶ **Angel Kalender**

In schwedischen Gewässern tummeln sich ca. 40 verschiedene Fischarten, besonders reich ist der Bestand an Barschen und Hechten. Gute Fangchancen bieten sich besonders in den Sommermonaten nach dem Ablaichen.

Legende

Süßwasserfisch

Salzwasserfisch

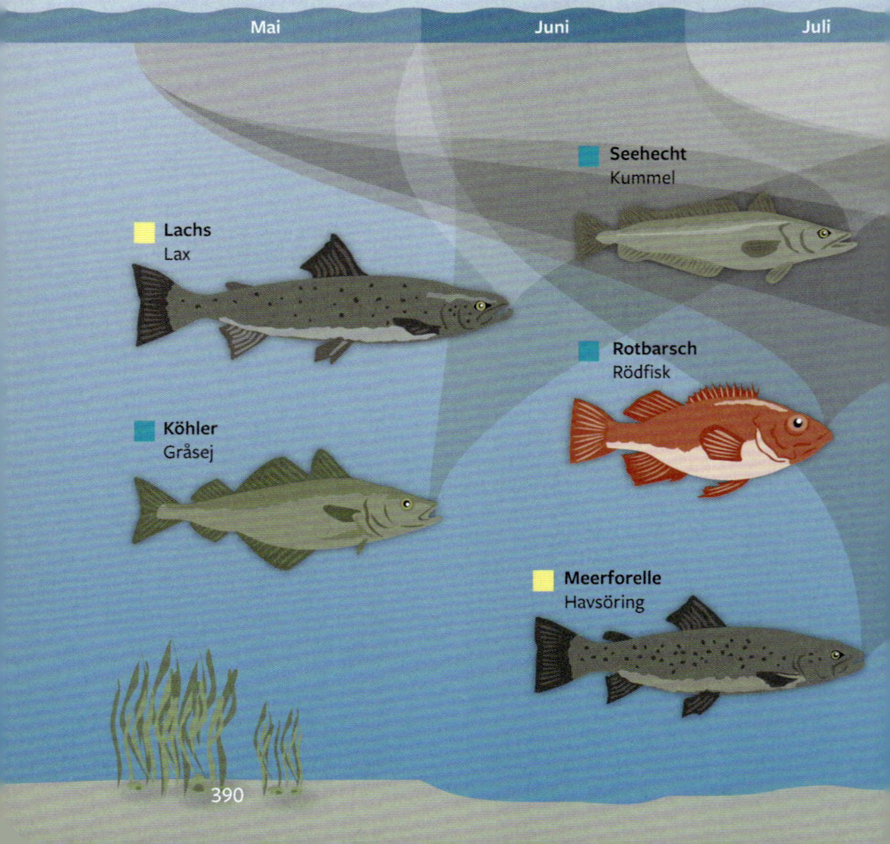

Angellizenzen in Schweden

Das Angeln im Meer ist das ganze Jahr über kosten- und scheinfrei, für die Seen und Flüsse benötigt man jedoch eine Angellizenz, die in Touristenbüros, bei der Post oder an Tankstellen erworben werden kann.

»Sverige-Fiskekort«

Diese Angelkarte erlaubt das Angeln in ganz Schweden an über 1200 Gewässern in 50 schwedischen Kommunen. Die Jahreslizenz kostet 600, die Lizenz für den Sommer 500 SEK.

Achtung: Lachse, Meeresforellen und Wandersaiblinge dürfen im Meer vom 5. August bis 1. April und in Flüssen vom 1. September bis 1. April nicht geangelt werden.

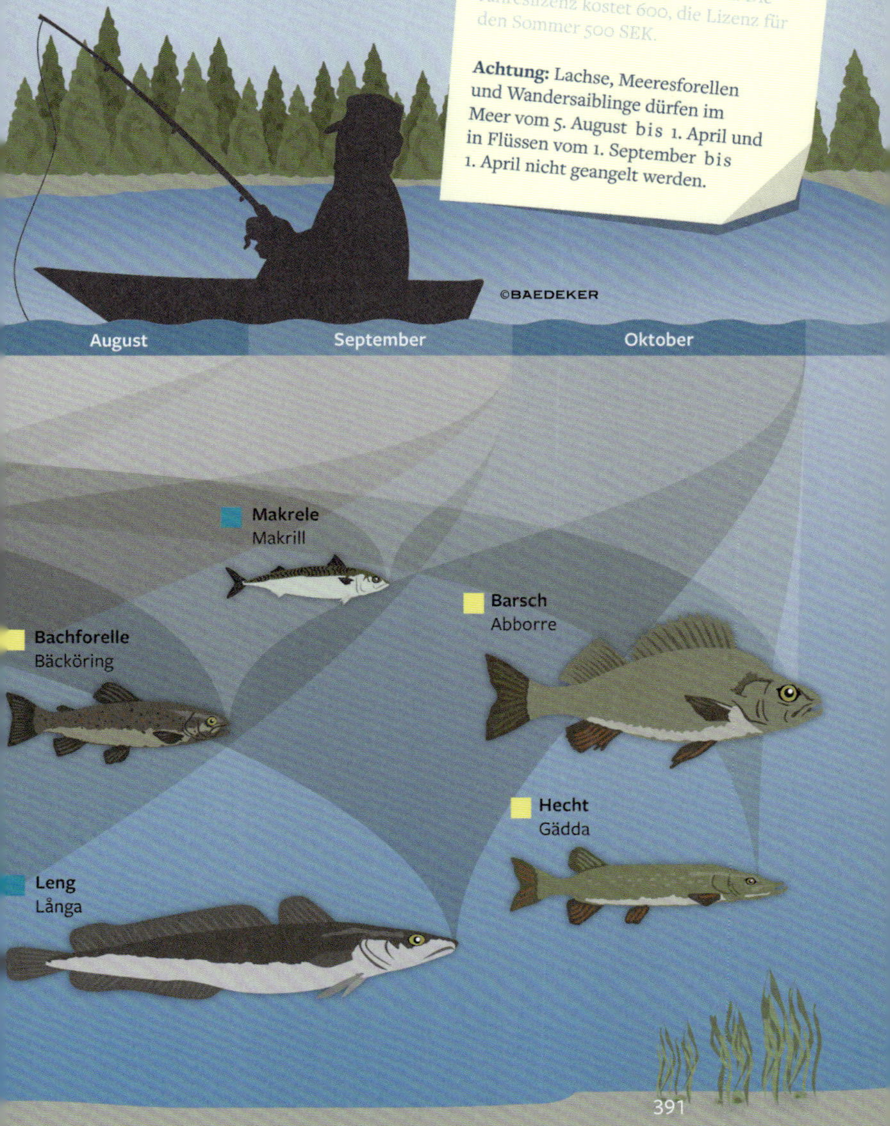

ADRESSEN

VERANSTALTER

MINTO – WEGE IN DIE NATUR
Outdoorveranstalter, der neben Kanu- und Seekajaktouren, Makrelen- und Hummersafaris auch Schlittschuhtouren anbietet.
Rosenlund 3, 4579 Tanumshede
Tel. 0525 2 33 32, www.minto.se

WANDERN

SVENSKA TURISTFÖRENINGEN (STF)
Box 17251, 10462 Stockholm
Tel. 08 4 63 21 00
www.svenskaturistforeningen.se

NATIONALPARKS
www.naturvardsverket.se

RADFAHREN

SVENSKA CYKELSÄLLSKAPET
Tel. 08 54 59 10 30
www.svenska-cykelsallskapet.se

CYCELFRÄMJANDET
Tel. 08 54 59 10 30
www.cykelframjandet.se

BALLONFAHRTEN

GRENNA BALLONG & LUFTSKEPP AB
Björkhaga, Tel. 0390 3 05 25
www.flyg-ballong.nu

BALLONG & ÄVENTYR AB
Ladugärdsmarken 412
22591 Lund, Tel. 046 24 89 00
www.ballongaventyr.se

GOLF

SVENSKA GOLFFÖRBUNDET
Tel. 08 6 22 15 00, www.golf.se/

KANU, KAJAK

SVENSKA KANOTFÖRBUNDET
Tel. 0155 20 90 80
www.kanot.com

REITEN

SVERIGES RIDLÄGERS RIKSFÖRBUND
www.ridlager.se

traumhaften Landschaften und kleinen Häfen. Hier heißt es: Ankommen, Anmelden, Proviantieren, Ablegen. Deutsche, österreichische und Schweizer Staatsbürger sind nicht verpflichtet, sich anzumelden, wenn sie mit dem Boot nach Schweden einreisen. Der Internationale Bootsschein genügt als Bootspapier.

Golf Allein um Stockholm gibt es drei Dutzend Plätze. Alle schwedischen Golfvereine heißen bei Vorlage der Greencard auch Gastspieler gerne willkommen. Die Greenfees sind im Vergleich zu Deutschland mehr als moderat. Einige Hotelketten bieten Golfpakete an, in denen Unterkunft und Greenfee im Preis enthalten sind. Die Spielzeiten werden dann ebenfalls durch das Hotel gebucht.

Ganz oben in der Gunst der Golfer rangiert **Schonen**, wo rund 70 Plätze aller Schwierigkeitsgrade warten, die nicht weiter als eine Autostunde voneinander entfernt sind. Und die Saison dauert hier so lang wie sonst nirgendwo in Schweden: von April bis Oktober.

Auf dem Eis

Im Winter schnallen sich die Schweden nicht nur die Bretter, sondern gern auch die Kufen unter und drehen auf den meist kostenlosen Eislaufplätzen der Innenstädte ihre Runden. Sehr populär ist auch das **Schlittschuhwandern**. Als Hochburg der Schlittschuhwanderer gilt das Värmland, aber auch zwischen den Schären sausen die Wanderer auf Kufen über das blanke Eis. In der Regel liegen die Tagesdistanzen bei 15 bis 30 km, die sich in drei bis fünf Stunden bewältigen lassen. Zwischendrin wird ausgiebig pausiert, beispielsweise mit einem warmen Imbiss am Lagerfeuer.

ESSEN UND TRINKEN

Schweden hat mit die besten Köche der Welt. Das jedenfalls zeigt sich in regelmäßigen Abständen bei der Kocholympiade. Lange Zeit war die schwedische Nationalmannschaft am Herd unschlagbar und auch heute landet das Drei-Kronen-Team immer wieder auf den vorderen Plätzen.

Von bescheiden bis Gourmet

Dabei hatte Schweden lange Zeit überhaupt keinen guten Ruf, was seine Küche anging. Das Land war als Heimat fettiger Fleischbällchen, der **Köttbullar**, mit matschigem Kartoffelbrei, Plizrahmsauce und einem Klecks Preiselbeerkonfitüre verrufen. **Pytt i Panna** könnte man auch Restepfanne nennen: Was vom Vortag übrig bleibt, wird mit viereckigen Kartoffelstückchen verkocht. Und damit das Ganze nett aussieht, schlägt man zur Tarnung ein Ei darüber. Als Billiggericht steht es noch immer auf den Speisekarten vieler schwedischer Restaurants. Berüchtigt ist auch **Janssons frestelse** – was übersetzt etwas schönfärberisch »Janssons Versuchung« bedeutet, ist ein Auflauf aus Kartoffeln, Anchovisfilets und jeder Menge Sahne. Verwenden die Schweden Bückling statt Anchovis, nennen sie das Gericht Karlssons frestelse, ganz ohne Fisch heißt es Svenssons frestelse. Doch es geht auch anders! Wer den entsprechenden Geldbeutel mitbringt, kann praktisch überall im Land auf höchstem Niveau speisen.

Smörgåsbord

Die meisten Touristen lernen schon auf der Anfahrt mit dem Schiff das schwedische Smörgåsbord kennen, das riesige **Selbstbedienungsbuffet** mit vielen leckeren kalten und warmen Gerichten.

TYPISCHE GERICHTE

Knäckebröd: Der vielleicht wichtigste Exportschlager der letzten Jahrhunderte. Das lang haltbare Knäckebrot wurde auf schwedischen Bauernhöfen »erfunden«. Im Winter froren die Flüsse und Bäche zu, weshalb die Menschen kein Mehl mahlen konnten. Darum machte man sich im Herbst daran, einen Vorrat für den Winter zu backen. Und im Frühjahr backte man den Vorrat für die wenigen Sommermonate, in denen die Bauern so viel zu tun hatten, dass kaum Zeit zum Brotbacken blieb. Ursprünglich waren die Knäckebrotscheiben kreisrund und hatten ein Loch in der Mitte. So konnte man sie an Stangen auffädeln, die an der Küchenwand befestigt waren, um sie vor Mäusen zu schützen und immer griffbereit zu haben.

Gravad Lax heißt übersetzt »eingegrabener Lachs«. So wurde früher frischer Lachs für einige Zeit haltbar gemacht. Heute nimmt man zwei gleich große Stücke Lachsfilet, pro 100 g Lachs ca. einen schwach gehäuften Teelöfel Salz und einen gestrichenen Teelöffel Zucker. Salz, Zucker und frisch gemahlenen Pfeffer mischen. Ein Lachsstück mit der Hautseite nach unten in eine Frischhaltetüte legen, mit der Hälfte des Gewürzgemischs und frischem Dill bedecken, dann das zweite Lachsstück mit der Hautseite nach oben darauflegen – Prinzip Sandwich. Die Tüte verschließen, in eine Schale legen und 36 bis 48 Stunden in den Kühlschrank legen, mehrmals wenden. Es bildet sich eine Salzlake. Lachsstücke abwaschen, in nicht zu feine Scheiben schneiden und z. B. mit einer Senf-Honig-Dill-Sauce servieren.

Lamm: Lammfleisch wird auf Gotland gerne verzehrt. Das Fleisch der Tiere ist durch die kräuterreichen Wiesen der Insel sehr schmackhaft. Versuchen sollte man beispielsweise »Glödhoppa med strunkmos«, gepökelte Lammbrust mit Roter Bete und Steckrübenpüree. Ausgesprochen lecker ist auch »Lammsmäcka«: Die Lammbuletten werden mit gotländischem Wildlauch, dem »Kaip«, verfeinert. Wer es ganz klassisch mag, greift zu Lammkotelett mit fein gewiegten Kräutern.

Hering in Variationen: Nur experimentierfreudigen Essern mit robustem Magen ist »Surströmming« zu empfehlen. Er besteht aus Ostseeheringen, die im Frühjahr in Salzlake eingelegt werden und bald zu gären anfangen. Rund einen Monat vor der Surströmming-Premiere im August wird er in Konserven abgefüllt. Der andauernde Gärungsprozess führt dazu, dass sich Boden und Deckel der Dosen wölben. Wer den sehr intensiv riechenden – viele sagen auch: stinkenden – Fisch versuchen will, sollte vorsichtshalber einen schwedischen Klaren bereitstellen. Außerdem ist es empfehlenswert, die Dose im Freien oder unter Wasser zu öffnen.
Auch unvergoren kommen Heringe (Sill) in Schweden in allen Variationen auf den Tisch, z. B. als gebratene Salzheringe. Es gibt sie auch süß-sauer eingelegt als Senapsill, was für manch südlicheren Gaumen recht gewöhnungsbedürftig ist.
Der typische Vorspeisenteller Silltallrik besteht aus eingelegten Zwiebel-, Kräuter- und Senfheringen mit Knäckebrot, saurer Sahne und einem Stück gut gereiftem Käse. Besonders beliebt im Sommer sind die Matjesheringe.

Seinen Ursprung hat das Smörgåsbord in der Tradition der Bauernfeste, als das ganze Dorf zusammenkam und jeder Gast eine oder zwei Mahlzeiten zum Fest mitbrachte. Dann baute man das Ganze auf einem Tisch auf und los ging die Schlemmerei. Übrigens: Der richtige Smörgåsbord-Spezialist schlemmt nach System. Es wird nicht einfach aufgepackt, was gefällt, sondern man beginnt mit den Fischgerichten, geht dann zu den kalten Vorspeisen über, bevor man sich das Warmgericht seiner Wahl auf den Teller lädt und das Ganze mit dem Dessert und einem kleinen Stück Käse abschließt.

Fisch satt

Angesichts der langen Küste und der vielen Seen mag es kaum überraschen, dass Schweden besonders für seine Fischgerichte berühmt ist. **Lachs** wird in allen möglichen Variationen serviert, gegrillt oder gedünstet, oder er wird als Grundlage für eine herzhafte Suppe verwendet. Besonders wohlschmeckend ist der Ostseelachs, der fleischiger und heller ist als der vor der Westküste geangelte. Eine Spezialität ist »laxpudding«, der aus Lachs, Kartoffeln und Eiern zubereitet und mit geschmolzener Butter serviert wird. **Hering** (strömming) ist der proletarische Bruder des feinen Lachses. Er steht in unzähligen Variationen auf dem Speiseplan der Schweden.

Spezialitäten

Gerichte aus **Rentier- und Elchfleisch** gibt es auf dem schwedischen Speisezettel selbstverständlich auch. Doch »renskarv«, in Scheiben geschnittenes Rentierfleisch oder gar Elchsteak kommen wesentlich weniger auf den Tisch, als man dies vielleicht annehmen möchte. Was hat die schwedische Küche noch zu bieten? **Brot** wird meist mit Sirup gebacken und schmeckt ungewöhnlich süß, **Butter** wird dafür gesalzen, Joghurt und Milchgetränke gibt es in viel größerer Auswahl als in Deutschland, Erbsensuppe kommt immer donnerstags auf den Tisch.

Regionales

Dazu kommen viele regionale Spezialitäten. In **Skåne** (Schonen) wird gerne Aal gegessen. Ihm widmet man bei den Ålagille-Festen im August und September sogar eine eigene Veranstaltung. Spettkaka heißen die über einem Drehspieß langsam Schicht für Schicht gebackenen, knusprigen »Spießkuchen« mit Zuckerglasur, die man in fast jeder Konditorei Schonens sieht.

Småland ist bekannt als die »Preiselbeerprovinz«: Preiselbeermarmelade wird zu verschiedenen Mahlzeiten und als Dessert gereicht. Beliebtestes Gericht sind Kartoffelklöße (Kroppkakor) gefüllt mit geräuchertem, gesalzenem Schweinefleisch, Zwiebeln und Pfeffer, serviert mit geschmolzener Butter und – Preiselbeermarmelade. Auf **Gotland** isst man gerne Lamm. Gotland ist deshalb auch die Insel der Lämmer und nicht umsonst ziert eines die Landesflagge. Auf der Insel nennt man die erwachsenen Tiere Lämmer; dort gibt es also keine Schafe, sondern nur Lämmer und Junglämmer.

Fisch, Fisch, Fisch – die Markthallen und Fischläden in den Küstenstädten Schwedens sind gefüllt mit fangfrischer Ware.

Hohes Preisniveau

Wer in Schweden essen gehen will, sollte sich auf ein Preisniveau gefasst machen, das deutlich über dem deutschen liegt. Selbst eine einfache Pizza ist kaum unter 12 € zu haben, ein Hauptgericht im Restaurant kostet rund das Doppelte und für ein Bier sind mindestens 6 € fällig. Für ein Glas Wein muss man sogar noch etwas mehr kalkulieren. Dafür wird in der Regel gute Qualität geboten, auf frische, oft regionale Waren legen immer mehr Restaurants großen Wert. Allerdings: In vielen »normalen« Restaurants wird mitunter etwas einfallslos gekocht. Schmackhaft ist das einfache Essen aber durchaus.

Getränke

Wer an schwedische Getränke denkt, dem fallen zunächst natürlich **Akvavit** und (Absolut-)**Wodka** ein. Rein statistisch gesehen, sind aber Milch und Kaffee die meistgetrunkenen Getränke. Ungefähr 170 l konsumiert jeder Schwede davon pro Jahr. Beim **Kaffeever-**

brauch sind die Schweden, nach Nachbar Finnland, die Nummer zwei der Welt. Zum Kaffee isst man u. a. schneckenartiges Hefegebäck (Vetebullar oder Kanelbullar), in den Konditoreien neben Torte (Tårta) vor allem Kleingebäck (Småkakor) und frische Waffeln (Våfflor) mit Himbeeren oder Preiselbeeren.
Aber zurück zur Statistik. Mit 52,3 l pro Jahr und Person (Deutschland: 109,8 l) bleibt der **Bierverbrauch** deutlich hinter dem Kaffeekonsum zurück. Böse Zungen behaupten, dass dies nicht nur am hohen Preis, sondern auch der schlechten Qualität schwedischer Brauereierzeugnisse liegt. Im Supermarkt bekommt man nur Bier bis 3,5 Vol.-% (Lattöl und Folköl). Alles andere – Wein, Schnaps, stärkeres Bier (Starköl) – muss man für viel Geld im staatlichen Alkoholmonopol, Systembolaget, kaufen. **»Glögg«**, auch als Schwedenpunsch bekannt, besteht aus Rotwein, etwas Schnaps und Gewürzen und schmeckt am besten selbst gemacht. Es gibt ihn auch alkoholfrei aus Saft.

Mahlzeiten

Das **Frühstück** (frukost) kann aus Brot, Käse, Schinken, Wurst, Dikmelk, Joghurt, Marmelade und Ei bestehen. Belegte Brote (Smörgås, wörtl. Butterbrot) werden zu jeder Tageszeit gegessen. Das **Mittagessen** (lunch) ist einfach gehalten und wird zwischen 12 und 14 Uhr eingenommen. Beliebt sind mittägliche Buffets, viele Restaurants bieten preiswerte Mittagsgerichte an. Das **Abendessen** heißt etwas irreführend »middag« und wird ab 17 oder 18 Uhr serviert.

FEIERN

Viele Feste, die in Schweden gefeiert werden, sind auch in Mitteleuropa bekannt und beliebt. Einige sind jedoch typisch schwedisch oder skandinavisch, darunter das im ganzen Land enthusiastisch gefeierte Mittsommerfest.

Kleinere Feste

Das **neue Jahr** wird in Schweden recht ruhig begrüßt, meist begeht man den Tag im Kreis der Familie. Der »Valborgsmässoafton« am 30. April ist der **Tag der Studenten**, er wird in allen Universitätsstädten ausgiebig gefeiert. Sie setzen ihre weißen Studentenmützen auf und ziehen durch die Straßen der Städte. Daran schließen sich feuchtfröhliche Gelage an. Der **1. Mai** ist auch in Schweden der Feiertag der Arbeiterbewegung. Er wird von vielen zu einem Ausflug in die inzwischen erwachte Frühlingsnatur genutzt. Am **Nationalfeiertag, dem 6. Juni,** zieht man vor dem Haus die Fahne hoch, arbeitsfrei ist der Tag aber erst seit 2005. Dafür opferten die Schweden den Pfingstmontag als Feiertag. Der 6. Juni erinnert an die Wahl von Gustav Wasa zum König 1523 und die Annahme der Verfassung 1809.

Midsommar

Für die Schweden ist Mittsommer das schönste Fest des Jahres. Die kürzeste Nacht des Jahres ist der Beginn der Freiluftsaison, der langen Tage und hellen Nächte, die Erfüllung der Sehnsucht nach Wärme und Sonne. Gefeiert wird am Wochenende, das dem 24. Juni am nächsten liegt. Am Morgen des Mittsommertags werden Haus und Hof mit Blumen und Zweigen geschmückt und auf dem Land stellen die Männer die **Majstång**, einen reich geschmückten Baumstamm auf. Der Name kommt vom schwedischen Wort »majen«, auf Deutsch »winden«, und bezieht sich auf die Blumen und Zweige, mit denen die »Majstång« umwickelt wird. Mittsommer feiern die Schweden am liebsten mit Freunden und Bekannten dort, wo sie sich wohlfühlen: im Sommerhäuschen, auf dem eigenen Boot irgendwo in den Schären oder auf dem Campingplatz. Dazu gehören Musik und Tanz, gutes Essen und viel zu Trinken. **Traditionelle Mittsommeressen** ist »Matjesill«, marinierter Hering in süßer Soße, dazu gibt es Kartoffeln mit Dill.

Krebs satt

In der zweiten Augustwoche trifft man sich zur Krebspremiere (**Kräftpremiären**). Früher, als es noch genügend Krebse gab, konnte man sie das ganze Jahr über genießen. Als dann aber der Krebsfang bis Mitte August verboten wurde, wurden die ersten Fangtage ausgie-

Ein Fest für die ganze Familie – nichts wird in Schweden so ausgelassen gefeiert wie Midsommar.

FESTKALENDER

FEIERTAGE
Neujahr, Heilige Drei Könige (6. Jan.), Karfreitag, Ostermontag, Tag der Arbeit (1. Mai), Himmelfahrt, Pfingstmontag, 6. Juni (Nationalfeiertag), Mittsommer (24. Juni), Allerheiligen (1. Nov.), Heiligabend, 1. und 2. Weihnachtsfeiertag und Silvester.

JANUAR

GÖTEBORG FILMFESTIVAL
Das größte Filmfest des Nordens präsentiert internationale Highlights.
www.giff.se

MÄRZ/APRIL

OSTERN
Der Osterschmuck besteht aus Narzissen, Birkenzweigen und bunten Federbüscheln. Am Gründonnerstag verkleiden sich Kinder als Osterhexen (Påskkärringar), ziehen durch den Ort und sammeln Münzen und Süßigkeiten. Zur Osternacht gehören traditionell die Osterfeuer.

WALPURGISNACHT
Am 30. April wird überall im Land die Walpurgisnacht gefeiert, für Touristen am eindrucksvollsten im Stockholmer Freilichtmuseum Skansen (► S. 256).

JUNI

MARATHON IN STOCKHOLM
Weit über 21 000 Läuferinnen und Läufer aus aller Welt.
www.stockholmmarathon.se

MIDSOMMAR
Die Sommersonnenwende wird im ganzen Land gefeiert.

HULTSFREDFESTIVAL
Das größte Rockfestival des Landes steigt jährlich in Hultsfred (www.hultsfredsfestivalen.se).

BERGMANSVECKAN
Ende Juni/Anfang Juli feiert Fårö eine Woche lang seinen Starregisseur Ingmar Bergman.
www.bergmancenter.se/bergmanveckan

AUGUST

STOCKHOLM PRIDE
Das schwedische Gegenstück zum Christopher Street Day.
www.stockholmpride.org

MITTELALTERWOCHE VISBY
Eine Woche lang wird man auf Gotland ins Mittelalter versetzt.
www.medeltidsveckan.com

MALMÖ FESTIVAL
Riesiges Stadtfest mit Kultur, Speis und Trank.
www.malmofestivalen.se

KRÄFTSKIVA
Der Beginn der Flusskrebssaison wird in der 2. Augustwoche mit einem Krebsfest gefeiert.

SEPTEMBER

APFELMARKT KIVIK (SCHONEN)
Zur Apfelernte gehört ein riesiger Apfelmarkt mit aus Tausenden von Äpfeln gebildeten »Gemälden«.
www.applemarknaden.se

ÖLANDS SKÖRDEFEST
Beim größten schwedischen Erntefest dreht sich alles um den Kürbis.
www.skordefest.nu

ÅLAGILLE
Das Aalfest in Schonen wird sehr eindrucksvoll südlich von Åhuis begangen.

OKTOBER

STOCKHOLMER FESTIVAL
Die weltbesten Jazzmusiker auf der Stockholmer Insel Skeppsholmen.
www.stockholmjazz.com

NOVEMBER

FILMFESTIVAL STOCKHOLM
Eher beschaulich, doch für Liebhaber skandinavischer Filmkunst ein Muss.
www.stockholmfilmfestival.se

DEZEMBER

NOBELPREISVERLEIHUNG
Am 10. Dezember verleiht König Carl XVI. Gustav im Stockholmer Konzerthaus den Nobelpreis (▶ Baedeker Wissen S. 380).

WEIHNACHTSMÄRKTE
Die beiden größten Weihnachtsmärkte werden im Vergnügungspark Liseberg in Göteborg (▶ S. 77) und im Freilichtmuseum Skansen in Stockholm veranstaltet. Das neue Jahr wird in Skansen mit Gesang und Feuerwerk begrüßt.

---

big gefeiert. So ist es bis heute geblieben. Man trifft sich mit Freunden, setzt sich ein Papierhütchen auf den Kopf, hängt sich eine Serviette um den Hals und verspeist jede Menge der kleinen Tierchen, die heute aber zumeist aus der Türkei, den USA und China kommen.

Lichterglanz beim Lucia-Fest

Während der dunklen Jahreszeit wird vor allem das Lucia-Fest am 13. Dezember und natürlich Weihnachten gefeiert. Am Lucia-Tag sieht man überall weiß gekleidete Jugendliche mit Kerzen in den Händen. Angeführt wird jeder Zug von Lucia, die einen Kerzenkranz auf dem Kopf trägt. Krankenhäuser und Altenheime erhalten Besuch und bei dieser Gelegenheit gibt es »Lussebullar« (mit Safran gewürztes Hefegebäck), Pfefferkuchen und heißen, aromatischen **»Glögg«**.

Weihnachten mit Donald, Tomte & Co.

Weihnachten beginnt auch in Schweden schon Ende November mit festlich geschmückten Weihnachtsbäumen auf öffentlichen Plätzen. Berühmt sind die **Weihnachtsmärkte** in Stockholms Gamla Stan und im Freilichtmuseum Skansen. Im Dezember wird in Restaurants das »Julbord«, die üppigste Variante des »Smörgåsbord«, angeboten. Das Weihnachtsfest ist wie in Deutschland auch eher ein Fest der Besinnung und des Essens. Die Geschenke bringt der Weihnachtsmann – oder drei kleine rote Wichtel namens Tomte, Tomtebisse und Nisse. Sie kommen mit ihrem voll bepackten Rentierschlitten aus Lappland oder vom Nordpol. Vor der Bescherung am Heiligen Abend steht jedoch seit vielen Jahren die gemeinsame Fernsehstunde mit Freunden und Verwandten. Pünktlich um 15 Uhr wird nämlich »Weihnachten mit Donald Duck« angeschaut. Erst danach beginnen die Feierlichkeiten im Kreis der Familie. Und für den Weihnachtsmann und die Wichtel stellt man eine Schüssel mit Brei vor die Tür.

SHOPPEN

Zum Einkaufen kommen nur die wenigsten Touristen nach Schweden. Bevor das Land 1995 der EU beitrat, war das Shoppen dort ein teures Vergnügen. Schwedenfans fuhren damals meist mit einem gut gefüllten Kofferraum voller Lebensmittel und geschmuggeltem Bier oder Wein ins Land ihrer Träume.

Nicht alles ist teuer

Obwohl sich seit dem EU-Beitritt des Lands 1995 die Zeiten geändert haben, ist Schweden seinen Ruf als Hochpreisland bislang nicht losgeworden. Manches, wie beispielsweise Alkohol oder Restaurantbesuche, ist auch immer noch deutlich teurer als hierzulande, anderes aber kauft man in Schweden sogar günstiger ein, (Leder-)Kleidung etwa und Outdoorausrüstung. Schwedische **Designerkleidung** von Acne, Filippa K, J Lindberg, Cheap Monday oder Weekday genießt international viel Renommee; handgewebtes Leinen wird noch in Båstad für Geschirrtücher und Tischwäsche gefertigt. Ideal für Haus und Hof sind auch die Töffel, die handgeschnitzten **Schweden-Clogs**, schlicht aus Holz und Leder oder trendig bunt verziert.

Spezialitäten

Auch kulinarisch bietet Schweden einige »exotische« Spezialitäten, vom **Elchschinken** bis zur **Hjortronsylt**, Marmelade aus Multebeeren, die ein bisschen aussehen wie gelbe Brombeeren und säuerlich schmecken. Köstlich ist **schwedischer Senf**, aromatisch und leicht süßlich.

Öffnungszeiten

In Schweden gibt es keine staatlich festgelegten Öffnungszeiten. **Supermärkte** haben abends oft bis 21 Uhr und länger geöffnet, kleinere Läden oft nur bis 18 Uhr. Supermärkte und Kaufhäuser sind meist auch am Wochenende geöffnet und schließen dann etwa um 18 Uhr. Bürger aus Nicht-EU-Staaten wie der Schweiz können sich bei der Ausreise, sofern beim Kauf ein entsprechendes Formular ausgefüllt wurde, die Mehrwertsteuer zurückerstatten lassen.

Schwedisches Design

Möbel

Seit den 1950er-Jahren ist skandinavisches Design mit seiner typischen klaren Formensprache das Maß der Dinge. Mit der Konzentration auf preiswerten Modernismus fürs Heim zeigten die nordeuropäischen Länder der Welt, wie gutes Design mit ebensolcher Funktion einhergehen kann. Was sie exportierten, war ein eigenständiger Lebensstil, der in aller Welt bis heute gefragt ist. Als Inbegriff des Möbeldesigns aus dem Hohen Norden stieg IKEA aus dem kleinen Småland zum Global Player auf. Dabei wurden hier Möbel schon lange vor Ingvar Kamprad (► Interessante Menschen S. 376) hergestellt und

Zeitlos chic und doch einmalig – Glaskunst aus dem Glasreich in Småland

auch heute produzieren hier viele weitere Einrichtungshäuser. Junge Möbeldesigner arbeiten bei innovativen schwedischen Möbelproduzenten wie Norrgavel, Lammhults oder Svenssons, die alle im Möbelreich im Nordwesten Smålands angesiedelt sind. So ist ein Netzwerk aus Unternehmen und Kommunen entstanden, die zusammenarbeiten, um einzigartiges Design zu präsentieren und die Möbeltradition fortzuführen. Für genüssliches Stöbern unter den Klassikern, das Erforschen aktueller Trends oder auch für anstehende Möbelkäufe sollte man deshalb genügend Zeit mitbringen.
So lohnt sich vor allem auch ein Ausflug nach Värnamo: Im Bruno Mathsson Center bekommt man einen Einblick in die Arbeiten eines der bedeutendsten schwedischen Möbeldesigner. Källemo beweist, dass auch ein kleines, engagiertes Möbelunternehmen Hervorragendes hervorbringen kann. Und im südlichen Ortsrand von Värnamo liegt Vandalorum, ein Zentrum für Kunst und Design.

Glas, Keramik, Holz

Nicht minder beliebt sind Glaswaren aus den Hütten von Kosta Boda und Orrefors in Småland sowie die Keramikprodukte aus dem Töpferland rund um die schonische Stadt Höganäs. Ein traditionelles Mitbringsel ist das rot oder blau bemalte **Schwedenpferd**, der **»Dalahäst«**. Hergestellt werden die Figuren im Rang eines Nationalsymbols in der kleinen Gemeinde Nusnäs am Siljan-See, und zwar auch heute noch in Handarbeit. Streng genommen liegt Nusnäs zwar in Mittelschweden, doch Dalapferde bekommt man auch weiter südlich.

ADRESSEN FÜR DESIGN-LIEBHABER

FORM DESIGN CENTER
Aktuelle Ausstellungen zu Form, Design und Architektur
Lilla Torg 9, Malmö
Tel. 040 6 64 51 50
www.formdesigncenter.com
Di. – Sa. 11 – 17, So. 12 – 16 Uhr

STOCKHOLM FURNITURE FAIR
Jedes Jahr im Februar findet in Stockholm eine große Möbelmesse statt.
www.stockholmfurniturefair.se

KUNSTHANDWERKERZENTREN
Landesweit gibt es mehrere Kunsthandwerkerzentren, die qualitativ hochwertige und typisch schwedische Produkte anbieten. Infos: www.konsthantverkscentrum.se. In Stockholm ist das Zentrum in der Bellmannsgatan 5 (Tel. 08 54 52 22 90).

BRUNO MATHSSON CENTER
Professor Bruno Mathsson (1907 bis 1988) war Schreinermeister, Architekt, Unternehmer, Philosoph und außerdem einer der bekanntesten schwedischen Möbeldesigner des 20. Jahrhunderts. In Värnamo kann man sein Elternhaus und sein erstes Glashaus sowie viele seiner Arbeiten anschauen.
Tånnögatan 17, 33127 Värnamo
Tel. 0370 1 88 99
www.bruno-mathsson-int.se
Mo. – Fr. 13 – 17 Uhr

KÄLLEMO
Ausstellungsräume in: Stockholm (Nytorgsgatan 11), Göteborg (Lasarettgatan 6), Värnamo (Växjövägen 30)
www.kallemo.se

INTERNATIONALER RAT DER GESELLSCHAFTEN FÜR INDUSTRIEDESIGN
Gemeinsame Präsentation der wichtigsten schwedischen Designfirmen: www.scandinaviandesign.com
www.icsid.org

ÜBERNACHTEN

Eine einsame Hütte, eine »Stuga« im Wald und den See gleich vor der Haustür, so wünschen sich viele den Schwedenurlaub. Das Ferienhaus ist die wohl typischste schwedische Unterkunft, aber sicher nicht das Ende der Fahnenstange.

Schwedische Ferienhäuser gibt es **in allen Ausstattungsvarianten**, von der schlichten Holzhütte mit Außentoilette und Wasser aus dem Brunnen bis zum Luxushaus mit Flachbildfernseher, Whirlpool und Sauna. Manche liegen einsam auf einer kleinen Schäreninsel, sind nur mit dem Ruderboot zu erreichen und garantieren Erholung pur. Wer auf Gesellschaft nicht verzichten will, ist dagegen in einem »Stugby«, einem kleinen Dorf aus Ferienhäusern, gut aufgehoben.

OBEN: Ob Schwedenidylle im charmanten Göta Hotell (► S. 196) direkt am Göta-Kanal …

UNTEN: … oder rustikales Zelten mitten im schwedischen Nirgendwo – die Übernachtungsmöglichkeiten decken das gesamte Spektrum ab.

Urlaub auf dem Bauernhof Oft ebenso ländlich, aber in der Regel mit Familienanschluss ist der Urlaub auf dem Bauernhof (Bo på Lantgård). Es gibt Zimmer mit Frühstück wie auch für Selbstversorger. Ideal ist diese Unterkunftsart für Familien mit Kindern und Aktive, denn auf einigen der rund 400 angebotenen Höfe werden Aktivitäten wie Angeln, Reiten, Radfahren oder Mitarbeit auf dem Hof angeboten.

Bed & Breakfast Besonders in den Großstädten Malmö, Göteborg und Stockholm sind B & Bs beliebt. Auf dem Land weisen gelegentlich Schilder mit der Aufschrift »Rum ledigt« auf freie Zimmer bei Privatvermietern hin. Auch die Touristenbüros vermitteln solche Zimmer.

Hotels In der schwedischen Hotellandschaft sind in den letzten Jahren zahlreiche Design- und Erlebnishotels entstanden, auch Wellness- und Spa-Abteilungen liegen im Trend der Zeit. Ein **Herrgård** ist ein alter Herrensitz bzw. Gutshof, meist am See gelegen und von einem schönen Park umgeben. Ein **Värdshus** ist eine Pension, die meistens von einer Familie bewirtschaftet wird. Im Sommer, wenn Geschäftsreisende ausbleiben, senken einige Hotels ihre Preise, andere bieten günstige Wochenendpakete an. Hochsaison ist im Juli, wenn die meisten Schweden ihren Sommerurlaub nehmen. Da die Mehrheit die Ferien im eigenen Land verbringt, wird es in den Unterkünften dann recht eng.

Geheimtipp Jugendherberge Die preiswerte Alternative zu Hotels sind Jugendherbergen (**Vandrarhem**). Die rund 400 Vandrarhemmen werden vom Svenska Turistförening (STF) betrieben, ihr Standard reicht von einfach bis luxuriös, es gibt keine Altersbeschränkung, fast alle Häuser bieten neben Schlafsälen auch Doppel- und Familienzimmer an. Einige Vandrarhemmen sind wahre Schmuckstücke, zudem liegen viele noch wunderschön. Die Übernachtungspreise steigen mit dem Komfort, Mitglieder vom STF und vom Internationalen Jugendherbergswerk erhalten Rabatte, eine Mitgliedschaft ist jedoch nicht erforderlich.

Camping Camping ist in Schweden sehr beliebt. Zum Verbund der schwedischen Camping- & Ferienhausbetreiber (SCR) gehören 100 000 Stellplätze und 13 000 Häuser auf Campingplätzen im ganzen Land. Die meisten Plätze sind nur von Mai bis August geöffnet. In den letzten Jahren hat sich allerdings auch das Angebot für Wintercamper stark verbessert. Viele Plätze vermieten auch Hütten, oft sogar tageweise. Die Preise für Hütten und Stellplätze variieren je nach Saison und Ausstattung; für einen einfachen Stellplatz bezahlt man zwischen 200 und 450 SEK. Um auf schwedischen Campingplätzen zu übernachten, braucht man eine **Camping Card Scandinavia**, wer sich keine vor Reiseantritt besorgt hat, kann sich vor Ort eine provisorische Karte ausstellen lassen. Wer nur eine Nacht bleiben möchte und nach 21 Uhr ankommt, bekommt auf einigen Plätzen einen Quick-Stop-Rabatt.

Das schwedische Jedermannsrecht erlaubt es jedem, wild zu zelten, allerdings nur außer Sichtweite von bewohnten Häusern, nicht auf landwirtschaftlich genutzten Flächen und nicht länger als eine Nacht. Das Jedermannsrecht sollte man jedoch nicht überstrapazieren, vor allem **Wohnmobilfahrern** wird angeraten, auf Campingplätzen zu übernachten. Wer mit seinem Wohnmobil länger als 24 Stunden am gleichen Ort stehen möchte, muss den Grundbesitzer um Erlaubnis fragen. Selbstverständlich sollte man den Platz sauber verlassen. Offenes Feuer muss gelöscht werden. Auf Felsklippen am Meer ist generell kein Feuer gestattet, im Sommer bei Trockenheit ebenfalls nicht. Wichtig für Hundehalter: Geht der Vierbeiner mit auf Reisen, muss er vom 1. März bis 20. August an der Leine gehalten werden.

Jedermannsrecht

ADRESSEN

BED & BREAKFAST

BED & BREAKFAST CENTER
Box 4003, 17104 Solna,
Tel. 070 8 40 10 04, www.stockholm-bed-and-breakfast.se

BRO BRA OCH BILLIGT
Tel. 0709 23 37 50, www.bbob.se

CAMPING

CAMPING CARD SCANDINAVIA
Tel. 031 3 55 60 00
www.camping.se

SCR SVENSK CAMPING
Box 5079, 40222 Göteborg
Tel. 031 3 55 60 00
www.scr.se

FERIENHÄUSER

Große Anbieter sind DanCenter (www.dancenter.com), Novasol (www.novasol.de), SCR und das Ferienhausportal www.stugguiden.se.

HOTELS

www.visitsweden.com/booking
www.hotelsinsweden.com
www.stayinsweden.se

URLAUB AUF DEM BAUERNHOF

BO PÅ LANTGÅRD
Tel. 035 12 78 70
www.bopalantgard.se

JUGENDHERBERGEN

SVENSKA TURISTFÖRENINGEN (STF)
Tel. 08 4 63 21 00
www.svenskaturistforeningen.se

SVERIGES VANDRARHEM I FÖRENING
Box 1112, 40523 Göteborg
Tel. 031 82 88 00, www.svif.se

P

PRAKTISCHE INFOS

Wichtig, hilfreich präzise

Unsere Praktischen Infos helfen in allen Situationen in Südschweden weiter.

Insel-Hopping in Stockholm: Oldtimer-Schiffe verbinden die Viertel der Stadt miteinander. ►

NORRSKÄR

KURZ & BÜNDIG

ELEKTRIZITÄT
Das schwedische Stromnetz führt 220 V Wechselspannung. Adapter für in Mitteleuropa übliche Elektrogeräte sind nicht erforderlich.

GELD

WÄHRUNG
Die Schwedische Krone ist die offizielle Währung. Die Wechselkurse betragen:
1 € = 9,83 SEK/1 SEK = 0,10 €,
1 SFr = 8,39 SEK/1 SEK = 0,12 SFr.
Über aktuelle Kurse informieren Banken und Sparkassen sowie Online-Portale wie www.oanda.com.

BANKEN & GELDAUTOMATEN
Banken öffnen in der Regel Mo.–Fr. 9.30–15.00, Do. bis 17 Uhr. An den Bankautomaten (schwed.: Bankomat) kann man rund um die Uhr Geld abheben.

BARGELDLOSES ZAHLEN
Bargeldloses Zahlen ist in Schweden so weit verbreitet, dass mancherorts sogar Bargeld nicht mehr akzeptiert wird.

SPERRNOTRUF
Unter folgender Nummer kann man Bank- und Kreditkarten, Handys und Krankenkassenkarten sperren lassen.
Tel. 116 116 (aus dem Ausland mit Vorwahl +49)
www.sperr-notruf.de

NOTRUFE

POLIZEI, FEUERWEHR, RETTUNG
Tel. 112

PANNENHILFE
Tel. 020 91 00 40 oder 020 91 29 12

ADAC NOTRUFZENTRALE MÜNCHEN
Tel. +49 89 22 22 22

ACE-NOTRUFZENTRALE STUTTGART
Tel. +49 711 5 30 34 35 36

DEUTSCHE RETTUNGSFLUGWACHT STUTTGART
Tel. +49 711 7 00 70

DRK-FLUGDIENST
Tel. +49 211 91 74 99-0

ÖAMTC-NOTRUFZENTRALE WIEN
Tel. +43 1 9 82 13 04

RETTUNGSFLUGWACHT ZÜRICH
Tel. +41 333 333 333

WAS KOSTET WIE VIEL?
Einfache Mahlzeit: ab 120 SEK
Doppelzimmer: ab 450 SEK
Eine Tasse Kaffee: ab 25 SEK
3-Gänge-Menü: ab 200 SEK
Ein Glas Bier: ab 45 SEK
1 l Normalbenzin: ab 11,30 SEK

ZEIT
In Schweden gilt die Mitteleuropäische Zeit (MEZ), von Ende März bis Ende Oktober die Sommerzeit (MESZ = MEZ + 1 Stunde).

ANREISE · REISEPLANUNG

Anreise mit dem Flugzeug

Stockholm-Arlanda, der größte Flughafen des Landes, liegt gut 35 km nördlich vom Zentrum der schwedischen Hauptstadt. Er wird von den meisten großen deutschen, österreichischen und schweizerischen Flughäfen angeflogen. Seit auch Billigflieger die Strecken in den Norden bedienen, hat sich das Preisniveau deutlich nach unten bewegt. Ryanair fliegt beispielsweise von deutschen Flughäfen nach **Stockholm-Skavsta** (7 km nordwestlich von Nyköping, 100 km südlich von Stockholm), **Göteborg** (12 km nordwestlich) und **Växjö** in Småland, easyjet ab Genf in die schwedische Hauptstadt.

Anreise mit Auto und Fähre

Am schnellsten erreicht man Südschweden per Auto über die 16 km lange, gebührenpflichtige **Öresund-Brücke** (www.oeresundsbron.com) zwischen Kopenhagen und Malmö. Die Mautgebühren liegen bei ca. 50 € pro Pkw und ca. 100 € pro Wohnmobil. Eine bequeme Alternative ist die Überfahrt mit einer **Fähre** von Rostock/Warnemünde, Sassnitz oder Travemünde nach Trelleborg (4 – 9 Std.), von Kiel nach Göteborg (ca. 14 Std.) oder via Dänemark auf der **Vogelfluglinie** Puttgarden–Rødbyhavn (45 Min.), von Rostock nach Gedser (2 Std.) und von Helsingør nach Helsingborg (20 Min.). Nach Gotland dauert die Überfahrt drei Stunden ab Nynäshamn oder Oskarshamn. **Möglichst frühe Buchung** sichert einen Platz und den Frühbucherrabatt.

Anreise per Bus

Eurolines-Busse fahren von mehreren deutschen Städten verschiedene Ziele in Südschweden an. Fahrpläne und Buchung über die Deutsche Touring GmbH (www.eurolines.de). Von Berlin und Dresden fährt »Berlin Linien Bus« nach Schweden.

Anreise mit dem Zug

Züge fahren von Hamburg auf der **Vogelfluglinie** (Puttgarden–Rødby), dann weiter über Kopenhagen, wo Anschluss zu weiteren schwedischen Städten besteht. Frühbucher sparen Bares. Berlin und Malmö verbindet der **Berlin-Night-Express** in rund neun Stunden; von dort saust der Hochgeschwindigkeitszug X2000 in viereinhalb Stunden in die schwedische Hauptstadt. Fahrpläne und günstige Angebote gibt es bei der Deutschen Bahn, den Österreichischen (ÖBB) und den Schweizerischen Bundesbahnen (SBB).
Für unbegrenzte Bahnfahrten empfiehlt sich der **InterRail-Schweden-Pass**, der innerhalb eines Monats an drei , vier, sechs oder acht Tagen unbegrenztes Schienenvergnügen im Norden erlaubt (Preise von 170 bis 281 €, Ermäßigungen für junge Leute und Senioren,

FLUGHÄFEN

STOCKHOLM-ARLANDA
Tel. 010 1 09 31 00
www.swedavia.com/arlanda/

STOCKHOLM-SKAVSTA
Tel. 0155 28 04 00
www.skavsta.se

GÖTEBORG-LANDVETTER
Tel. 010 1 09 10 00
www.swedavia.com/landvetter/

MALMÖ
Tel. 010 1 09 45 00
www.swedavia.com/malmo/

VÄXJÖ
Tel. 0470 75 85 00
http://smalandairport.se

VISBY
Tel. 010 1 09 52 00
www.swedavia.com/visby/

FÄHRGESELLSCHAFTEN

STENA LINE
Deutschland: Tel. 0180 6 02 01 00
Schweden: Tel. 0431 90 99
www.stenaline.de

SCANDLINES
Deutschland: Tel. 0381 77 88 77 66
Schweden: Tel. 042 18 60 00
www.scandlines.com

TT-LINE
Deutschland: Tel. 04502 8 01 82
Schweden: Tel. 0410 5 61 50
www.ttline.com/de/Germany

DESTINATION GOTLAND
www.destinationgotland.se
Tel. 0046 771 22 33 00

BAHN UND BUS

DEUTSCHE BAHN
Tel. 01805 99 66 33
www.bahn.de

STATENS JÄRNVÄGAR
(SCHWEDISCHE EISENBAHN)
Tel. 0771 75 75 75, www.sj.se

BERLIN LINIEN BUS GMBH
Mannheimer Str. 33/34
10713 Berlin
www.berlinlinienbus.de

DEUTSCHE TOURING GMBH
Am Römerhof 17
60486 Frankfurt/M.
Tel. 069 79 03 50-1
www.eurolines.de

---

www.interrailnet.com). Wer die dänischen und schwedischen Seiten des Öresunds entdecken möchte, ist mit dem Bahnticket **Öresund Rundt** (www.skanetrafiken.com) bestens bedient.

Reisedokumente

Für Deutsche und Österreicher gibt es keine Passkontrollen. Trotzdem sind, um sich auszuweisen, **Personalausweis oder Reisepass** mitzuführen. Schweizer benötigen für die Einreise eine gültige Identitätskarte oder einen Pass. Es gilt der **EU-Führerschein**, für Mitglieder von Nicht-EU-Staaten der internationale Führerschein. Das Fahrzeug hat die EU-Plakette bzw. die **Länderplakette** aufzuweisen.

Haustiere

Hunde und Katzen dürfen nach Schweden mitgenommen werden, sofern man einen **EU-Kleintierausweis** vorlegen kann, der schon vor der Abreise in Deutschland ausgestellt werden muss. Die Tiere müssen tätowiert, nachweisbar gegen Tollwut geimpft und entwurmt sein. Weitere Informationen erteilt das schwedische Landwirtschaftsamt Statens Jordbruksverk in Jönköping (www.jordbruksverket.se).

Zollbestimmungen

Reisende aus **EU-Ländern** können für den privaten Gebrauch zollfrei Alkohol und Tabakwaren einführen. Auf jeden Fall gilt die Mindestaltersgrenze von 22 Jahren für Alkohol und 18 Jahren für Tabak. Schweizer (ab 17 Jahren) dürfen bei der **Wiedereinreise in die Schweiz** einführen: 250 g Kaffee, 100 g Tee, 200 Zigaretten oder 50 Zigarren oder 250 g Rauchtabak, 2 l Getränke mit bis zu 15 Vol.-% Alkoholgehalt und 1 l mit mehr als 15 Vol.-%; ferner Geschenke im Wert bis 300 SFr, für Personen unter 17 Jahren bis 175 SFr. Weitere Anfragen beantwortet das schwedische Zollamt Tullverket (www.tullverket.se).

AUSKUNFT

ALLGEMEIN

VISITSWEDEN TOURISTENINFORMATION

Stortorget 3, 83130 Östersund
www.visitsweden.com
Deutschland: Tel. 069 22 22 34 96
Österreich: Tel. 0192 8 67 02
Schweiz: Tel. 044 5 80 62 94
Lokale Büros ▶ Reiseziele von A bis Z

REGIONALE TOURISTENBÜROS

BLEKINGE

Blekinge Turism
Ronnebygatan 2
37132 Karlskrona
Tel. 0455 30 50 00
www.blekinge.se

BOHUSLÄN/DALSLAND/ VÄSTERGÖTLAND

Västsvenska Turistrådet
Kungsportsavenyn 31–35
40015 Göteborg
Tel. 031 81 83 00
www.vastsverige.com

HALLAND

HallandsTurist
Kristian IV:s väg 3, 30180 Halmstad
Tel. 035 13 48 00, www.halland.se

ÖSTERGÖTLAND

Visit Östergötland
Drottninggatan 26
60224 Norrköping
Tel. 013 26 27 28
www.ostergotland.info

SKÅNE (SCHONEN)

Tourism in Skåne, Dockplatsen 26
21119 Malmö, Tel. 040 6 75 30 01
www.tourisminskane.com

SMÅLAND

Smålands Tourism,
Box 1027, 55111 Jönköping
Tel. 036 35 12 70
www.visitsmaland.se

VÄRMLAND

Värmlands Turistråd
Drottninggatan 45, 65225 Karlstad
Tel. 054 14 80 41
www.varmland.org

VÄSTMANLAND
Westmanna Turism
Norra Källgatan 22
72211 Västerås
Tel. 021 39 79 40
www.vastmanland.se

BOTSCHAFTEN

SCHWEDISCHE BOTSCHAFT
Rauchstr. 1, 10787 Berlin
Tel. 030 50 50 60
www.swedenabroad.com

DEUTSCHE BOTSCHAFT
Skarpögatan 9, 11527 Stockholm
Tel. 08 6 70 15 00
www.stockholm.diplo.de

ÖSTERREICHISCHE BOTSCHAFT
Kommendörsgatan 35
11458 Stockholm
Tel. 08 6 65 17 70
www.bmeia.gv.at/oeb-stockholm

SCHWEIZER BOTSCHAFT
Valhallavägen 64
11427 Stockholm
Tel. 08 6 76 79 00
www.eda.admin.ch/stockholm

INTERNET

WWW.VISITSWEDEN.COM
Wichtige Informationen und zahlreiche nützliche Links, auch auf Deutsch.

WWW.SWEDEN.SE
Offizielles Portal Schwedens.

WWW.KUNGAHUSET.SE
Offizielle Webseite des schwedischen Königshauses.

ETIKETTE

Freundlicher Umgangston

Dass die Schweden sehr freundliche Menschen sind, zeigt sich im täglichen Umgang. So bedankt man sich für alles, und das ausgiebig. Das wichtigste schwedische Wort, das jeder Tourist beherrschen sollte, lautet daher **»tack«** – danke! Nicht überrascht sollte man übrigens sein, wenn sich das Gegenüber mit einem »Tack, tack« fürs Bedanken bedankt. Das geht so weit, dass man hierauf wiederum mit »Tack, tack, tack« antworten kann. Aber Achtung: Die Freundlichkeit sollte nicht mit übertriebener Kontaktfreundigkeit verwechselt werden. Im Gegenteil, dezente Zurückhaltung mögen die Schweden sehr.

Immer per Du

Man kennt es aus der Werbung eines großen schwedischen Möbelhauses: In Schweden **wird jeder geduzt**, egal ob Nachbar oder Ministerpräsident. Einzige Ausnahme sind die Mitglieder des Königshauses. Das führt oft dazu, dass viele Schweden, die Deutsch sprechen, ihren Gesprächspartner auch in der Fremdsprache duzen. Das ist also nicht als Respektlosigkeit oder schnelle Vertraulichkeit zu verstehen. Die Begrüßung mit Handschlag ist in Schweden unüblich. Die Schweden neigen zum **Understatement** und Titel haben hier nur eine geringe Bedeutung.

Pünktlich sein

Bei Einladungen zum Essen sollte man pünktlich kommen. Bei Privateinladungen werden zehn Minuten Verspätung akzeptiert, bei Geschäftsessen sind Verspätungen gänzlich tabu. Nach Beendigung des Essens, das immer mit einer Tasse Kaffee abgeschlossen wird, bedankt man sich mit einem »tack för maten – danke für das Essen«. Es ist üblich, beim Betreten der Wohnung **die Schuhe auszuziehen**. Diese Tradition wird oft locker gehandhabt, doch als Gast sollte man zunächst die Schnürsenkel lösen. Wenn der Gastgeber darauf keinen Wert legt, wird er darauf hinweisen.

Im Restaurant

In Schweden kleidet man sich in der Regel leger, bei Geschäftstreffen hingegen konservativ, und wenn sie abends ausgehen, werfen sich die Schweden gern in Schale. Manches Lokal hat einen **»Dresscode«** und verlangt entsprechende Kleidung.
Trinkgeld wird in Restaurants nicht erwartet, bei gutem Service kann man sich aber durchaus erkenntlich zeigen. Über ein aufgerundetes Entgelt freut sich auch jeder Taxifahrer, bis zu 10 % sind in Ordnung. In Restaurants, Hotels, Kneipen und allen öffentlichen Verkehrsmitteln herrscht striktes **Rauchverbot**.

GESUNDHEIT

Ärztliche Hilfe

Bei einem akuten Notfall ist die Notaufnahme (akuttmottagning) der Krankenhäuser zuständig. Man kann sich aber auch in einem Gesundheitszentrum (vårdcentral) oder von einem Arzt behandeln lassen. Dort wird je nach Behandlung ein prozentualer **Eigenanteil** fällig. In Apotheken muss man ebenfalls eine Eigenbeteiligung zahlen. Wechselnden Apothekennachtdienst gibt es in Schweden nicht, doch finden sich in den Großstädten in Krankenhausnähe Apotheken mit verlängerten Öffnungszeiten. Der Gang zum **Zahnarzt** (tandläkare) kann dagegen teuer sein, denn hier müssen bis zu 70 % der entstandenen Kosten selbst getragen werden.

Krankenversicherung

In Schweden wird die **Europäische Krankenversicherungskarte (EHIC)** beim Arzt akzeptiert. Die Eigenbeteiligung entfällt dadurch aber nicht. Die Versicherungskarte ersetzt auch nicht eine zusätzliche **Auslandsreisekrankenversicherung**, die man auch abschließen sollte, um z. B. den Krankenrücktransport in die Heimat abzudecken.

LESETIPPS

Crime Time ▶ Das ist ... S. 13

Belletristik **Rasso Knoller:** Die Dancing Queen im Schärengarten – Stockholmer Spiegelungen. Picus Verlag 2008. In 30 stimmungsvollen und mit viel Wissen und Begeisterung geschriebenen Geschichten nimmt der Autor den Leser mit auf einen Spaziergang durch Schwedens Hauptstadt.

Selma Lagerlöf: Mårbacka. Langen/Müller 2008. Erinnerungen an eine glückliche Kindheit auf dem abgelegenen elterlichen Gutshof Mårbacka. Hier zieht Selma auch einen jungen Gänserich groß, der später in ihrem Kinderbuch »Die wunderbare Reise des kleinen Nils Holgersson mit den Wildgänsen« die Leser verzaubern wird.

Selma Lagerlöf: Gösta Berling. dtv 2010. Für die Geschichte des värmländischen Pfarrers Gösta Berling, der durch alle Höhen und Tiefen des Daseins muss, erhielt Lagerlöf 1909 den Literatur-Nobelpreis und wurde als erste Frau Mitglied der Schwedischen Akademie.

Astrid Lindgren: Die Kinder aus Bullerbü. Oetinger 2007. Der Sammelband vereint die drei Bullerbü-Bücher der bedeutenden Kinderbuchautorin und beschwört die schönsten Kindheitserinnerungen an ein unbeschwertes Leben in einer ländlichen Gemeinschaft herauf.

Henning Mankell: Die italienischen Schuhe. Zsolnay 2007. Ein literarisches Roadmovie: Einfühlsam erzählt Mankell die Geschichte, wie der Einsiedler Frederick Welin wieder ins Leben zurückfindet.

Catharina Sundberg: Die Handelsherrin. Piper 2008. Spannung, Dramatik und Leidenschaft in der Hansestadt Stockholm Ende des 14. Jh.s: Nach dem Tod ihres Mannes übernimmt die junge Anne ein großes Handelshaus, das auch die Vitalienbrüder, die Seeräuber der Ostsee, in ihren Besitz bringen wollen ...

Holger Wolandt (Hrsg.): Elche im Schnee: Die schönsten Wintergeschichten aus Schweden. Piper 2008. Vierundzwanzig hintergründige und witzige Geschichten für die Adventszeit.

Bildband **DuMont Bildatlas Nr. 151 Schweden Süden & Stockholm:** DuMont Reiseverlag 2017. Bilder von Olaf Meinhardt und der Text von Rasso Knoller lassen vom schwedischen Sommer träumen.

PREISE · VERGÜNSTIGUNGEN

Preise

Schweden ist **kein billiges Reiseland**, allerdings auch keineswegs so teuer wie vielfach vermutet. Während Lebensmittel in schwedischen Supermärkten annähernd genauso viel kosten wie zu Hause, fallen die Preise für Alkohol und Zigaretten, Süßigkeiten und das Essengehen in Restaurants aber tatsächlich deutlich höher aus. Vergleichsweise günstig sind Ferienhausmieten, die je nach Saison in der Regel etwa bei 330 € pro Woche beginnen.

Tipps zum Sparen

Viele Restaurants bieten einen günstigen Mittagstisch (**dagens rätt**) an, allerdings kann es sein, dass das Gebotene relativ einfach ist. Bei Hotels lohnt es sich grundsätzlich, nach Sondertarifen zu fragen. In Stockholm, Malmö und Göteborg ist es bei längerem Aufenthalt sinnvoll, sich die jeweilige **Städtekarte** zu kaufen, mit der Museumseintritte und Fahrten mit den öffentlichen Verkehrsmitteln, manchmal auch Konzertkarten und andere Tickets günstiger werden. In Verbindung mit der Karte können teils auch günstige Wochenend- und Ferientarife bei den großen Hotels gebucht werden (▶Reiseziele von A bis Z).

REISEZEIT

Die besten Monate

Die Saison in Südschweden dauert von **Mai bis September**; außerhalb der Saison sind viele Attraktionen und Hotels mit Ausnahme von Stockholm geschlossen oder nur eingeschränkt geöffnet. Im Mai gibt es zwar die geringsten Niederschläge, doch ist es mitunter noch empfindlich kalt, besonders abends. Die Hauptreisezeit beginnt mit dem **Midsommar-Fest** um den 21. Juni. Bis Mitte August sind die Küstenorte und Binnenseen fest in der Hand der Badeurlauber und Familien. Ein Erlebnis sind die extrem langen Sommertage: Auf der Höhe von Stockholm wird es im Sommer um 23 Uhr dunkel und zwei Stunden später wieder hell. Deshalb enden Open-Air-Vergnügen auch erst spät, in Beach Clubs und Cafés ist Hochstimmung.
Anschließend fasziniert der **»Brittsommar«**, der Altweibersommer, mit seiner Farbenpracht. Die Nächte sind schon sehr kalt, bei klarem Wetter häufig frostig, tagsüber ist es aber noch angenehm warm. Im Oktober kann der erste Schnee fallen. Und während sich der Novem-

ber nasskalt und grau zeigt, wird es in der **Vorweihnachtszeit** richtig gemütlich: mit nostalgischen Weihnachtsmärkten und einem Kulturprogramm voller Abwechslung. Der knackig kalte Winter hat seinen Reiz, wenn eine weiße Schneeschicht die Landschaft überzieht und die zugefrorenen Seen zum Schlittschuhfahren einladen.

SPRACHE

Fremdsprachenkenntnisse

Sehr viele Schweden sprechen Englisch, manche auch Deutsch. In den größeren Hotels und Reisebüros findet man fast überall Deutsch sprechende Mitarbeiter, in abgelegenen Orten und Gebieten wird in der Regel aber nur Schwedisch gesprochen. Während der Sommermonate bieten das Schwedische Institut in Stockholm und einige Universitäten **Sprachkurse** in Schwedisch an (Svenska Institutet, Slottsbacken 10, Box 7434, 10391 Stockholm, Tel. 08 4 53 78 00, www.si.se).

Bitte nicht verwirren lassen!

Das Schwedische gehört zur nordgermanischen bzw. skandinavischen Sprachgruppe. Charakteristisch für diese ist, dass der **bestimmte Artikel** ans Ende des Worts gehängt wird (z. B. väg**en** = der Weg, kyrk**an** = die Kirche). »Stortorg**et**« steht auf den Straßenschildern vieler Städte, was übersetzt »Der Marktplatz« heißt. Im schwedischen Telefon- oder Wörterbuch folgen Å, Ä und Ö nach Z.

Aussprache

In der Aussprache weicht das Schwedische besonders bei folgenden Buchstaben vom Deutschen ab: **å** wie ein breiter dunkler o-Laut; **o** meist etwas dumpf, mitunter wie u; **u** fast wie ü; **c** vor e, i, y wie ein scharfes s (ß), sonst wie k; **ch** vor e, i, y, ä, ö wie sch; **d, h, l** vor j stumm, also djur (Tier) wie jüür; **f** am Silbenende wie w; **g** vor ä, e, i, ö, y und nach l und r wie j; gj vor o und u wie j; **k** vor ä, e, i, ö, y und in der Verbindung kj wie sch, z. B. kyrka wie schürka, kött wie schött; **s** immer scharf wie ß; **sj** wie sch; **tj** vor ä, e, i, ö, y wie sch; **ti** in der Endung -tion wie sch; **v** immer wie w; **y** wie ü.

KLEINER SPRACHFÜHRER SCHWEDISCH

SPEISEKARTE

Restaurant	**restaurang**
Schnellgaststätte	**kafeteria, barservering**
Frühstück	**frukost**
Mittagessen	**lunch, middag**
Abendessen	**kvällsmat, middag**
essen	**äta**

trinken	**dricka**
viel, viele	**mycket, många**
wenig	**lite**
Rechnung	**räkning**
bezahlen	**betala**
sofort	**genast**
gegrillt	**grillat**
gebraten	**stekt**
gekocht	**kokt**
Speisekarte	**matsedel**
Suppe	**soppa**
Fleisch	**kött**
Fleischklößchen	**köttbullar**
Braten	**stekt**
Wurst	**korv**
Schinken	**skinka**
Elch	**älg**
Hähnchen	**kcykling**
Kalb	**kalv**
Lamm	**lamm**
Rentier	**ren**
Rind	**oxe**
Schwein	**gris**
Fisch	**fisk**
Dorsch	**torsk**
Forelle	**forell, laxöring**
Hering	**sill**
Krabben	**räkor**
Lachs	**lax**
geräucherter Lachs	**rökt lax**
Obst	**frukt**
Apfel	**äpple**
Birne	**päron**
Erdbeere	**jordgubbe**
Heidelbeere	**blåbär**
Himbeere	**hallon**
Kirsche	**körsbär**
Pflaume	**plommon**
Preiselbeere	**lingon**
Zitrone	**citron**
Gemüse	**grönsaker**
Bohne	**böna**
Erbse	**ärta**
Gurke	**gurka**
Kartoffel	**potatis**
Kohl (Rotkohl)	**kål (rödkål)**
Kopfsalat	**huvudsallat**
Spinat	**spenat**
Tomate	**tomat**
Nachspeisen	**dessert, efterrätt**
Speiseeis	**glass**

Eingemachtes	**sylt**
Schlagsahne	**vispgrädde**
Getränke	**dryckor**
Bier	**öl**
Kaffee	**kaffee**
Milch	**mjölk**
Mineralwasser	**mineralvatten**
Sahne	**grädde**
Tee	**te**
Wasser	**vatten**
Wein	**vin**
Weißwein	**vitvin**
Rotwein	**rödvin**
Brot	**bröd**
Weißbrot	**vetebröd**
Brötchen	**franskt bröd**
Kuchen	**kaka**
Gebäck	**småkakor**
Waffeln	**våfflor**

ZAHLEN

0	**noll**	20	**tjugo**
1	**en, ett**	21	**tjugoett**
2	**två**	30	**trettio**
3	**tre**	40	**fyrtio**
4	**fyra**	50	**femtio**
5	**fem**	60	**sextio**
6	**sex**	70	**sjuttio**
7	**sju**	80	**åttio**
8	**åtta**	90	**nittio**
9	**nio**	100	**hundra**
10	**tio**	101	**hundraen**
11	**elva**	200	**två hundra**
12	**tolv**	1000	**tusen**
13	**tretton**	1 Mio.	**en million**
14	**fjorton**	1/2	**en halv**
15	**femton**	1/3	**en tredjedel**
16	**sexton**	1/4	**en fjärdedel, en kvart**
17	**sjuton**	1/5	**en femtedel**
18	**arton**	0,3	**noll komma tre**
19	**nitton**		

MONATE

Januar	**januari**	Juli	**juli**
Februar	**februari**	August	**augusti**
März	**mars**	September	**september**
April	**april**	Oktober	**oktober**
Mai	**mai**	November	**november**
Juni	**juni**	Dezember	**december**

WOCHENTAGE

Montag	**måndag**	Freitag	**fredag**
Dienstag	**tisdag**	Samstag	**lördag**
Mittwoch	**onsdag**	Sonntag	**söndag**
Donnerstag	**torsdag**	Feiertag	**helgdag**

WICHTIGE WÖRTER UND REDEWENDUNGEN

deutsch (Deutscher)	**tyska (tysk)**
Deutschland	**Tyskland**
schwedisch	**svenska**
Schweden	**Sverige**
Guten Morgen!	**god morgon!**
Guten Tag!	**god dag!**
Guten Abend!	**god kväll!**
Gute Nacht!	**god natt!**
Auf Wiedersehen!	**adjö!/Hei då!**
Sprechen Sie ...	**talar ni ...**
deutsch?	**tyska?**
Ich verstehe nicht.	**jag förstår inte.**
Ja, jawohl	**ja (ha), jo, ju**
bitte!	**var så god!**
danke!	**tack!**
danke sehr!	**tack så mycket!**
(Für) Damen	**Damer**
(Für) Herren	**Herrar**
Wo ist ...?	**var är ...?**
... die ... Straße	**... gatan**
... die Straße nach ...	**... vägen till ...**
... der Platz	**... platsen, ...torget**
... die Kirche	**... kyrkan**
... das Museum	**museum, museet**
wann?	**när?**
offen/geöffnet	**öppen/öppet**
Briefmarke	**frimärke**
Bank	**bank**
Bahnhof	**järnvägsstation**
Hotel	**hotell**
Übernachtung	**övernattung**
Was kostet ...?	**vad kostar ...?**
... eine Zeitung	**tidning**
Ich möchte gern ...	**jag skulle gärna ...**
... ein Zimmer	**... ha ett rum**
... mit einem Bett (Einzelzimmer)	**... med en bädd (enkelrum)**
... mit zwei Betten (Doppelzimmer)	**... med två bäddar (dubbelrum)**
... mit Bad	**... med bad**
... ohne Bad	**... utan bad**
Toilette	**toaletten**
Arzt	**läkare, doktor**
rechts	**till höger**
links	**till vänster**

geradeaus	**rakt fram**
oben	**uppe, ovanpå**
unten	**nedanför, nere**
neu	**ny**
teuer	**dyr**
Eintrittskarte	**inträdesbiljett**

VERKEHRSAUFSCHRIFTEN UND WARNUNGEN

Halt!	**stopp! halt!**
Zoll	**tull**
Vorsicht!	**se upp! giv akt!**
Langsam!	**sakta!**
Baustelle	**vägarbete, gatuarbete**
Einbahnstraße	**enkelriktad**
Durchfahrt verboten!	**genomfart förbjuden!**
Straße gesperrt	**gatan avstängd**
Baden verboten!	**badning förbjuden!**
Zelten verboten!	**förbud mot tältning!**

AUTO

Abschleppen	**ta på släp**
Auto	**bil**
Benzin	**bensin**
Rad	**hjul**
Reifen	**däck**
Reparaturwerkstatt	**bilverkstad**
Führerschein	**körkort**
Motorrad	**motorcykel**
Öl	**olja**
Panne	**motorstop**
Tankstelle	**bensinstation**

GEOGRAFISCHE BEGRIFFE

Berg	**berg**
Hochgebirge	**fjäll**
Gipfel	**höjd, topp**
Gletscher	**glaciär**
Bergwand (felsig)	**bergvägg**
flacher Berghang	**backe**
Bergrücken	**ås**
Hügel	**kulle**
Tal	**dal**
Klamm, Schlucht	**klyfta, skreva**
Fluss	**älv**
kleiner Fluss	**å**
Wasserfall	**fors**
Meeresstraße	**sund**
Wasser, Gewässer	**vatten**

Strand, Flachküste	**strand**
steiles Felsufer	**klint**
Insel	**ö**
Wald	**skog**
Moor	**myr, mosse**
Sumpf	**kärr, träsk**
Stadt	**stad**
Kirche	**kyrka**
Turm	**torn**
Schloss	**slott**
Garten, Park	**trädgård**
Straße	**gata**
Landstraße	**landsväg**
Weg	**väg**
(Markt-)Platz	**torg, plats, plan**
Brücke	**bro**
Eisenbahn	**järnväg**
Fähre	**färja**

TELEKOMMUNIKATION · POST

Online gehen

Reine Internetcafés gibt es kaum noch, jedoch bieten fast alle Hotels ihren Gästen einen kostenlosen Internetzugang über hoteleigene Computer oder WLAN an. Auch in vielen Cafés und im Stockholm Visitor Center kann man kosten- und drahtlos surfen. Als sehr nützlich erweist sich in diesem Zusammenhang die App »WiFi Map«, mit der sich viele öffentliche WLAN-Hotspots in Stockholm finden lassen. Sie sind zum Teil offen und ungesichert oder das Passwort ist angegeben.

Telefonieren

Die sehr dünn gesäten Telefonzellen sind **Kartentelefone**. Karten gibt es zu 25, 50 und 100 Einheiten bei Kiosken, Touristenbüros und in Geschäften in der Nähe von Telefonzellen. Die jeweils nächste Verkaufsstelle ist in den Zellen angegeben.
Das **Handy** (schwed. mobiltelefon) wählt sich automatisch via Roaming ins entsprechende schwedische Partnernetz. **Roaming-Gebühren** fallen seit Juni 2017 auch für mobiles Internet bis zu einer bestimmten Obergrenze nicht mehr an.

Post

Postfilialen gibt es nur noch in Supermärkten, Briefmarken (**frimärken**) in Tabak-, Papierwaren- und größeren Lebensmittelgeschäften und zum Teil in Kaufhäusern. Das **Porto** für eine Postkarte oder einen max. 20 g schweren Brief innerhalb Europas beträgt 12 SEK. **Briefkästen** für lokale Post sind blau, für innerschwedische und internationale Post gelb gestrichen. Weitere Infos: www.postnord.se.

VERKEHR

Allgemeine Vorschriften

Zwischen den deutschen und schwedischen Verkehrsregeln gibt es keine großen Unterschiede. Dennoch gilt es einige Besonderheiten zu beachten. Tagsüber wird mit **Abblendlicht gefahren**, der Gebrauch der Nebelschlussleuchte ist untersagt. Vom 1. Dezember bis 31. März sind **Winterreifen** Pflicht. Die zulässige **Höchstgeschwindigkeit** außerhalb geschlossener Ortschaften liegt zwischen 70 und 90 km/h, auf Autobahnen darf man zwischen 90 und 110 km/h fahren. Die schwedische Polizei führt häufig **Geschwindigkeitskontrollen** durch, und die Strafen für zu schnelles Fahren sind empfindlich hoch. Die Grenze für Alkohol liegt bei **0,2 Promille**.

Parken

Eine **durchgehende gelbe Linie** am Fahrbahnrand bedeutet Halteverbot; eine gestrichelte gelbe Linie oder eine gelbe Zickzacklinie am Fahrbahnrand zeigt Parkverbot an. Die **Parkplätze in Stockholm** sind rar und teuer; besser und preiswerter ist man mit öffentlichen Verkehrsmitteln mobil. Mit der Stockholm-Karte sind die öffentlichen Parkflächen mit Ausnahme der Parkhäuser kostenlos. Keine Toleranz gibt es für Falschparker: Sie erhalten hohe Bußgelder; ihr Fahrzeug wird rasch abgeschleppt.

Citymaut

2007 wurde in **Stockholm und Göteborg** eine Citymaut eingeführt, die seit Anfang 2015 auch bei ausländischen Autos erhoben wird (für Motorräder wird keine Maut fällig). Die Abrechnung erfolgt vollautomatisch: Beim Passieren einer Kontrollstation wird das Nummernschild fotografiert, die Rechung wird postalisch nach einigen Wochen zugestellt. Die Höhe der Maut ist von der Tageszeit und vom Verkehrsaufkommen abhängig. Der Höchsttarif pro Tag beträgt 105 SEK – auch wenn man mehrmals nach Stockholm hinein- und wieder hinausfährt. Die Maut wird von montags bis freitags von 6 Uhr (Göteborg) bzw. 6.30 Uhr (Stockholm) bis 18.29 Uhr erhoben; an Samstagen, Sonntagen, Feiertagen und an Werktagen, die direkt vor einem Feiertag liegen, sowie im ganzen Monat Juli wird hingegen keine Gebühr fällig. Weitere Infos unter http://transportstyrelsen.se.

Vorsicht: Elche!

Elchwarnschilder sollten nicht nur fotografiert, sondern auch beachtet werden. Besonders in den Morgen- und Abendstunden im Frühjahr und Herbst können Elche unverhofft auf der Straße auftauchen (▶Baedeker Wissen S. 344).

Ausweichen und Überholen

Viele schwedische Straßen sind »eineinhalbspurig«. Anders als in Deutschland benutzt nicht der Überholende die zweite Spur, sondern **das langsamere Fahrzeug** weicht kurz auf den rechten Seitenstreifen aus. Macht ein vorausfahrendes Fahrzeug Platz, bedankt man sich durch kurzes Rechts-Links-Blinken. Ein weißes M auf blauem Grund warnt auf schmalen Straßen vor Gegenverkehr. Meist sind Haltebuchten zum Ausweichen angelegt.

Tankstellen

Tankstellen sind in der Regel montags bis samstags von 7 bis 19 Uhr, an den Autobahnen und Hauptverbindungsstrecken meist auch sonntags und spätabends geöffnet. Zahlreiche Tankstellen sind SB-Tankstellen mit Bezahlautomaten, von denen gelegentlich 20-, 50- und 100-Kronen-Scheine, oft aber auch nur Kreditkarten akzeptiert werden. SB-Tankstellen werden mit dem Wort »sedel« (Banknote) angekündigt, Tankstellen, an denen man an der Kasse der Tankstelle bezahlt, mit »kassa«. Generell gilt: Tanken Sie rechtzeitig!

REGISTER

A

B

C

H

I

J

K

S

VERZEICHNIS DER KARTEN UND GRAFIKEN

BILDNACHWEIS

Bilderberg S. 148 (Christophe Boisvieux), 254 (Jerzy Modrak)
DuMont Bildarchiv S. 385, 394, 395
DuMont Bildarchiv/Olaf Meinhardt S. 24/25, 26, 41, 74, 79, 85, 92/93, 102, 135, 137, 167, 176/177, 212/213, 223, 225, 257, 263, 280, 289, 311, 332, 351, 363, 386, 397, 403, 405 u., 409
DuMont Bildarchiv/Michael Riehle S. 53, 60, 64/65, 105, 112, 127 u., 130, 165, 172, 186, 190, 192, 199, 205, 231, 236, 238, 245, 265, 309, 320, 343, 346, 354, 356, 369, 389, 405 o.
Fotolia: S. 76 (Guiseppe Bognanni)
Getty Images S. 7 (Erlend Haarberg), 18 (LightRocket/Leisa Tyler), 20/21 (Michael Ochs Archives/Waring Abbott), 50 (Torsten Laursen), 81 (Johan Klovsjö), 174 Johnér Bildbyrå, 228 (Malin Holm), 260 und 318 (Christer Fredriksson), 377 u. (John Peters)
glowimages S. 242/243 (Deposit)
huber-images S. 95 (Hans Peter Huber), 97 (Günter Gräfenhain)
Interfoto S. 313, 373
Knoller, Rasso S. 302
laif S. 2 (Dagmar Schwelle), 15 u. (Leemage/Opale/Philippe Matsas), 16/17 (Redux/NYT/Erik Refner), 19 (Kontinent/Moa Karlberg), 22 (robertharding/Yadid Levi), 29 (Dagmar Schwelle), 55 (Max Galli), 163 (Andreas Hub), 232 (Marc-Oliver Schulz), 293 (Max Galli), 339 (Klaus H. Daams)
Lookphotos S. 3 u. (Travel Collection), 8/9 (age fotostock), 10 (Travel Collection), 12/13 (Heinz Wohner), 63 (NordicPhotos), 118 und 123 (Olaf Meinhardt), 202 (age fotostock), 210 (Franz Marc Frei), 334 (Travel Collection), 344 (Hauke Dressler)
mauritius images S. 3 o. (imagebroker/Günter Grüner), 47 (imagebroker/Daniel Schoenen), 127 o. (Thomas Ebelt), 194 (Chromorange/Wieland Hollweg), 246 (Westend61/pure.passion.photography), 337 (imagebroker/Günter Grüner), 399 Johnér Bildbyrå
Nowak, Christian S. 67, 82, 132, 276, U 8
picture-alliance S. 5 (Wildlife/H. Schweiger), 15 o. (IBL Schweden/Elisabeth Alvenby), 285 (Wildlife/H. Schweiger), 365 (Royal Press Europe/Albert Philip Van Der Werf), 377 o. (dpa), U7 (dpa/Jens Wolf)
Reincke, Madeleine S. 158, 359, 367

Titelbild: Getty Images/Johnér Bildbyrå

BAEDEKER VERLAGSPROGRAMM

Viele Baedeker-Titel sind als E-Book erhältlich:
shop.baedeker.com

A
Algarve
Allgäu
Amsterdam
Andalusien
Australien
Australien · Osten

B
Bali
Barcelona
Bayerischer Wald
Belgien
Berlin · Potsdam
Bodensee
Brasilien
Bretagne
Brüssel
Budapest
Burgund

C
China

D
Dänemark
Deutsche Nordseeküste
Deutschland
Deutschland · Osten
Dresden
Dubai · VAE

E
Elba
Elsass · Vogesen

F
Finnland
Florenz
Florida
Franken
Frankfurt am Main
Frankreich
Frankreich · Norden
Fuerteventura

G
Gardasee
Golf von Neapel
Gomera
Gran Canaria
Griechenland
Großbritannien

H
Hamburg
Harz
Hongkong · Macao

I
Indien
Irland
Island
Israel
Istanbul
Istrien · Kvarner Bucht
Italien
Italien · Norden
Italienische Adria
Italienische Riviera

J
Japan
Jordanien

K
Kalifornien
Kanada · Osten
Kanada · Westen
Kanalinseln
Kapstadt · Garden Route
Kenia

Köln
Kopenhagen
Korfu · Ionische Inseln
Korsika
Kos
Kreta
Kroatische Adriaküste · Dalmatien
Kuba

L
La Palma
Lanzarote
Leipzig · Halle
Lissabon
London

M
Madeira
Madrid
Maldavien
Mallorca
Malta · Gozo · Comino
Morrokko
Mecklenburg-Vorpommern
Menorca
Mexiko
Moskau
München

N
Namibia
Neuseeland
New York
Niederlande
Norwegen

O
Oberbayern
Oberitalienische Seen · Lombardei · Mailand
Österreich

P
Paris
Polen
Polnische Ostseeküste · Danzing · Masuren
Portugal
Prag
Provence · Côte d'Azur

R
Rhodos
Rom
Rügen · Hiddensee
Rumänien

S
Sachsen
Salzburger Land
Sankt Petersburg
Sardinien
Schottland
Schwarzwald

Schweden
Schweiz
Sizilien
Skandinavien
Slowenien
Spanien
Spanien · Norden · Jakobsweg
Sri Lanka
Stuttgart
Südafrika
Südengland
Südschweden · Stockholm
Südtirol
Sylt

T
Teneriffa
Tessin
Thailand
Thüringen
Toskana
Tschechien
Türkische Mittelmeerküste

U
USA
USA · Nordosten
USA · Nordwesten
USA · Südwesten
Usedom

V
Venedig
Vietnam

W
Weimar
Wien

Z
Zürich
Zypern

IMPRESSUM

Ausstattung:
121 Abbildungen, 32 Karten und Grafiken, eine große Reisekarte

Text:
Cornelia Lohs und Hilke Maunder; mit Beiträgen von Christian Nowak und Rasso Knoller

Bearbeitung:
Baedeker-Redaktion (Frank Müller, Anja Schlatterer, red.sign Stuttgart)

Kartografie:
Christoph Gallus, Hohberg, Klaus-Peter Lawall, Unterensingen, MAIRDUMONT Ostfildern (Reisekarte)

3D-Illustrationen:
jangled nerves, Stuttgart

Infografiken:
Golden Section Graphics GmbH, Berlin

Gestalterisches Konzept:
RUPA GbR, München

Chefredaktion:
Rainer Eisenschmid, Baedeker Ostfildern

3. Auflage 2018
Völlig überarbeitet und neu gestaltet

Trotz aller Sorgfalt von Redaktion und Autoren zeigt die Erfahrung, dass Fehler und Änderungen nach Drucklegung nicht ausgeschlossen werden können. Dafür kann der Verlag leider keine Haftung übernehmen.
Kritik, Berichtigungen und Verbesserungsvorschläge sind jederzeit willkommen. Schreiben Sie uns, mailen Sie oder rufen Sie an:

Verlag Karl Baedeker / Redaktion
Postfach 3162
D-73751 Ostfildern
Tel. 0711 4502-262
info@baedeker.com
www.baedeker.com

Printed in Italy

MIX
Papier aus verantwortungsvollen Quellen
FSC® C015829

ATMOSFAIR

nachdenken • klimabewusst reisen

atmosfair

Reisen verbindet Menschen und Kulturen. Doch wer reist, erzeugt auch CO_2. Der Flugverkehr trägt mit bis zu 10 % zur globalen Erwärmung bei. Wer das Klima schützen will, sollte sich nach Möglichkeit für die schonendere Reiseform entscheiden (wie z.B. die Bahn). Gibt es keine Alternative zum Fliegen, kann man mit atmosfair klimafördernde Projekte unterstützen.
atmosfair ist eine gemeinnützige Klimaschutzorganisation unter der Schirmherrschaft von Klaus Töpfer. Flugpassagiere spenden einen kilometerabhängigen Betrag und finanzieren damit Projekte in Entwicklungsländern, die den Ausstoß von Klimagasen verringern helfen. Dazu berechnet man mit dem Emissionsrechner auf **www.atmosfair.de** wieviel CO_2 der Flug produziert und was es kostet, eine vergleichbare Menge Klimagase einzusparen (z.B. Berlin – London – Berlin 13 €). atmosfair garantiert die sorgfältige Verwendung Ihres Beitrags. Alle Informationen dazu auf www.atmosfair.de. Auch der Karl Baedeker Verlag fliegt mit atmosfair.

Meine persönlichen Notizen

Meine persönlichen Notizen

Meine persönlichen Notizen

Meine persönlichen Notizen

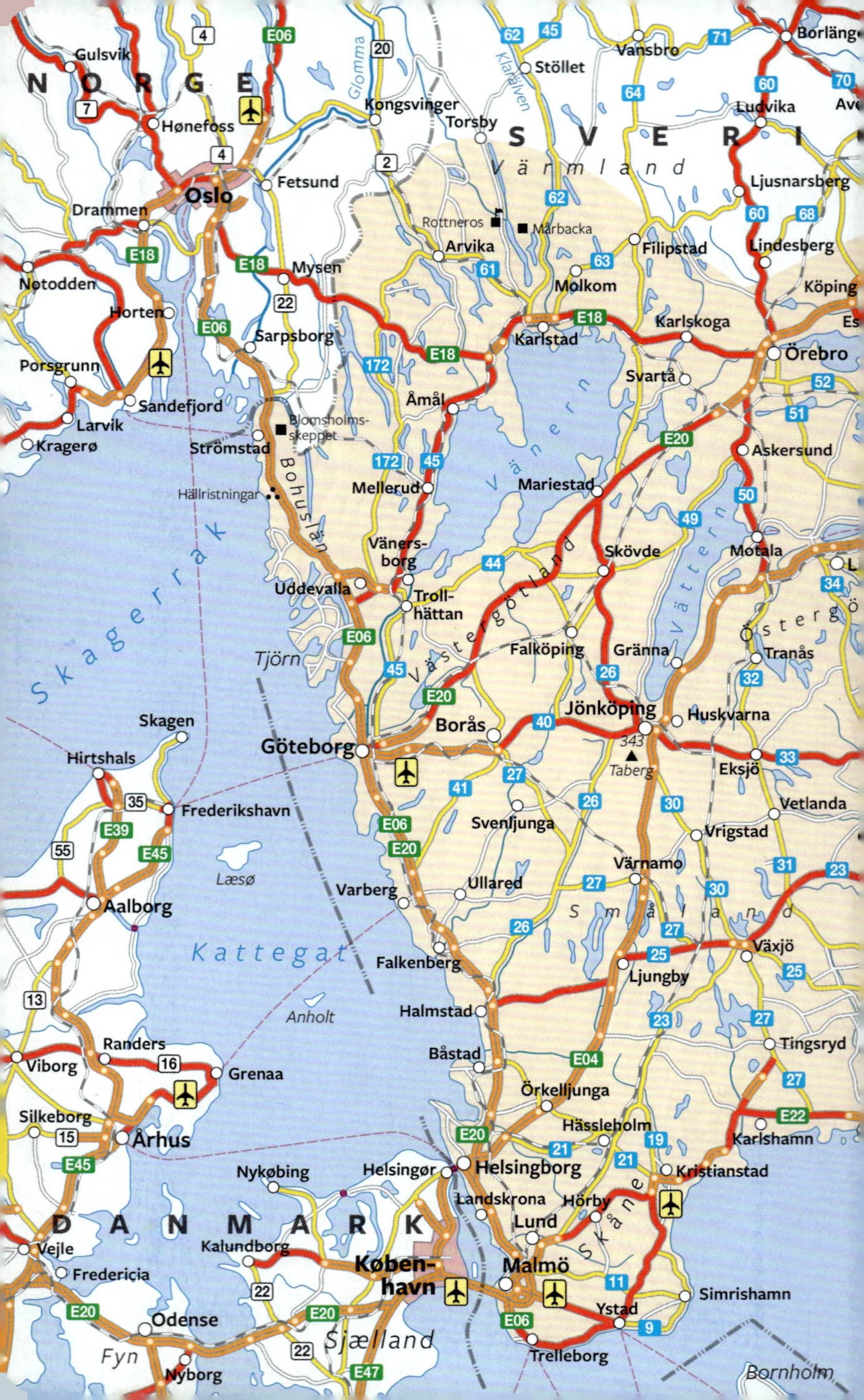
NORGE
SVERIGE
DANMARK
Gulsvik
Hønefoss
Oslo
Fetsund
Drammen
Notodden
Horten
Porsgrunn
Sandefjord
Larvik
Kragerø
Mysen
Sarpsborg
Strömstad
Blomsholms-skeppet
Hällristningar
Bohuslän
Kongsvinger
Glomma
Torsby
Klarälven
Stöllet
Vansbro
Borlänge
Ludvika
Värmland
Ljusnarsberg
Rottneros
Mårbacka
Arvika
Filipstad
Lindesberg
Molkom
Köping
Karlstad
Karlskoga
Örebro
Svartå
Åmål
Vänern
Askersund
Mellerud
Mariestad
Vänersborg
Uddevalla
Trollhättan
Skövde
Motala
Vättern
Västergötland
Östergötland
Tjörn
Falköping
Gränna
Tranås
Skagerrak
Skagen
Jönköping
Huskvarna
Borås
Göteborg
343
Taberg
Eksjö
Hirtshals
Frederikshavn
Svenljunga
Vetlanda
Vrigstad
Læsø
Värnamo
Aalborg
Varberg
Ullared
Småland
Växjö
Kattegat
Falkenberg
Ljungby
Halmstad
Anholt
Tingsryd
Randers
Båstad
Viborg
Grenaa
Örkelljunga
Silkeborg
Hässleholm
Karlshamn
Århus
Nykøbing
Helsingør
Helsingborg
Kristianstad
Landskrona
Hörby
Skåne
Lund
Vejle
Kalundborg
København
Malmö
Fredericia
Simrishamn
Ystad
Odense
Sjælland
Trelleborg
Fyn
Nyborg
Bornholm
E06
E18
E20
E04
E22
E39
E45
E47
4
7
20
2
22
13
15
16
35
55
62
45
71
60
70
64
68
61
63
172
52
51
50
49
44
34
26
32
40
33
27
41
30
31
23
25
21
19
11
9